周其仁 著

产权与中国变革

PROPERTY RIGHTS AND
CHANGES IN CHINA

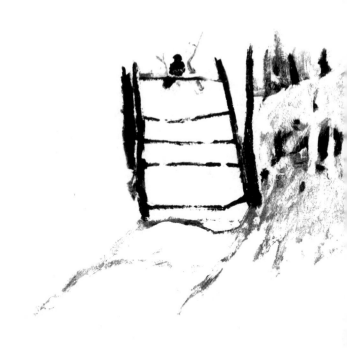

北京大学出版社
PEKING UNIVERSITY PRESS

图书在版编目(CIP)数据

产权与中国变革/周其仁著. —北京：北京大学出版社，2017.7
ISBN 978-7-301-28468-1

Ⅰ.①产… Ⅱ.①周… Ⅲ.①中国经济—经济体制改革—研究 Ⅳ.①F121

中国版本图书馆 CIP 数据核字(2017)第 146964 号

书　　　名	产权与中国变革 CHANQUAN YU ZHONGGUO BIANGE
著作责任者	周其仁　著
责 任 编 辑	郝小楠
标 准 书 号	ISBN 978-7-301-28468-1
出 版 发 行	北京大学出版社
地　　　址	北京市海淀区成府路 205 号　100871
网　　　址	http://www.pup.cn
电 子 信 箱	em@pup.cn　　　QQ:552063295
新 浪 微 博	@北京大学出版社　@北京大学出版社经管图书
电　　　话	邮购部 62752015　发行部 62750672　编辑部 62752926
印 刷 者	北京中科印刷有限公司
经 销 者	新华书店 730 毫米×1020 毫米　16 开本　19 印张　307 千字 2017 年 7 月第 1 版　2017 年 7 月第 1 次印刷
印　　　数	0001—8000 册
定　　　价	66.00 元

未经许可，不得以任何方式复制或抄袭本书之部分或全部内容。
版权所有，侵权必究

举报电话: 010-62752024　电子信箱: fd@pup.pku.edu.cn
图书如有印装质量问题，请与出版部联系，电话: 010-62756370

前　言

这本文集的基础,是 2002 年由中国社会科学出版社出版的《产权与制度变迁》及 2004 年由北京大学出版社出版的增订本。此次新版,因为增减了数篇文章,编辑建议更改书名,这才有了读者面前的这本"新书"。

此次新增补文章共 5 篇。第一篇也是最新一篇"体制成本与中国经济",发表于 2017 年第 16 卷第 3 期《经济学》(季刊),在重新厘定概念的基础上,阐释中国经济高速增长及其转变的经济逻辑。核心概念当然还是科斯的"交易费用",不过对于曾经禁止市场交易的非市场经济体而言,"交易费用"概念需要恰当拓展,才适用于带强制性的经济活动。于是,"制度成本"应运而生并广为流行。不过,作为经济行为至关紧要的约束条件,"制度"并不是单项的、孤立的变量,而是交织在一起的一个"体系"。这样来看,阿罗在 1968 年对科斯交易费用的阐释——"交易费用就是经济体系运转的成本"——反而更值得注意。本文将"成体系的制度成本"简称为"体制成本",与中国经验更为契合。中国人讲的改革,难道还不就是"体制改革"？以此为前提,本文用体制成本的下降和重新上升来解释中国经济高速增长及其在近年遭遇的挑战。可供商榷的论断是,如果做不到持续大幅降低体制成本,"中国奇迹"难以为继。

增补的第二篇文章,是"货币体制与经济增长",讨论的是比流行热门话题——货币政策——更为基本的货币体制。那也是成体系的制度,特别与财政、市场准入和一般产权界定及保护等制度关系密切,必须联系到一起才足以理解和分析货币现象。

第三篇增补的是关于新医改方案的一篇辨析,旨在区分医疗服务领域政府作为与市场机制发挥作用的边界。文章的论点是,处理医疗服务严重的供需失衡,要让市场机制在服务准入和医药价格形成方面发挥决定性作用。政府要对公共卫生负全责,也可在财政许可的条件下恰当补贴低收入患者,但必须消除一般医疗服务在市场准入和医药价格方面的不当管制。舍此,我国新医改难逃"夹生饭"的尴尬境地。

第四篇增补论文,"公司理论与中国改革",写于 2008 年,是回顾中国改革 30 年经验的一篇理论思考。依照列宁当年的构想,像俄国这样生产力还很落后的国家,搞社会主义计划经济不过就是把整个国民经济当作一家超级公司来运行。由于国家权力并没有给市场活动留有合法空间,计划经济似乎就不受"交易费用"的困扰,但这个超级国家公司,却不得不受到由科斯企业理论所定义的另外一种成本——"公司的组织成本"——的决定性影响。从这个视角看,如何节约耗费巨大的国家超级公司的组织成本,就是计划经济改革的动力学。

原版本里关于电信改革的三篇文章此次一并删除。从全球范围看,起于 90 年代的中国电信体制改革还可算是位先行者。改了多年,取得不小进展,比政企不分的独家行政垄断,进步不可以道里计。可是在基础电信方面依然不能越出数家国有控股公司有限竞争的"市场",对民营经济进入依然壁垒高立。反映到资费和服务质量上,离世界先进水平尚有距离,时至今日还需要中国政府总理直接喊话降低资费、改善服务,说明深化改革,尚有必要。

关于公有制企业改革的经验研究,还是原来那几篇。补上"人力资产的产权研究"一文,其基本思想在其他几文中都有显现。这也是观察分析公有经济改革的基点,即人的能力归根结底由人自行支配,这在任何体制下都不会被改变。区别在于,不承认人力资产产权的体制,总也做不到人尽其力,势必在竞争的压力下变革体制。现代经济增长,终究要靠人尽其才、人尽其力。从这一点看,国企改革的停滞一定不能持久。

在农村和土地体制改革的一组文章里,删除了中俄比较那一篇。与"老大哥"对标,看来从来没有在中国改革中发挥过很大影响。不过更一般地看,当不少发达国家的政策取向偏于"贸易保守主义"的时候,过去"以开放促改革"的策略究竟还起什么作用,倒是值得关注。看起来,从本国实际出发推进体制变革,对中国越来越重要。

最后,收入前两版的"真实世界的经济学——科斯经济学方法论及其在中国的实践",从过去为文集殿后,变为开篇。作者以为,固守此种既不时髦也不流行的方法论,还是开门见山交代一下,比较妥当。

"原版序言"保留,在前言后单独印行,便于读者知道当时编印文集之初衷。

衷心感谢本文集各篇论文在发表时所遇到的令作者永远心存感激的各位编辑,他们是唐宗昆、乔桐封、邓正来、殷练、刘国恩、郝小楠。没有他们的精心编辑、努力协调与勇于担当,这些文章不可能以现在的面目呈现给读者。

周其仁
2017年6月5日

原 版 序 言

除了关于经济学研究方法的一篇文章之外,收入本文集的论文,全部是基于中国改革的实际经验,研究中央计划经济制度——公有制产权结构——的改革与变迁。这是近20年来我研究经济的重心所在。利用此次结集出版的机会,我要向读者简要交代一下问题的来龙去脉。

1

弗里德曼(Milton Friedman)说过,经济问题总是与选择联系在一起的。[①] 可是,当我开始对经济问题产生兴趣的时候,唯一可观察的经济制度似乎没有任何选择性可言。是的,在中央计划公有制的体制下,生产和投资由政府指令控制,不可以自由择业,人力以外的要素也不能自主流动和重组。至于经济组织形式的选择,更事关"方向和道路",普通人问津不得。在那个时代,"选择"——这里指的是普通的私人选择——在制度上没有合法性。

要非常深入地观察和体验才有机会让我们发现,即使在不容自由选择的经济体制下,私人选择仍然顽强地存在。拿我自己1968—1978年间在黑龙江下乡时期看到的一些现象来说吧。同一个农民在"公地"与在自留地里的劳作态度判若两人,他是不是在作选择?同样的天气、地亩和劳动力数目,实施计件工资和计时工资的劳动效率大相径庭,不是劳动者在作选择又是什么?还有那朝令夕改、有时候近似胡来的"生产和投资决策",难道可以归为公有制经济管理者的"文化水平"或"个人性情"?若是,为什么在管理者私人消费的领域,我们完全看不到类似的荒唐?

说起来这是我学到的关于人的经济行为的第一课:在看似不容选择的经

[①] Friedman, Milton. 1962. *Price Theory*. Aldine Publishing Company, Chapter 1.

济制度下，人们仍然在作选择。当时我还没有可能发问：在一切资产都归公的产权制度下，为什么个人——农民、职工和管理者——仍然可以在事实上从事生产性的选择？在由"公家"决定生产什么、生产多少和怎样生产的制度下，为什么私人仍然在事实上决定着向公有生产体系提供多少劳动、努力和辛苦？我的问题其实是：这种看似不合法的、在长久的岁月里微不足道的"权利"，是怎样在公有制经济里扎根的呢？

2

问题还没有清楚地提出来，公有制经济就开始了举世瞩目的改革。从20世纪70年代末开始，农村发生了大规模的包产到户，城市出现了国有企业的松绑、承包和改制，私人企业开始以"个体户"和其他名目重新出现，"外资"经济在沿海大城市登堂入室。几十年前被国家权力消灭了的私人产权，重新出现并生机勃勃地成长。80年代以后，《中华人民共和国宪法》四度修订，以便与新的产权结构相适应。

机缘巧合，我从大学期间就开始参加由杜润生先生指导的农村改革调查，前后持续凡9年。② 这些调查在当时是为中央政府制定农村改革政策服务的，因此除了农民的经济行为，国家行为也进入了我的研究视野。观察和参与给我的基本概念是，农村包产到户的改革是自下而上发展起来的——这和许多关于改革的歌功颂德并不相一致。事实是，早在"上层"采取任何政策行动之前，分户承包集体土地的产权改革早就在农村底层开始了。令我好奇的问题是：在清一色的公有制内部怎么就产生出改革公有体制的力量？更一般的问题是，私产权利究竟怎样从国家维护的公产制里产生出来？

用经济学的人性假设来回答上述问题似乎是容易的。既然人性为私，私产制当然就自发地、大规模地成长起来。问题是，要是人性为私的假设可以解释公有制产权改革的起源，那么，同样的人性假设怎样容得下公有制的建立呢？到后来我才想明白，经济学关于人性假设的重点并不是人性为私，而是"人在约束条件下尽可能追求他的私人利益"。因此，"人性为私"本身并没有多少解释力。我认为要紧的是理解人的经济行为面临的约束条件。我坚持问：在同样的人性假设下，为什么经济制度即产权结构发生了重大变化？

---

② 关于这段难得的经历，我在1993年为牛津大学出版社（香港）出版的《农村变革与中国发展》的前言里做了回顾。

私产在公有制下得以重建,究竟是在什么样的约束条件下发生的?

长期的调查让我认识到以下三重约束不能忽略。第一种约束来自国家行为:计划时代的国家机器以"消灭和改造私产"为目标,而即便进入了改革时期之后,中国政府——与英国撒切尔政府或俄罗斯叶利钦政府都不同——也从来没有提出明确的私有化纲领,倒是一再明令反对私有化。第二,计划公有制像任何一种现实的经济制度一样,造就了它自己的既得利益。当经济制度在产权结构的层次发生变革的时候,这些既得利益不可避免地要受到损害。例如,废除了人民公社工分制之后,所有与工分制的专门知识联系在一起的谋利机会就一下子消失了。第三,计划公有制不但在名义上属于全体现存人口,而且还属于将要诞生的全部未来人口。是的,土地的集体所有制使社区内的每一个成员——包括将要合法出生的成员——都有权分享土地权益;全民所有制不言而喻地"包"下了全部公民的生老病死,且曾经承诺为未来全部新增加的劳动力提供就业机会。在计划公有制下,人们——包括将要出生的人——具有的某些与生俱来的权利,要经受改革的冲击。

这三重约束条件应该有助于说明:为什么计划公有制一旦建立,就可以维系很长的历史时期;为什么在公有制下私产非常难以建立;以及为什么在改革中产权变革在思想上容易被忽略、在实践中容易被拖延。但是,悖论性的事实是,恰恰就在上述三重约束下,发生了以私产制重新出现为标志的产权结构改革。人们对此也许评价不同、见解相左,但基本事实大家没有疑义。

问题因此就更加具有挑战性。在私产的基础上,我们不难在市场经济里看到由自由契约形成的各种共用产权,甚至共有产权。要是国家采取断然行动——像苏联、中国和其他国家发生过的大规模国有化的经验显示的那样——将全部私产归公也不是很大的难事。问题是,在国家从法权上铲除一切私产并坚持反对私有化的情况下,产权改革还是在中国发生了,私产还是得以重建。这是怎么发生的?这是为什么?

3

正如舒尔茨(Theodore Schultz)所说,思想终究要受到经济学语言的束缚。③ 因此，对产权改革的认知而言，思想和学术的开放具有决定意义。1979年，我在旁听北京大学厉以宁老师讲授的课时知道了舒尔茨关于"传统农业转变"的理论（后来在《经济学译丛》上读过一个摘要）；尔后，一个法国人写的《美国自由主义经济学》被翻译成中文出版，向我们通俗地介绍了产权理论。大约在1985年，我从当时北京一家民营公司的发展部得到了他们私自影印的香港大学张五常教授的两本著作——《中国的前途》和《再论中国》；尔后，1986年秋季我在厦门大学访问期间又从一位至朋好友手中拿到了原版《卖橘者言》。这三本书——以及此后可以找到的张五常教授写下的文字——是我学习产权理论的启蒙著作。根据这门理论，产权不是从人性为私的假设里自动推导出来的——像许多赞成或反对产权理论的人自以为的那样。产权是私人谋取自我利益的社会性制度约束，这项约束可以解释人的经济行为和经济增长的业绩，因为不同的产权约束对一个经济的交易费用水平有决定性的影响。

在《中国的前途》的后半部，收录了张五常为英国经济事务社写的一篇英文论文的中译稿。在这篇写于1981年的文稿中，张五常白纸黑字"推测中国假以时日将会采纳一种近似私有产权的产权结构"④。当时让我深受触动的地方，是张五常提出此项推测（prediction）——而不是预测（forecasting）——凭借的是一套简明的理论。他首先把科斯（Ronald Coase）的交易费用概念扩大为"制度费用"，接着就将制度费用一分为二：维持经济制度的费用和改变经济制度的费用。然后，张五常仔细阐释为什么计划体制的制度费用极端高昂，仅仅是因为改变制度的费用——主要是信息费用和既得利益的反对——奇高无比才得以长期坚持。但是，在邓小平的开放政策下，改革制度的费用显著下降了——这一点张五常在风云际会的香港看得一清二楚——因此他推断原来的计划体制必有根本改变。

对"张氏推测"的基本根据——开放降低了改革计划公有制的费用，从而使原本非常昂贵的体制再也无法继续维持——我认为说服力很强。唯一我认为需要继续思考的，是原来高昂的制度费用——节约它可以产生一部分收益——本身就不断刺激人们寻找节约它的可能性。例如，我所知道的包产到户，最早发生在1956年的浙江永嘉——那时的中国显然还谈不到开放。这

---

③ 舒尔茨，1980，"低收入国家的农业生产力经济学"，刊《报酬递增的源泉》，北京大学出版社2001年版，第234页。

④ 张五常，《中国的前途》，香港信报出版社1985年版，第206页。

是不是说明,改革的动力早在原体制内部就产生了?

重要的是,"张氏推测"让我领教到,在说明复杂无比的真实世界的过程中,经济学理论——当然要好的——将助我们有如神功。1987年,UCLA德姆塞茨(Harold Demsetz)教授的入室弟子肖耿到我当时供职的发展研究所访问,我请他尽可能多带一些产权与交易费用学派的文献——特别是张五常推崇的那几篇作品——给我们看。在肖耿带来的文献当中,有四页阿尔钦(Armen Alchian)当时为《新帕尔格雷夫经济学大辞典》撰写的"产权"词条的手稿。开门见山第一句,"产权是由社会强制执行的对资源的多种用途进行选择的权利",阿尔钦的清晰而直白的陈述惊醒了我:既然选择即权利,那么在公有制下可以观察到的事实上存在的私人选择,是不是表明即便在计划公有制内,"私产"也从来没有完全被消灭呢?

4

我认定答案可以在产权经济学的学术传统中找到。此后两三年内,我们在发展研究所的产业企业研究室里有一个读书小组,大家分头阅读肖耿带来的和我们自己寻觅到的科斯、阿尔钦、张五常、德姆塞茨、诺斯(Douglass North)等人的论文。至今我还是分外怀念那时的生活方式:背上一书兜文献到农村调查,观察、访问、座谈之余,就是阅读和讨论;车马途中,则是思想神游的大好时光。我当时还不能读英文,几位同事就翻成中文为我当"拐棍"。几年后,这些译文由上海三联书店出版,应该是内地关于产权和新制度经济学的第一本译文集。⑤

1990年秋,经约翰逊(Gare Johnson)教授推荐,我到芝加哥大学经济系做访问学者。在一年左右的时间里,除了修一门本科级微观经济学和旁听贝克尔(Gary Becker)教授给研究生上的入门课之外,我主要就是在图书馆内阅读。对我影响最大的,当然是舒尔茨关于传统农业转变的理论以及尔后在此基础上发展起来的人力资本理论。据说,自从舒尔茨1960年在就任美国经济学会会长的演讲中提出"人力资本"概念之后,数十年间,仅芝大经济系就有四分之三的博士论文与人力资本相关。这也难怪,资本问题向来是古典经济学的基础,而人力资本理论则显然已经成为新增长理论的核心。

舒尔茨的人力资本理论源于他尊称的"美国大经济学家"欧文·费雪

---

⑤ 刘守英等译,《产权与制度变迁经济学文集》,上海三联书店1992年版。

(Irving Fisher),这样我就顺藤摸瓜找来费雪的著作阅读,从中体会重要的思想传统在几代学人之间延续和发展的妙不可言。根据费雪的观点,资本是现在和将来收入流的源泉,因此,凡是可能产生未来收入的资源都是资产——其中当然包括人的劳动能力和知识存量,而资本不过是资产的市场现值。至此大梦初醒:有了费雪的概念之后,再也不需要"资本与劳动"的分析框架了。说"资本与劳动"云云,岂不就等于说"资本与资本"?

只是受到我自己关心问题的牵制,我对人力资本理论的其他运用——例如计量教育、培训和技术在经济增长中的贡献份额——兴趣不大。我被"资本的私有权利不仅限于财产……人力资本也包含着权利"[6]这样的命题深深吸引。因此,芝大经济系另外一位教授罗森(Sherwin Rosen)——新劳动经济学的领导人物——的提示对我而言意义重大。他指出:"人力资本与非人力资本在产权性质上的差别很大,在自由社会中,人力资本的所有权限于体现它的人。"[7]

在芝大图书馆我最重要的收获也许是接触了巴泽尔(Yoram Barzel)的论文。他对交易费用的定义——为获取、保护和转让产权而支付的费用——很特别,比科斯本人的定义宽("因市场交易而发生的费用"),但比张五常的则窄("制度费用")。更特别的地方是,巴泽尔坚持用仔细审核过的历史和现实的实例来研究抽象的产权问题。他的论文每一篇都很精彩,而对我而言思想冲击力最大的是1977年关于奴隶制的经济分析。[8] 为什么美国南部和西印度群岛的奴隶社会中偶尔也有奴隶——在法律上他们是奴隶主的财产——通过赎买而使自己变成自由民的呢?巴泽尔的回答是奴隶主行使其法律所有权的费用来自于一个重要事实——奴隶的生产价值由奴隶本人控制;为了减轻这种费用,一些奴隶主就利用定额制来刺激奴隶劳动并降低奴隶主的监督费用;在定额制下,一些能干的奴隶为自己积累起最后足以赎身的钱财。

比较起来,巴泽尔的这项研究更靠近我的问题:私产何以在具有强制性

---

[6] Schultz, Theodore W. 1997. "On Economic History in Extending Economics", *Economic Development and Cultural Change* 25 (Supplement):245—250.

[7] Rosen, Sherwin. 1987. "Human Capital", *The New Palgrave: A Dictionary of Economics*, Vol. 2. Palgrave Macmillan,681—690.

[8] Barzel, Yoram. 1977. "An Economic Analysis of Slavery", *Journal of Law and Economics* 20 (1):87—110.

反对力量的压制下和平地得到界定。我读过的其他关于"私产起源"的研究[9]，一个共同的特点是不存在强制反对力量的约束条件，因而私产可能自发地对变化的经济机会做出反应。但是，即便在巴泽尔的强制奴隶制的实例里，看好定额制的当事人还是可以采取单独的私人缔约行动——那里还没有与私产的产生有直接利益冲突的强大的国家力量。

在诺斯对更长期的制度变迁的研究中，国家才正式作为新的有效产权兴起过程中的重要力量。根据诺斯的研究，17世纪的荷兰和英国顺利完成了从土地公产制向私产制的转化，民富国强从此而起；差不多同期的西班牙被既得利益——养羊团——拖住了土地制度改变的步伐，国家就在竞争中落伍。诺斯认为国家对待新兴产权组织的差异可以解释这个重大的历史分叉点。阅读诺斯的论文的时候，我集中想的问题是：什么因素决定了国家——诺斯定义的"唯一可以合法使用暴力的组织"——对待有效产权组织的不同态度？更一般的问题是：离开国家的保护，新兴产权不可能普遍化；但是什么力量可以迫使国家严守保护产权的立场，而不是很容易地进一步侵犯产权？我在读书笔记上把这个问题称为"诺斯难题"。虽然诺斯将他的理论发展成一个复杂的体系，但我认为这项难题并没有解决。

在芝大——以及随后几年在UCLA——的研读使我受益匪浅。最重要的收获是，我认识到经济增长的一种基本要素——人力资源连同它的各种表现——是天生附着在个人身上的资产。个人在实际上控制着人力资产的发挥和生产性供给，这在任何经济制度下都是一样的。构成各种经济制度之间差别的，是正式的法律（包括非正式的习俗）和非正式的制度是否承认——以及怎样承认——在实际上总是控制在个人手中的人力资产的私有权。与此相对应的，则是人力资源在不同的经济制度下有不同的利用和发挥。我认为这是一个认识上的支点，有助于解释我熟悉的计划公有制下人们的多种行为，有助于解释公有制的改革，更重要的是，有助于解释在国家强制性地剥夺和消灭私产制之后，私产——个人在经济资源的多种用途中进行选择的权利——在什么样的环境里得以重建。

---

[9] 例如奈特在1942年关于公共道路利用的分析，德姆塞茨在1967年对蒙特哥奈斯的海狸聚集地从原来的共同财产转化为私产的研究，阿姆拜克在1977年研究的加州淘金热中通过私人创造的法律界定了私产，特别是确定了人力资产和个人保有枪支的权利，还有巴泽尔本人在1989年关于北海油气田确定所有权的研究，见 Barzel, Yoram. 1989. *Economic Analysis or Property Rights*. Cambridge University Press, Chapter 5。

当我再次重读科斯的著作的时候，已经看过他关于自己学术思想形成的讲演。⑩ 这样，我就把他的企业理论也当作国家理论来钻研。⑪ 是的，列宁提出的如下理论曾经是计划公有制的基础：社会主义国家在经济上可以像一家超级公司那样来组织社会生产，而全部社会成员将成为国家的雇员。据说年轻的科斯反复考虑了上述理论后的结论是：要使国家运用公司制的命令、计划和权威来协调全部社会生产，因为消灭了市场活动而节约了巨大的交易费用，但这家唯一存在的"公司"将不得不支付高昂的"组织费用"（organization cost）。科斯自己的企业理论是关于"市场里公司存在"的理论：公司因为节约市场交易费用而存在，但必须为此支付组织费用；当上述两种费用在边际上相等时，公司就确定了其边界。对于我来说，重要的是我们可以用组织费用（或者张五常的"制度费用"）来分析消灭全部市场关系的国家——计划公有制——的经济行为。

5

让我小结一下。机缘巧合，我的学术生活与两类选择紧密相连：一方面我不断观察到计划公有制下人们形形色色的选择行为，另一方面我自己不断选择可以解释这些行为的经济学理论。也许因为头脑和心智被真实世界里有待解释和说明的现象充斥，我对在想象的约束条件下表现高超智力的学问一概没有兴趣。事后看来，这样"问题主导"的求学习惯有一个好处，那就是可选的学术传统和理论都非常集中。考虑到我们这代人的独特经历——在校接受正规训练与观察、参与社会实践在时间顺序方面数度错位——上述法门非常有助于我辈避短扬长。既然大家都承认知识分工的作用，那么选择很窄的题目求一得之见，是一个适合于我的选择。

下面简要概述本文集收入的各篇论文的主题和有待进一步研究的问题。"中国农村改革：国家和土地所有权关系的变化"写于1993—1994年间，主题是对我自己参加的农村改革调查作一个理论的小结。该文认为社会主义产权改革比"诺斯难题"还要困难的地方，是"在国家职能曾被过度滥用的约束

---

⑩ Coase, Ronald. 1988. "The Nature of the Firm, 1. Origin, 2. Meaning, 3. Influence", *Journal of Law, Economics, and Organization* 4:3—47.

⑪ "分析经济组织的交易费用方法，可以向上从几个参加者扩展到'政府'甚或国家本身上。"见 Cheung, Steven N. S. 1987. "Economic organization and transaction costs", *The New Palgrave: A Dictionary of Economics*, Vol. 2. Palgrave Macmillan, 55—58.

条件下如何重建产权秩序"。我试图通过解释土地集体产权的变革经验来回答这个问题,主要的发现是:在名义上一切归公的人民公社体制下,私人产权从来没有完全消失,并通过"部分退出权"——在法权上已经归公的人力资源将劳动和管理的努力投向集体制以外的地方——加重了国家控制的集体土地制的制度成本,从而迫使国家在体制选择政策方面"调整和退却"——从基层和地方开始——直到在全国范围重新承认私人的土地使用权以及通过承包所得形成的农民私产。

这项研究的不足之处,现在看来主要有两点:(1)在农民和国家之间确实存在关于产权制度选择的信息交流——它们互相作用和影响,但是我当时无以名之,用了诸如"交易"、"谈判"之类并不贴切的概念。很显然,这里既没有原本意义上的"交易",也没有农民或农民组织与国家代理人之间的谈判。实际的情形是,农民采用了一种新的产权形式,例如自留地、承包制等等,然后,国家决定是否以及怎样承认这些新的产权形式的合法性。(2)根据土地私人使用权的重新确立,我乐观地推断——虽然不是非常肯定——土地产权的改革可以继续按照同一个逻辑向前推进,而没有估计另外一个可能性,那就是在土地使用权改革以后,土地的收益权和转让权的清楚界定可能长期被拖延。⑫

"农民、市场与制度创新"写于1986年,收入本文集是为了记录我对农村产权改革认识的变化。这份研究报告的着眼点是财产权利,反映了当时我们在观察和理论选择中已经抓住了问题的重点。另外,根据对当时改革统购统销体制遭遇的困难的分析,该报告认定农民私人土地使用权的重建将要求整个国民经济的计划体制——产权制度和工商业组织——要有根本的变革。这个问题至今没有完全解决,显然是运用"交易费用/制度费用"加以分析的上好题材。另外,该报告还有一个地方值得一提,这就是当时提出农民的土地使用权需要相应的"法律表现"——甚至已经指出"所有制的革新变化得不到相应的法律肯定(如农村承包经济牵动几亿人的根本利害,但至今仍无一个完备的法律),倒退性变化也就难以制裁"。这比德索托——他和他的秘鲁同事们非常强调产权具有正式的法律表达对资本形成的意义——最早提到

---

⑫ 去年我重新研究农民收入问题,发现在农户的私人土地使用权大体确立后,农村土地产权改革停滞不前。参见《农民收入是一系列事件》、北京大学中国经济研究中心研究论文,以及在《21世纪经济评论》上的连载。

这一点的著作还早了几年。⑬

"产权改革与新商业组织"写于1996年，基础是一年之前受世界银行的邀请到乌兹别克斯坦——苏联的一部分——"传授"中国农村改革的经验。这使我有机会对苏联的农业经济有一个直接观察和思考的机会。我对苏联的"大农业"的理解，在实地考察、利用文献进行调查中还加入了我自己在中国东北国营农场的生活经验。这样，我大体有了一个可以与中国农村改革的成功经验和面临"大市场"改革的困难相比较的基础。这篇文章的结论与"渐进主义改革成功了，而激进改革失败了"的流行认识很不搭调。

"市场里的企业：一个人力资本与非人力资本的特别合约"是我在UCLA听德姆塞茨企业理论课的读书笔记，旨在清理有关理论和学说。德姆塞茨对交易费用概念有过清晰的阐释，但他却不同意科斯用交易费用解释为什么在市场里存在企业。⑭ 比较再三，我选择科斯的合约理论，只是将我从芝大到UCLA研读的有关人力资产的产权特征的理解加入，得到"一个特别合约"的认识。这篇笔记，也是我1996年回北大任教以后开始的企业研究的一个大纲——虽然我已经知道计划公有制下的"企业"完全是在非合约的基础上产生的。对于我来说，好的理论不仅是解释世事的武器，而且也可以为观察真实世界——它实在过于复杂了——提供指引。

"'控制权回报'与'企业家控制的企业'"写于1997年，是基于浙江乡镇企业横店集团产权关系的一个实例分析。通过这项研究，我了解到填写在"企业所有权性质"栏目里的信息并不能反映真实的产权关系。在同样的"公有制"名称下，私人人力资产——我主要考察的是企业家人力资产——的实际产权状态可能完全不同。我观察到的"横店模式"——连他的创办人都愿意称之为"社团所有制"——其实已经是由企业家个人，而不再是由社区政府控制的公司了。企业家个人获得了公司控制权，但并不分享相应的剩余索取权——这种特别的企业制度提供了一种我称之为"控制权回报"的激励机制。我认为，在转型中一部分"公有制企业"的市场成功，可以用"控制权回报"机制来解释——正如可以用它来理解这类"企业家控制的企业"面临哪些更长期的制度性挑战。

---

⑬ de Soto, Hernando. 1989. *The Other Path*. Basic Book Press; 2000. *The Mystery of Capital*. Basic Book Press.

⑭ Demsetz, Harold. 1997. *The Economics of the Business Firm*. Cambridge University Press. 中译本见梁小民译《企业经济学》，中国社会科学出版社1999年版。

"企业产权制度改革与企业家人力资本"继续关于公有制企业的研究,但把重点转移到公有制企业的改制经验上。很明显,我利用了以往关于集体土地制改革的认识,但是也注意到非土地资产的如下两大特点:(1)由于对"最小的经济规模"敏感,企业改制没有办法照搬改革集体土地制的经验——在那里,按照人口/劳力平均承包回避了企业家问题;(2)因为企业资产的质量远比土地难以监察,因此土地制改革的经验——维持所有权公有的名义,但通过承包合约把使用权界定到私人手里——在企业改制中难以照办。在这些新的约束下,天然属于私人的人力资产的产权界定,就成为公有制企业改革的真正起点。

本项研究把观察到的丰富的企业改制经验,一概放到这一支点上来加以处理,结果发现改革的逻辑非常顺理成章:随着产品市场的竞争传导到要素市场,企业家人力资产的相对价格上升;随着企业控制权从行政当局手里转向企业家,剩余索取权在政府机构与企业家私人之间界定的改革终究被提上了日程。我们看到,不论我们喜欢与否,为了激励、制约已经落到企业家私人手里的企业控制权,企业家人力资产的产权从潜在的转成公开的、从非法转成合法、从无价转成有价、从当期转成长期、从不可转让转成可以转让。毫不夸张地说,公有制企业正在经历一场产权革命。

但是这项研究也让我知道,仅仅以一个研究者的身份,很难看到公有制企业改制中那些敏感的细节——对于制度变迁的科学研究来说,这些细节异常重要。在尝试了多种调查办法之后——我已经在另外一本文集的序言里向读者交代过了[15]——我把心一横,用了差不多三年的时间到联办投资管理公司兼职,前后参与了近20家公司的调查、咨询、融资和改制顾问的工作。对于我这样一个从事经济调查出身、几乎是不可救药的经验主义者来说,这段经历让我学到了关于企业的扎实学问。遗憾的是,这些调查涉及公司商业机密,按照行规我们是签署了保密函才走进公司大门的。我当然要遵守这些条约,不可以发表有关报告。好在如科斯所说,经济调查的具体材料可以用一把火烧掉,只要抽象和简化运用得当,从案例调查中得到的认知可以一般化。

"公有制企业的性质"发表于2000年,应该是大量实例研究后的一个抽象小结。因为自己屡次中了"以名责实"之计,本文决定对问题作一个根本清

---

[15] 周其仁,《真实世界的经济学》序,中国发展出版社2002年版,第5—8页。

理:传统社会主义公有制没有可追溯的私人产权,也不是在市场合约的基础上建立起来的——这两点根本不同于市场里的企业。要分析这样的经济组织,我认为过去流行的"所有权经营权分离"和时兴的"委托—代理"模式都不是最合适的框架。选择的结果,我用"事实上的(de facto)产权和法律上的(de jure)产权的不一致"作为分析公有制企业的基本模式。面对事实上的人力私产,公有制企业不得不寻找制约私人谋求私利的制度。但是,在法律上(和意识形态上)消灭了私产制,公有制企业至多只能用国家租金制来替代"私产+合约"的制度。结果,大量公有制企业的资源处在"公共领域"之中,诱发了形形色色的私人攫取行为。该文的一个结论是,要不要承认个人私产的合法地位,是公有制企业内生的制度性问题。

收入本文集的最后一篇,"真实世界的经济学"是1996年我为天则研究所《中国制度变迁的案例研究》(第一集)所写的书评。因为受到这个出色的研究项目的鼓舞,我借机阐述对科斯研究方法的见解。当时我就知道,把科斯的方法与实证经济学的方法——用可观察的事实验证理论假说——也做出区分,是要引起商榷的。不过该文提到研究经济的三个要点——到引人入胜的真实世界找问题、重点研究约束条件以及努力把认识一般化——却一直指导着我自己依托中国改革的经验研究产权与经济制度的变迁。

本文集的论文,除了一篇之外,分别在《中国社会科学季刊》(香港)、《经济研究》和《国际经济评论》发表。在结集出版之际,谨向这些杂志的编辑和读者,以及出版本文集的中国社会科学文献出版社的编辑致以诚挚的谢意。

作　者

2002 年 4 月 23 日

目录

前言   1

原版序言   1

真实世界的经济学
　　——科斯经济学方法论及其在中国的实践   1

人力资产的产权特征   16

农村改革:一个经济制度变迁史的回顾   23

农民、市场与制度创新
　　——包产到户后农村发展面临的深层改革   70

农地产权与征地制度
　　——城市化面临的一项重大改革   92

市场里的企业:一个人力资本与非人力资本的特别合约   130

"控制权回报"与"企业家控制的企业"
　　——公有制企业中企业家人力资产的产权研究   143

公有制企业的性质   159

公司理论与中国改革   176

竞争、垄断与管制
　　——"反垄断"政策的背景报告　　187

病有所医当问谁
　　——新一轮医改方案之辩　　221

货币体制与经济增长　　248

体制成本与中国经济　　261

真实世界的经济学
——科斯经济学方法论及其在中国的实践*

天则研究所主持的"中国制度变迁的案例研究",现在已经出版了第一集。① 这批成果的一个显著特点——将自科斯以来经济学的许多新发展运用于中国近年发生的制度变迁——已经引起了广泛的注意。同时,这项研究也比较系统地在中国运用科斯经济学的方法,但是这一点还没有引起已有评论的注意。本文讨论这项研究的方法论含义,并借此机会和读者交流关于科斯经济学方法的体会。

一、科斯的经济学方法论

科斯有一个迷人的特点:他的研究成果总也造不成"立竿见影"的"轰动效果"。读者一定知道,科斯在 1937 年发表的"企业的性质",要到二三十年后才被经济学人刮目相看。后来大行其道的"交易费用"概念,据科斯自己回忆,形成于 1932 年。其时,科斯还是一个中国人所讲的"小年轻",在英国一家经济和商业学院里担任"担心备课达不到水平"的助理讲师。五年后,论文发表,师友学长中有人前来道贺,但竟无一人讨论科斯的新见解。当时看好这篇论文对经济学发展具有异常贡献潜力的,好像只有科斯自己。② 20 世纪 50 年代,论文被选入美国一本重要的价格理论文选;60 年代,有人在脚注里

---

* 本文原发表于《中国社会科学季刊》(香港),1997 年第 2 期。
① 见张曙光主编(1996)。
② 有朋友回忆起 40 年代初科斯写信告诉友人的话,"我不相信我的一生中还会做出如此重要的工作"(Coase,1988:23)。

加以引证;70年代,开始有人讨论;直到80年代,引证和讨论才突然与日俱增,以致比"以前40年的总和还要多"。③ 1991年11月,当科斯在斯德哥尔摩为他在交易费用、产权、企业合约问题上对经济学的贡献而领取诺贝尔经济学奖时,他已经80多岁高龄,垂垂老矣。

不过,即使在科斯名扬学界之后,还是少有人谈到他对经济学研究方法的贡献。我们看到,无论行家里手们同意还是不同意,"科斯定理"已经被广泛"考虑"过了。"交易费用"概念,有人阐述,有人运用,有人批评,也已经广泛地,甚至过于广泛地被"考虑"了。"社会成本问题"的思想,对产权、商业纠纷、环保和其他公用财产的利用,以及一切具有所谓"外部效果"的合约问题的深远影响,更是有目共睹。但是,科斯何以得出这些影响和改变当代经济学的成果来的?科斯的研究方法究竟有什么过人之处?这些问题就少有人问津了。一个原因可能是,在科斯简白的"散文"式论述中,似乎根本就没有什么高深的研究经济学的方法。潮流好像就是宁肯为崇拜"高深"而误入歧途。也许需要另一个40年,科斯"研究真实世界"的质朴手法才会引起应有的注意。

其实,科斯1937年的论文恰恰是从经济学的方法论开篇的。开门见山第一段,科斯就指出,过去的经济理论"一直因未能清楚地说明其假设而备受困扰",并批评许多经济学家在建立一种经济理论时,"常常忽略对其赖以成立的基础的考察"。在开篇第一段落里,科斯中心阐明经济理论赖以成立的前提性假设(assumption),不但应当是"易于处理的"(manageable),而且必须是"真实的"(realistic)。④

据科斯自己在1987年的一次讲演中推测,多数读者都忽略了他的这个方法论的意见,以致在阅读时会跳过这个段落(而一位叫Putterman的编辑更在一次再版此文时将这一段落全部删去)。⑤ 我们当然不得而知,有多少中国读者在阅读此文时跳过了这一段。我自己的经验是,虽然读过这一段,但还是忽略了科斯的独到见地。因为我曾经误认为,科斯的这段话无非是客气地引用——并同意——20世纪30年代在英国赫赫有名的琼·罗宾逊(Joan Robinson)的论点。后来,当我读了科斯在1987年的讲演稿,才知道科斯关于经济学方法论的意见基本上与罗氏相左!因为罗宾逊在"经济学是一

---

③ Cheung(1983)。
④ Coase(1937:33)。
⑤ Coase(1988:24)。

个严肃的主题"(1932)中的主要论点,恰恰是经济学的前提性假设必须易于处理,如果我们能处理的假设是不现实的,我们也只能别无选择地用这些不真实的假设。科斯当时就反对经济学的研究可以为了其"易于处理性"而牺牲前提的"真实性"。科斯明言,他的目标是发现一个既真实,又易于处理的前提性假设。

这里所谓"易于处理",就是指易于运用经济学累积的知识和分析技巧来处理要研究的问题。这一点当然重要。因为在一个分工的知识结构中,专门学科的知识和分析技巧的累积对于提高认识的效率有重大意义。如果每一时代的经济学家,都"原创地"选择一些完全无法运用经济学已经积累起来的知识作为前提性假设,并在这些假设下开展研究工作,那么经济学根本不能形成任何可累积的传统,也无法作为一门学科来发展。科斯并不反对假设的"易于处理"。他反对的只是把"易于处理"作为选择前提性假设的唯一条件,特别是反对为了"易于在经济学上处理"而不惜牺牲前提的真实性。在科斯看来,这种为了易于处理而放弃真实的倾向,已经导致如下不良倾向:"当经济学家们发现他们不能分析真实世界里发生的事情的时候,他们就用一个他们把握得了的想象世界来替代。"⑥如果经济学家都如此"经济"地生产论文和著作,他们会有助于我们理解真实世界里的问题和关系吗?

科斯选择的是一个相反替代:用真实的前提替代想象的世界。他要的是一个"既真实,又易于处理的"前提性假设。科斯自己的工作为此提供了一个范例。在科斯之前,经济学已经累积了关于市场交易和价格机制的大量知识和分析技巧。但是,以往经济学的一个不言自明的前提性假设是,市场交易和价格机制本身没有费用。在这个不言自明的前提下,人们不仅无从理解真实市场里的一些复杂组织和合约(如企业),而且对这些在现代市场经济里日趋重要的现象视而不见。科斯首先修订了"市场交易的零成本"假设,代之以一个"交易费用为正"的真实前提,然后将组织(企业)同(交易)费用分析连接起来。到了这一步,真实世界里的企业和其他复杂合约,就变得在经济学上"易于处理"了,因为经济学以往累积的知识和分析技巧(特别是边际分析),都可能用来分析被以往经济学忽略,但在真实世界里却大量存在的组织和合约。

---

⑥ Coase(1988:24)。

二、如何做到"真实而又易于处理"?

我们不免进一步要问:怎样得到一个"既真实又易于处理"的前提性假设呢?对此,科斯在1937年可是半点天机也不曾泄露。要到50年后,科斯详尽交代了写作那篇论文的起源、含义和影响,我们才可以从中领悟到科斯所取方法的由来。⑦ 以下三点是我体会到的关键:

第一,在真实世界里找学问。据科斯自己讲,他的经济学训练主要是在商学院里完成的。商学院的一个特点是注重实例研究(case study),也就是通过真实世界里发生的故事来研究理论。因此科斯一边跟着普朗特教授学习价格机制,一边对英国公用事业的经济问题下功夫,并且累积了研究真实企业所必要的知识(如商法、产业组织、金融和会计)。可能正是这种"两线学习法"(一线理论,一线实例),使年轻科斯一上手就"碰"到问题:如果价格机制可以自动配置资源,为什么还有不同的产业组织?后人可以看得清楚,科斯能够"碰"上这个问题是经济学发展的大幸。当时也许有许多偶然的因素起了作用,但是有一点可以肯定:要是科斯没有对真实的企业下过功夫,他断然"碰"不到问题,或者"碰"上了也会擦肩而过。事实上,科斯的使命感使他不但碰上问题,而且碰上就抓住不放,尽管当时"著名经济学家"们根本不讨论这类问题,已有文献也不把这个问题当作经济学问题。那么,如何寻找"在价格机制起作用的现实世界里企业存在的原因"?下面这句话我认为可圈可点:"我尝试着从工厂和公司的办公室,而不是从经济学家们的著作里找寻企业存在的理由。"⑧这就是科斯的态度。他为此在1932年利用伦敦经济学院提供的旅游奖学金,安排了一次远渡大西洋的游历,去考察美国的企业和产业组织。科斯在美国把大部分时间花在访问工厂和公司的主管,通过与"真实家伙们"的交谈来发现他脑中挥之不去的疑问的答案。科斯为此可不吝啬时间,也不怕因为刨根究底式的收集实际资料而"弄脏了自己的手"。作为年轻学人,科斯当然也访问了美国的学院和书斋,不过他只用"很少的时间去听课"。即便是鼎鼎大名的芝加哥大学经济系奈特教授的课程,科斯也不过旁听了几次而已。科斯关注的问题不是从先辈学者的著作里找到的,因此他也

---

⑦ 见 Coase(1988:1—3)。
⑧ Coase(1988:24)。

不指望从现成的著作里找到现成答案。1932年的美国之行,使科斯果然从工厂和公司的办公室里发现了市场里为什么存在企业的理由。回到英国后,科斯在1934年写下了他的草稿。三年后,这篇几乎未经修改就发表的草稿,就是今天举世皆知的"企业的性质"。

第二,重点调查问题的约束条件。真实世界五光十色,因此到真实世界里求学问绝非一件易事。科斯的法门是,着重调查问题的现实约束条件。他到美国调查企业时,心中想的是市场里为什么存在企业,但问出口去的却并不是"贵企业为什么存在"这样可能让人摸不着头脑的问题。科斯到处发问:"企业在什么条件下购买产品,在什么条件下运用这些产品的要素来自己制造?"这其实就是在调查企业存在于市场的约束条件。我们知道,科斯不用"虚例"而偏爱用实例。"虚例"是想象世界的简化,比如在经济学著作里屡屡出现的"孤岛上的鲁宾逊"之类,其好处是"易于处理",用得好可以有助于说明复杂的理论。但虚例的危险性在于可能完全不反映问题的现实条件。试想问题都"虚"掉了,答案怎么可能增加人们对真实世界的理解呢?在这一点上,"实例"的比较优势显而易见。实例是真实世界的简化,因此实例中总是包含着现实约束。不过,在简化真实世界里发生的故事时,也有可能将一部分重要的真实约束简化掉。所以科斯不但偏爱用实例,而且偏爱用经过他本人下功夫调查的实例。比如英国历史上的灯塔究竟是政府还是私人修建的,美国联邦通信委员会如何通过分配频道资源集中了权力,福特汽车公司与其零配件厂的一体化程度,在这些后来变得著名的问题中,科斯都是一面利用大量一手或二手的材料弄清事实的来龙去脉,一面自己来对事实"简化",从而得到可用于经济学研究的"够格的"实例。

第三,把对实例的分析一般化。实例包含了回答问题的要素,但是实例本身并不能自动回答问题。从实例研究到得出对真实世界里经济制度、经济组织和人的经济行为的理解,中间还需完成一个思想跳跃,这就是把从实例中得出的认识一般化。回到科斯的企业研究:他不但调查了一批美国企业"在什么情况下购买、在什么情况下制造"的实例,而且从中把各个不同的现实情况一般化为如下这样一个判定:"如果企业为购入要素自己制造而支付的费用低于它直接从事产品买卖的费用,企业就制造;反之,企业则购买"。这个一般性判定是思维上的一跃,因为科斯从中提炼出一个更为一般的经济学概念——交易费用。经此,"企业"和各种复杂合约就如同"产品和劳务"一样,变得"易于处理"了。以往的经济学忽略了交易费用,或者不言自明地"假设"交易费用为零,所以无法分析市场里的各种组织;科斯从实例分析中一般化出交易费用,扩充而不是抛弃了经济学的分析框架使之可以"处理"企业问题。因此,当我们读到"企业的组织费用在边际上等于企业支付的市场交易费用"时,我们再也不会吃惊这已经是一个标准的经济学命题了。这说明,科斯的实例研究可不是满足于那些"可以一把火烧掉的描述性资料",他要"咀嚼"实例,把实例里面包含的逻辑和道理一般化。

以上讨论表明,至少有三个关键词在科斯的方法论里占据重要地位:真实世界、约束条件和一般化。这也提供了是否运用科斯方法的几个恰当的"指标"。下面,我们就据此来评论天则所的制度变迁案例研究。我们将看到,天则这批研究成果的长处和不足,是可以通过这几个关键词的讨论来发现的。

三、引人入胜的真实世界

天则研究所的这批研究成果首先显示,在真实世界里发生的故事,经过经济学家的精心整理,可以变得非常引人入胜。首批九个案例,个个精彩,虽然不同的读者可能会觉得它们精彩的程度各不相同。

细究起来,使真实故事引人入胜的一个基本要素是,在真实世界里发生的事往往与"大家公认"的逻辑相抵触。在这种场合,"公认"会发生的没有发生,而"公认"绝不会有的事却偏偏来了。在这类"与常理不合"的故事中,最引人入胜的恐怕要数那些与"权威"预言或断言不相一致的真实了。任何一个喜欢探究的人不免要问:为什么"反常"? 这样的问题当然引人入胜。

举几个天则提供的例子吧。比如人们曾经公认,社会主义国家的政府是不会(或不应该)允许任何一种计划额度(票证)的买卖合法化的。这种共识的合理性在于,计划额度(票证)乃政府发出的分配凭证,并不是"由劳动创造",本身"无价值",要是官方容许计划额度买卖,岂不就是纵容"不劳而获"? 迄今为止,上述公认的逻辑在绝大多数场合依然有效,因为官方对为数不少的计划额度(票证)的地下买卖,从来采取禁止、打击和取缔的立场。但是,有一个却是例外:外汇额度交易。盛洪抓住这个例外细说从头,研究其何以从非法买卖演变成官方许可的合法交易,并且成为我国外汇管理制度改革的一个过渡形式。⑨ 这样的故事当然引人入胜:政府在什么条件下承认并保护

---

⑨ 见张曙光主编(1996),第3章。

"权利的交易"?又比如,人们公认"重复建设、重复引进"是一种社会资源的浪费。从几十年前宣传计划经济优越性,到近几年批评经济建设中的时弊,"无政府竞争造成的浪费"总是一个基本的论据。但是,刘世锦、江小涓深入冰箱行业的调查,却表明恰恰是这种伴随着"浪费"的竞争,推动了冰箱行业的质量进步和规模经济,同时还有效地缩短了满足市场需求的时间。在这个冰箱的故事里更为有趣的是,那些以废除竞争、"计算起来更优"为特征的所谓"产业政策",不是根本无从实施,就是浪费更为严重。这些事实与"常识"如此不一致,人们总会有兴趣多看一眼"不应该有的"事实吧。⑩

本书中最引人入胜者,要数成都和上海两地股票市场的案例。这两个故事堪称上品,一方面是因为它们记录了中国20世纪90年代改革的一个重要进展,另一方面是因为它们很好地表明,比较复杂的交易形式所需要的那些支持系统,可以怎样"反常地"在中国形成。不少学者相信,应该在初级市场改革(如产品市场放开)的成果稳固之后,应该在企业改制见效之后,应该在一系列法律法规建立健全之后,特别应该在政府有条不紊的周全安排下,才可以考虑开放比较高级的市场(如股票交易和期货交易)。但是,杨晓维关于成都"红庙子"股票交易自发成市的出色研究,却表明在某种条件下(一个足够强的盈利预期、政府放宽管制和其他),个人和自愿团体也有可能主导"为完成复杂交易不断界定产权"这样似乎只有政府才能提供的公共品的供应。⑪"红庙子"发生的事的确是一个"倒爬楼梯"的个案:在初级交易还混乱无序的情况下,大体靠自发势力实现了股票这样符号化产品的高级交易。这个故事的引人入胜之处就在于它"不合已有逻辑"的真实。你看,在法规、服务和什么都不健全或根本不具备的情况下,这些四川人居然用钱买"纸头"——早期的股票——而使交易达到"每天10万—30万人、成交额1 000万元"的规模!

相比之下,陈郁提供的上海股市的故事就不像"红庙子"那样大起大落。不过,上海的真实也同样引人入胜:无论政府如何努力"规范"股票的柜台交易和场外交易,这种交易的"私人契约"特性——自由成交——总是无法改变的(改变的只是在"合法"、"非法"或"半非法"条件下实现私人契约的交易费用)。这场"规范"与"(持股人)牟利本性"之间的博弈,一直到上海证交

---

⑩ 见张曙光主编(1996),第7章。
⑪ 同上书,第1章。

所——一种把股票自由竞价制度化的组织——成立才算告一段落。⑫ 陈郁的故事说明,那些试图"消灭"千千百百股民卑微牟利动机的"规范",根本不是秩序之源,因为它们总是无法实行。相比之下,上海的公开和私下的股票柜台交易落得了一个比成都"红庙子"自发股票买卖更长远的制度结果。不过这一点不重要。制度演化史并不以成败论英雄。重要的是这两个故事共同揭示了在真实世界里制度和组织变迁的动力机制。伦敦、纽约和香港成为全球的金融中心,有许多因素共同起了作用。但是如果我们仅仅从成文的规范条款里去探查,我们一定会迷失方向。因为在每一条成文规范的底部,都熔铸着深厚的由利益驱动的自发努力、创新尝试、出了格的想象力和"家伙们"的看似疯狂。对自发性毫无理解的人要称懂得市场经济,恐怕只是他们的自说自话。

引人入胜的故事,得来却不容易。天则所的同仁看来直接秉持了科斯的作风:"尝试着从工厂和公司的办公室,而不是从经济学家们的著作里找寻"⑬制度变迁的问题和答案。这种工作在哪里都不容易,但由于以下几点显得更加困难。第一,他们所确定的研究对象——制度变迁——本身比一般的研究科目更难以观察;第二,几乎任何一个领域、方面或组织的实际情况的累积性报告文本,在我国好像都特别稀缺,有限的一点资料还因为部门、地区分割以及"保密"等等而变得更为零碎;第三,成果评价系统对事实含量高的研究并不给予特别的鼓励。因此回过头去看,天则所组织这么一个立足真实个案的大型研究,没有很大的一股劲要去实践自己选定的方法论,恐怕做不下来。在张曙光关于这个项目的说明和"课题计划书"里,我们就可以读出这一股"气"来:"本项研究不仅要补上案例研究的空缺,而且要从中探索中国经济学现代化的道路。"⑭为了读到更多引人入胜的故事,我愿意在此高喝一声:此志当贺,愿君能长久。

四、"看不见的"约束

每一个引人入胜的故事里,至少可以提出一个引人入胜的问题。抓到了问题,如何"打开"呢?上文说过科斯的办法是,侧重调查问题展开和问题解

---

⑫ 见张曙光主编(1996),第 2 章。

⑬ Coase(1988:24)。

⑭ 张曙光主编(1996:311)。

决的现实约束条件。对于制度性约束这样的"社会软件",科斯从经济行为的结果出发,追寻那些"看不见的"制度约束的影响。我们已经看到在天则案例里包含了相当不少一等一的制度变迁问题。紧接而来的,是研究者在多大程度上揭示了这些"似乎不该发生的"真实的现实约束条件,并通过这种揭示,增加人们对真实世界的理解。在这一方面,我对天则首批成果的评论是,一些案例做得比较好,一些还不够好。

比如张宇燕研究的联通公司案。[15] 他的问题极为重要:为什么国家在电信业这样一个重要、敏感、"自然垄断特性"明显的部门,率先放松了管制,准许联通公司冲破邮电部的独家垄断? 张宇燕的报告,至少在两个方面表现出他具备回答这一重大问题的实力和潜力。第一,张文清楚而简洁地勾勒出电信行业从独家垄断到"双头竞争"的全貌。这极不容易,因为本案例涉及电信业、三个相关部委、军队机构和国务院高层决策,调查难度极大。第二,作者的理论修养使他直抓问题要害——国家增加了电信牌照的发放而弱化了政府独家垄断。但是,当本项研究进展到要回答"国家在何种约束条件下才'反常'地放松了电信管制"这一中心问题时,张却用"一个基本判断"——"中国电信业的放松管制直接滥觞于财政拮据"[16]——代替了进一步的调查。事实上,张的判据并不充分:"我们至少可从表面上看到,电信业放松管制与财政困难同时出现这一'巧合',其背后可能有着某种必然的联系。"[17] 这其实只是一个猜测,因为两个同时发生的事件并不意味着"有必然联系"。猜测当然是需要的,甚至我们说在科学上猜测必不可少。但是,猜测也必须成为进一步调查和验证的题目。问题是作者再也没有下功夫查验他猜测到的"某种必然联系",而是引用了一番诺斯和希克斯关于 17 世纪英国国王通过出售特许权增加财政收入的见解,就断然写下了他的"基本判断"。对此,一位看来非常熟知电信行业的评论人秦海,指出张的这一判断"是武断的"。[18] 本书执行主编张曙光,在介绍张文的理论意义和实践意义之后,也指出"把电信业放松管制归之于财政困难并不确切"。[19] 但是无论秦海还是张曙光,看来也都没有提出一个更好的解释。秦海的替代性结论是"中国电信业的放松管制是电信业生产力变化的结果"[20],张教授的则是"其直接原因是巨大需求压力下的高

---

[15] 见张曙光主编(1996),第 6 章。
[16] 张曙光主编(1996:167)。
[17] 张曙光主编(1996:157)。
[18] 张曙光主编(1996:182)。
[19] 张曙光主编(1996:19)。
[20] 张曙光主编(1996:182)。

额盈利的吸引"。㉑ 不知各位读者以为如何,我读了这两个替代性的结论,反倒觉得还不如张宇燕原来的猜测更有潜在说服力。不过这无关紧要。重要的是两位评论人都没有从方法论上批评张宇燕,也都没有"咬住"作者非要他继续查验否则不放他过马。对此我的批评是,他们和作者一样,把"调查现实约束"这一重点看轻了。"国家在什么情况下放松电信管制",如同"企业在什么情况下购买,在什么情况下制造"一样,是不可小看的关键。在这样的关节点上,猜测也罢,前辈经济学家已有著述也罢,都有意义,但代替不了真刀真枪的探查。

有趣的是,当盛洪研究"为什么外汇额度交易被唯一认可"和张曙光研究"中国如何走向放开粮价、取消粮票"这两个案例时,他们的灵感也共同来自诺斯"财政考虑基本左右着政府的决策"的观点。㉒ 这不奇怪,因为在诺斯之后,要成功地解释政府在制度变迁中的动力机制而无视诺斯的见解,几乎是不可能的了。但是,同样的财政补贴压力,为什么在外汇交易上是允许其合法化,在粮票问题上却选择了压缩计划购销、扩大自由粮食市场的路线呢?就这一点而言,把盛、张两例放到一起后反而没有一个清晰答案。我认为这里的弱点可能是作者在重点调查约束条件时,在取舍方面下的功夫不足。试想当年福特汽车公司决定一部分零部件自己设厂制造,另一部分购买时,一定有许许多多因素起了作用。科斯在调查时,一定花费功夫对所有因素进行取舍,否则他怎么会最后集中到"工厂组织费用"和"通过市场购买的费用"这个要害的约束条件上来呢?㉓ 在现实的、诸多的约束条件中,必有一些更一般、更重要、更基本。研究中不仅要通过调查"取"这些重要的约束条件,而且要经过调查分析"舍"掉那些无关紧要的因素。否则,下一个步骤——"把个案一般化"——是难以入手的。

对照起来,本书关于自发制度创新的约束条件的研究,给人留下的印象简明而清晰。成都"红庙子"案例的中心问题是"自发的股票交易在什么条件下可以达到可观的规模",杨晓维回答这个问题时应该也有猜测,但他把注意力"聚焦"在调查一个物件上——股东身份证的复印件。调查的中心线索是,"同时持有记名股票和原始股东的身份证复印件,是否可以过户"。可以过户,股票自发交易——一种权利的交易——就有了保障;不可以过户,自发

㉑ 张曙光主编(1996:19)。
㉒ 分别见张曙光主编(1996),第3章、第9章。
㉓ 见 Coase(1937)。

交易图利就没有制度基础。"红庙子"自发股市的"弱小—兴盛—衰竭"三部曲,果然就是与股东身份证的复印件"不被承认—承认(企业承认而地方政府不反对)—明令禁止"相对应。㉔ 我们都知道从产权确立到产权可转手,是制度变迁中的惊险一跳。新制度经济学对产权的排他性界定和产权可交易性的讨论,包含着复杂的内容。但是我们(至少我自己)绝不可能想象、推理和设计出,支撑一项(颇为复杂的)权利交易的最必备的制度条件可以如此"简单"。分散的自发创新过程所拥有的成本最小化能力,实在令人叹为观止。陈郁的调查更进一步,他发现在上海股票的自发交易阶段,"过户专业户"甚至有本事办成那些没有原始股东身份证的"最次品"股票的过户手续,因而那里的大规模的股票私下交易是通过一个"分工结构"来实现的。㉕ 经济学家通常是通过"价格差"来解释"交易",似乎只要差价——买入卖出股票的差价,买卖票证的差价以及诸如此类——足够大,交易就会发生,但是,把差价转化为当事人的收益需要制度——"看不见的制度"——的支撑。杨晓维和陈郁眼力不凡,一个看见了"身份证",一个看见了"过户专业户",大大帮助了我们理解真实世界里权利交易的约束条件。

五、把实例分析一般化

天则所首批成果最薄弱的一个环节,在我看来是"把实例分析一般化"。这并不是说,天则的案例研究缺乏理论色彩和理论深度。恰恰相反,本书理论要素的密集、新颖和广泛,不但以往许多调查报告集不可比拟,就是相当一些"理论专著"也难以望其项背。比方唐寿宁讨论的"立宪性规则选择缺失条件下的行政性一致同意"㉖,就是交给经济学博士生去阅读,也还是令人担心可能过于艰深。从这一点看,本项研究绝不是就事论事之作,符合项目设计中"进行经济学理论创新"的自我期许。

问题是,"前理论十足,后一般化不够"。此话怎么讲呢?九篇案例研究报告中,至少六篇的引言或导论立足于制度经济学的理论来提出问题。这就是所谓"前理论十足"。提出问题,描述个案,分析讨论,假设检验,一路来到结论。可是,读来最令人气短的,是在绝大多数文章的结论里,作者都不再费

㉔ 见张曙光主编(1996),第 1 章。
㉕ 同上书,第 2 章。
㉖ 同上书,第 5 章。

心把研究过的实例一般化。

口说无凭,有兴趣的读者还是随我快速翻阅一下九篇案例报告的结论部分。樊纲、刘世锦和江小娟两篇[27],结论用来讨论政策;孔泾源和张曙光则集中展望制度的演化方向(一个正向,一个逆向)[28]。政策和展望当然重要,但它们都不是对实例中的经济行为或制度变迁过程进行抽象分析而得出的一般化结晶。张宇燕的案例分析理论性很强,但结论部分不知怎么来了一个"中国古典式"的模棱两可:"国家垄断的强化和弱化,特许权的扩大与缩小,至少用历史眼光看,恐怕也只能是一件因时而论而定的事情。"[29]唐寿宁越写越实,图书馆的案例被放到附录,全篇以故事和故事的概括收尾,没有为提炼他的故事留下空间。[30] 陈郁结论中的"经验总结"部分一样是故事的概括,而"理论总结"部分里的概念,如他的评论人张军批评的,"并没有在先前的案例分析中得到相应的体现和运用"[31]。换言之,不是自己研究过的实例的一般化,而是外来的一般化。

在我读来,九篇中只有杨晓维和盛洪两篇的结论用心对实例中的行为和过程进行抽象。杨晓维的故事一流,已如上述,他的结论也提升了实例中包含的有关"制度创新"的一般道理。但是,杨的结论似乎仍然过多地受到经济学家已有"框架"的束缚。"红庙子"的故事其实已经表明,所谓"自发的"股权交易不仅包含着纯粹"私人和自愿团体"的努力,而且包含着地方政府的默许和中央政府在一定时间内的鞭长莫及或眼开眼闭。"红庙子"的兴盛,是私人和自愿团体在盈利潜能的驱动下,与地方政府利益达成一种默契的结果。后来这个默契瓦解了,"红庙子"市场也由盛转衰。因此,这里有可能得出比"自发的制度创新和强制的制度创新"范式[32]更为丰富的创新范式——创新可能超出了纯粹私人自发的水平,但却还并不是政府强制性引导的结果。只要私人努力"诱致"政府不反对或默许,制度创新也可能发生。但是杨的结论限于"自发创新"和"强制创新"范式的讨论,虽然他对政府强制创新模式留下了深深的怀疑。我自己在研究农村改革的实例中也发现,包产到户合法化,就既不是纯粹的私人努力,也不是中央政府强制性创新所能实现的,而是在农民

---

[27] 分别见张曙光主编(1996),第4章、第7章。
[28] 分别见张曙光主编(1996),第8章、第9章。
[29] 张曙光主编(1996:172)。
[30] 见张曙光主编(1996),第5章。
[31] 张曙光主编(1996:53)。
[32] 林毅夫(1989)。

和政府(首先是地方政府)之间的互动中达成的。㉝ 这里正好一并提出来求教于晓维、毅夫和其他读者。

盛洪的结论部分对计划权利的交易在什么条件下可以合法化做了很好的一般化归结。从结论里,我们可以得到对计划体制转型的、超越外汇额度交易个案的更一般的理解。盛洪的结论不是没有再讨论的余地,但在科斯方法论的意义上,我对他的结论没有批评。顺便提一下,这个案例写法几乎没有"前理论"色彩,盛洪显然把抽象的力气都留到了后部,也就是把实例一般化。㉞ 在天则同人当中,只有盛洪访问过芝加哥大学法学院,当面得到科斯的指教,也许因此盛洪的研究风格就受到科斯的"传染"。略为遗憾的是,盛洪的"再传染力"好像还不够强。

我们无从知道天则所首批成果在"把实例一般化"方面普遍薄弱的全部原因。只有他们自己的总结才更可靠。但有一个推测我要不揣冒昧地在此提出,这就是研究工作中的资源配置(研究基金和时间)常常可能失当。据我观察,现在利用研究基金的项目,几乎没有不重视事实调查和数据收集的。但是,往往数据到手之后,精力、经费和时间都不多了,正好匆匆了事,再奔下一个。其结果,对千辛万苦收集的原材料的加工再加工不足。原料还没有被充分"咀嚼",就"上市、出口"了。1991 年我刚到 UCLA 时,南加州大学两位教授研究中国的乡镇企业。我们一起谈过几次,也收集了一批资料。过了不久,他们写出了一份 200 页的项目书,内容包括背景、问题、已有文献、假设、模型、数据来源说明和初步检验结果。这份项目建议书显然要比国内许多研究成果更像"研究成果"。后来我知道,在美国手里拿着"半成品"或"大半成品"申请研究基金的可不是少数。这种"国际惯例"对科学研究的利弊如何,我没有全面评论的资格。但是这种做法至少有一点好处,一旦得到资源,可有力量对"半成品或大半成品"施加精加工。天则这批成果,花在再加工方面的资源应该说已经不少,从本书中执行主编给许多作者的建议修改信和评论人的评论,可以看出。但即使如此,本项研究中"尚未开发的价值"还是极为可观。主办方如果有意,不妨考虑对这批已经对真实世界下过功夫的作者们追加资源,专门用于再整理、再提炼和再"咀嚼",专门用于逼迫他们"静想"和"静写",如此,有希望"憋"出一些对中国制度变迁的更高质量的"一般化"认识。

㉝ 周其仁(1995)。
㉞ 见张曙光主编(1996:80—81)。

六、超越"实证经济学"

在利用科斯方法论的几个关键词对天则的制度变迁案例研究作了一番评论之后,我想回到对科斯方法论的一点"误会"来结束本文。科斯倡导的研究真实世界的经济学,常常被叫作"实证经济学"。更为广泛的,是把一切研究现实的作品,都称之为"实证经济学"。例如,本书执行主编张曙光就把案例研究看成"是进行实证分析的重要方法"㉟。

实证经济学(positive economics)因为涉及哲学上实证主义的影响而源远流长。经典的实证经济学强调理论的精确性可以由假设与事实的一致性而得到基本检验。㊱ 但是自从弗里德曼 1953 年"论实证经济学的方法"的论文发表之后,此种经济研究方法论变得特色鲜明而影响广远。㊲ 弗里德曼的中心论点是,各种互相竞争的理论的优劣,应当以它们产生的"推测"(prediction)的准确性来衡量。对于弗里德曼来说,可用经验事实检验的推测是经济研究的核心。如果经济学家提出一个能与事实"令人惊奇地一致的"推测,那么这个推测有没有现实的基础并不重要。在弗里德曼看来,如果简洁的、想象的推测能被验证,说明理论能用较少的投入解释大量的事物,恰恰是理论"经济性"的表现。虽然弗氏的这种实证经济学后来受到许多批评,但是经济学家试图"猜出"一个与数据一致的推测的方法,还是大行其道。

科斯对以上方法并不满意。对于以检验假设与事实一致性为中心的实证经济学,科斯强调假设必须首先是真实的。对于弗里德曼式的实证,科斯更是斩钉截铁地表示"经济学家不可能,也不应该在推测的准确性的基础上选择他们的理论"。㊳ 在这一点上,科斯同哈耶克一样,质疑经济学家是否比别人更有能耐来提出"推测"。㊴ 他不认为经济学家的主要工作是提出推测并检验这些推测。经济学家选择理论限于理解、解释我们所处的真实世界。要在多种可能的理论中做出选择,可靠的基础在科斯看来只有一个,那就是"既真实,又易于处理"的前提性假设。科斯毕生的工作,就是在发现、找寻

㉟ 张曙光主编(1996:6)。
㊱ 例如,Robbins(1932)。
㊲ 见 Friedman(1953)。
㊳ 见 Coase(1988:24)。
㊴ 见 Hayek(1952)。

"既真实,又易于处理"的前提。众所周知,他找到了一个,这就是"真实的市场交易费用不为零"。根据这一点,我以为科斯倡导的研究真实世界的经济学方法论是不同于实证经济学的。原则的区别有两点:其一,前提性假设必须真实而又易于处理;其二,主要使命是发现人们经济行为的逻辑,从而增加我们对真实世界里人的行为的理解,而不是推测和检验推测。诚如科斯自己在获诺贝尔奖时所言,他没有给经济学贡献过什么高级的理论,但他的工作——找寻一个更现实的前提性假设——却改变了经济学的基础。

研究真实世界的经济学能比实证经济学在后辈学人里获得更大的回响吗?它能比实证经济学累积起更丰盛的研究成果吗?它真能够弥补实证经济学的方法里还包藏着的某种"回避真实"的那些缺陷吗?这些我们都不知道。不过我们也不必为这些终究要由"思想市场"来决定的问题过于劳神。重要的是,我们知道有了不同于实证经济学的方法,知道了有一小批经济学家开始实践研究真实世界的经济学。作为中国读者,我们还格外高兴地知道,研究真实世界的经济学开始了它在中国的实践。天则所的工作远不是完美无缺的,但他们比较系统地开始了,这点十分重要。

参 考 文 献

[1] Cheung, Steven N. S. 1983. "The Contractual Nature of the Firm", *Journal of Law and Economics* 26, Vol. 1, No. 2.

[2] Coase, R. H. 1937. "The Nature of the Firm", *Economica* 4: 386—405.

[3] Coase, R. H. 1988. "The Nature of the Firm: 1, Origin, 2, Meaning, 3, Influence", *Journal of Law, Economics, and Organization*, Vol. 4, No. 1 (Spring): 3—47.

[4] Friedman, Milton. 1953. "The Methodology of Positive Economics", in *Essays in Positive Economics*. University of Chicago Press.

[5] Hayek, Friedrich August von. 1952. *The Counter-Revolution of Science: Studies in the Abuse of Reason*. Glencoe, Illinois: The Free Press. 中译本见《科学的反革命:理性滥用之研究》,冯克利译,译林出版社 2003 年版。

[6] Robbins, Lionel. 1932 (1935, 2nd ed.). *An Essay on the Nature and Significance of Economic Science*. London: Macmillan.

[7] 林毅夫,"关于制度变迁的经济学理论:诱致性变迁与强制性变迁"(1989),刊科斯等,《财产权利与制度变迁》,刘守英等译,上海三联书店 1991 年版,第 371—418 页。

[8] 张曙光主编,《中国制度变迁的案例研究》第 1 集,上海人民出版社 1996 年版。

[9] 周其仁,"农村改革:一个制度变迁史的回顾",《中国社会科学季刊》(香港),1995 年第 6 期。

人力资产的产权特征[*]

人力资本理论,像不少读者知道的那样,是将经济学关于"资本"的概念和理论,推广到对"人力资源"的分析上来。一些经济学的先驱们,探究了经济增长中何以总产出的增长比要素投入增长更快的原因,发现健康、教育、培训和更有效的经济核算能力等,是现代收入增长的日益重要的源泉。这个认识一般化后,人力资本经济学家就把人的健康、体力、生产技能和生产知识等看成是一种资本存量,即可以作为现在和未来产出及收入增长的一个源泉。

"资本"的产权特性,如同其他"物"的产权特性一样,许多人认为是清楚的。事实上,大家讲产权,好像不言而喻地都是在讨论"物"(property):产品、货币和其他财货。讲到"资本",不外机器、设备、厂房、场地、可周转的钱、道路、桥梁,等等。所谓资本的产权,当然就是这些可以投到生产过程生利的"物品"的那一束权利,也就是资本的所有者拥有资本品的收益权和让渡权。

这里,私人资本的所有者通常被叫作资本家。在一个经济里,如果人们的经济地位由其拥有资本产权的大小来界定,人们的社会地位也受其所拥有资本产权的多寡而决定,进而社会经济活动由资本家来主导,这个社会被称为"资本主义",大概就在所难逃了。

虽然自布劳代尔以来,不少经济史学家和经济学家都已经指出过,"资本主义"这个概念实在含糊不清,但"资本主义"还是大行其道。[①] 对我们中国人而言,无须改革开放,即使穷乡僻壤的"山村野夫"也对"资本主义"耳熟能详。改革开放对此实在毫无"贡献"可言。改革开放只是改变了一部分中国人对"资本产权"和"资本主义"的价值评判(另一部分人坚持不改,于是有"姓

---

* 本文写于 1996 年 9 月。
① 见布罗代尔(1997)。

资姓社"之争)。普遍的观念变化也是有的,比如过去总以为"资本的产权"是与社会主义对立的东西,现在不同了,"国有资产保值增值事关国家命运"已成为主流意识形态的一个组成部分。资本产权,无论属于私人、社团、企业还是国家,就其每日每时每分每秒争取资源利用的价值增加而言,从日常的财产制度到宪法安排都保障这一点,已经无须多说了。这就是说,"资产的产权及其特点"在哪里都是清楚明白的。

一、人力资产与个人不可分割

人力资产的产权问题就不同了。首先是"人力资产究竟有没有产权",这本身就是个问题。说来有趣,难点还不在于能不能找到好的答案,而在于问题本身很难明明白白地提出来!权利问题总是和"排他性的归属"连在一起的。经济学家定义的人力资产,包括人的健康、容貌、体力、干劲、技能、知识、才能和其他一切有经济含义的精神能量[2],天然归属自然人。人力资产的每一个要素,都无法独立于自然人。这同任何"物"的资产不同。机器可以搬来搬去,厂房可以东拆西建,货币资本更能无腿而行天下。道路铺在地面,桥梁架在河上,但道路并不天然附属于地面,正如桥梁并不附属于河流。因此,当我们试着问"人力资产的产权"问题时,我们究竟是在问"人力资产的归属",还是在问"人的归属"呢?人力资产不可分地归属于自然人,天然如此,何问之有?至于人的归属,除了允许蓄奴的社会,哪里有人会往"这个人归谁所有"这样愚蠢的方向去思考呢?问题提不出来,就不会有答案。所以绝大多数人力资本文献,要么讨论人力资本的经济含义,要么测度其对经济增长的影响,但一般都不讨论"人力资本的产权"问题。运用人力资本理论劲头十足的学者,同时又对产权问题有兴趣的,寥若晨星。

首先碰到人力资产产权问题的,是研究过奴隶制的经济学家。1977年,巴泽尔(Yoram Barzel)在美国《法律和经济学报》上发表论文,提出奴隶经济中的一个有趣问题。在奴隶制下,奴隶在法权上属于奴隶主,是其主人财产的一部分。因此,奴隶主可以全权支配奴隶的劳动并拿走全部产出。但是,为什么在美国历史上有部分奴隶不但积累了自己的私人财产,最后居然还"买"下了自己,从而成为自由民呢?巴泽尔发现,作为一种"主动的财产",奴

---

[2] 见 Rosen(1987)。

隶不但会跑，而且在事实上控制着他自己劳动努力的供给。奴隶主固然"有权"强制奴隶劳动，但由于奴隶"主动的财产"的特点，奴隶主要强制调度奴隶的体力和劳动努力，即使支付极其高昂的"监控"(supervision)和"管制"(policing)的成本，也不能尽如其意。③ 为了节约奴隶制的运转费用，一部分奴隶主不但只好善待奴隶，如福格尔发现的那样，而且只好实行定额制(quota)，允许奴隶将超额产出部分归己，于是一些能干的奴隶因此拥有"自己的"私产，直到积累起足够的私家财富，最后有钱"赎买"自由身份。④

这位巴泽尔，是张五常教授当年在华盛顿大学的同事。据张五常在1984年的回忆，他在巴泽尔提出"主动的财产"概念时，曾经将自己以前因为想不起这个特征，所以未能解释奴隶解放的经济原因的体会告诉了他。现在有了"主动资产"概念，张五常就作了一番精彩的发挥："劳力和知识都是资产。每个人都有头脑，会作自行选择，自作决定。我要指出的重要特征，是会作选择的人与这些资产在生理上合并在一身，由同一的神经中枢控制，不可分离。跟这些资产混在一身的人可以发愤图强，自食其力，自加发展或运用，也可以不听使唤，或反命令而行，或甚至宁死不从。"⑤ 上文提到人力资产与人不可分开的特点，由此而来。

二、人力资产的私产特征

但是，张五常并没有从"人力资产的产权"角度来提问题，他没有进一步问："既然人力资产不可分地与人合为一身，那么人力资产的产权形式有什么特点？"没有问，就不会答。这在解释某些现象时，未免力有所不逮。这一点，在他与诺贝尔经济学奖得主、人力资本理论创始人舒尔茨的一个意见分歧中可以看出来。1982年，张五常曾写过有一本关于中国前途的小册子，书中有一个判断，即人力和知识在当时的中国并非私产，而非私产的人力和知识会影响其经济利用。舒尔茨读罢，写信批评："人力在中国就不是私产吗？"张五常回应，舒尔茨怎可以认为人力资产——这包括知识——在中国是私有的财产呢？"他（指舒氏）曾到中国讲学，怎会连中国人没有自由选择工作或没有自由转让工作的权利也不知道？私有产权的定义，是包括自由转让、自由

---

③ Barzel(1989)。
④ Fogel and Engerman(1974)。
⑤ 张五常(1988:181)。

选择合约的权利。在人力及知识的资产上,这些权利在中国是没有的。所以这些资产在中国不能算是私产。"⑥

张五常这一反驳大有道理。只是他也许没有意识到,他的这个论据与上引"人力资本与人天然合为一身的特征"之间,存在着逻辑不一致。试想,如果人力资源天然与人本身合而为一,那么人力资源在法律上只能归属私人,除非法律保护蓄奴制,可以将人为奴。这一点,一位新劳动力经济学的代表人物罗森(Sherwin Rosen)作过说明,他指出,人力资本的"所有权限于体现它的人"。但是罗森在解释人力资本只能属于个人的产权特性时,用了一个限制条件——"在自由社会里"。他的意思是,只有在不允许将人为奴的法律条件下,人力资本属于个人才是真实的。⑦ 但是读了巴泽尔关于奴隶经济的研究后,我们可以认为,即使撤去"自由社会"这一限制条件,即便是在蓄奴合法的制度下,由于人力资源的独特性,人力资源在事实上也还是只能归属于私人。毕竟,人力资本作为一种天然的个人私产,甚至奴隶制的法权结构都无法在事实上无视其存在。这就是说,人力资本的资源特性使之没有办法不是私产,至少,没有办法不是事实上的私产!

回到上述舒、张两位的分歧。要论熟悉中国的情形,舒尔茨不如张五常。但舒尔茨可能是按照逻辑"猜"的。试想,人力资本各种要素天然附属于人,"强制运用"人力资本的体制费用高得难以想象,这样的资产自然非私产不可用。这是"人情"所系,与国情无关,放之四海而皆准。舒尔茨到底是人力资本理论的创始人,对人力资本的各种形态研究下过更多的功夫。他平时似乎很少用"产权分析",但遇到与人力资本有关的产权问题,他一"猜"就猜了个准:人力资源在中国其实也只能是私产。

三、没有自由选择仍是"私产"

不过,张五常的实际观察又怎么可以忽视? 在计划制度下,中国人确实没有自由选择工作或自由转让工作的权利。城里人工作靠分配,乡下人不准随便进城;体力劳动,做不到多劳多得;技能技术专长和生产知识都不是特别值钱;发明没有专利,创新不受法律保护;企业家才能更是免谈,谁"发现市

---

⑥ 张五常(1988:173)。
⑦ Rosen(1987)。

场"，谁就是"走资本主义"，等等。人力资源的各种要素、各种表现，统统不得自由交易，也因此没有市价。人力资产的因素固然"附着"在人的身上，但就是不允许人拿自己的人力要素来交易，来自由选择利用这些要素的合约。这哪里能叫私产？产权者，"一种通过社会强制而实现的对某种经济物品的多种用途进行选择的权利"也。[⑧] 现在私人选择利用其人力资本的权利不充分自由，张五常教授一路推理下来，纳闷舒尔茨怎么还能把这样的制度约束下的人力和知识，仍然看作"私产"呢？

舒氏有理，张氏亦有理。我等后辈，如何是好？一般而言，同非人力资产一样，如果限制市场自由成交，当然会导致人力资本的产权出现德姆塞茨意义上的"残缺"，也就是在完整的人力资本的利用、合约选择、收益和转让等的权利束中，有一部分权利被限制或删除。产权"残缺"严重到一定地步，私产徒有其名，一纸法权空文，毫无经济意义。这个道理不错，但是，有一个问题应该进一步问：当产权残缺发生时，人力资产的反应方式与非人力资产的"反应"（如果它能反应的话），是一样的吗？

不一样。人力资产是"主动资产"，天然属于个人，并且只能由其天然的所有人控制着这种资产的启动、开发和利用。因此，当人力资产产权束的一部分（或全部）被限制或删除时，产权的主人可以将相应的人力资产"关闭"起来，以至于这种资产似乎从来就不存在。人不高兴的时候，纵然是国色天香也可以"花容失色"的。普通资质的，给你一个"门难进，脸难看"，那就是负值资产了。体力资源呢，也难办得很。最简单的劳动——种地，只字不识的农民要是不乐意干，天大的"神仙"也奈他没辙：他可以"出工不出力"，可以"糊弄洋鬼子"，谁能把他怎么着？技能、专长和生产知识，这些要素就更麻烦一点，因为无形无影，你就是有绝对权威发威风，也不知从何下手。天南地北，有一绝技在手者，只需一句"你干一个我瞧瞧"，任你再厉害，也无法可施。"知识分子"，单单这个笼统字眼就令无数英雄累弯了腰。你看他"四体不勤，五谷不分"，且大多"手无缚鸡之力"，就是读了一点书，那个难办哟。你算他资产阶级、小资产阶级，难办；算无产阶级，好像更难办。一棍子打下去，绝大多数知识分子倒可以"夹起尾巴做人"，不过要他们创造、发明、供给有创意的思维产品，可就难上加难矣。其中共同的道理，就是人力资源的"主动资产"特性，使这种资产拥有反制"产权残缺"的特别武器。

[⑧] Alchian(1987)。

四、"产权残缺"自动贬值

更特别的是,这部分被限制和删除的人力资产的产权,根本无法被集中到其他主体的手里而作同样的开发利用。一块被没收的土地,可以立即转移到新主人手里而保持同样的面积和土壤肥力。一座厂房和一堆设备,也可以没收后投入另一个生产过程而保持同样的价值和效率。一堆"没有臭味"的货币,谁用都值那么多钱。但是一个被"没收"的人,即便交到奴隶主手里,他还是可能不听使唤、"又懒又笨",甚至如张五常说过的,"宁死不从"。换言之,人力资产是一种可能因为"产权残缺"而立即自动贬值的特别资产。人力资产及其所有者用来反制产权残缺和残缺产权的转移的基本机制,就是"主动"使这种资产的经济利用价值一落千丈,甚至瞬时为零。

由于这个特别机制,人力资产的产权私有性在各个制度结构里都不可能被消灭。即使在设想中的社会主义社会,一切生产资料(即所有非人力资本)都归了公,人力资产仍然归个人所有,也就是私有。把这一点阐述清楚的,不是别的什么"资产阶级经济学家",而正是马克思。在《哥达纲领批判》这部被叫作"成熟的马克思主义著作"的小书里,马克思讲到在他理想的社会主义社会里,还要默认"劳动者不同等的个人天赋,从而不同等的工作能力,是天然特权",还必须保留按照劳动者实际提供的劳动来分配消费资料的"资产阶级法权"。⑨ 虽然这个构想现在看来还是没有办法实现(因为一切生产资料归公、消灭商品生产以后,凭"劳动小时"来计量每个人的不同劳动贡献,除了在一个非常小又非常简单的"社会"里,根本不具可操作性)。这说明,即使把非人力资本的公有化程度推演到目前看来还不可实际操作的高度,人力资产的私有性还是挥之不去!改革前的中国计划经济,怎么也消灭不了商品货币,要"共"人力资源之"产",哪里做得到呢?

五、"发现市场",实现市值

人力资产这个东西还有一个特性,就是千方百计会找机会实现自身的价值。我们不是看到过,寒冬腊月在公家地里睡觉的"懒虫",一回到他家的自

---

⑨ 马克思(1875)。

留地里,居然会干得满头大汗吗? 当年"脸难看"的国营商场的售货员,走起"后门"来的干劲、热情和"服务质量",哪里会输给他们在西方世界里面带"职业微笑"的同行?! 凡夫俗子"走资本主义"的花样百出,无师可以自通。"知识分子"的名堂,更是"罄竹难书"也。这些写来可成"大全"的故事,说明了什么? 说明天然作为私产的人力,从来没有"干净彻底"地被消灭过。它要么"没有"了,在权利完全不被承认的时候; 要么顽强地表现自己,"发现市场",没有白市找灰市,没有灰市找黑市,"人还在,心不死",就是要实现自己的市值。

以上讨论,使我们得出人力产权的三大特征: 第一,人力资产天然归属个人; 第二,人力资产的产权权利一旦受损,其资产可能立刻贬值或荡然无存; 第三,人力资产总是自发地寻求实现自我的市场。如果对人力资产产权形式的上述特点一无所知,要理解现代经济学中热门非常的"激励"理论就困难重重了。为什么土地和其他自然资源无须激励,厂房设备无须激励,银行贷款也无须激励,单单遇到人力因素就非谈激励不可? 理论上可取的回答,是人力资产的产权特性使然也。

参 考 文 献

[1] A. Alchian. 1987. "Property Rights", *The New Palgrave: A Dictionary of Economics*, Vol. 2.

[2] Fogel, Robert William and Engerman, Stanley L. 1995. *Time on the Cross: The Economics of American Negro Slavery*. New York: W. W. Norton and Company. Reissue edition; first published in 1974.

[3] Yoram Barzel. 1989. *Economic Analysis of Property Rights*. The Press of University of Cambridge, New York.

[4] Sherwin Rosen. 1987. "Human Capital", *The New Palgrave: A Dictionary of Economics*, Vol. 2.

[5] 费尔南多·布罗代尔,《资本主义论丛》,中央编译出版社1997年版。

[6] 马克思,"哥达纲领批判"(1875),《马克思恩格斯选集》第3卷,中央编译局1995年版。

[7] 张五常,"新劳力经济学",《卖橘者言》,四川人民出版社1988年版。

农村改革：一个经济制度变迁史的回顾

中国经济改革正在广泛地改变资源利用的产权形式与效率。这场大变革的背景,是原有社会主义经济模式的失效和松弛。本文讨论这场大变革的发源——农村改革的经验。

20世纪80年代的中国农村改革,一方面是政府集中控制农村经济活动的弱化,另一方面是农村社区和农民私人产权的成长和发展。本文通过对农村改革经验的回顾,把政府行为引入农民产权建立、执行和改变的说明。本文的中心论点是,政府保护有效率的产权制度是长期经济增长的关键。但是,政府通常不会自动提供这种保护,除非农户、各类新兴产权代理人以及农村社区精英广泛参与新产权制度的形成,并分步通过沟通和讨价还价与政府之间达成合约。中国的经验表明,有效的私产权利可以在原公有制体系中逐步生成。

本文共分五部分:第一部分讨论政府与产权关系的理论,第二部分概述改革前农村产权制度的特征和由来,第三部分研究在人民公社体制内包含的变革因素,第四部分分析20世纪80年代农村产权改革的经验,最后是一个结论性评论。

一、已有的讨论:产权与政府

(一) 产权悖论

人们在广泛讨论产权问题时,常常利用的概念包括合约、激励机制、监督费用、排他性收益权、风险、机会主义倾向、组织成本和资产专用性等。所有这些概念涉及的基本上是社会成员的私人考虑和私人之间的关系。① 这表明,自科斯和其他经济学家开创性的工作以来,经济学理论对一个交易费用不为零和信息不对称、不完全的现实世界的理解大大加深了。② 在这个世界里,产权安排对于经济发展,再也不是无足轻重。但是,进一步的问题是,如果不把政府及其代理人的行为引入进来,我们是否能够真正理解产权制度安排及其变迁呢?③

如果产权纯粹是一种私人之间的合约,并且可以由私人信守来得到履行,那么政府就并不构成产权安排的一个要件。④ 遗憾的是,在任何大规模交易的现实中,不存在这样一个世界。⑤ 因此,当产权经济学家阐述产权的"排他性收益权利"时,通常都要强调产权是被强制实施的,因此产权的强度不能不涉及政府所提供保护的有效性。⑥

政府当然不可能免费保护产权,它为保护产权所能花费的资源归根到底来自产权的"贡赋"。换言之,产权从一开始就不那么完整独立,而注定要遭到政府的"纠缠"。当然,产权也可以通过纳税来购买政府保护,在这个场合,政府不过是一个唯一可以合法使用暴力并具有"规模经济"的组织,产权与政府的关系与任何其他平等的契约关系似乎并没有什么不同。⑦

问题在于,政府为什么不能凭借其唯一的对合法暴力的垄断地位而索价更高? 如果政府及其代理人也具有自利倾向,那么当它有可能凭其独一无二

---

① 这主要是指 Coase (1937,1960), Alchian and Demsetz (1972), Cheung (1969a, b)和 North and Thomas (1973,1981,1990)等人的工作。这方面的主要文献近年已被盛洪、陈郁(1990),刘守英等(1991)和陈郁、罗华平等(1991)译成中文。杨小凯(Yang,1993)的文章介绍了产权经济学及其数学模型的最近进展和他本人在这方面的工作成果。新制度经济学中的另一个学派即"不完全信息学派"批评上述"交易费用学派"不足之处的文章,可看 Bardhan (1989)。

② Coase (1937,1960)提出的交易费用概念挑战了新古典经济学一些似乎不言自明的假设,中心是维持一个充分竞争市场的制度费用为零。结果,正如 Schultz(1953)尖锐批评的,"经济学家的观点常常给人这样一种印象,好像只要有市场,企业和家庭就足以实现经济系统的运行"。

③ Furubotn and Pejovich(1972)指出,产权虽然是一种排他的权利,但不要因此指望它会成为不受限制的权利。由于大部分限制来自政府的强加,因此如果没有一个关于政府的理论,就不能说完成了产权理论。

④ 科斯定理似乎强调私人调解权利纠纷的重要性,但这仅以交易费用为零作为前提。当费用不为零时,虽然产权安排十分重要,但与其执行有关的制度和意识形态安排更重要。盛洪、陈郁(1990)把科斯定理分为第一定理和第二定理两部分,有助于我们理解这一点。

⑤ 在产权起源的讨论中,总免不了要遇到政府问题。Cooter and Ulen(1988)为此构造了一个模型来说明这个问题。

⑥ Alchian(1965:243)。

⑦ 见 Cooter and Ulen (1988),这也是 Buchnan and Tullock(1962)的论点。但还有其他分析政府行为的方法,见林毅夫的引述(Lin,1989:23—24)。

的地位索取高于其所提供服务的租金,甚至干脆完全剥夺私人产权来聚敛财富时,有什么机制可以阻止它这样做?正如我们在经济史上看到过的,政府侵犯产权引起长期经济衰退的教训,常常并不足以阻止政府及其代理人拒绝短期租金增加的诱惑。毕竟任何政府代理人的生命、任期及其理性程度都是有界的。也许正因如此,德姆塞茨在提出"产权残缺"(the truncation of ownership)这一重要概念时,不能不特别提到政府。他指出,产权残缺是指完整的产权权利束中的一部分被删除,而之所以如此,是因为"控制废除私有权利束的职位已被安排给了政府,或已由政府来承担"。[8] 很清楚,产权残缺是政府侵权的一种结果,完全不同于私产所有者等价购买的政府服务。德姆塞茨没有进一步展开讨论这一点,因为他认为关于政府的经济理论尚未发展到足以使我们充分理解政府及其成员的行为。[9] 现在我们看到一个我将之称为"产权悖论"的逻辑。一方面,产权不能完全不要政府而得到有效执行;另一方面,政府的引入又非常容易导致产权的残缺,以至于我们即使在理论上假设存在着一个理性政府,也无法完全避免无效产权的后果。

(二) 诺斯难题

诺斯和他的合作者曾经为西方世界的现代经济增长做过一个简明的结论,即有效的经济组织(产权)是经济增长的关键。[10] 不过他后来发现,有效的产权安排只是政府与私人努力互相作用所产生的多种可能结果中的一种,而不是在相对要素价格变化条件下的必然而唯一的结果。[11] 当诺斯后来试图回答一个更有意义的问题,即为什么在经济史上有大量无效率的经济组织的长期存在时,他提出了一个关于政府的分析框架,在那里,政府被认为具有使统治者租金最大化的动机,同时也愿意在此前提下降低交易费用以使税收增加。不过,诺斯注意到政府的上述两个目的并不总是完全一致,因为"在使统治者和他的集团租金最大化的产权结构与降低交易费用和促进经济增长的有效体制之间,存在着持久的冲突"。[12] 正是这个基本矛盾,说明了为什么许多经济无法实现长期增长。这样看来,早期荷兰和英国的成功,即政府权

---

[8] Demsetz(1988:18—19)。
[9] Demsetz(1988:19)。
[10] North and Thomas(1973)。
[11] North and Thomas(1981,1990)。
[12] North and Thomas(1981:25)。

力租金的最大化与有效节约交易费用之间的一致性,反而是一种偶然的巧合了。为什么恰恰这两个地方如此幸运地与众不同呢?⑬

哈贝马斯基于早期现代西方社会结构转型的研究,可能有助于我们理解这个问题。他从 17 世纪的英国和 18 世纪的法国历史中抽象出来的中心概念是"市民阶级公共领域"(bourgeois public sphere),即一个由私人市民阶级集合组成的公共空间,其功能不仅在于协调各种私人权威(private authority),而且在于代表市民社会(civil society)监督、约束、抑制和对抗政府可能侵犯社会的行为。⑭ 按照哈贝马斯的研究,早期西欧社会向现代化的转型成功,关键就在于这个"公共领域"保持了市民社会和政府权力之间的制衡机制。但是哈贝马斯的理论过于哲学化,似乎难以应用于其他非西欧社会的实证研究。⑮ 一个问题是,许多早期现代社会都出现过类似的非官方的市民社会,但并不是每个这样的社会都有能力或机会达成和政府权力之间的均衡。⑯ 另外,哈贝马斯的逻辑似乎也不能解释英国和法国经济的区别。其实英国的市民社会和政府权力双方都成熟到了有能力达成妥协的地步,而在法国却更多的是双方的持续冲突。因此,我们也许可以把上述讨论概括成,当新兴产权及其代理人的集体行动强大到可以迫使政府及其代理人只有通过保护有效产权来谋求其自身的利益时,才可能出现一个对双方有利的结果。政府权力在此基础上追求租金最大化,产权则在此基础上成为逐利行为的规范。

这并不意味政府与社会之间的权利关系可以一次性界定清楚。相反,从此开始了一个政府权力与市民社会之间不断进行制度化讨价还价的新时代。Michael Mann 把"基础结构权力"(infrastructural power)定义为,政府权力有能力渗入市民社会,但必须而且越来越依靠与市民社会之间制度化的协商和谈判(institutional negotiation)来执行政治决定。⑰ 他指出政治现代化的基本

---

⑬ "政府的存在是经济增长的关键,但是,政府也是人为经济衰退的根源。"(North and Thomas,1981:20)诺斯的这一精彩概括给每个民族获得增长与衰退各一半的希望。

⑭ Habermas(1989:14—26)。

⑮ Huang(1993)对此评论说,当哈贝马斯作为一个历史学家时,他注重再现早期西欧历史,但他作为一个道德哲学家时,又试图把他的中心概念一般化,据此评论当代现实,并规范世界。

⑯ 例如,Rowe(1984)在 1889 年以前的汉口,Rankin(1986)在 19 世纪后半期的浙江,以及 Strand(1987)在 20 世纪 20 年代的北京,分别发现由城市资产阶级、地方绅士和市民组成的公共领域。但 Wakeman(1993)在他们本身的著作中找到反面的证据来说明这些"公共领域"不同于西欧早期的性质。

⑰ Mann(1984:185—213)。

趋势是基础结构权力的加强,因为一个基础结构化的权力才能够更有效地动员公共资源。⑬ 这很好地反映了这个新时代的特征。

(三) 一个新假设

现在我们回到诺斯问题,为什么有些政府走向以权力保护有效产权而导致长期经济增长,另一些政府却只得到短期的权力租金最大化而陷入无效体制的长期困境。本文提出一个新假设:只有当社会与政府在对话、协商和交易中形成一种均势,才可能使政府权力租金的最大化与保护有效产权创新之间达成一致。在这里,个别新兴产权有可能响应资源相对价格变动的诱导而自发产生,但是它却无法单独做到让政府权力来保护它。在另一方面,政府通常不会自动这样做,因为权力租金最大化与保护个别新产权常常不一致。打破这个僵局的唯一可能,是新兴产权主体超越个体水平的集体行动,它们同时提高政府守护旧产权形式的成本和保护产权创新的收益,直至重新建立政府权力获取租金的新约束结构,使权力租金最大化与保护新产权之间达到一致。概言之,长期经济增长的关键,既不是孤立的政府权力(无论它多么明智),也不是孤立的新兴产权(无论它们多么有效),而是产权与政府之间先是随机进行,而后被制度合法化了的默契。

上面的讨论省略了许多细节,但是这个粗略的新假设有助于我们防止把最不可分的问题分开来讨论。这一点对于研究大规模制度变迁的课题来说,至关重要。下边我们通过回顾中国农村改革的制度变迁过程来验证和修订这一假设。让我们从改革前经济制度的特征和机制开始。

二、政府权力控制下的集体经济

(一) 何谓集体经济?

集体化经济(collectivizational economy)并不是农村社区内农户之间基于私人产权的合作关系,就其实质来说,它是政府控制农村经济权利的一种形式。按照字面含义把集体公有制解释为一种合作农业(cooperative agriculture),不单容易误导对集体经济的认识,而且无法正确理解改革。

---

⑬ 例如没有一个政府不期望收更多的税,但任何一个最强硬的专制权力都不曾做到像当代北欧政府那样高达50%的税收。

关于政府如何控制农村集体经济的运行,可能需要更多的篇幅来阐述。这里仅指出,政府通过指令性生产计划,产品统购统销,严禁长途贩运和限制自由商业贸易(哪怕由集体从事的商业),关闭农村要素市场,以及隔绝城乡之间的人口流动,事实上早已使自己成为集体所有制配置其经济要素(土地、劳力和资本)的第一位决策者、支配者和受益者。[19] 集体在合法范围内,仅是政府意志的贯彻者和执行者。它至多只是占有经济资源,并且常常无力抑制政府权力对这种集体占有权的侵入。事实上早在1958年,中共中央关于在农村建立人民公社决议中已经写明,人民公社带有全民所有制成分,并且这种成分"将在不断发展中继续增长,逐渐代替集体所有制"。[20] 因此,与农民合作经济组织不同,集体公有制经济在一开始就处在政府权力的控制之下。

要注意,政府在这里已经不再作为一个外在的对产权及其交易予以保护和仲裁的角色,它已进入并控制着农村产权。有趣的是,当政府以全民名义来做这一点时,它不仅消灭了传统农民家庭私有权,而且消灭了一般意义上的产权。因为正如产权经济学家所说,在所有财产权利的制度安排中,最重要的是经济资源的排他性收益权和转让权。[21] 社会主义政府控制的"全民"经济使一切排他性制度安排(在国内)成为多余。而取消了权利排他性,也就取消了资源利用的市场交易。这一点,在我看来是理解传统社会主义经济体制反市场倾向的关键。

就这一体制特征而言,农村集体所有制与政府所有制是一致的。并且,集体所有制并非注定意味着是一种较为宽松的政府控制形式。集体所有制与全民所有制的真正区别,在于政府支配和控制前者但并不对其控制后果负直接的财务责任。但政府控制全民经济时,却以财政担保其就业、工资和其他福利。因此,政府对集体所有制的控制和干预,更易为"浪漫主义"或"瞎指挥"所支配以至为所欲为。[22] 集体并不能完全决定生产什么,生产多少甚至怎样生产,更无权在市场上签订购买生产要素和出售产品的合约。这一切都先由政府决定,自上而下贯彻执行。当然,集体要承担这一切自上而下命令的经济后果,也就是确定最终分配水平,包括集体提留的数量和社员工分的

---

[19] 发展研究所综合课题组(1988)。
[20] 转引自薄 波(1993,下卷:746)。
[21] Demsetz(1988)。
[22] 几乎整个人民公社史都可以说明这个论点。但最荒唐的行为还是集中发生在1958—1959年间。见薄一波(1993,下卷),第26—27章。

价值量。这时,也只有这时,集体经济才实与名符。

概言之,集体公有制既不是一种"共有的、合作的私产",也不是一种纯粹的全民公产,它是由政府控制,但要集体来承受其控制结果的一种农村社会主义制度安排。一般来说,集体经济不适于应用西方"合作经济"理论来加以分析,因为此种制度安排的基础完全不是拥有产权的私人之间的一种自发合约。

(二) 政府工业化面对按人口平分地租

理解中国农村集体经济的第一个问题是,什么动力机制使政府的控制在20世纪50年代以后深入到乡村一级(这是传统中国在以往任何时期都不曾做到过的)。然后,我们要回答,人数众多的农民何以接受了这样一种非合约性的制度安排。

政府控制史无前例地深入乡村社会,与政府工业化的目标紧密相关。首先,1949年革命对19世纪以来中国积贫积弱的主要总结,第一是没有强有力的政府机器,第二是没有发达的本国工业。因此,强化政府对经济资源的集中动员和利用,加快推进工业化特别是优先发展重工业,就成为革命后新政权经济战略的最主要内容。政府工业化,这个在50年代中国官方文件中出现频率颇高的词汇,不但是指把工业化作为整个国民经济发展的迫切目标,而且是指政府要在工业化进程中扮演决定性的主导作用。

政府工业化的资本积累,主要源于本国的农业剩余。[23] 有学者估计革命前中国农民通过田赋和地租提供的剩余占农业总产出的30%左右。[24] 这表明,中国很早以来就并不是一个所谓剩余不足的经济。[25] 问题是,这些农业剩余只有很小一部分用于近代工业化积累。当革命重建了统一的民族政府和社会基本秩序之后,新的政权有可能更多地把农业剩余转化为工业化积累。不过,要做到这一点,政府首先要做到把农业剩余更大限度地集中到自己手里。这意味着,革命后的政府不仅仅要代替旧政府掌握来自土地的赋税,而且要替代原来的地主集中控制并利用地租。

---

[23] 宋国青(1982)首先提供了一个分析构架来理解这个问题,刊中国农村发展问题研究组(1985,第1卷)。
[24] Lippit(1974)。
[25] Mark Elvin 认为传统中国陷于一个"高水平均衡陷阱"之中不能自拔。他图解这一概念时,指出人口压力耗去了必要消费以上部分的剩余(1973:313)。

在税的方面,20世纪50年代前期的农业税率已达到总产量的11%。㉖ 这一税率高于明清时代和抗战前的国民党政府,但低于日本统治的中国地区和抗战以后时期。㉗ 就这一点看,革命后的新政权已经是这个国家历史上和平时期最有效的征税者了,只是它似乎并不满足于这一点。

但是,传统中国农业剩余的主要部分,即地租(加利息),却在土地改革中被全体农村人口平分掉了。按照农业剩余约为30%的估计,在土地改革后,除开农业税以外,至少约有20%的农业总产品落到农民手中。农民平分地租增强了他们对新政权的政治支持,但是,加快国家工业化的既定战略不能够容忍20%的农产品从剩余(即可能的工业化积累)转化为农民私人的消费和投资。自1953年开始的政府与农民关系的紧张㉘,从现象上看是土改后的农民惜售粮食和其他农产品,导致政府收购农产品的困难,但是在本质上,这是一个地租被农民平分完毕的小农经济与雄心勃勃的国家工业化目标之间的矛盾冲突。

政府试图通过扩大征税重新拿回一部分流失了的地租。但是,20世纪50年代几次高征税引起农民的集体抗议行动,表明征税加上各种附加费达到农产品的15%即是一个界限㉙,超越这个界限,政府征税成本将大大上升以致得不偿失。毕竟,面向全体农村住户把一部分地租缴入国库,比之于仅仅面对地主和自耕农做同样的事情,要困难得多。结论是清楚的,政府如果仍然作为一个传统的征税者,根本不足以把平分了的地租重新集中起来用于国家工业化。

(三) 改造小农私产制

新的政府必须超越传统的政府行为规范而行动。它不仅深入到乡村一级,而且干预到农民家庭和宗族的决策。它不仅重组乡村政治生活和精神生活,而且控制农业产品的生产、交易和分配。特别是,它必须控制城乡关系。简言之,20世纪50年代以后的政府,对社会而言再也不是一个"天高皇帝

㉖ 见王耕今、张宣三(1993),高小蒙、向宁(1992),崔晓黎(1988)。但是华南农村土改后有过30%的税收记录(Yang,1959:56—57,155—156),并见 Huang(1990:170—171)。

㉗ 明清时期的税率占土地产出的2%—4%(Wang,1973)。抗战前华北国民党政府的税率为农民收入的2%—5%(Huang,1985:290—292)。日伪时期农村税率上升,华北从1941年的6%—8%直线上升,而在江南有过50%的收税记录(Huang,1990:172)。同期国民党统治区实际税率约为20%,陕甘宁边区约为13%(Selden,1971:181—183)。

㉘ 薄一波(1993,上卷),第12章。

㉙ 崔晓黎(1988)。

远"的道德政府了。政府对社会无所不在的控制和影响,固然源于新政权要改造整个旧社会的宏大志向,但是在经济上,运用征税以外的手段把平分于小农的地租重新集中起来,则是当时一个更为实际和更为迫切的目标。既然农民平均分享地租是耕者平分土地的结果,重新集中地租就不能不从根本上改造小农的个体所有制。

政府权力逐渐侵入农民产权。在第一个阶段,政府政策仅仅限制了农民个体产权,但并没有在法律上予以消灭。比如,规定每家每户的粮食和棉花生产指标,对产出定购定销,禁止雇工、租佃和借贷,以及关闭集市贸易并切断农民与私商的联系通道。所有这些并没有改变农民的名义产权,而只是对农民产权的使用、收益和转让给予某种限制、管制和干预。或者按照产权经济学家的分析,政府造成了农民产权的"残缺"。重要的是,这部分对农民而言残缺了的产权,事实上集中在政府手里,构成政府获取税收以外的农业剩余的来源。㉚ 政府通过建立并保护农民私有权来获得了税,进而又侵入农民的土地产权而获得一部分地租。租税在中央集权的政府手中,整合为一体了。

集体化进一步消灭了残缺的农民私有权。互助组运动联合了农民的生产活动,初级社归并了农民的主要财产,高级社消灭了土地和牲畜的分红,人民公社则在更大范围内推行公有化。㉛ 至此,政府拆除了农村社会的产权篱笆,行政权力全面侵入乡村。农民剩余的高度集中动员的体制终于得以确立。政社合一的集体化公有制,构造了截然不同于传统中国农村的制度和组织基础。

(四) 政府制造的产权

现在我们不妨从农民的角度来讨论,为什么农民会允许政府改变和剥夺他的产权。关于政府作为一种暴力潜能制度安排的理论,当然可以假定社会主义农业集体化无非是一种政府强制的结果。但是在事实上,中国的农业集体化至少同苏联相比更不依赖于直接的暴力强制。在另一方面,农民个体的土地产权又被看作是引导农民跟随革命的主要经济动因,因此农民不可能不把个体土地产权当作自己的命根子。那么真正困难的问题是要回答,政府究

㉚ 过去我们曾把政府低价强制统购称为一种"暗税"(发展研究所综合课题组,1988),现在看来,称之为"暗租"似乎更为恰当。

㉛ 杜润生(1985:10—18)。

竟通过何种手段在事实上取消了小农的土地私产,但又广泛被农民所接受。

问题的根源在于农民个体产权本身的性质,而不是集体化过程中所谓超越阶段的过激行动。我们将会看到,正是前者为后者的大规模发生提供了根据。

土地改革形成的产权制度无疑是一种土地的农民私有制。但是,这种私有制不是产权市场长期自发交易的产物,也不是政府仅仅对产权交易施加某些限制的结晶,而是政府组织大规模群众阶级斗争直接重新分配原有土地产权的结果。由于政府和党的组织领导对突破无地少地农民在平分土地运动中不可避免的"搭便车"行为具有决定性的作用,同时平分土地的结果又可以经过政府的认可而迅速完成合法化,因此领导了土地改革那样一场私有化运动的政府,就把自己的意志铸入了农民私有产权。当政府的意志改变的时候,农民的私有制就必须改变。

(五) 三种土地私有制

上面这个论点对本文相当重要,因此有必要略加展开说明。我们不妨来比较一下,一位无地或少地农民,获取土地私有权的三种可能途径。在传统的土地市场上,这位农民可以购买土地产权。他也许不能一下子买得起,于是先租后买,或者在抵押的条件下购入的中间过程。至于我们这位当事人的购买力,或许来自他家庭的储蓄、他本人的打工所得、一次意外的好收成或者其他幸运的机会。他在获得产权的过程中,也许得到过政府的正规法律服务,也许仅仅只是依靠传统社区的习俗和村庄内的中间人。无论如何,他经过自由的交换契约获得了产权。

第二种途径,是经过一个政府干预的土地市场。政府也许只限制土地产权交易的价格,如抗日战争时期的共产党根据地政府以及 1950 年的台湾国民党当局分别限制土地的地租率不得超过总产出的 37.5%。这时,我们的这位农民也许更容易积累起购买地权的本金,但当他日后需要出租土地时,他也必须接受政府的同等干预。政府也可以对产权交易作进一步的干预,如战后日本、韩国和台湾地区的土地改革,由政府或当局强制按规定价格收购地主超过规定面积的土地,然后再出售给无地少地的农民。在这种情况下,我们这位当事人仍然在形式上购得了土地产权,不过他知道,没有政府或当局的介入,他不可能按这个购买条件成为土地的所有者。

最后,这位农民完全不经过土地交易而获得土地。他投身于剥夺地主产权的群众政治运动,按家庭人口分得土地。此种剥夺由政府组织并由政府给予合法性认可。他的土地产权即使在形式上也不是买来的,而是分来的。他受惠于政府领导的政治运动,因为单凭他个人的努力,不可能平分地主的财产。

上述三种土地私有权,导致完全不同的产权与政府的关系。在第一种情况下,农民有独立的谈判地位,他可以评价政府服务的质量然后决定付费(纳税),或者在他认为不合算的条件下,完全让渡产权也就无须再购买政府的服务。农民的这种独立谈判地位在第二种情形下打了折扣,而在第三种情形下几乎荡然无存。因此,完全可以有不同的土地私有制,它们具有不同的强度,不同的稳定性,并且具有完全不同的进一步改变的逻辑。[32]

中国土改形成的农民私有权,是社会政治运动直接重新分配土地产权的结果。因此,在土改形成的农民个体私有制中已经包括了后来集体化公有的一切可能的形式,因为通过政治运动制造了产权的政府,同样可以通过政治运动改变产权。可以支持这个判断的事实是,早在20世纪50年代前半期,当政府的政策决定者在上层争论要不要继续实施新民主主义的经济政策,要不要保留农民个体私有制的时候[33],农民自己对此并没有多少决策前的发言权和决策后的选择权。这给制度变迁理论中"路径相关"(dependent path)的思想,即前一个选择常常影响后来的发展轨迹(North, 1990),提供了一个案例。同时也说明作者长期以来所持的一个论点,即社会主义产权改革的根本问题,不是由政府确认某种产权形式(哪怕是最纯粹的私有制),而是首先界定政府在产权变革中的权力限度。[34] 在一个政府可以任意指定产权和改变产权合约而无须经由与社会协商的环境里,即使全盘照搬一个最有效的产权制度,也依然无力实现长期经济增长。

(六) 集体经济为什么低效率?

我们已经看到,政府为什么和怎样制造出集体产权。但是,政府却不能保障它的"体制产品"一定有效。集体化农业的经济效率低下,是一件不争的事实。根据 Wen(1989)的计算,除了1952—1957年间中国农业总要素生产

---

[32] 因此,阿尔钦讲的产权不同的硬度,也许可以反映完全不同的产权与政府的关系。

[33] 1951年,中共山西省委提出动摇直至否定农民私有制,扩大农业互助组内的社会主义因素,将之发展为集体化农业组织的报告。刘少奇批评了这个报告,认为它代表了一种危险的空想的农业社会主义思想;毛泽东则赞同山西省委的意见,批评刘的观点,并发动农业合作化运动。这类最高决策层关于农村问题的争论,据薄一波回忆,在1950—1955年间共有三次(1993,上卷:184—203)。

[34] 周其仁(1988),见李国都编(1990:711)。

率有过一个增量极小的上升以外,整个 1983 年以前的农业集体化生产率明显低于 1952 年个体农业的水平。这是一个与集体化运动发动者的预期截然相反的结局。

有一个解释已经被普遍接受,这就是农业生产中集体组织对其成员劳动的监督和计量的不完全,从而导致对社员努力的激励不足。[35] 这个解释注意到合作生产中劳动者积极性低下引起的效率损失,但可能忽略了另一种效率损失,即集体经济对其管理者激励不足而导致的无效率。

任何生产队都面临计量、监督和经营管理的问题。因此有效的监管是集体经济成员提供充分努力的必要条件。但是,集体生产用什么来激励其管理者提供充分的有效监管呢？Alchian and Demsetz(1972)正是在这个意义上论证了产权的经济含义。他们指出经济组织的产权其实就是一种剩余权(residual claim),正是这种剩余权激励所有者努力监督。事实上,经济组织的资产所有者可以独担监管责任并独享剩余权,也可以把由监管引起的剩余支付给专业的经理并由后者担当监管的责任。无论如何,集体生产的监管有效性是由监管者享有剩余权来保证的。当产权受到侵蚀时,剩余权激励机制势必受到削弱。如果集体生产确实具有规模经济效果(即合作生产的总和大于个别生产者分别产出之和),那么产权即剩余权将为实现此种规模经济提供制度保障。因此,集体生产中的监管困难,一方面源于技术性的因素,即信息收集和处理的困难;另一方面源于制度性的因素,即产权残缺导致对监管者的激励不足。

(七) 行政等级制替代剩余权

集体经济在制度安排上消灭了剩余权机制,但是它并不因此就能够取消给予集体生产的监管者经济激励的需要。事实上,政府控制的公有经济不得不诉诸党政官僚等级制,恰恰表明社会主义体制依然需要激励其经济管理干部。例如,官位升迁预期是这一体制最主要的正激励,而提拔无望、降职和撤职则构成负激励的主要手段。在此意义上,经济体制的官本位化可以看作是

---

[35] 陆学艺、王小强(1981),杜润生(1985),中国农村发展问题研究组(1985)都从实地调查中发现并强调农业生产的不确定性和对劳动计量的困难,并以此说明为什么家庭组织可以做到很低的监督费用,或者即使在计量和监督不足的条件下也不影响效率,而集体生产组织却失败了。Lin(1988)提出了一个生产队模型,分析了在生产队体制下,管理者因为监督困难,而选择了一个较低的监督程度,劳动者因为计量不充分和报酬不合理,而选择了偷懒,因此生产队体制的失败可以用对劳动者努力的激励不足来解释。

对产权制度的一种替代。

但是,在中国农村的集体经济中运用行政升迁机制代替剩余权安排,遇到一个特殊的困难。由于版图广大和人口众多,中央集权的正规行政系统在乡村也只延伸到乡(公社)这一级。在乡以下,村(大队)和生产队的管理者由非正式官僚担任,他们在身份上与正式的政府干部之间,有一条难以跨越的鸿沟。事实上,在整个集体化时期,绝大多数大队和生产队干部,并不列入政府官僚的备选名单。㊱ 换句话说,行政升迁机制对人民公社的基层干部不起作用。同时,因为正式升迁无望,原体制的负激励也就对他们失去惩罚的效果。但是这批底层干部,恰恰是集体生产活动的直接监管者。对他们的激励无效,导致集体化规模经济效果根本无从实现。这就可以解释,为什么农村集体经济要比全民经济显得更无效率,并且在更早的阶段上就提出了改革,也就是引入剩余权的要求。

总之,政府控制的集体化经济,存在着对共同生产监管活动缺乏激励而引起的无效率,这就使原本在农业生产中就颇为困难的计量和监督问题陷入困境。原有农业体制同时损失了监管者和劳动者两方面的积极性,其要害是政府行为造成的严重产权残缺。从另一个角度看,低效的体制潜藏着较大的体制校正效果,又使产权改革成为一件可能带来制度盈利的事情。不过,政府难道会仅仅因为集体经济的低效率就主动对自己的制度产品改弦更张吗?

三、灾荒、退却和变通

(一) 第一体改动力

经济体制的效率只能在事后加以估计。当我们以各种方式做这件事的时候,我们假设制度效率与制度变迁之间存在着直接的互相作用的关系。但是这个假设在理论上会遇到很大的麻烦㊲,因为同一个体制的效率会引出各当事人不同的福利评价,而严格地说,我们没有办法把每个个人的福利函数

㊱ 除开个别的例外,如山西昔阳大寨大队的干部,成为"文化大革命"期间的政府领导人物。

㊲ 这里是说,对体制效率的度量,可以用来评价政策和体制变迁的后果,但不能充分说明政策和制度变迁的动力机制和过程。

加总为唯一的一个社会福利函数。[38] 如果不同的社会福利函数(或更准确地叫集团福利函数)意味着各当事人集团对体制变迁的不同态度并引出不同的行为,那么制度变迁的初始推动力问题又会被复杂化为不同集团之间的力量对比。

但是集体化公有制的性质却简化了这个问题。人民公社的政府控制和政府主导地位,确定了政府可以把自己对人民公社的福利评价“独裁地”(dictatorially)当作唯一的社会福利函数。相应地,我们首先要到政府控制集体经济的收益—费用结构的变化中去寻找制度变迁的起源。

(二) 政府控制农村经济的收益和费用

直接推动人民公社制度最初变化的,是政府控制这一制度的费用—收益结构逐步发生的变化。政府,按照诺斯的定义,作为一个暴力潜能的垄断组织,当然可以创造任何产权形式。在一段时期内,它甚至可以为所欲为。但是政府终究活动在一个组织费用不为零的世界里。政府本身及其创造的经济组织,归根到底也要受到由交易费用和产权经济学揭示的那些经济规则的支配。

图 1 直观地显示了政府在 1952—1982 年间控制农村经济系统的费用和收益指数的变化趋势。[39] 我们首先看到,在 1952—1982 年间的绝大多数年份,即 30 年中的 23 年,政府控制农村的费用指数比收益指数增长得更快。这固然并不意味着农村体制对政府来说总是绝对“亏损”的,但也说明了政府在多数年份承受着制度费用相对增长更快的压力。

在此期间,政府控制收益指数增长相对于费用指数增长的倒挂,共出现过两个显著的高峰期。第一个是在 1957—1961 年间,以 1960 年为峰尖;第二个是在 1972—1981 年间,以 1979 年为峰尖。恰恰在这两个峰尖附近,发生了政府农村经济政策的大调整。按照本文的分析构架,这当然不是两次偶然的巧合。它们分别表明,政府在什么条件下才不顾忌既有的权力结构和意

---

[38] 这是“不可能定理”(Impossibility Theorem)所要表达的思想(Arrow, 1963)。

[39] 政府控制农村经济的收益指数是农业税、农副产品收购(以及包含在政府征购中的差价租税)、农产品换汇、农民在政府银行的储蓄,以及农民对体制的认同和政治支持(以农业总产值的增长率和农民从集体经营部分获取的人均纯收入来间接度量)的加权平均值。费用指数则是政府财政支农基金、农用生产资料销售补贴、政府行政开支、集体经济的管理费用、政府银行对农村的贷款,以及控制农民离心倾向的意识形态投资(以农民从家庭副业部分获取的纯收入度量)的加权平均。数据和说明见附表 1、2 及其注解。

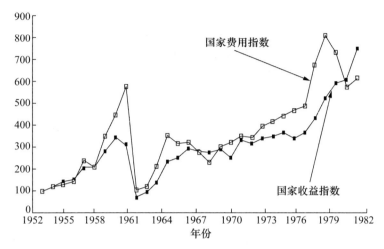

图 1　政府控制农村经济系统的收益和费用指数,1952—1982 年

注:本图所用数据和说明见附表 1 及附表 2。

识形态连贯性,以及政府政策对原政策制定人权威甚至政府合法性的不利影响,而考虑经济政策的改弦更张。

本部分余下的几个小节,讨论图中第一个制度收益—费用倒挂高峰期如何引起 20 世纪 60 年代初期政府农村政策的调整,如何为后来的改革准备了条件。对第二个高峰的研究,将在下一部分进行。

图 1 显示,1957—1961 年间决定性的因素是政府收益指数突然大幅度下跌到威胁政府生存的最低需要。政府从 1957 年开始的提高农业公有化程度的所有努力,引起制度费用的连年快速上升,并且连年快于政府收益指数的增长。1958 年政府综合费用指数比上年增长了 66.82%,高于收益指数增长(33.02%)33.8 个百分点(见附表 1,下同);此后两年,费用指数升到 582点(1952=100)的高位,但由于收益指数还在增长(1959 年比上年增长了23.4%),或仅有微小下降(1960 年比上年低了 9.77%),政府政策决定人仍不打算作任何退却,并发动批右倾运动。但再过了一年,1961 年政府的农村收益指数突然比上年减少了 77.42%,只及 1952 年水平的 70%(同期人口增长了 15%,工业总规模增长了近 4 倍),政府的农村费用指数也被拉到接近1952 年的水准。这时,政府才被迫执行农村经济政策的退却。这是一种政府收益骤然下降逼迫进行的政策调整。

(三) 政治失败还是政策退却

20 世纪 60 年代早期的农村经济政策调整,源于 1959—1961 年突然的农业大歉收。事实上,1958 年的农业真实增长指数已经比 1957 年下降了约 5 个百分点,1959 年又比上年下降 15.9 个点,而后 1960 年降了 22 个点,1961 年又降了约 51 个点。[40] 在农业中,1959 年的谷物生产比上年下降 15%,而后两年的谷物生产只及 1958 年的 70%。[41] 由于政府决策的滞后,1959 年的农业税、农产品出口和农副产品收购中的暗租都继续上升,因此 1959 年的政府收益指数仍比上年增长 66%。[42] 这个反应滞后,导致相当一部分农村人口的口粮低于生存需要,从而约 3 000 万人因饥荒死亡。[43] 由于 1959—1961 年的农业危机是绝对的食物短缺,因此无法通过增发货币而缓解;由于当时国民经济的封闭性,危机也不能利用国际市场调剂来解决;由于当时农业积累还占政府收入的可观份额,农村收益大幅度下降势必牵动全局;最后,由于严重的饥荒已经蔓延,经济危机上升为挑战决策人权力和政府合法性的政治危机。[44]

以上各项,从 1961 年起一齐发生作用,迫使政府在政治失败还是政策退却之间做出选择。经济形势危险,政府除了动用一切可能的政策手段动员农民增加生产并实行自救,别无他途。这留下一个重要教训,即政府完全控制社会经济的体制即使对政府本身来说也实在太不安全。

(四) 短期调整的长期影响

1960 年的调整包括了截然不同的两种内容。其一是维系人民公社的制度框架,但做出大幅度的政策修补,如收缩人民公社的规模并确立生产队为基础的所有制,约束上级行政官僚无偿平调下级和农民财产(批判共产风),解散公共食堂,改善工分制和生产队的内部管理。其二是承认农民家庭经营在集体经济中的地位(自留地、自留畜和家庭副业),开放城乡自由市场,允许

---

[40] 见附表 2 的第 4 列,并除第 13 列市场价格指数以消除价格影响。
[41] 转引自 Lin (1990: 17)。
[42] 数据见附表 2 第 6、9 和 2 列。
[43] Ashton et al. (1984), Lin (1990)。这次大饥荒中丧失的生命多于 20 世纪中国其他自然灾害引起的死亡,非正常死亡率甚至超过 20 年代苏联集体化后的大饥荒(MacFaquhar and Fairbank, 1987, Chapter 8)。
[44] 中国人愿意讲"民以食为天",其实这句话既不是说吃饭重要,也不是说农业重要,而是说当政府控制了民生之后,政府的合法性就以人民的生存为最后边界。

包产到户甚至分田单干。这两组长期方向完全不同的调整政策,表明政府不得不在农村经济政策上全面退却。但是,政府在收益曲线突然大幅度下降的压力下做出的退却是短暂的。等到农业总产出恢复到原来水平(1964—1965年),许多见效的政策都被当作权宜之计而弃之不用。短期的总收益下滑并没有根本动摇原有制度安排的保护结构,人民公社作为政府控制的农村经济组织在制度上仍然得以保留和延续。[45] 政府从1962年起控制农村经济系统的收益指数恢复上升,其费用指数虽然也上升,但基本保持了同步的趋势,直到70年代初。危机化解了,政策退却就结束了,虽然调整后的农业总要素生产率最高也只达到1952年水平的87.8%。[46]

但是20世纪60年代的短期政策调整也留下某些长期影响。从制度的角度看,承认家庭副业的合法地位和确立生产队为基础的体制,是其中最重要的两点。前一点是防止大饥荒重演的安全阀门,后一点则是农民反对共产风与政府保留人民公社制度框架之间的调和物。[47] 谁也不曾料到,在这两个支点上,农民增强了对集体的谈判地位,集体则增强了对政府的谈判地位,从而为改革准备了条件。

(五) 喊叫、退出和怠工

农民对人民公社经济并无创制权,因此对集体经济体制的进一步变迁也就没有制度化的谈判地位。随着农民财产权最后被否定,城乡隔绝的户籍制、粮票制以及公社内的口粮工分制,都一起完备起来。[48] 农民不但不能携带自己入社的土地和耕畜退社,而且甚至不能携带他们自己退出公社体制。用 Hirschman(1970)提供的术语来刻画,公社制下的农民既没有"退出权"(exit right),也无权自由"叫喊"(make voice);他们留在体制内并不是因为对集体的忠诚(loyalty),而是因为别无选择。

---

[45] 1961—1962年间,安徽农村包产到户的社队达80%,甘肃临夏地区74%,浙江新昌和四川江北县70%,广西龙胜县42.3%,福建连城42%,贵州全省40%,估计在全国达到20%。在此期间,中共高层发生要不要让包产到户制合法化的争论,最后毛泽东批判单干风(即包产到户)的主张占了上风。见薄一波(1993,下卷:1078—1090),并见杜润生(1985:14—15)。

[46] 见文贯中的计算(Wen,1989)。

[47] 所谓"三级所有,队为基础",试图在行政服从的前提下保护生产队的财产权。这从产权排他性的角度看来仍旧充满矛盾。但是在当时中国农村的政策环境中,政策文件的矛盾提法,常常为现实中不同力量争夺生存的权利提供了合法依据。在这个例子中,公社和大队可以强调"三级所有",生产队则可以强调"队为基础"。

[48] 邱继成(1988)。

但是农民仍然可以表达他们对公社体制的不满意。一个常见的合法形式是减少他们投入集体生产的劳动数量;或者更普遍的,降低劳动质量,或者其他种种人为增加集体劳动的监督费用。众所周知,在集体劳动中,任何一个成员的机会主义态度都对其他成员具有传染性。结果,经过一个"懒惰驱逐勤劳"的蔓延过程,集体经济的劳动生产率下降,人均收入水平长期停滞不前。[49] 最后,当一部分社员如 Scott(1976)所说的"生存权"(subsisted rights) 受到威胁时,才迫使政府在听任合法性受损、增加财政救济或者更改体制之间做出抉择。简言之,失去产权的农民既然不能退出也不能投票改变集体体制,就只能采用消极的缩减生产的办法要求政府做出让步。

(六) 部分退出权

上述机制在整个社会主义农业体制改革中发挥了基本的作用。但是,我们仍然需要仔细了解这一机制起作用的条件。

如果集体经济的公有化程度高到农民家庭的全部收入都来自集体生产,我们有理由相信,农民甚至连消极劳动的可能性都很小。从逻辑上讲,个别社员减少劳动投入固然可以得到更多的闲暇,但这种闲暇对生存线上的农民却毫无价值。另外,未必有哪个理性的成员会仅仅为了惩罚他偷懒的邻居而甘愿减少自己的劳动投入,从而绝对降低自己和家人的生活水平。因此,更合理的假设似乎是,集体经济的公有化程度越高,其成员的偷懒意愿可能越低,至少劳动的机会主义态度达到一个限度(与生存水平有关)时就会趋于收敛,因为此时劳动者自发的互相监督机制会起作用。

高度公有化经济的真正要害问题是规模经济的管理问题,因为即使无须对劳动计量和监督,集体经济也面临类似"企业策略"等一大套复杂问题。当一种大规模的生产方式排斥剩余权激励而仅仅服从行政等级刺激时,其管理者很可能把起初并不过于低落的劳动积极性,导向经济不合理的方向,从而产生经济失败。例如 1958—1959 年间中国的人民公社达到其公有化程度的最高点,公社社员在农业、农田水利和其他基础设施建设以及工业生产中的劳动干劲,被一心听从上级直至中央和中央主席乌托邦式空想的公社管理者

---

[49] Huang(1990)发现,即使在长江三角洲这一中国最富庶的农区,那里几十年的集体化还是不足以摆脱"增长而无发展"(growth without development)这一基本农业类型(指的是虽然农业总产和单产都有提高,但人均收入并没有增加)。他称此为"集体化的内卷"(collectivist involution)(16—17)。

滥用了(如几千万劳力被调去大炼钢铁,而不去收割已经成熟的庄稼)。[50] 因此,我们不妨从劳动者积极性以外的因素里去寻找1959年大减产以及其后几年大饥荒的微观原因。[51] 总之,按照本文的观点,农民在一个高度集体化经济里,甚至连通过消极劳动对体制行使否决权的可能性都是很微弱的。

但是,当集体经济的公有化程度降低,特别是引入了农民家庭自留经济之后,农民的上述否决权却显著强化了。第一,农民现在有了自己可以控制的生活来源,他不再完全依赖集体为生;第二,农民对集体制度不满而减少的劳动投入,现在因为可以转投入自己的家庭经营而有了经济意义;第三,农民现在因此可以实行"以偷懒惩罚偷懒"的策略。农民也许仍然不被允许完全退出人民公社,但他可以在体制内部分退出集体劳动。正是这种局部退出权,使农民能够在集体的监督和计量不足以及管理不善的情况下用消极劳动表达不满,并在公有制的体制内通过家庭小经营与大而无当的公有经济竞争。中国农民仍然无愧于吃苦耐劳的赞誉[52],但现在如何才能让农民好好种公家的地,成为这个政府的头号经济战略问题。

这正是20世纪60年代初期政策调整后,农民家庭副业恢复并得到发展后的情形。到1978年止,农民从家庭副业获得的纯收入,已占总纯收入的26.8%,接近1957年的水平。[53] 当然,由于1960—1978年间农民家庭经营的平均比重低于四分之一,这部分有效劳动对总生产率的正的影响不足以抵消农民在集体生产中无效劳动的负面作用,因而此期间农业总要素生产率总是达不到1957年前的水平。[54] 但同期内,凡家庭经营的政策得到确认的时期(1961—1967年和1972—1973年),农业总生产率就上升;反之则下降。[55] 总之,引入"局部退出权"的概念,我们可以解释1960年后农业总要素生产率的

---

[50] 1958年,投入小型工业(主要是挖煤和炼钢)的农村劳动力,最多时达6 000万以上(薄一波,1993,下卷:708),严重妨碍当年秋收(同上:714)。

[51] 这个论点并不是说社员的劳动干劲在人民公社制下没有问题,而是强调劳动积极性与其他制度安排,特别是监管者激励以及退出权之间的关联。

[52] 看过农民自留地的人,都会同意这一点。自留地的产量估计为公田产量的5—7倍,见发展研究所综合课题组(1988:5)。

[53] 1957年农民从家庭副业生产得到的纯收入,占29.4%(NJZ, 1983:523)。由于没有1958—1961年间的资料,附表1中的这一数列,缺项年份是用区间年平均增长率推算的,因此呈稳定上升趋势。更可靠的估计是,1958—1959年农民家庭副业收入下降,但1960年后较快地回升。

[54] 集体内的家庭经济,对集体经济总生产率可能发生复杂的影响。其一是家庭经营的较高效率可能推动总效率上升,其二是由于农民有了局部退出权而使农民可以提高从事集体劳动的消极程度,而引起总效率的下降。

[55] 数据见Wen (1989)的估计,以及Lin (1990:37)利用Wen (1989)的数据绘制的图形。

全部变化。⑤⑥ 更为重要的,家庭经营指示了集体经济改革的一种可能的方向。这就是把家庭组织作为农业生产的基本单位,完全节约监督费用。这一模式以降低规模经济而换取对劳动激励的增加。如果降低规模经济引起的效益损失,可以被劳动激励增加的部分抵消还有余,那么把集体经济改革成家庭经营的模式就可以提高总生产率。最后,局部退出权帮助我们理解,农民究竟怎样从政府完全控制的集体经济里逐步建立自己的谈判地位。这一点,对以后的产权改革具有决定意义。

(七) 反向替代

上文曾把政府控制的集体经济,模式化为政府用党政等级升迁机制替代剩余权,但对处于正式官僚等级制以下的大队和生产队干部而言,此种替代激励不充分,因而监管供给不足,导致社员在非自愿合作的集体经济中的劳动意愿低下。如果说 1962 年以前,人民公社升格为全民经济的模糊前景使基层干部多少还留有官位升迁的预期的话⑤⑦,那么强调了人民公社的集体产权性质并宣布以生产队为基础之后,这种预期就失去其制度基础了。现在的问题是,这批集体经济的实际监管者,是否就甘于既得不到升迁激励,也得不到剩余权的尴尬地位呢?

观察表明,集体经济的监管者们并不因为有了一点微小的"误工补贴"而甘愿承担监管剩余生产的巨大责任。他们无法为了增加对自己的激励而改变中央集权的官位等级制⑤⑧,但他们在实际上控制着农村经济剩余的生产和初级分配,因此这批集体监管者就利用这种"剩余控制权"来分享剩余⑤⑨,并

---

⑤⑥ 用这个概念也可以回答,为什么 20 世纪 60 年代后农民仍无退社权,却不再重演 1959—1961 年大饥荒的问题。Lin (1990)用农民的退社权被取消来解释 1959—1961 年大饥荒,他提出合作农业同样可以成功,但必须以合作组织成员能够达成一个自我约束的默契为条件。只有当合作社成员在其他成员不遵守协议时有权退出,这种自我实施的合约才能维持。林毅夫以此解释为什么 1952—1957 年间社员拥有退社权时,合作社的生产率是上升的,但当退社权被禁止时,合作社的效率突然下跌并长期停滞不前,并见 *Journal of Comparative Economics* 17 (1993)讨论此文的专集上发表的 James Kung、W. Bentley MacLeod 和 Dong and Dow 等数篇文章。

⑤⑦ 我相信这是 1958—1959 年大量违背常理的荒唐现象的一个主要根源。

⑤⑧ 大队干部有较大的可能升到公社或县一级当办事员,其中少数甚至能转为城市户口或政府干部身份。在中国,围绕农转非(农)身份的竞争在任何地方都是异常激烈的,这构成大队政治斗争的一个实质内容。

⑤⑨ 崔之元在他的一篇论文里强调了"剩余权"(residual claim)与"剩余控制权"(residual control)的区别(Cui,1993),他指出由于信息不充分和合约不完整,剩余权不可能事先清楚界定。因此重要的是对剩余生产过程的控制,而这通常是多方合作的结果。他用"联合的所有制"(joint ownership)来理解中国乡镇企业的组织特性。

以实际剩余的获得量来平衡自己监管努力的实际供给量。这就是说，集体经济的监管者自发地追逐经济剩余权变得不可遏制，他们引起了一种"反向替代"机制，即以实际的剩余分享权替代官位等级升迁激励。

(八) 监管者特权

这种实际的剩余权的一个存在形式是监管者特权，即社队基层干部凭借管理职务获取私人利益。人民公社是一种"政社合一"的体制，因此集体经济的监管者不仅承担着生产队的管理职能，如派工派活、劳动计量、工分和钱粮柴草分配，而且承担着许多政府管理的公共职能，如户籍登记、征兵、结婚批准、计划生育、纠纷调解、治安和地方政治。政府难以有效监控这种高度集中的农村基层权力的实际行使，因为信息成本过于高昂；农民难以有效制衡这种权力，因为缺乏独立的经济权利和政治权力的基础。由此，集体经济的基层监管权很容易畸变为监管特权，它使监管者得到物质的和非物质的、实物的和货币的额外好处。这种以腐败形式出现的剩余分享权，来源于对农户、集体福利和政府既得利益的侵占。我们难以度量这种特权的资源占有总量，但从1960—1978年间历次农村政治运动都以清算社队基层干部的经济问题为号召，可以看出其普遍化的程度。[60] 集体监管者特权是非生产性的，因为它不会增加财富总量。但恰恰是此种特权，即非制度化的剩余权，补充了人民公社体制对其基层监管者的激励不足，因而维系了体制的运行。无论政府和社会如何在道德上谴责这种基层人物"卑微的"特权，它实际上是人民公社体制的一个不可或缺的组成部分。它表明，用其他机制替代剩余权的制度安排在事实上是行不通的，除非政府拥有无限的财政预算和完全的监控能力。

这样我们也就同时可以理解，为什么自20世纪60年代中期以后政府更多地诉诸政治运动和干部整肃来从事农村经济动员。这其实是体制的正激励减弱后，政府不得不转向更多地依靠负激励即惩罚机制来保持人民公社的经济效率。不过，人们也并没有因此发明可以与剩余权效率相媲美的机制。一场接一场的政治运动不仅同样耗费经济资源，而且损耗政府机器的政治合法性、意识形态的说服力和管理者的合理预期。高高在上的中央集权政府终于发现，无论是正的还是负的激励，都无法充分换取农村基层监管者的忠诚

---

[60] 例如1962年刘少奇对农村基层干部的腐败程度有极高的估计，他甚至主张向每个县派出上万人的政府干部工作队，接管农村基层政权（薄一波，1993，下卷：1118—1136）。

和效率,除非对基层监管者特权予以眼开眼闭的承认。㉑ 这里,制度、组织和机制方面的问题,又变成干部个人的道德问题,并引发无穷尽的政治斗争。

(九)"集体资本主义"

剩余权还有更为积极的形式,即集体监管者努力发展由他们,而不是由政府直接控制的集体工副业,创造更多的可支配剩余。集体工副业的早期组织形式是社队企业,其历史可追溯到20世纪50年代末,但真正比较成气候则在70年代。㉒ 这是一个农村集体经济中发展最快的部门。按1970年不变价计算,1978年的公社大队两级工业企业总产值(382亿元)比1971年(77.9亿元)增长了3.9倍,年平均增长25.5%,远远高于同期农业总产值年平均增长4.25%的水平。㉓ 这部分在计划外生长起来的经济,响应了原有体制下加工工业享有极高利润的刺激,并冲破国有部门对加工工业的独占。因此,从正统的计划立场看来,社队工副业经济从来只是政府控制农村经济的异己之物。㉔ 在人民公社时代,曾被反复批判过的"集体的资本主义",指的就是这种突破政府计划控制、由集体来组织并占有剩余的经济活动。在这个意义上,如果我们说农民的自有家庭经济是对政府控制农村系统的一种个体的突破,那么社队工副业则是一种集体的突破。㉕

集体工副业的资本形成主要依靠社队自有积累和银行信用,因此其产权

㉑ "四清"运动中,毛泽东与刘少奇的一个严重分歧就是如何估价并处置农村"四不清"干部。刘主张严加整肃,毛则要求尽快解放那些贪污几百元钱的干部,以把运动的矛头指向上面走资本主义的当权派。毛后来同美国记者斯诺的谈话中称,刘的这一"形左实右"的错误是他下决心清除刘的起因之一(薄一波,1993,下卷)。

㉒ 关于社队企业的历史发展,有许多文献可以引证。较系统的研究,可见中国农村发展问题研究组(1985)中的孙方明、白若冰(1982),罗小朋(1986),以及Byrd and Gelb (1988), Huang (1990,特别是第12章)。此外,原国务院农村发展研究中心发展研究所和政府农村抽样调查总队合作,自1986年起对十省大型乡镇企业的连续追踪抽样调查,为这一研究领域提供了最系统的数据。有关这一调查的介绍和分析报告,见任其、杜鹰等(1987),周其仁、胡庄君(1987),邱继成(1987,1988)以及陈剑波(1988),均刊载在李国都编(1990:265—288, 293—322, 482—511, 625—646, 744—768, 816—840)。

㉓ 人民公社社办企业的产值,见ZTN(1983:215);大队工业企业的产值,见GJTY(1985:43);农业总产值的统计,见GJTY(1985:43)。

㉔ 今天城里人赞美乡镇企业"异军突起",但对农村社区领导人来讲,则是"本军突起"。

㉕ 把社队企业的发展说成政府政策的结果,不过是这一部门成气候之后的溢美之词。早期的社队企业创办人,几乎没有不受到所谓"破坏政府计划"的指责。在资源利用方面社队企业长期受到制度和政策的歧视。

性质当然仍属集体的公有财产。⑥ 但是,当我们把此种集体财产与人民公社的地产作比较时,我们发现两者在实际上有很大的不同。前者面向市场生产因而可以由社区获取剩余,后者的剩余则被政府独占;前者可以资产流动重组,后者被禁止买卖租佃;前者由社队干部及受其委托的社区精英控制,后者几乎完全受制于政府。这些区别可以解释社队企业部门快速增长的一个主要动力机制,这就是社区力争控制自有资源,分享原来由政府独占的农村经济剩余。

社队干部在社队企业的早期创办过程中扮演了决定性的作用。政社合一的体制下,集体经济的监管者们一身二任,他们既是国家政权在农村的代理人,又是集体经济的代表。经过长期的农村社会主义改造,也只有这个阶层才具备在农村地区组织超越家庭规模的经济组织的合法性。因此,最早的农村企业家主要是从农村基层干部中成长出来的。⑥ 虽然社队集体企业财产权的最后归属并不清楚,但其控制权总在社队干部手中。早期社队企业的剩余主要用于支农开销(购买农机,兴建农田水利,支援穷队)、社区福利和企业积累,社队干部从中只能得到很少一点归其个人所有的货币收入。但是,支配这些产权,特别是控制非农就业机会,在一个农业社区里却意味着绝大的权力和很高的社会地位。换句话说,早期社队企业家虽然不能完全享用企业的剩余,但却支配着剩余的利用。更重要的是,所有这些货币和非货币的收益,并不来自政府的直接授予,而是来自社队干部自力创办企业的本事。这就构成一个有效的激励机制,推动农村社区精英成为最早的乡村企业家。

乡村企业提高集体经济效率的第二种可能,就是保留规模经济,但引入剩余权激励机制,提高监管效率。已有文献对此没有给予足够的关注,虽然这个方向的变动在实际上对集体经济在日后的改革发生了极其重大的作用。

有趣的是,社区一旦拥有自己控制的经济事业,它也就无须再绝对服从政府的控制,正如农民家庭拥有了自有的家庭经营以后显著增强了对集体的谈判地位一样。从社区的角度看,经济资源配置面临两个方向:一个是满足政府租税和农民生存的农业,另一个是满足农村就业和利润最大化的社队工副业。政府控制这样一个两重系统的难度显然增加了。政府不能不经过农

---

⑥ 企业的创办投资来源于政府财政拨款和政府低息贷款的部分不足10%,主体部分为集体积累(23.6%),以及由集体担保的各种信用(61.13%),见任其(1987),刊李国都编(1990:265—288,下引同)。

⑥ 乡村企业的早期创办人中,55%为社队干部,21%为农民中的能工巧匠(任其,1987)。

村基层干部来执行控制,但现在农村执行系统拥有了自己的"自留地",在强化行政控制的边际效果递减的情况下,政府不得不放松对农村剩余的独占程度。可以验证这一点的事实是,恰恰在社队企业较大发展的70年代后,政府追加了对农业的投资。[68]

无论如何,剩余权已经部分被引进了农村集体经济系统。它尚未被制度化,甚至还不合法,但它的存在却已经改变着人民公社体制不可交易的僵硬性质。我们可以在1978年以前的人民公社,找到利益交易推进制度演化的起源。

四、合约产生的产权

20世纪70年代末的农村改革首先是60年代初期那些短期政策和安排的大规模重演。原有体制通过政府主导的政治运动形成和改变产权的逻辑,终于让位给一个新的逻辑,即经过政府和农民之间的互动,以及农民之间的互动来形成新的有效产权。在一个可以围绕制度形成和改变互动的环境里,政府从对农村经济无所不在的控制状态大踏步后退,以此交换稳定的税收、低成本的控制和农民的政治支持;农民则以保证上缴和承担经营责任,换得土地的长期使用权及流转权、承包上缴之余资源的私产权,以及非农资源的部分或全部产权。一个多种形式剩余权复合而成的产权制度,在多步渐进改革中产生。最重要的是,政府逐步转向保护新的有效产权,因为它已经不能再单方面改变产权而无须经过与农民作进一步讨价还价。本部分将讨论,在政府控制全部经济过程的背景下,怎样产生出新的农民产权。

(一)第二次政府退却

我们从图1中第二个高峰期的曲线看到不同于第一个高峰期的特征。整个20世纪70年代政府的农村收益都在平稳增长,除开1972年和1976年两年微小的波动,1979年政府的收益指数比1970年增长了121.6%,年平均增长8.74%。但同期政府费用指数上升得更快,1970—1979年间共增长152.17%,年平均增长10.82%。特别是在1976年之后,政府费用指数显著拉大了它与收益指数增长倒挂的幅度,形成持续时间长、差额大的又一个高

---

[68] 20世纪70年代政府支农财政开支平均每年108.6亿元,比60年代增长82.02%,见附表1。

峰。我们可以看出,政府调整农村经济政策的动力受行政成本的制约,当政府无力追加自己的行政成本时,政策让步就开始了。

分项考察政府在此期间的费用,容易发现增长最快的是财政支农资金和农用生产资料销售(1979 年分别比 1970 年增长 186.96% 和 112.66%)。[69] 20 世纪 70 年代后的中国政府越来越像一个全国农业"经理",必须亲自操持农业的投入与产出。面对热衷于集体资本主义或监管者特权的基层代理人,以及拥有部分退出权的农民,政府不得不用更高的投入维持收益增长。政府仍然不断发起政治运动,但它已经懂得,没有非常物质的手段,政府的农村收益不会自动增加。

这并不是说,政府会对人民公社制度的收益—费用结构的不利变化即时做出纯经济理性的反应。政府仍然要顾虑更改政策的连锁影响,特别是政府权威和意识形态的连贯性。但是,恰恰在 20 世纪 70 年代后期,政府的上层政治结构发生了迥然不同于 20 年前的重大变化。第一,政府对社会的绝对权威由于长期错误的经济政策、领袖人物权威的滥用以及最高权力的继承危机而被大大削弱;第二,对统治合法性的挑战和"潜在的替代威胁"不仅来自体制之外(如 20 世纪 60 年代台湾国民党反攻大陆),而且来自体制内部[70];第三,国际环境趋向和缓,降低了强化中央集权的外部压力[71]。在此背景下,政府又一次大幅度调整农村经济政策。

(二) 底层改革

从农村基层来观察,政府收益指数超过农业产值和农民纯收入的增长,意味着农村收入分配中的政府偏向上升,而农民得益相对减少。1970—1979 年间,全国农业产值增长 79.21%,农民从集体经营部分得到的人均纯收入

---

[69] 见附表 2 第 5、11 列,均未扣除价格影响。

[70] 如中国共产党党内务实派对于凡是派,或反过来凡是派对于务实派,彼此具有替代对方的潜能。

[71] 邓小平在 1977 年 12 月分析国际形势时预言,中国"有可能争取多一点时间不打仗",因为美国在东南亚失败后采取保守的全球战略,而苏联还没有准备好(邓小平,1983:74)。很少人讨论过这个和缓的国际局势对中国在那以后采取的放权改革政策的影响。但是在制度演化的经济史上,这一点是十分重要的。例如,17 世纪英国的征税权控制在由商人和中上层土地阶级组成的代议制议会手中,他们的兴趣在于通过限制国王的权力来结束各类限制性措施,并保护私有产权和竞争。但在西班牙和法国,却由皇室掌握着无约束的征税权,并以向行会转让垄断权来交换皇室的收入。造成这种差别的一个原因是,英格兰作为一个岛屿,外国入侵不像在欧洲大陆那样构成严重威胁,因此"皇室缺少理由对产权和征税权进行中央集权,也缺少理由建立一个庞大的中央政府"(North and Thomas,1981:155—156)。

增长 40.24%,扣除物价影响分别为 60.39% 和 21.42%,显著低于前引政府收益指数的增长(112.6%,已扣除物价影响)。这证明经过 20 世纪 60 年代初期体制调整的人民公社,并未杜绝政府对产权的侵犯。[72] 农村和农民的贫困依然令人触目惊心。

农民对此的消极反应方式是在集体劳动内部怠工,积极方式则是扩大家庭经营。文贯中的数据显示,20 世纪 60 年代中后期,作为"文化大革命"在农村地区大批资本主义的一个必然结果,是农业总要素生产率连续下降,在 1972 年达到历史最低点。[73] 经过 1972—1973 年的短暂回升(批判了极"左"政策),1974—1977 年间的农业总要素生产率又在批资产阶级法权的政策取向下一路下降,1977 年的指数为 74.2%,比 1961 年还低。[74] 也就是在这一年,一些极度贫困而又面临严重自然灾害的地区,农民不再满足于把从集体生产活动中"剩余的"资源投入家庭副业,因为这样做仍不足温饱;他们要以家庭经营的方式占有全部土地资源,但以承包产量作为交换。这就是又一波包产到户的由来。[75]

有了 20 世纪 60 年代的经验,包产到户已经不能算制度创新,而是制度扩散和推广。但是,当安徽凤阳县农民把包产到户进一步变成包干到户时[76],农民家庭对产量的承包发展成对地产经营的承包。[77] 农民提出"交够政府的,留够集体的,剩下都是自己的"的新制度安排,即把全部可支配的土地资源首先投入家庭生产,然后由农户在保证至少不损害政府和集体既得利益的前提下,增产归己。农民在底层的朴素创造,表明要节约制度的运行费用,就不能回避产权安排的形式。重要的是,安徽、四川、贵州、内蒙古和广西等地的包产到户和包干到户,发生于 1977—1978 年间[78],也就是在著名的中共十一届三中全会之前。如我们将要看到的,正是底层把上层的政策调整拉向

---

[72] Yang et al.(1992)指出了人民公社期间政府侵犯产权的几种形式。

[73] 1972 年农业总要素生产率指数仅为 1952 年的 72.22%,比 1961 年低 5.8 个百分点,见 Wen(1989)。

[74] Wen(1989)。

[75] 农民提出的包产到户三原则,表明他们同政府和集体做交易的考虑。同时也说明,包产到户是涉及政府、集体和农户三者的合约。

[76] 见陈一谘和孙方明执笔撰写的中国农村发展问题组的实地调查报告(1981),刊周其仁选编(1993a)。

[77] 包产到户的生产队,保留统一计划和统一分配,农户按照产量承包合约生产,年末超过承包产量的部分,由集体予以分成奖励。包干到户节约了集体对承包产量和超额产量的计量和监督费用,由农户承包集体土地,条件则是完成按土地常年产量应当负担的向政府的上缴和集体的提留。

[78] 见中国农村发展问题研究组(1981)。

改革。

包产或包干到户无非是家庭自留地经济的一种扩大。但是,前者在一个关键点上不同于后者,这就是它至少要在一个生产队的范围里做出公共选择,如平衡不同意见,促成承包土地协议的达成,制定并保障新的游戏规则,以及共同保守秘密等。生产队长们在供给这些制度创新过程中必不可少的公共货物方面具有比较优势。[79] 因此落后地区成为70年代农村改革的发源地,除了农民穷则思变以外,集体工副业太弱或完全没有,把生产队长们逼成包产到户的带头人,也是一个不可忽视的条件。

(三) 土地私有化的困难

经过几十年农业社会主义改造,成年的中国农民仍然保留着拥有家庭私有土地的梦想。[80] 在集体经济不足以让农民温饱的地方,私有土地的梦想理所当然就更加强烈。只要自上而下的控制一放松,重新私有化的要求就会首先从底层提出。事实上,当包产到户还在秘密进行时,一部分农民就提出过他们的土地再私有化方案——"土地和山林回老家",也就是恢复土改后地产的分配格局。[81] 这些农民事实上把土改运动分配的地权,作为再分配地权的唯一合法依据了。

上述私有化遇到的第一个对手,并不是保守派官员(因为此时上层任何一派也还不知道村子里发生了什么),而是村庄里的另一组农民。土改毕竟是30年前的事情。从土改到包产到户,中国农村增加了3亿人口和约1亿个家庭。这批更年轻也更有生产力和争夺资源实力的人口和劳力,难道可能被扫地出门吗?在村庄一级,即使没有政治和意识形态的压力,激进的私有化主张也行不通。

修订后的可行办法是由全部当期人口平分土地。但这个修正案遇到的麻烦是要不要承认劳力和非劳力在分配土地时的不同权利。如果承认,也就

---

[79] 例如安徽第一个包产到户的小岗生产队,就是在阎姓生产队长的领导下完成的,见陈锡文和马苏元的实地调查报告(中国农村发展问题研究组,1984,第1卷)。

[80] "土地就在那里,你可以每天看见它。强盗不能抢走它。小偷不能偷走它。人死了但土地还在。""钱将被用光但土地永远不会。"这些是费孝通在20世纪30年代记录的江苏南部村民对土地的看法(Fei,1939:182)。理解这一点,是理解从农民革命为何发生,直到自留地为何有效的基础。

[81] 1977—1982年间发生的这类事件,很少有公开报道。这既是因为不允许,也是因为农民通常不愿意把这个秘密的细节告诉外人。但是地方政府当时的一些文告和调查报告中,间接反映了这类现象的存在。例如,安徽凤阳县政府1980年的通告和青海省委调研室1980年的调查报告等,均见中国农村发展问题研究组(1981:221—230,322—333)。

是劳动力代表着一个比非劳力人口更大的分配权数,紧接着的麻烦是农民家庭的劳力人口比率变动以后,要不要重新分配土地。如果重新再分,等于没有私有化,或落得一个"年年私有化"的体制;拒绝重分,新的私产制如何顶得住各个家庭劳力人口比率变化带来的压力。

或者我们退回去,对全体人口一视同仁,一次性分完所有土地并颁发土地产权证,然后允许农民家庭之间自由买卖租佃。这个方案的简洁性没有问题,但从哪一天起开始这场伟大革命呢? 你定在任何一天,第二天将要生孩子的农民家庭都会反对。你可以说多数压倒少数,但在这类问题上少数永远比多数更强大。[82] 你说民主投票程序决定,那么一定还有下一次。你说实行队长或总统的权威主义,那么吃了亏的农民要推翻的就是这位生产队长或总统,只要这样比买地便宜。讲来讲去要害有两点:第一,不同的农民家庭处在其不同的家庭生命周期,有不同的劳力人口比率,因此对于土地分配有不同的变化着的要求[83];第二,把人口作为分配土地权利的依据,无论如何得不到稳定的产权边界。前面一点决定了土地私有化的程序困境,后一点则造成实质麻烦。早期改革时,很多村庄都为上述公共选择的困难度过了许多不眠之夜。新的承包合约不但不能脱离连续的生产,而且必须在耕种之前签订。

包产到户而不是一步到位的土地私有化成为普遍的潮流,在村庄一级就有其深刻的理由。像我们后来看到的,无论土地承包权发展得多么接近私产和准私产,它总还保留着村庄社区作为最终所有者对付变动的人口对土地分配压力的某些手段。包产到户的安排承认承包上缴之余的私有权,这就开辟了在不受人口平分传统纠缠的集体农民中形成私产的途径。这是后话,眼下的当务之急是完成包产制的合法化。

(四) 分权决策

不可否认,20 世纪 70 年代末政府上层政治结构准备实行的农村经济政策调整,与农村社会基层已经发生的包产到户变革之间,有着不小的距离。文献表明,1978 年底新制定的农村政策的基调是"休养生息"和加强基层自

---

[82] 因为对马上要增加人口的家庭,即使在一个 30 户的村庄里只有一户,他可能争的利益是 1,而对其余 29 户来说,每户只面临 1/29 可能的损失;29 户联合起来要有组织成本。

[83] Chayanov (1986)根据这点认为苏联农村的农民分化,并不是阶级间的分化,而是不同家庭生命周期的农民家庭经济差别。

主权。前一方面的内容,包括提高政府的农副产品收购价格、减少政府统派统购数量和扩大进口农产品;后一方面,再次强调生产队的自主权。这两个方面,都没有要在农村启动体制改革的意思。[84]

休养生息政策执行的结果,使政府获取农业剩余的水平下降到大体与传统的农业税相当。[85] 但政府优惠农村的结果导致1979年的政府费用指数猛增到一个历史最高点(见图1),并带来持续的财政赤字。[86]

生产队自主权引发的问题更加复杂。第一个麻烦是,生产队的经营活动在多大程度上可以被允许摆脱政府计划的控制;第二个,生产队是否有权改变自己的产权形式。这一个简单口号,几乎挑破所谓集体所有制的全部虚幻。安徽小岗生产队的包干到户,就是生产队全体农户的一致决定。但是,它合法吗?

没有人可以直截了当地回答这个问题,因为从来没有一部法律记录生产队的权利和调整、变更权利的程序。在习惯上,虽然比较制度学家发现中国的计划程度远低于苏联,但在经济组织和产权形式方面,中国的中央集权程度相当高。特别是农村所有制问题,向来只能由中央和中央主席定夺。[87] 而按照1978年底党的最新决议,如上文所引,包产到户仍在明确被禁之列。由当时的中央来统一完成对包产到户的合法化,是不可能的。

产权安排通过预期来影响人们的经济行为[88],因此它从一开始就有合法化的要求。如果一种产权安排本身是非法的,或者人们预期它随时可能被取缔,那么这种产权使当事人行为机会主义化,就不足为奇了。困境在于,不合法的产权创新可能导致掠夺资源的后果,而掠夺资源的"产权"安排更不可能被合法承认。这是社会主义产权改革的真正难点所在。[89] 无论农民还是社

---

[84] 著名的十一届三中全会关于农业问题的决议,明令禁止包产到户。这一提法在一年以后的四中全会修订的决议案中仍然保留。这两个文件均刊载在《中国农业年鉴》(1980:56—62)。

[85] 1980年农业提供的总积累360.74亿元,扣除政府用于农村的部分,农业净流出资金278.62亿元(冯海发、李微,1993),占当年农业总产值2 180亿元(ZTN, 1983:13)的12.78%(1977年同一指标为15.73%,1978年为14.05%)。这已低于1955年(12.83%),而仅略高于1952年(11.49%,数据同上)。

[86] 当时农副产品收购价提高,但向城市人口的销售价维持不变,因此政府财政承担了购销价倒挂的补贴。这笔在20世纪80年代日益增长的开支,没有计入图1及附表2的政府农村费用指数,因为这反映的是政府与城市居民的关系。

[87] 在20世纪50年代早期和晚期,邓子恢和彭德怀分别都是中央和国务院领导成员,但他们都因为在农村问题上与中央主席毛泽东的分歧,而失去了对政策问题的发言权。

[88] Demsetz(1988:104)。

[89] 社会主义产权改革非常容易走向激进主义,可能与此有很大的关系。

区精英的个人理性,都不足以完全解决这个难题。

中国农村改革的主要经验是分省决策,也就是各个行政省可以用省的政治资源,经过省的政治程序分别决定是否合法承认包产到户。分省决策的合法依据是中共十一届三中全会决议中强调的地方积极性和实践检验真理标准的新思想原则,另外,省领导人的资历以及他与中央领导层的关系对省级决策的强度有重大影响。众所周知,首先是安徽、四川、贵州和内蒙古这样一些贫穷的农业大省,为农民地下半地下的包产到户提供了政治保护和给予合法承认。⑨ 这并不是偶然的。在中国,自然灾害的分布并不均匀,农村人口的比例和经济发展水平在省之间也大不相同。因此,每个省面临完全不同的饥荒概率、救灾压力以及相应的政治风险和责任。发达省份也许不值得在包产到户问题上为天下之先,但落后省份却发现这正可以解它的燃眉之急;正如落后省份不会在一开始就热衷于为社队企业请命,而发达省份却早就乐此不疲。简言之,各个省份面对基层自发的产权创新有着不同的约束结构,因此它们可能提供不同的政治保护。

分权决策使新产权安排完成了局部合法化。对中国农民来说,县政府——更不要说省政府了——当然就代表着政府。这就显著增加了农民对他们发明的新产权合约能够被执行的信心,从而降低了产权制度变迁的风险,增加了局部成功的示范效应和地区之间体制改革竞争的可能性。⑨ 经验表明,分权决策是中国这样一个大国产权制度变迁中不可缺少的关键环节。⑨

---

⑨ 以安徽为例,小岗生产队的包产到户,引起凤阳县城里的大辩论,最后安徽省委常委到小岗现场调查并决议可以试行。

⑨ 中国改革的渐进特征不仅仅表现为时间上的继续,而且表现为空间分布上的不均匀。

⑨ 分权改革方针在1989年以后受到国内一些著名经济学家的批评。代表作是吴敬琏在1989年12月发表的文章,此文对前国务院领导人的经济改革"举措失误"提出系统批判,其中一个重要内容,就是该领导混淆"行政性放权"和"经济性放权"的区别,导致市场割据和宏观调节的分散化,导致"诸侯经济"。吴文是按照学术商榷的风格撰写的,读来确有一种挑战权威大人物的道德勇气(作者特别题此文系"根据作者1987年6月9日、1988年7月1日和1989年1月11日在中央党校作报告整理而成的",吴敬琏,1989:51),虽然此时被批评者已经不可能公开回答任何批评了。此后海内外华文报刊持续抨击"诸侯经济"。相反见解的代表作见李湘鲁1990年在美国知识分子杂志上发表的文章,他认为要改革计划官僚体制,必定要先分解之,而没有办法依靠中央计划官僚体系来动员和推进改革;唯有分权改革方针,才能在全权主义的体制内看到启动改革的社会机制。农村改革的经验表明,幸亏当时有分权方针的"举措失误",否则,最大的可能是直到今天我们还在人民公社的框架里打转。

(五) 地方合成的中央政策

局部合法化还不等同于全局合法化,这个差别包含着一定的风险。⑬ 因此包产到户初见成效之后,率先改革的省份要求包产到户的全局合法化。在这一点上,地方政治利益与新的产权安排高度一致。1980 年中央召开各省区第一书记会议,重新讨论包产到户,此时距上一个禁止包产到户的中央全会还不到一年。

西方研究中国决策过程的政治学家注意到,有各地领导人参加的中央工作会议意义重大。⑭ 但是以往多数这类会议并不改变决策的自上而下的性质。⑮ 1980 年的这次会议带来一个新的特点,即各地都力争把本地经验写进中央政策,即力争自己的模式的全局合法化。由于当时各地经验的差距甚大,地方立场各异,以至于很难达成一致意见。⑯ 最后,会议通过的政策文件允许生产队实行多种责任制安排,其中包括包产到户。⑰ 这等于修改了中央的原来立场,完成了包产到户在全国范围的合法化。

1980 年决策模式最重要的贡献与其说是其内容,还不如说是其程序。不同的地方利益和主张,可以在中央决策过程里讨价还价,并最后合成一个新的中央政策。围绕产权创新的中央政府与农民两级之间做交易的模式,发展为"农民—社区—地方—中央"多级之间的谈判、沟通和"交易"。我们不必过高估计这一决策模式的制度化程度。但从长期角度来看,这里包括了重建政府与社会关系的要素。⑱

(六) 分步渐进的交易

农民紧接着要求新政策的长期化,因为他们担心这次农村政策调整很可能仍旧如同 20 世纪 60 年代初期一样,仅仅只是一个短期的"权宜之计"。⑲

---

⑬ 1961 年安徽的包产到户也率先得到省第一书记曾希圣的赞成和中央领导人包括毛泽东的默许,但饥荒危机一过,曾却为此受到批判和撤职(薄一波,1993,下卷)。

⑭ Lieberthal and Oksenberg(1988:29,152)。

⑮ 1962 年的 7 000 人大会是个例外,主要从各个决策层面总结 1959—1961 年的严重教训。

⑯ 激烈的争论甚至从会场延伸到饭桌。支持包产到户的贵州第一书记池华卿有一次在席间对持反对立场的黑龙江第一书记杨易辰说,你走你的阳关道,我走我的独木桥。不料一语中的,提供了多种模式并存的解决思路。

⑰ 这就是 1980 年 75 号中央文件。关于这一新政策文件的制定背景,见杜润生在制定这一政策文件的各省市自治区第一书记会议上的讲话(杜润生,1985:1—9)和吴象(1980)的文章。

⑱ 关于程序在变革过程中的重要性,见季卫东(1993)。

⑲ 历史经验表明,如果政府仍然主导农村社会,那么调低了的政府租税,可以因为经济恢复而重新调高;下放的权力,也可以因为各种理由而重新收回。

农民和社区精英一方面对政府的农产品提价和允许包产到户政策做出增产的反应,另一方面交替使用叫喊和退出两种策略,迫使政府的改革政策长期化。这里一个关键的事实是1978—1982年间全国化肥施用量年平均递增14.4%(ZTN,1993:349),似乎可以证实当时许多记者、地方官员、农学家和政策调查人员关于农民怕政策变而从事"掠夺地力"的报告。短期行为通常总要受到谴责,但是为什么不把农民的短期行为看作对短期化的制度约束的一个理性反应呢?更重要的是,农民短期行为指示着短期约束之所在,并迫使改变短期约束结构。[100] 1984年初,中央政策文件明确了土地承包期应在15年以上;为了同长期承包制相适应,同一文件还允许土地承包权的有偿转让。[101]

(七) 交易产生的产权

包产到户的合法化和长期化,在农户手中累积起日益增多的归他们自己支配的经济资源。这部分缴完政府和集体"定额税"之后的剩余,最初只够用来满足农民的温饱,但随着时间的推移,在一些地区的部分农民那里,拥有了可以投资的经济资源。如果政府按照社会主义的经典要求,对这部分资源再推行国有化或集体化,强行采取政府计划控制,那么政府等于单方面撕毁包产到户合约;反过来农民也可以不履行交够政府的和集体的承诺,其结果是当时的政治结构所不能承受的(否则政府不会接受包产到户)。另一个可能的选择是按私产制度来安排农民"自己的"资源,通过市场加以调节。这样可以保障包产到户制对农民的刺激,同时提高农民自有资源的社会利用效率。整个20世纪80年代,政府在确认了包产到户体制之后,农村经济政策的基本走向,就是在农民自发的制度创新推动下承认农民自有资源的私产制度。在此期间,政府一再缩减计划收购的品种和数量(1983—1984年),改统派统购为合同收购(1985—1987年),宣布农副产品完成政府收购后可以自由交易(1979—1985年),允许私人长途贩运(1980年)和农民进城经商(1984—1985年);政府宣布改革农村供销社和信用社体制,恢复其民营性质,并重新实行股份分红制(1983年);政府允许私人投资大型生产资料和创办个体资本(1983年),默许并进而正式承认雇工超过8人以上的私人企业的合法地位(1981—1987年);政府鼓励农民从事非农业活动(1979—1984年)、开放小

---

    [100] 这个论点同样适用于对改革过程中其他寻租行为(rent seeking)的分析,许多人谴责寻租行为,完全忽略了寻租在制度创新中的作用。

    [101] 中共中央关于1984年农村工作的通知,见马克伟主编(1992:133)。

集镇和中小城市的就业和创业(1984—1985年),进而改革了大中城市国营企业的招工制度,对农民工开放城市劳动力市场(1986—1987年)。[102] 在这一时期,"集体资本主义"即原社队企业获得更充分的合法性肯定。[103] 政府仍然限制私人的金融和土地入股活动,但对集体则是开放的。最重要的是,集体可以向私人出售牌照,使那些对政府政策心存疑虑的私人资本活动得以顶上集体的牌号进行。大体到80年代末,中国农村完成了一场也许是有史以来最伟大的商业革命,其制度基础则是集体土地的农户承包制、"集体资本主义"的企业制和农户及个人的私产制。总之,自50年代被彻底改造的剩余权机制,现在以多种形式重建于农村社会。

(八) 全面退出与稳定性

新的政策和制度安排,强化了农民的退出权。现在农民不但控制着农产品的生产和初级分配,而且可以退出某个农产品品种的生产,转向另一种生产,甚至转向工业、建筑业、交通运输业和服务业。农民还可以从他不满意的市场交易中退出,转向只为自己家庭的消费而生产。[104] 最后,最有生产力的那部分农民现在可以退出农村转入城镇。这就是说,农民的局部退出权已经发展为全面退出权。农民的全面退出权增强了他们讨价还价的力量。人们到处看到,农民正在产权和组织的市场上为强化自己的权利喊价,正如他们在产品和要素市场上为自己的产品喊价一样。

同样道理,农村社区对政府的谈判地位也上升了。由于社区经济拥有较大的起始规模和较强的人力资本,因此社区购买保卫自己产权的实力更强,或者反制侵权行为的办法也更多。由于地方财政利益与乡镇企业的发展息息相关,发达省区的地方政治结构成为乡镇企业的保护层,正如落后省区早先热衷于保护家庭经营一样。在发达地区和其他地区的发达乡村,社区经济构成农村社会的组织中坚。

在改变了的政府和农村社会关系的背景下,新的产权安排包括了自我保

---

[102] 这里提及的政策和法律文件,可以在历年的中国农业年鉴中找到。在英文著作中,Yang et al. (1992)的论文对这一时期的农村改革政策和法律,做出了出色的整理,虽然他们按文件提法对政策制度环境做出的计量,在我看来还有待改善,因为文件有时落后于真实生活,有时又并未被完全执行,因而不完全等同于现实的制度约束。

[103] 发达地区的地方政治权力结构,在财政地方包干制下,对社队企业提供了最充分的保护并为其获得中央政策的承认出力。这个过程与落后地区保护包产到户,是一致的。

[104] 例如,每个农户平均多储备200斤粮食,全国的粮食市场就会因此减少360亿斤的供给。这个事实构成1985年以来粮食购销体制改革的基本动力。

护的机制。当然,新产权的合法化并在实施中受到保护,仍然是政府不可被替代的职能,但现在当政府有效地这样做时,它会得到社会增加长期财政上缴的回报。反过来,当政府重犯侵犯有效产权的错误时,它会受到社区和农户的坚决反弹,并为此蒙受财政损失。简言之,政府再也难以单方面为所欲为地改造社会,特别是改造产权。[105] 至此,20世纪70年代末开始的农村经济政策调整,已经演化为一场难以逆转的产权改革。这既不是单方面因为政府决策的英明远见,也不是单方面因为农民和社区精英的自发努力,而是政府和农民双方围绕有效产权制度的重建,在分权决策的架构里分步进行了一场长达十年的对双方都有利的交易。

(九) 总的图景

改革以来,中国农村的产权结构已经发生了根本性的变化。表1列出了作者根据国家统计局1993年公布数据对目前农村总资产结构的估算。如果这个估算可以被接受,那么目前中国农村的总资产(95 196.12亿元,1992年)中的77.29%为集体的地产(耕地和山地)和企业资产,22.71%为农户私产;而全部集体资产的95%以上已长期承包给农户和个人经营,仍由集体经营的部分不足4%。

这个新形成的产权结构,包含着一些极为重要的特点。首先,由农户和个人长期承包经营的社区集体资产,占据全部农村资产的70%以上,构成目前中国农村生产活动最主要的制度形式。[106] 这部分承包经济的制度特征是社区集体与农户之间就如何利用集体资产而达成的一种合约。承包经济的最终产权,归属社区集体;但利用和支配的权利,则归农户和个人。但是,承包经济几乎到处都是因地因事因人制宜,它服从的是地方化的不同利益主体之间的力量平衡,而不是一致的体制规范。

其次,承包经营的产权合约本身是变化的。无论是80年代早期形成的土地承包制还是中期形成的集体企业承包制,都发生过和发生着重要的变化。例如,土地承包制从短期变为长期(最近中央政府政策文件已宣布可长

---

[105] 最近的一个证据是,1990—1991年间北京个别领导人发起再版的农村社会主义教育运动,但不了了之而收场。

[106] Coase(1992)强调他和其他制度经济学家研究的正是有关生产的制度结构(institutional structure of production)。

达 30 年)[107],并在一些落后地区消除了按新增人口不断重分承包地的早期安排[108];另外,土地转包权被合法化并在一些地方发展为土地承包权市场[109],乡村企业的承包制,则发展为合作股份制[110],它同农村社区基金会的发展结合在一起,可能引起农村产权制度的进一步创新。可以预料,随着农村经济要素流动性的加强,承包产权还将进一步演化。[111]

表 1 1992 年中国农村资产结构

（1）农村资产	（2）数量	（3）资产估值(亿元)	（4）比例(%)
Ⅰ. 农村总资产		9 519 612.00	100.00
Ⅱ. 集体产权集体经营		3 434.16	3.61
2.1　耕地[①]	419.31 万公顷	2 201.59[②]	2.31
2.2　山地	182.31 万公顷	277.89[③]	0.29
2.3　企业固定资产	约 30.4 万个[④]	517.18[⑤]	0.54
2.4　企业流动资金		812.76[⑥]	0.85
2.5　企业债务		367.86[⑦]	−0.39
2.6　集体净存款[⑧]		−7.40	−0.01
Ⅲ. 集体产权农户承包经营		70 138.25	73.68
3.1　耕地	12 096.19 万公顷	63 510.99	66.72
3.2　山地	1 823.09 万公顷	2 778.94	2.92
3.3　企业固定资产	约 121.6 万个	2 068.72	2.17
3.4　企业流动资金		3 251.04	3.42
3.5　企业债务		1 471.44	−1.55
Ⅳ. 农户产权私人经营		21 623.71	22.71
4.1　农用固定资产[⑨]		1 114.32	1.17
4.2　企业	1 927.2 万个	1 007.82[⑩]	1.06
4.3　私人住宅[⑪]	126 811.95 万间	14 349.03	15.07

---

[107]　转引自杜鹰、袁崇法(1993)。

[108]　早期包产到户并未排除农户家庭因人口变动而重新调整承包地的权利,这引起土地承包的内生不稳定。贵州湄潭最早进行消除此种权利的制度创新,那里的办法是由地方政府提供低息贷款支持农户开发荒山荒坡,交换农民增加人口重分土地的权利。笔者曾认为这是包产到户以来最重要的改革创新,因为它试图解决人口和土地利用中的一个由来已久的不良循环(周其仁、刘守英,1988)。这个办法现在引起许多其他地方的兴趣和仿造(杜鹰、袁崇法,1993)。

[109]　例如山东平度县的经验,见国务院发展研究中心农村部土地制度课题组调查报告(打印本,1990)。

[110]　杜鹰、袁崇法(1993)。

[111]　这些实际的变化与农民要求"政策不变"的呼声和政府对此所作的允诺,正好相辅相成。后者要求的是防止重演自上而下用政治手段制造和改变产权,而前者则表明交易环境的变化对调整产权合约的需要。重要的是,大体从 80 年代后期开始,农村新产权结构制度化和法制化的要求提上了改革的日程。这当然不是把最完满的产权形式写成法律文书了事,而是通过法律形式记录已经通过交易形成的权利,同时增加保护有效产权的手段和侵犯产权的成本,并在此基础上形成利益当事人之间修订产权合约的程序。

(续表)

(1) 农村资产	(2) 数量	(3) 资产估值(亿元)	(4) 比例(%)
4.4 净存款		3 107.80⑫	3.26
4.5 现金和其他金融资产		2 044.74⑬	2.15

注：① 1992年全国耕地总面积，国家统计局公布为9 542.58万公顷(即14.3亿亩)，但同时注明此数偏小(ZTN，1993：332)。据同一册ZTN(1993：356，357)，1992年农户家庭平均每人经营耕地面积0.1373公顷(2.06亩)，山地0.022公顷(0.33亩)，以当年农村总人口91 154.4万计(ZTN，1993：329)，全国耕地为12 515.50万公顷(18.77亿亩)和经营山地2 005.40万公顷(3亿亩)。本表用后一种数计全国土地。

② 耕地的资产估价办法如下：以地租率占农业总产值的40%计，1992年地租总额约为3 633.88亿元(ZTN，1993：333)，另以当年向农村个体户的贷款率11.23%计(ZTN，1993：671)，扣除当年物价指数5.4%(ZTN，1993：199，237)，真实利率约为5.53%，因此地价总值约为65 712.12亿元，以12 515.50万公顷耕地计(见注1的说明)，平均每公顷为522 505万元或每亩3 500.33元。

③ 林地地价以地租占林业总产值(1992年为422.61亿元，ZTN，1993：335)的40%计，共169.04亿元。真实利率以5.53%计(见注2)，经营山地总估值为3 056.78亿元，全国经营山地面积约2 005.40万公顷(见注1)，平均每公顷15 243元，或每亩1 016.2元。

④ 乡村两级集体企业共152万个(ZTN，1993：395)，据估计，仍由集体经营的不足20%，其余承包给个人，或仅仅只是挂牌的集体企业。

⑤ 乡村集体企业的固定资产净值为2 585.9亿元(ZTN，1993：397)，这里以集体经营占20%计，承包经营占80%计(见3.3栏同列数据)。

⑥ 乡村集体企业的流动资金年末占有量为4 063.8亿元(ZTN，1993：397)，这里以集体经营占20%计。

⑦ 乡村集体企业的银行贷款余额为1 839.3亿元(ZTN，1993：397)，这里计入20%，其余计入3.5栏本列。

⑧ 集体净存款等于集体农业存款年末余额减贷款余额，这里只计入集体农业在信用社的净存款(ZTN，1993：667)，而不包括政府银行即农业银行的统计，因为后者没有分类，并且1992年的净额几乎为零(ZTN，1993：664)，下面4.4项计算农户净存款的方法相同。

⑨ 这里包括役畜和产品畜、大中型铁木农具、农业牧渔业机械和运输机械(ZTN，1993：35)。

⑩ 村以下农民企业的资产没有统计数据，这里用农户生产性固定资产统计中的工业机械、生产用房和其他三项之和来反映(ZTN，1993：354)。可以认为，虽然这里用的是原值而不是净值，但对农户企业资产总规模的估计还是偏低的(平均每个企业的固定资产值仅为5 688.92元)。

⑪ 见ZTN(1993：323)。

⑫ 农户在农村信用社的净存款，1992年为2 107.8亿元(农户存款余额2 867.3亿元，贷款余额759.5亿元，ZTN，1993：667)。农户在政府银行中的存款余额没有分项统计发表，仅有农村存款1 409.42亿元和农业贷款1 448.72亿元(ZTN，1993：664)，不清楚其中农户的净存款余额。但当年全国居民储蓄存款为11 544.7亿元，其中农民的部分估计占40%—45%，因此我们在信用社农民家庭净存款(2 107.8亿元)上加上1 000亿元来估计这个值。

⑬ 居民手存现金3 407.9亿元(ZTN，1993：602)，以农村居民手存现金占60%计。

再次，农户家庭及其自由联合的私产已占全部农村资产的23%。农民私产的绝大部分为私人住宅(占全部私产的66.4%)，可用于生产投资的资产规模尚很小。但在整个农村产权结构中,农民私产成长最为迅速。⑫ 农民私产,主要形成于承包经济的剩余增量,即"剩下都是自己的"那部分,因而以承包经济为其历史前提。另外,在实际经营中,农户私产和承包经济浑然一体,即都由农户和个人来决策、控制和支配,只不过遵循不同的合约分配产品。这两点决定了今天中国农村私产与社区公产之间的密切关联,或者反过来说也一样。但是,农民私产在法权上并不依附于集体公产,而具有一种独立的地位。例如今天一个农民可以完全退出承包经济,但这并不意味他因此必须交出他的私有财产。⑬

最后,中国农村新的产权形式,包括承包经济和农户私产,是随着其执行和保护系统的发展而同步成长起来的一种权利结构。⑭ 现实的情形是,并不是政府单方面主动提供了一套执行和保护有效产权的系统,也不是农村社区和农户自己仅仅依靠村庄习俗或其他自费的安排,而是经过"中央政策—地方政府—农村社区—农户"之间一系列分步互动,首先最大限度地排除政府对农村社会产权合约的侵犯,其次增强农村社会内部资源利用的排他性。这个双重意义的排他性制度安排,至今也不是依靠成文法律及其执行机构,而主要依靠尚未法制化的信息沟通、谈判、讨价还价,特别是事实上的退出权实现的。因此,与通过政治运动所产生的产权不同,交易产生的产权,只能由交易双方的互相制约和制衡来执行和保护合约。好的交易会使双方不吃亏。不吃亏的交易才能长久,长久的交易才需要并有可能供应制度化的规则。⑮ 因此,在改革进行了十几年以后,人们才可以有把握地预料,中国农

---

⑫ 笔者曾估计过1985年农村资产结构,当时农户家庭私产未计入私营企业部分约为7 000亿元,加上各种私人企业的资产220亿元,共7 220亿元。当时估价农用地产,用的是名义利率而不是真实利率,因此地价被低估了。用真实利率重估的结果为农用地价值约50 000亿元,而农村总资产约为60 000亿元。因此当年农民私产约占农村总资产的12%(见周其仁,1987,刊发展研究所综合课题组,1988:65—80)。自那时以来,农民私产增长了近3倍,年平均增长16.97%,快于非私产年平均增长速度12个百分点。

⑬ 因为他的私产不是白白得来的,他完成了对政府和集体的承包上缴,并为形成私产花费努力,承担风险和责任。在这个意义上,今天中国农民的私产已经不同于土改后形成的私有土地制。这里没有政府组织大规模群众政治运动对个别农户的恩赐,也就没有政府意志任意更改产权合约的历史理义性。

⑭ 或者用Alchian and Demsetz(1972)的话来说,农村产权的硬度是在其保护构造成长过程中逐步提高的。

⑮ 许多人习惯于免费制度或规则的思想。例如,Bater(1990)提供了一个博弈论模型说明尼罗河上游养牛人之间产权秩序的建立。在这个模型中,两个养牛人家庭在没有仲裁者的情况下,总是理性地选择攻击对方的策略。这种导致资源浪费的"囚徒博弈"结果,在引入了能够制裁攻击行为的第三者后才被改变。问题是,这位第三者在B的模型中没有消耗任何资源,而在生活中,制度、秩序和规范都不可能是免费的。

村多种产权合约对法律服务的需求将大幅度上升。

五、结论性评论

本文把中国农村改革看作是围绕产权重建展开的制度变迁。经典社会主义农业改造的理论和实践,试图消灭农民产权即剩余权的激励机制来加快国家工业化。这个模式的失败,表现在经济效率低下和人民生活水平提高缓慢,更表现在体制运行费用高昂和自我调整机能的僵化。在这个模式下,政府侵入乡村社会生活的一切领域,直接控制和指挥一切农村经济组织。这不仅导致农村社会活力的窒息,而且也损害政府职能的正常发挥和政治机构的合法权威。

当社会主义农村体制需要改革的时候——它往往是长期的慢性体制病,随机的突发性灾难和上层政治危机的复合结果——它发现自己陷于真正的困境。

这里的问题不是尼罗河上游两个养牛家庭如何寻找一个免费或不免费的中间人,以避免互相攻击策略对双方带来的浪费。这里的问题也不是加拿大东部的狩猎部落,在皮毛价格上涨的时候,如何划定狩猎范围以避免"公共的动物资源"过快灭绝。这里更不是私有财产的伟大原则早已深入法律和习俗的美国,只是由于比如说飞机的发明而带来噪音干扰,需要解决预先的产权合约中没有或不可能写入的权利纠纷。

社会主义产权改革面对的至少是一个诺斯难题,即拥有合法暴力潜能的政府为什么和怎样严守保护产权合约的边界,或者反过来,私人为什么和怎样能够防止政府的越界行动。

但这仍然不够。因为真正的问题是,被战争、政府工业化和改造旧中国的伟大志向造就的强大政府,已经侵入乡村社会,并保留了制造、改变和剥夺农民产权的长期记录。在这种情况下,存在的问题包括:一方面,政府对产权的政策为什么以及怎样改弦更张;另一方面,农民为什么和怎样才能预期政府新政策将是长期稳定的,并以此作为约束自己履行与其他私人合约的基础。一句话,这里面临的问题是在政府职能曾经被滥用的约束条件下如何重建产权秩序特别是转型期的产权秩序。

这就是问题所在。中国农村改革在回答这个问题时创造了一些朴素的经验。正如我们已经看到的,产权改革的胚胎在人民公社时期就已经形成,这就是生产队自主、家庭自留经济和社队企业。开始它们只能靠部分退出权保护自己,躲避政治运动的疾风暴雨。这些初级权利的生命力如此顽强,以至于可以影响政府控制农村经济的费用—收益结构,并在自然灾害和其他偶发因素的配合下,迫使政府的农村经济政策调整和退却。然后农民表示热烈拥护其实是他们自己发动的改革,承包了几乎全部公产,并用上缴的剩余形成私产。多数产权创新首先在地方完成局部合法化,当制度创新显著见效于经济增长时,这些地方的创制权得到巩固,并进而改变中央决策的政治平衡和完成全局合法化。正是在这样一套构架下,一次性的短期交易发展成多次性的长期交易。正是在多方参与的交易中,人们交换信息,平衡利益,培养预期和校正合约行为。不到十年时间,政府控制的集体产权模式完全改观,被承包制和私产制混合的新产权结构取代。这是 20 世纪 80 年代以来农村经济增长和结构变化的主要制度基础。按不变价格计算,1980—1992 年间农村社会总产值平均每年增长 14%,人均纯收入每年递增 6.16%;在同一时期,农村每年增加约 500 万劳动力转向非农产业。[116] 考虑到这几个数字反映的是 9 亿多人口的经济活动,覆盖世界总人口的 1/6,中国农村改革的经验有理由受到重视。

中国经验最重要的内容也许是,改革同时兼顾新产权合约及其执行和保障系统之间的互相配合,避免产权创新孤军奋进。与西欧早期的路径不同,中国农村新产权的保护机制不是依托"个人—市民公共领域"制衡政府,而是依托"家庭—村庄社区—地方政府"的联盟与政府之间正式和大量非正式的交易,改变政府与社会的关系,为保护和执行经过初级界定的产权合约提供了条件。在此基础上,更为复杂的产权合约形式正在大量生成。我们已经看到证据,中国农村不但完成了社区公产承包制和农户私产制的重建,而且股份企业制、合作股份制以及其他多种多样传统时代闻所未闻的产权合约蓬勃发展。我们不能确切地断言未来十年中国产权结构的进一步变化,但它有可能继续自己过去十多年改革形成的传统,即更多地依托政府与社会之间的权利平衡,而不仅仅是上层政治结构这一种或那一种权力的平衡。无论如何,中国制度变迁经验与东欧及俄罗斯的经验,构成了值得持续观察比较的一个对照。

---

[116] 农村社会总产值数据 ZTN(1993:333);物价数据 ZTN(1993:238);农民人均纯收入数据 ZTN(1993:312);劳动力数据 ZTN(1985:224)和 ZTN(1993:330)。

附表 1 国家控制农村经济系统的收益和开支，1952—1982 年

年份 (1)	AG 亿元 (2)	APG 亿元 (3)	ATAX 亿元 (4)	CMF 亿元 (5)	CR 元/人 (6)	DTAX 亿元 (7)	EXPORT 亿元 (8)	GEA 亿元 (9)	GEM 亿元 (10)	PFR 元/人 (11)	RL 亿元 (12)	RS 亿元 (13)
1952	461.00	14.10	31.11	0.00	0.00	24.55	27.10	9.04	72.30	0.00	3.20	0.00
1953	510.00	19.20	31.21	0.00	0.00	36.19	34.80	11.84	93.90	0.00	5.80	1.10
1954	535.00	25.00	37.70	0.00	2.43	43.41	40.00	13.51	76.40	56.39	6.90	4.30
1955	575.00	28.20	35.11	0.00	10.24	41.80	48.70	14.99	83.70	30.98	9.20	6.10
1956	610.00	37.00	34.21	1.70	43.01	51.31	55.70	26.99	85.40	17.02	28.50	8.00
1957	537.00	32.60	34.17	4.90	40.54	49.32	54.50	23.50	76.80	21.46	25.80	17.90
1958	566.00	66.80	37.53	4.70	41.39	91.62	67.10	43.86	71.60	24.08	40.10	27.80
1959	497.00	81.50	38.05	7.20	37.60	114.46	78.10	58.23	84.60	27.01	39.50	48.20
1960	457.00	101.50	32.26	7.20	41.25	127.29	63.30	90.52	86.00	30.30	56.90	49.90
1961	559.00	70.00	24.95	9.10	48.12	70.54	47.80	54.88	76.80	33.99	57.80	56.20
1962	584.00	60.30	26.14	10.00	46.06	73.94	47.10	38.23	78.60	38.15	61.00	31.60
1963	642.00	59.70	27.56	9.00	46.16	88.75	50.00	55.60	89.90	35.65	68.40	34.60
1964	720.00	65.50	29.74	8.10	47.52	110.05	55.40	67.16	98.10	35.72	70.40	45.60
1965	833.00	80.20	29.63	16.57	52.28	122.31	63.10	54.98	112.10	33.29	76.50	50.10
1966	910.00	100.00	34.06	17.36	53.64	149.48	66.00	54.39	126.90	32.58	76.10	62.90
1967	924.00	91.40	33.32	18.20	55.04	125.38	58.80	45.82	105.80	31.88	79.60	69.30
1968	928.00	88.10	34.48	19.08	56.48	106.26	57.60	33.47	117.00	31.19	78.80	83.30
1969	948.00	103.30	34.04	19.99	57.96	127.18	59.80	48.03	151.00	30.53	80.90	78.40
1970	1058.00	129.20	18.71	20.96	59.47	83.03	56.80	49.40	170.60	29.87	82.30	83.30

(续表)

年份 (1)	AG 亿元 (2)	APG 亿元 (3)	ATAX 亿元 (4)	CMF 亿元 (5)	CR 元/人 (6)	DTAX 亿元 (7)	EXPORT 亿元 (8)	GEA 亿元 (9)	GEM 亿元 (10)	PFR 元/人 (11)	RL 亿元 (12)	RS 亿元 (13)
1971	1107.00	152.30	35.51	22.26	62.94	178.63	68.50	60.75	200.40	29.23	48.10	93.50
1972	1123.00	169.80	32.61	15.87	61.77	185.94	82.90	65.13	194.00	28.60	52.40	91.40
1973	1226.00	189.00	35.05	15.65	65.36	205.50	116.90	85.17	181.00	27.99	54.20	107.30
1974	1277.00	196.20	34.59	18.85	65.76	199.22	139.40	91.21	170.30	27.39	59.19	123.40
1975	1343.00	224.70	33.86	22.02	63.22	223.78	143.00	98.96	181.10	26.8	68.50	136.90
1976	1378.00	240.40	33.52	26.46	62.80	207.24	134.80	110.49	175.50	26.23	85.30	136.70
1977	1400.00	258.50	33.60	27.51	64.98	228.14	139.70	108.12	192.30	32.81	93.00	143.20
1978	1567.00	293.70	32.68	28.43	74.00	253.99	167.70	150.66	216.80	35.79	109.20	154.40
1979	1896.00	324.00	33.83	31.98	83.40	261.64	211.70	174.33	279.60	44.00	129.90	203.70
1980	2180.00	346.00	31.75	33.87	85.93	300.14	272.40	149.95	260.60	62.55	166.50	239.80
1981	2460.00	347.50	32.66	35.02	101.32	280.19	371.20	110.21	238.90	84.52	175.80	278.40
1982	2785.00	388.50	33.71	49.51	208.63	282.87	420.00	120.49	258.00	102.80	192.60	389.90

注: ① AG—以当年价格计算的农业总产值(ZTN,1983:13);APG—以当年价格计算的农用生产资料销售额(ZTN,1993:611);ATAX—农业税包括正税和附加部分(以征税的15%计)(ZTN,1983:446);CMF—人民公社集体经济的管理费用,用其总费用纲中的非生产费用代表,一般而言,这部分是低估的(NJZ,1983:510);CR—人民公社社员从集体经营部分集体分得的纯收入(NJZ,1993/9:63);DTAX—国家收购农副产品中包含的差价计算和说明(JJYJ,1993/9:63);EXPORT—当年出口的农副产品以及农副加工产品(ZTN,1983:420);GEA—财政支农资金(ZTN,1993:225);GEM—国家的行政和军费开支(ZTN,1983:448);PFR—农民从家庭副业部分获得的纯收入(NJZ,1983:523);RL—农村贷款余额(NJZ,1983:321);RS—农村储蓄存款(NJZ,1983:321)。

② 以上各项,AG、ATAX、DTAX、EXPORT、CR和RS在性质上被看作国家从农村的得益,因为它们给国家带来直接或间接的利益;而APG、CMF、GEA、GEM、PFR和RL被计入国家开支,虽然其中部分是同接的,为了更合理地估计国家控制农村的收益和开支,以上诸项都计算成以1952年等于100的指数,扣除市场价格的影响,加权综合成国家的收益和开支指数(见附表2)。

附表 2 国家控制农村经济系统的收益和开支指数,1952—1982 年

年份 (1)	国家收益指数 (2)	国家开支指数 (3)	AG (4)	APG (5)	ATAX (6)	CMF (7)	CR (8)	DTAX (9)	EXPORT (10)	GEA (11)	GEM (12)	FMP (13)	PFR (14)	RL (15)	RS (16)
1952	1.00	0.95	100.00	100.00	100.00	100.00	100.00	100.00	100.00	100.00	100.00	100.00	100.00	100.00	100.00
1953	1.17	1.19	110.63	136.17	100.31	100.00	100.00	147.43	128.41	130.97	129.88	104.82	100.00	181.25	100.00
1954	1.42	1.31	116.05	177.30	121.18	100.00	100.00	176.83	147.60	149.45	105.67	107.27	100.00	215.63	390.91
1955	1.51	1.45	124.73	200.00	112.87	100.00	421.40	170.27	179.70	165.82	115.77	107.09	54.94	287.50	554.55
1956	2.03	2.41	132.32	262.41	109.96	288.24	1769.96	209.01	205.54	298.56	118.12	106.91	30.18	890.63	727.27
1957	2.12	2.11	116.49	231.21	109.82	276.47	1668.31	200.89	201.11	259.96	106.22	109.91	38.06	806.25	1627.27
1958	2.82	3.52	122.78	473.76	120.64	423.53	1703.29	373.21	247.60	485.18	99.03	118.55	42.70	1253.13	2527.27
1959	3.48	4.52	107.81	578.01	122.31	423.53	1547.33	466.25	288.19	644.14	117.01	120.09	47.90	1234.38	4381.82
1960	3.14	5.82	99.13	719.86	103.69	535.29	1697.53	518.51	233.58	1001.33	118.95	137.82	53.73	1778.13	4536.36
1961	0.70	1.04	121.26	496.45	80.21	588.24	1980.25	287.35	176.38	607.08	106.22	496.27	60.28	1806.25	5109.09
1962	0.92	1.20	126.68	427.66	84.03	529.41	1895.47	301.19	173.80	422.90	108.71	322.55	67.65	1906.25	2872.73
1963	1.36	2.11	139.26	423.40	88.59	476.47	1899.59	361.51	184.50	615.04	124.34	243.36	63.22	2137.50	3145.45
1964	2.35	3.56	156.18	464.54	95.59	974.71	1955.56	448.27	204.43	742.92	135.68	169.36	63.34	2200.00	4145.45
1965	2.50	3.15	180.69	568.79	95.24	1021.18	2151.44	498.19	232.84	608.19	155.05	174.82	59.04	2390.63	4554.55
1966	2.94	3.22	197.40	709.22	109.49	1070.59	2207.41	608.89	243.54	601.66	175.52	176.91	57.78	2378.13	5718.18
1967	2.74	2.77	200.43	648.23	107.10	112.35	2265.02	510.70	216.97	506.86	146.33	179.91	56.53	2487.50	6300.00
1968	2.76	2.28	201.30	624.82	110.82	1175.88	2324.28	432.82	212.55	370.24	161.83	179.91	55.31	2462.50	7572.73
1969	2.90	2.99	205.64	732.62	109.43	1232.94	2385.19	518.04	220.66	531.31	208.85	179.73	54.14	2528.13	7127.27
1970	2.46	3.22	229.50	916.31	60.13		2447.33	338.22	209.59	546.46	235.96	179.73	52.97	2571.88	7572.73

（续表）

年份 (1)	国家收益指数 (2)	国家开支指数 (3)	AG (4)	APG (5)	ATAX (6)	CMF (7)	CR (8)	DTAX (9)	EXPORT (10)	GEA (11)	GEM (12)	FMP (13)	PFR (14)	RL (15)	RS (16)
1971	3.33	3.49	240.13	1080.14	114.13	1309.41	2590.12	727.62	252.77	672.01	277.18	195.45	51.84	1503.13	8500.00
1972	3.11	3.41	243.60	1204.26	104.81	933.53	2541.98	757.40	305.90	720.46	268.33	211.55	50.72	1637.50	8306.09
1973	3.36	3.97	265.94	1340.43	112.68	920.59	2689.71	837.08	431.37	942.15	250.35	222.73	49.64	1693.75	9754.55
1974	3.45	4.15	277.01	1391.49	111.20	1108.82	2706.17	811.50	514.39	1008.96	235.55	26.82	48.57	1846.88	11218.18
1975	3.61	4.39	291.32	1593.62	108.83	1295.29	2601.65	911.54	527.68	1094.69	250.48	235.91	47.53	2140.63	12445.45
1976	3.35	4.68	298.92	1704.96	107.75	1556.47	2584.36	844.14	497.42	1222.23	242.74	245.27	46.52	2665.63	12427.27
1977	3.65	4.83	303.69	1833.33	108.00	1618.24	2674.07	929.29	515.50	1196.02	265.98	239.36	58.18	2906.25	13018.18
1978	4.30	6.75	339.91	2082.98	105.04	1672.35	3045.27	1034.57	618.82	1666.59	299.86	223.64	63.47	3412.50	14036.36
1979	5.23	8.12	411.28	2297.87	108.75	1881.18	3432.10	1065.75	781.18	1928.43	386.72	213.55	78.03	4059.38	18518.18
1980	5.91	7.32	472.89	2453.90	102.04	1992.35	3536.21	1222.55	1005.17	1658.74	360.44	217.82	110.92	5203.13	21800.00
1981	6.07	5.70	533.62	2464.54	105.00	2060.00	4169.55	1141.30	1369.74	1219.14	330.43	230.45	149.88	5493.75	25309.09
1982	7.52	6.15	604.1215	2755.319	108.36	2912.35	8585.60	1152.21	1549.82	1332.85	356.85	238.09	182.30	6018.75	35445.45

注：① FMP—集市贸易市场消费品综合价格指数（ZJN，1992：81），第 4—16 列其余各项均据附表 1 中有关各项计算成以 1952 年为 100 的增长指数。

② 国家收益综合指数是根据 6 个分指数加权而成，全部指数都消除了价格变化的影响（以 FMP 为代表），其计算公式是：国家收益指数＝（ATAX×0.4＋DTAX×0.4＋EXPORT×0.1＋AG×0.05＋CR×0.025＋RS×0.025）/FMP，各分项指数的权数根据其对国家利益的程度估计而成。

③ 国家开支指数根据 6 个分指数加权平均而成，并以同样的方法消除了价格影响，其计算公式是：国家开支指数＝GEA×0.65＋GEM×0.1＋CMF×0.03＋APG×0.15＋PFR×0.01＋RL×0.01）/FMP，各种权数也系作者的估计值。

参 考 文 献

[1] Alchian, Armen and Demsetz, H. 1972. "Production, Information Costs, and Economic Organization", *American Economic Review* 62: 777—795.
[2] Alchian, Armen. 1965. "Some Economics of Property Rights", in A. Alchian. 1977. *Economics Forces at Work*. Liberty Press, 127—149.
[3] Alchian, Armen. 1950. "Uncertainty, Evolution and Economic Theory", *Journal of Political Economy* 58: 211—220.
[4] Arrow, Kenneth. 1963. *Social Choice and Individual Values*. Wiley Press.
[5] Ashton, Basil, Kenneth Hill, Alan Piazza, and Robin Zeitz. 1984. "Famine in China, 1958—1961", *Population and Development Review*, Vol. 1, No. 4.
[6] Bardhan, Pranab. 1989. "The New Institutional Economics and Development Theory: A Brief Critical Assessment", *World Development*, Vol. 17, No. 9: 1389—1346.
[7] Barzel, Yoram. 1989. *Economic Analysis of Property Rights*. Cambridge University Press.
[8] Bater, Robert H. 1990. "Capital, Kinship and Conflict", *Canadian Journal of African Studies*, Vol. 24, No. 2: 151—164.
[9] Buchanan, J. and Tullok, G. 1962. *The Calculus of Consent*. University of Michigan Press.
[10] Byrd, William A., and Alan Gelb. 1988. "Why Industrialize? The Incentives for Local Community Governments", Chapter 16 of Byrd, William A., and Qingsong Lin, eds. (1988).
[11] Byrd, William A. and Qingsong Lin, eds. 1988. *China's Rural Industry: Structure, Development, and Reform*. Unpublished manuscript.
[12] Chayanov, A. V. 1986. *The Theory of Peasant Economy*. The University of Wisconsin Press.
[13] Cheung, Steven. 1969a. *The Theory of Share Tenancy*. University of Chicago Press.
[14] Cheung, Steven. 1969b. "The Structure of a Contract and the Theory of a Non-Exclusive Resource", *Journal of Law Economics*, April: 12.
[15] Coase, R. H. 1988. *The Firm, the Market, and the Law*. University of Chicago Press.
[16] Coase, R. H. 1937. "The Nature of the Firm", *Economica* 4: 386—405.
[17] Coase, R. H. 1960. "The Problem of Social Cost", *Journal of Law and Economics* 3: 1—44.
[18] Cooter, R. and Ulen, T. 1988. *Law and Economics*. Harper Collins.
[19] Cui, Zhiyuan. 1993. "A Schumpeterian Perspective and Beyond", in Yang Gan and Zhiyuan Cui, eds. *China: A Reformable Socialism?* Oxford University Press.
[20] Demsetz, Harold. 1988. *Ownership, Control, and the Firm*. Basil Blackwell Inc.
[21] Dong, Xiao-yuan and Gregory K. Dow. 1993. "Does Free Exit Reduce Shirking in Production Teams?" *Journal of Comparative Economics* 17: 472—484.

[22] Fei, Hsiao-tung. 1939. *Peasant Life in China*. E. P. Dutton & Company.
[23] Furubotn, E. and S. Pejovich. 1972. "Property Rights and Economic Theory: A Survey of Recent Literature", *Journal of Economic Literature*, Vol. X, No. 4: 1138—1162.
[24] Habermas, Jurgen. 1990. *The Peasant Family and Rural Development in the Yangzi Delta, 1350—1988*. Stanford University Press.
[25] Habermas, Jurgen. 1989. *The Structural Transformation of the Public Sphere*. MIT Press.
[26] Hirschman, Albert O. 1970. *Exit, Voice and Loyalty*. Harvard University Press.
[27] Huang, Philip, 1985. *The Peasant Economy and Social Change in North China*. Stanford University Press.
[28] Huang, Philip C. C. 1993. "'Public Sphere'/'Civil Society' in China? The Third Realm Between State and Society", *Modern China*, Vol. 19, No. 2: 216—240.
[29] Johnson, Gale D. 1990. *The People's Republic of China 1978—1990*. ICS Press.
[30] Kung, Kaising James. 1993. "Transaction Cost and Peasant's Choice of Institutions: Did the Rights to Exit Really Solve the Free Rider Problem in Chinese Agriculture?" *Journal of Comparative Economics* 17: 485—503.
[31] Lieberthal, Kenneth and Michel Oksenberg. 1988. *Policy Marking in China*. Princeton University Press.
[32] Lin, Justin. 1989. "An Economic Theory of Institutional Change: Induced and Imposed Change", *Cato Journal*, Vol. 9, No. 1: 1—33.
[33] Lin, Justin. 1990. "Collectivization and China's Agricultural Crisis in 1959—1961", *Journal of Political Economy*, Vol. 98, No. 6.
[34] Lin, Justin. 1992. "Rural Reform and Agricultural Growth in China", *American Economic Review*, Vol. 82, No. 1.
[35] Lin, Justin Yifu. 1988. "The Household Responsibility System in China's Agricultural Reform: A Theoretic and Empirical Study", *Economic Development and Cultural Change*, Vol. 36, No. 4.
[36] Lippit, Victor. 1974. *Land Reform and Economic Development in China*. International Arts and Sciences Press.
[37] MacFarquhar, Roderick and John K. Fairbank, eds. 1987. *The Cambridge History of China (1949—1965)*. Cambridge University Press.
[38] MacLeod W. Bentley. 1993. "The Role of Exit Costs in the Theory of Cooperative Teams: A Theoretic Perspective", *Journal of Comparative Economics* 17: 521—529.
[39] Mann, Michael. 1984. "The Antonomous Power of the State: Its Origins, Mechanism, and Results", *Archives Européennes de Sociologie* 25: 185—213.
[40] North, Douglass and Thomas, Robert. 1990. *Institutions, Institutional Change and Economic Performance*. Cambridge University Press.
[41] North, Douglass and Thomas, Robert. 1981. *Structure and Change in Economic History*. W. W. Norton & Company Inc.
[42] North, Douglass and Thomas, Robert. 1973. *The Rise of the Western World: A New Economic History*. Cambridge University Press.

[43] Olson, Mancur. 1982. *The Rise and Decline of Nations*. Yale University Press.

[44] Prosterman, Roy L. and Timothy M. Hanstad. 1989. "A Fieldwork Appraisal of The Household Responsibility System, with Recommendation for the Future", Seminar paper on the development of rural communities and the transformation of the rural population, Beijing, Dec. 8—14.

[45] Rankin, Mary Backus. 1986. *Elite Activism and Political Transformation in China*. Stanfornd University Press.

[46] Rowe, William. 1984. *Hakow: Commerce and Society in a Chinese City 1796—1889*. Stanford University Press.

[47] Schultz, Theodore W. 1953. *The Economic organization of Agriculture*. McGraw-Hill.

[48] Schultz, Theodore W. 1964. *Transforming Traditional Agriculture*. Yale University Press.

[49] Scott, James C. 1976. *The Moral Economy of the Peasant: Rebellion and Subsistence in Southeast Asia*. New Haven: Yale University Press.

[50] Selden, Mark. 1971. *The Yenan Way in Revolutionary China*. Harvard University Press.

[51] Strand, David. 1987. *Rickshaw Beijing: City People and Politics in the 1920s*. University of California Press.

[52] Wakeman, Frederic Jr. 1993. "The Civil Society and Public Sphere Debate: Western Reflections on Chinese Political Culture", *Modem China*, Vol. 19, No. 2: 108—138.

[53] Wang, Yeh-chien. 1973. *Land Taxation in Imperial China, 1750—1911*. Harvard University Press.

[54] Wen, Guanzhong James. 1989. The Current Land Tenure System and Its Impact on Long Term Performance of Farming Sector: The Case of Modern China, Ph. D. Dissertation, University of Chicago.

[55] Yang, C. K. 1959. *Chinese Communist Society: The Family and the Village*. MIT Press.

[56] Yang, Xiaokai, Wang, Jianguo and Wills, Ian. 1992. "Economic Gorwth, Commercialization, and Institutional Changes in Rural China, 1979—1987", *China Economic Review*, Vol. 3, No. 1, Spring.

[57] Yang, Xiaokai, Wang, Jianguo and Wills, Ian. 1993. "Economics of Property Rights and Chinese Reform", The Hainan Conference Papers.

[58] 薄一波,《若干重大决策与事件的回顾》下卷,中共中央党校出版社1993年版。

[59] 陈云,《陈云文选》(1949—1956),人民出版社1982年版。

[60] 崔晓黎,《统购统销与中国工业化》,发展研究报告第5号,国务院农研中心发展研究所,1988年。

[61] 道格拉斯·诺斯,《经济史上的结构与变迁》,陈郁、罗华平译,上海三联书店1991年版,第49—65页。

[62] 邓小平,《邓小平文选》(1975—1982),人民出版社1983年版。

[63] 杜润生,《中国农村经济改革》,中国社会科学出版社1985年版。

[64] 杜鹰、袁崇法,《中国农村的改革和发展:回顾和展望》,20世纪90年代中国农村改

革和发展国际学术讨论会主题报告,农业部农村经济研究中心,1993年。
[65] 发展研究所综合课题组,《改革面临制度创新》,上海三联书店1988年版。
[66] 冯海发、李微,"我国农业为工业化提供资金积累的数量研究",《经济研究》,1993年第9期,第60—64页。
[67] 高小蒙、向宁,《中国农业价格政策分析》,浙江人民出版社1992年版。
[68] 国家统计局:《农村经济变革的系统考察》,中国社会科学出版社1984年版。
[69] 国家统计局:《农村、经济和社会》,第1—4卷,中国大百科全书出版社1984年版。
[70] 国家统计局,《中国统计年鉴》(ZTN),中国统计出版社1983年版。
[71] 季卫东,《论程序》,当代中国研究中心论文,第4卷,1993年第3期。
[72] 李国都编,《发展研究》,第1—2卷,北京师学院出版社1990年版。
[73] 李湘鲁,"为什么说分权改革方针是正确的",《知识分子》(美国),1990年秋季号,第1—6页。
[74] 刘守英、胡庄君,《产权和制度变迁理论文选》,陈建波、邱继成译,上海三联书店1990年版。
[75] 陆学艺、王小强,《包产到户的由来和今后的发展》,中国农村发展问题研究组,1981年,第166—196页。
[76] 罗小朋,"中国乡镇企业的等级结构和所有制",刊李国都编,《发展研究》,北京师范学院出版社1990年版,第422—451页。
[77] 马克伟主编,《中国改革全书:土地制度改革卷》,大连出版社1992年版。
[78] 农牧渔业部计划司编,《农业经济资料》(NJZ)(1949—1983),农牧渔业部。
[79] 邱继成,1988,"乡镇企业:社区(政府)管理模式的基本线索",刊李国都编,《发展研究》,北京师范学院出版社1990年版,第744—768页。
[80] 盛洪、陈郁,"译序",《企业、市场与法律》,上海三联书店1990年版。
[81] 宋国青、高小蒙等,《中国粮食问题研究》,经济管理出版社1987年版。
[82] 宋国青,《经济增长和经济结构》,中国大百科全书出版社1982年版。
[83] 王耕今、张宣三,《我国农业现代化与积累问题研究》,山西经济出版社1993年版。
[84] 吴敬琏,"十年发展与改革的回顾与思考",《经济工作者学习资料》,1989年第59期,第51—88页。
[85] 吴象,"阳关道和独木桥",《人民日报》,1980年11月5日。
[86] 国家统计局,《国民经济统计提要》(GJTY)(1949—1984),中国统计出版社。
[87] 国家统计局,《中国农村统计年鉴》(ZNTN),中国统计出版社1985年版。
[88] 国家统计局,《中国统计年鉴》(ZTN)(1983,1993),中国统计出版社。
[89] 中国农村发展问题研究组,《包产到户资料选》,第1—2,自印稿1981年版。
[90] 中国农村发展问题研究组,《农村·经济·社会》第一卷,知识出版社1985年版。
[91] 中国农地制度课题组,《中国农村土地制度的变革》,北京大学出版社1993年版。
[92] 中国农业年鉴出版委员会,《中国农业年鉴》(1980—1987),农业出版社。
[93] 周其仁、刘守英,"湄潭:一个传统农区的土地制度变迁",《发展研究报告》,第7号,国务院农研中心发展研究所,1988年。
[94] 周其仁,"土地制度:有效产权,长期租佃和有偿转让",《经济参考消息》,1988。
[95] 周其仁选编,《农村变革与中国的发展》(1979—1989),香港牛津大学出版社。
[96] 周其仁选编,《农村改变区域调查报告》(1981—1989),香港牛津大学出版社。

农民、市场与制度创新
——包产到户后农村发展面临的深层改革[*]

我国农村的经济体制改革,从1978年安徽、四川等地又一次实行包产到户算起,已经过去了整整八个年头。这场动机和手法都比较朴素的改革,扭转了当初深陷于"贫穷社会主义"困境的农村经济政治形势,促成中国农村生产力引起一场令世界瞩目的伟大解放。

像历史上许多重大的改革那样,包产到户变革后所引发出来的问题,比它直接解决了的问题来得更为广泛和深刻。正当国内外舆论普遍肯定中国农村改革大功告成的时候,更深层的改革任务连同着它们极为繁难的特性一起,却一下子从农村现实中露了头。愈来愈多的农民、农村工作者和研究者,都用不同的方式表达着对农村面临的新问题的困惑,表达着对解决这些新问题前景的困惑。这个不应掩饰和回避的现实,表明大规模发展现代商品经济,超越了中国农村以往积累的全部经验。

正视中国农村发展面临的深层改革任务,并探索其解决之道,是对包产到户八年的最好纪念。深层改革任务是由改革的历史引出的,因此,重新清理近年的历史线索,可能有助于对新任务的把握。

一、财产权利和身份自由:农民的双重解放

农村改革的主体是农民。改革解放了生产力,最根本的是解放了生产

---

[*] 本文于1986年10月完成初稿,12月完成修改稿,参加执笔撰稿的除本书作者外,还有戴小京。文稿经发展研究所诸多同事讨论、修订,曾以"发展研究所综合课题组"名义发表于《经济研究》,1997年第1期。

者。包产到户编年史的中心线索,是农民状况的变化。在经济方面,财产权利具有根本的意义。

改革前的中国农民只拥有很少一点归他们所有的财产。1978年每个农户平均拥有3.64间住房,估价不超过500元;年末拥有32.09元储蓄;有很少一点实物储蓄,如余粮和存栏家畜;还有数量微不足道的一点简单农具。估计全国农民自有财产不足800亿元。此外,农区每户有0.5—0.7亩自留地,归集体所有但由农户占用,原则上限于自给蔬菜和部分口粮;牧区还有少量自留畜。考虑到当年全国农民对国家银行、信用社和社队集体负有数额可观的债务,那么,改革前的中国农民几乎已近于农村无产者。这是1956年高级社取消了农民入社土地分红制度以来二十余年历史的一个结果。

那时,农村财产的唯一主体是人民公社集体。根据抽样调查,1978年每个公社拥有固定资产305.9万元,推算全国总额为1 614.6亿元,全国的集体耕地估值为12 665亿元。此外,还有55.6亿元集体存款和若干公共存粮。抵消掉集体所负债务之后,人民公社财产总额约14 335亿元,其中地产占88.4%。

几乎一切财产都归集体公有,作为20世纪50年代中后期社会主义改造"要求过急、速度过快、工作过粗"的产物,遗留下一系列严重问题。农民在理论上是集体经济的主人,但他们与集体财产之间的实际关系却始终未能名副其实,"政社合一"的体制导致财产权利对行政权力的附属。即使后来所谓"三级所有",也由于其内部各层权利界限的天然模糊性,构成了人民公社时代"平调"之风不绝于史的制度性原因。在每一级集体内部,公有财产的形成、支配及其收益的分配,普遍没有形成稳定的、有法律保障的规范,靠疾风暴雨式的政治运动充当集体财产的保护神,至少到了大规模的"四清"运动中就已看清了根本不可能奏效。事实上,"集体的、公有的财产关系"并没有普遍构成改革前广大农村的真正现实,相当一些地方,集体财产的劳动农民公有性质完全被侵蚀得面目全非。这当然无法使农民建立起对集体经济的基本信任,他们甚至不把集体财产看作是自己也有一份在内的共有财产。那时最通行的行为表现是,农民与"公共财产"相结合来从事劳动的积极性低落,集体大田的生产率差不多只及农民小块自留地的1/7—1/5;农民对社区范围内的公共事务和利益的兴趣和责任感没有持续培植起来;部分农民,只要有机会就同样参与对集体财物的侵占和蚕食。

改革前的农村经济体制,对农民择业、迁移和改变社会身份的自由,也设置了种种束缚和限制。20世纪50年代中期以前,农民招工、搬迁和谋生的自由还比较大,但随后发生了一系列逆转。50年代末的"大跃进"终于导致60年代初近2 000万人口重新回到农村,从此农村的非农化和城镇化基本停滞了。人民公社的口粮制度、工分制度和户籍制度都朝着严禁农民流动的方向完备起来,农民被强制束缚于他们生身的土地上。到了"用无产阶级专政来办农业"的时代,不仅农民改变社会身份的自由丧失干净,而且连农民怎样当农民的自由也在相当程度上遭到剥夺。此时的农民尽管"无产",但绝不可能"像鸟一样自由",结果对经济发展和人口素质的提高产生了深远的不良影响。

1978年全国农民人均年度纯收入为133.57元①,比1975年增长60.62元,年平均递增率只有2.9%②。是年约有2亿人口尚不得温饱。当时一个贫困地区的省委曾有一份报告:过去我们不仅剥夺了农民的财产,也剥夺了农民的自由,这是造成农民贫困状况几十年改变甚少的两个重要根源。农民之所以至今还没有起来打扁担,主要是由于我党在战争年代与农民有过非常牢靠的血肉关系,后来又结束了战争,建立了人民政权,并给了农民几十年和平生活。但如果今后还不对过去的农村政策做出重大调整,农民终究会起来打我们的扁担。这篇警世之言的适用性显然超出了贫困地区的范围。

几亿农民的财产权利缺乏基本保障,身份自由受到严格限制,不能完全用意识形态方面对马克思学说的"误解"来加以解释。经济方面的根源是我国国家工业化面临的特殊困难及对解决问题方式的选择。工业化需要巨额资金的积累,在落后的农业国,积累的主要来源当然只能是"农民的贡赋"。贡赋可以是公开的,如日本明治以后的重租重税;也可以是隐蔽的,如价格剪刀差。中国选择的是后一种形式:采用农产品的国家定价形式,从农民手中低价统购,又对城市居民和工业企业低价统销,用以维持大工业的低工资和低原材料成本,提供不断产生超额利润的条件,最后又通过大工业利税上缴,集中起国家工业化的建设基金。③ 这就是统购统销制的经济内容。但低价统购总要引起农民的不满,由此采用的一系列配套措施有其内在的必然逻辑。

在生产领域,归并农民独立的土地权利,严禁土地流失以抑制地租对农

---

① 国家统计局农业统计司(1985:9)。
② 国家统计局农业统计司(1985:5—7)。
③ 宋国青、罗小朋(1985)。

产品价格上升的推动作用;限制农业劳动力流动,压低劳动的机会成本以维持农产品的低工资成本。

在分配领域,对农民一手低价统购,一手低价供应农用生产资料和无偿投资作为补偿;对城市的居民,则一手配给低价食物和其他福利,一手保持低工资。

在流通领域,实行购销的国家垄断经营,关闭市场,限制区际交易,严禁长途贩运。

统购统销服务于国家工业化的积累目标,形成一套相当完善的制度。它在农村的组织基础,就是政社合一的人民公社。④

这样看来,改革前农民的权利和自由状态虽然很大程度上具有前现代化的特征,却是服务于现代化(工业化)进程的基本目标的。据估计,30年来在农产品价格剪刀差形式内隐蔽的农民总贡赋为6 000亿元以上,这是中国农民对国家工业化做出的历史性贡献。

问题不在于农民贡赋的历史必要性,而在于贡赋方式的效率。统购统销制总的政策方向是抑制商品经济在我国的发展,但落后国的工业化却时时感到商品经济猛烈的冲动。原有经济体制非伴有意识形态和政治方面的高压不可,否则自发的商品经济浪潮足以改变早期国家工业化的经济进程。高强度的资源动员奠定了我国工业化的物质基础,但工业化成果的消化和工业化效率的提高却必须依托于商品经济的充分发展。⑤ 在农村,剥夺农民财产和限制其身份自由对生产力的禁锢还在高级社和人民公社创建之初就发现了,甚至在1955年下半年,浙江永嘉县就萌发了第一次包产到户的浪潮。而后二十多年时间内,"资本主义"批而不绝,"小生产势力"打而不倒,都从反面度量出原有体制仅仅是对经济生活内在矛盾的一种压制,而绝不是一种解决方式。囿于此期间国家政权的使用方向与社会体制的需要不相一致,甚至背道而驰,因此,改革没有可能成为现实。农民对人民公社体制的反抗,消极地体现在极低的农业生产率上;农产品供给的匮乏、农民的贫困以及国内市场的狭窄,成为整个国家经济发展的瓶颈。日积月累的现实似乎可以说明一切都是先天的自然:天气就是这样,土地就是这样,农民就是这样,农业就是这样,谁有办法去改变?

---

④ 高小蒙(1986)。
⑤ 中国农村发展问题研究组,见周其仁(1993)。

改革成为改变目前状况不合理程度的一面镜子。20世纪70年代末,首先在群众长期穷困不得温饱的地方揭竿而起并迅速见效的包产到户,才显露出种种问题原来有另一种解决的途径。在党的十一届三中全会思想路线的鼓舞下,包产到户的潮流只用了两三年的时间便席卷全国,它像闪电一样揭示出一个基本事实:几乎全体农民都拥护对人民公社制度进行根本性改革。1984年底,全国569万个生产队中,继续维系原有统一经营方式的不足2 000个,仅占0.04%,其余全部包产、包干到户。

包产到户并没有高举"改革所有制"的大旗。但是,承包产量从一开始就以分户承包集体财产(主要是地产和农机具)为必要前提。其结果大大刺激了总产出和剩余产品的增加,反过来又给了农民把归自己所得的剩余产品再行投资,并逐步形成私有财产的权利。承包集体财产与农民自有财产形成之间的内在联系,虽然很晚才引起注意,但回过头来看,这正是农村财产关系变革的起点。

随后,原有集体财产的存在形式发生了根本的变化。它表现在:① 集体所有的不动产,主要是几乎全部耕地,以及相当一部分水面、草场、山林、荒滩等,都已承包给农户独立经营,收益在农户和集体之间分成,承包的年限在1984年后普遍已延长到15年以上。1985年全国耕地价值20 000亿元,平均每个农户承包占有地产10 500元。② 另一部分集体的牲畜和大中型农机具等,经折价处置,实物流转到农户,折价款则留归集体,1985年末,推算已流转到农户的集体资产当在200亿元以上。③ 原社队企业的固定资产,部分承包给企业集体或经理(厂长)经营,部分作价折股归还生产队或农民,并吸收新的股份重新组成新的企业实体,部分折价转卖给农民个人。1985年末,全国乡村两级企业实体固定资产原值共750.38亿元,其中约90%以上已运用各种形式承包或折股。

改革重建了农户私有的财产权利。根据住户调查资料,1985年全国平均每个农户拥有的生产性固定资产、私人住房、手持现金和储蓄存款、余粮等项加总额为3 812.77元,推算当年全国农户总资产在7 000亿元以上。这部分财产增长最为迅速,按相同口径计算已经比1981年增长了1.68倍,年平均增长27.37%。

适应扩大经营规模的要求,在部分财产基础上,形成了一批超越家庭范围,但又截然不同于原有集体模式的新经济联合体、合作企业和私人企业等新的财产主体。1985年,全国合乎统计指标要求的新经济联合体共48.47

万个,拥有固定资产 48.81 亿元。同年,由部分社员联营的合作企业、其他形式的合作企业等共拥有资产估值 210 亿元。此外,农村私人企业也正在发展,据对 1985 年全国 129.3 万个从事二、三次产业的专业户的统计,其中每户雇请帮工、徒工 8 人以上的共 18 169 户,平均每户雇工 10.97 人。这批专业户实际初具私人企业的雏形,推算资产总额约为 10 亿元。

上述变化交织成一幅中国农村财产关系的新画面。为了有个总的把握,我们用来源不一且精度都有限的数据勾勒出当前的总图景:农村财产总额为 30 000 亿元,其中 20 000 亿元地产为集体所有,农户独立承包经营;生产性固定资产投资共 2 700 亿元,其中农户拥有的占 55%,新联合体占 1.78%,原有集体占 42.43%,私人企业占 0.07%;非生产性住房共约 5 000 亿元,农户占 90.6%。此外尚有 2 000 亿元以上货币及实物储蓄,农民家庭占 60% 以上。

现在农民的财产,大部分为非生产性的房产(占 62.42%),生产性固定资产只占 20.79%。在农户自有的生产性固定资产中,役畜、大型铁木农具和农林牧渔机械又占 57.4%,外加一部分现金和实物,这些都必须同承包的集体土地相结合,才能从事生产活动。改革前集体通过统一经营和对收益的直接支配来实现对土地和其他财产的所有权,现在主要通过获取农户承包上交来实现。1985 年平均每个农民向集体上交的承包金额为 10.79 元,全国总上交为 90 亿元;加上全部乡村两级企业账面上交集体和利润 67.73 亿元(实际数额不限于此),集体年度的财产发包所得当在 150 亿元以上,比 1978 年集体提留(103 亿元)增长了 45.6%。因此,这场 8 亿农民深深参与其中的财产变革,尽管也不可避免地包含一些财产重分的因素,但其主流却是在迅速增长的财产总量中,形成新的财产主体。

肯定农民的财产权利,相应就要求扩大农民从事经济活动的自由。在中国,几亿农村劳动力面对 20 亿亩耕地,经济活动的空间显然过于狭小。因此,扩大农民的经营自由,就不能仅限于扩大从事农业活动的自由,而必须扩大农民从事非农产业活动,进而扩大改革其社会身份的自由。1978 年以后,中共中央、国务院陆续发布了一系列重要政策文件,逐步解除了原有体制对农民经营自由的重重禁锢。从肯定多种经营方针,明确社队企业的地位,承认多种所有制和经济形式的存在,允许土地转包,繁荣小集镇政策,直到允许农民进城经营各类工商服务业,甚至自理口粮落户,这些都是过去几十年间不可想象的方向性改变。

1979—1985年间,我国已有4 577.2万农村劳动力从农副业活动转向非农产业活动;同期,城镇人口净增12 700万,此外还有约几十万至上百万农民作为流动人口常年停留在城市中谋求各种营生;农村年度外出的临时(合同)工劳动力达600万;城镇每年扩大就业中来自农民的约有100万人左右。就是说,近年约有1/5的农民改变了就业范围、居住地点和实际社会身份,使得他们的生活方式、生产方式和社会交往方式等多方面发生质的变化。1989年农村乡镇劳动力的分类已达12个大门类,其中非季节性和临时从事农林牧副渔业以外的劳动力占19%。这些在实际上已经扮演着新的社会角色的"农民",只有两点还不同于原体制下的城市人口:① 没有由国家全包下来;② 还在某种程度上保留与土地的联系。但是,他们显然再不是传统意义上的农民了。这标志着占中国人口80%的农民,按照经济社会发展的需要,交换自由与职业和社会身份的自由程度有了显著的提高。

财产权利和身份自由,是包产到户变革中的两大法宝。它们唤起几亿中国农民对土地的热爱、对劳动的热情和对生活的憧憬。1979—1985年间,中国农业和农村经济的高速增长,不仅超出了自身历史的常规,而且超出了战后各大国的常规。促成这次超常规增长的条件很多,包括累积的物质条件、潜在的市场容量和财政因素等。但是,这一切,若无农民的积极性,都不足以充分有效地发挥作用。改革是我国农业超常规增长的真正秘密。这个事实有助于总结在农民占人口多数的国家里,如何从事社会主义事业的教训:无论如何不应该凭借政权的取得而去剥夺农民的财产和限制农民的自由。在社会主义时代,如果试图把农民剥夺成无产者,然后再强制其参加"社会主义建设",那么,这样的主张必定要遭受到农民群众消极的但却是最难以制服的反抗。无论哪里这样做,总要付出农村社会生产力停滞不前的代价。而任何地方只要敢于起来纠正剥夺农民财产的错误,都能在短期内获得巨大的经济和政治方面的矫正效益。

二、冲突和摩擦:农村商品生产的初级发展

农村多种主体的产生和财产结构的重建,农民随社会分工的发展而显著提高变换社会身份的自由程度,要求农村商品货币关系必须有较大发展,才能合乎形势的需要。1979—1985年,全社会农副产品收购总额增长了2倍。如加上农民内部通过集市完成的交易额和乡村非农产品的出售量,1985年

我国农村总的商品率已达到63.9%,农民人均现金收入占总收入的65.3%。目前全社会50%以上的购买力在农民那里,社会零售商品总额的60%以上销向农村。同时,全社会市场货币存量的60.42%也在农民手里。中国农民的生产和生活还从来没有同如此大规模的商品交易和货币利用联系在一起过,这的确是一个历史性的飞跃。

有意思的是,农村商品货币联系的发展甚至也从财政压力中获得推动。1979年国家大幅度提高了农副产品的收购价格,这项重大的措施发挥了显著的作用。但是,仅有调整性的处理还不足以解决问题。新提上去的农产品购价,不仅依然不能灵敏地反映农产品价值和市场供求形势的变化,而且由于维持销价基本不动,形成了财政上巨额的农产品购销倒挂,以致越是丰收,财政问题、货币问题和通货膨胀问题就越尖锐,这样悖理的现实给酝酿中的全局改革罩上了某种阴影。1984年末,农民提供的商品农产品数量达到了有史以来的极大值,而我国农产品的最大买主——国家,却陷于购不进、销不动、存不下、调不出的重重困扰之中。财政作为国民经济的中枢神经,发出了再不改弦更张,连过日子都困难的信号。

当时面临问题的实质,是人民公社微观制度改革的进展,同国民经济的整体体制发生了冲突。1985年初,中共中央、国务院宣布,全面改革长达30年之久的农产品统购统销制,从当年起结束粮食的统派购而代之以合同定购。这项决策的基础是1979年后农产品流通领域内业已发生的一系列改革:恢复集市贸易,以多渠道经商打破独家垄断,陆续放开绝大多数农产品的购价和销价。不过,粮食毕竟是整个中国经济运行的"高压电",改革的锋芒指向粮食体制,比较起来,可说是改革史上最大胆的决策之一。

这就触及了我国经济体制和以往发展战略的基础。统购统销的根本特征是以商品买卖为表,以国民收入的直接分配为里。分配寓于交换之中完成:农民每卖一份农产品,等于交出一份贡献;工人企业每买一份农产品,则等于得到一份福利。现在,表现的"买卖"要转向真正的市场等价交换,就不能不牵动全部生产者、消费者和经营者比较根本的利益,不能不导致整个经济运行组织方式的重大改变。

1979—1984年我国农业特别是种植业的超常增长,累积起相对充裕的农产品储备,这为改革统购统销提供了一个有利条件。但是,改革的必要性并非植根于"农产品多了"的基础之上。中国农业自然资源相对于人口的匮乏,已达到的农产品供给水平远低于发达国家以至于世界平均水平,都不是需要什么人耳提面命才不致忘怀的常识。而恰恰是我国土地资源的高度稀缺和其他农业资源的相对不足,才使这场改革比在其他国家显得更为紧迫和必要。道理很简单,因为在基本解决温饱问题以后,如果听任种种把福利补贴暗含其中的"低价食品"去人为地刺激需求,如果强制供给的领域从生活必需品的范围扩大到超必需品(如吃肉)的范围,那么,我国经济的中长期发展必将步履艰难。苏联、东欧某些国家补贴肉食供应,形成过度消费,以致在人均 GNP 100 美元时,恩格尔系数竟比西方国家同等收入水平阶段高出 10 个百分点⑥,这个教训值得记取。中国的土地资源相对于苏联、东欧更为稀缺,因此,在刚刚走出温饱阶段时大胆地在食品(特别是肉食)供求中引进市场机制,对长远的发展是有战略意义的,因此这场改革只有出台早晚的选择,而根本没有回避的可能。

更重要的是统购统销制把补贴的福利寓于"售卖"中实现,固然以廉价食品维持了低工资,以廉价原料保证了高额上缴利润,但它也歪曲了工业化过程所耗用的各种来自农业生产要素的真实价格,从而削弱了企业对要素价格变动的适应能力。这是导致全社会经济系统的无成本意识蔓延、经济效益太低的一个重要原因。1952—1981 年我国经济的综合要素投入的年平均增长率高达 6.3%,但附加价值的年平均增长率仅为 6%,导致综合要素生产率每年平均递减 0.3%。它说明我国原有体制虽具有极强的经济资源动员能力,但对高强度动员起来的资源的利用效率却极其低下。如果不通过对原有体制实行改革来根本扭转这个无法令人甘心的事实,我国的现代化是难有指望的。

改革毋庸置疑的必要性并不能自动保证改革的顺利成功。现在必须承认,我们当初对改革的复杂性预料不足。如果要对公开宣布改革统购统销体制以来的两年情况作个总的估量,那么是否可以说,虽然已经对旧体制产生了重大冲击,但改革的初级目标还未达到,尚未根除"回头浪"的威胁。

实践中有两类突出问题可能对改革的成败产生决定性的影响:① 一些农产品的购销"放而不开",形成拉锯和反复;② 另一些放开了的产品面临过于剧烈的供求波动,形成市场振荡。前一种情况可以粮食为典型,初始设计的改革路子,是从废止粮食统派购入手,建立合同定购制予以替代。在 1984 年农民卖粮难,希望国家多购的背景下,这条路子走得通,当时最关键的条

---

⑥ 刘运梓(1985:92)。

件,是市场粮价逐步下跌以至大范围低于国家实际购价。但问题恰恰是支撑这一关键条件的主要因素都在发生变化:财政补贴负荷过重需要减轻,农用工业资料价格开始大幅度上涨,农民对连续几年的卖粮难做出自发的减少投入、缩减播面的反应,种植业以外的致富门路正在开通。这些因素的综合性结果,一方面是1985年春的合同粮价平均比上年降低10%,另一方面则是同年夏秋之后集市粮价出现恢复性上涨。单从粮食供求形势来判断,这两个方面的变化基本正常,并未因此形成粮食供应危机。真正的危机发生在改革方面:当市价高于合同价时,农民就不再自愿订立合同,收购的保证程度一反上年形势而大大下降,但销售方面却毫无相应减少的可能。于是,"新体制能否保障供给"的"恐慌"由此先从销区发生,随后又波及产区。以财力提高合同购价,每斤粮食似乎只不过区区几分钱,但集中到任何一级财政都是一个大窟窿;用工业物资挂钩换购,实际兑现程度很低;靠乡镇企业"以工补农",难以全局奏效。最不确定的因素是市场粮价的趋势,谁也不知道总的物价形势对它将会产生何种短期的和中期的影响。改革只能以不中断供给为边界,于是,只好对农民宣布定购属指令计划,不自愿也必须完成交购。从窗口出去统派购又从大门回到"合同"制身上。配套措施也是现成的,那就是在区域内限制集市("先完成合同后开放粮市"),在区域间封锁粮食交易。不同的是,合同定购的数量比统派购更多,对品种的要求更严。这就是1985—1986年间,粮农普遍抱怨"合同比统购还统购"的由来。这是一种"放而不开"的情况。

另一种情况即剧烈的供求波动,相当普遍地发生于猪、菜、禽、蛋、果、水产和麻类等一系列业已放开的农产品身上。价格的猛涨猛跌在先,产量的陡起陡落在后,形成同一农产品品种严重过剩与严重不足的反复交替。某些消费替代弹性大的产品,受剧烈波动的影响较小,容易收敛(水产品);而那些替代弹性小的产品,过于剧烈的波动则易形成市场振荡,对供求双方都会产生灾难性的后果。

从两个方面看,改革都遇到了棘手的问题,需要寻找暴露问题症结并予以解决的形式。在这样的时点上,社会似乎一下子都陷入深深的反省之中:为什么要引进市场机制?为什么要遭受此种痛苦?一切好像曾作为改革的前提、早已解决了的问题,这时又重新像陌生人那样站在农民、各类商业机构、消费者和政府管理部门面前。如果在最基本的认识问题上得不到清理,以抓住深入改革的真正症结,那么,改革的热忱势必被挫伤,人们就可能有机会再一次听到旧体制在暗中发出的笑声:这就是"市场机制"的炼狱,还是回来吧。

三、市场表象及深层构造

区别商品货币关系的初级发展与市场机制的界线是一个关键。通常把市场机制描述为:① 生产者对生产不同产品的收益差别作独立选择和决策;② 消费者的购买行为完全受自己的收入、信用和消费偏好制约;③ 各种产品分别占用多大比例的要素资源,听命于社会购买力的需求结构的要求;④ 供求的矛盾由价格变化来反映,并通过影响生产者和消费者诸经济行为来调节。⑦ 但是,我们应当进一步思考,价格信号能够如此权威地迫使全体生产者和消费者都做出如期反应,这需要什么样的制度规范、公行准则和组织载体等深层构造的条件。

从经济的事实来概括,市场的深层构造包括两大点。首先是社会经济的单元利益独立化为明确的财产权,这是社会分工的发展和各种依附性社会关系解体的共同结晶。独立的经济人格构成商品交换普遍化的原动力,而只有受到法律保护的排他性所有权体系的确立,才能迫使全社会所有经济单元无一例外地通过平等竞争来谋得自己的利益,只有安分地经过平等的交易来完成他们之间的交往。明确而独立的所有权是市场机制最基本的构造。

所有权为了避免自身成为"法学上的幻想",必须包含非常具体而完全的经济行为规范。这就是市场深层构造的第二要点:完备的商业法规。任何商品经济发达的民族都以极其完备的民商法规为其全部经济活动的基础,在这个基础上,绝大多数人都被严格训练成遵守契约原则来行事。没有这个条件,初级的商品货币关系只会造成侵权行为的普遍。脱离财产所有权和系统的商业法规,大谈"市场机制"甚至"市场深化",文不对题。

因此,自由的价格及其对资源配置的权威作用,并不是由这种形式自身决定的,它取决于市场深层构造的特点。这段抽象论述也许有助于提示我们,价格形成的扭曲和价格调节功能的扭曲,都要从社会深层构造中才能找到真正的原因。

目前我国农村的基本单元包括:农户,多种农民企业,各级政府及其经济

---

⑦ 布鲁斯(1983)。

技术部门。如果用改革前的状况来衡量,它们在包干到户后都发生了巨大的变异。但是,我们若用另一把尺子,即建立起能使价格机制对资源配置全面发生调节作用的深层组织构造来衡量,就会发现已有改革的成功基础并不牢靠。始于包产到户的经济体制改革,到了扩大应用价格机制解决流通问题的阶段,何以出现了步履艰难的局面,也许可以从下面的分析中得到说明。

如前所述,包产到户之后,独立的财产权利的重建和自由决策权的获得使我国农户成为积极的商品生产者和消费者。但是,它们普遍还有两个值得注意的特点:第一,仍保留不同积蓄的半自给性,1985年全国抽样样本农户总收入的34.7%和总支出的33.5%,仍属非商品性的。其二,经营规模狭小,全国平均每个农户的耕地面积不足0.51公顷,系全世界最小的农户之一。加上绝大多数农民家庭兼营多种土地产品、工副商业和劳务,因此,产品经营规模狭小。即使占总农户1.67%的种植业专业户,年度专业总收入也不过每户5 379.3元。这就制约了农户的如下经济行为:不能够对价格信号做出调整自身生产和消费的灵敏反应;多数农户对投入品市场的反应比对产出品价格的反应更敏感,只有少数专业性较强、规模较大的农户才相反;承受价格风波的实力很小,"赚得起、赔不起"是普遍写照,难以对价格的周期性波动实行所谓"逆风向调节";环境信号一旦过于不利,多数农户就通过少买少卖、扩大自给性活动来自卫。这些行为都可以看作是合乎理性的,即农民在权衡长、短期利益之后,为追求最大利益做出合乎理性的反应。⑧ 农民行为的"不正常",其实只是对环境不正常的正常反应。

于是我们可以理解,为什么农户越受独立财产权利的驱动去追求货币化的利益,他们对经营环境的要求就越高。能否保持并发展一个不断满足农户日益繁杂的需求并给予长久激励的环境,就成为包产到户变革后持续经济增长的最重要条件。

谁是满足这些要求的组织载体呢?首先是各级政府在农村的经济技术部门(包括生产技术、商业、金融等系列在内),这个系统无论从哪一个侧面观察,都的确是当前农村投入产出的"主渠道"。长期服务于统购统销制度的历史,生成其如下组织特性:高度附属于纵向的行政权力,完全实行行政命令的控制方式。为了保障供给,它既不需要尊重任何财产权利,也不需要遵循平等交易的规则。改革之后,初级货币化侵入部门系统,使其内部各系列各单

---

⑧ 黄宗智(1986)。

元的利益相对独立化,形成追求多种目标(从完成上级下达任务、扩大商业性服务直到多得本单位奖金)的复杂动力结构。问题并不在于部门和地方各有独立的利益,而在于所有个别的利益是否遵守同一规则才能获取。目前的实际情况是,"半市场化"的地方和部门利益,既有行政性垄断的权力,又有追求自身利益的动机。一旦环境发生对其不利的影响,它们可以超越一般商品生产者的行为规范,采取诸如强制命令、封锁市场、垄断性涨价、任意处罚甚至无理勒索等特种手段。组织构造上的政企不分带来行为规范上的行政活动混同于商业活动,这种状况的结果甚至使最正规的组织也无组织了。安徽某地一个乡税务所,为了从"大户"那里中饱私囊,竟明令其不准建账!这是农价改革以来,"生产者涨一分,中间环节涨三分"的重要原因。

作为抗衡,农民自行组织起来进入流通。1985 年,农民商业企业共 14.7 万个,此外还有 325 万个城镇个体商业劳动者也帮了忙。但是,农民自组织的有效性一旦越出集市贸易的范围,外部风险陡然增大,相应便显示出经营规模、经济实力和内部组织特性等多方面的不适应,无力在大商业环境中争得应有的稳定份额。所有自组织从事大商业活动的交易费用极高,这或许可以解释,农民流通队伍为什么多半只能在价高利大的经营项目中有所作为,而难以为生产农户提供稳定的、大规模的产前产后服务。1986 年统购统销改革遇到障碍,农民自发的商业组织中不仅没有中流砥柱,反而数量急剧减少。

问题并不到此为止。农户通过"中介"走向市场,而市场的那一方则是城市居民和工厂。在这条长长的通道上,价格对农产品供求双方的调节强度极不对称。城乡体制原先就有重要的不同,加之城乡改革的不同步,使国家与农民关系的货币化程度率先提高,但国家与城市居民及工厂关系的货币化程度实质上仍然很低。重要的农产品如粮食、棉花等大部分仍由国家负责平价包销,因此,不论生产者价格发生多大起伏,销售数量和价格都可不作任何反应,其他产品如菜、猪和某些工业原料,销价虽然放开,但由于城市企业职工和城市居民都居于极强的谈判地位,能够把他们受到的价格压力传导到企业和事业单位,或者导向工业品价格更大幅度的上涨,或者导向国家财政。财政也并不是压力的最终承受者,它通过内部(中央与地方)分担、向银行透支、转移开支(如农产品提价后相应减少对农业的财政性投资)来分担压力。一旦这几种方式都不足应付,就由政府出面重新指令农民完成低价供给。在这种不对称受压的价格改革传导体系的背后,就是城市经济体制的组织构造依附于行政权力的企业和由国家包下来的居民。传统已结成了巨大的既得利益的惯性,改革在这里的步履比在农村还要艰难。

农价改革的压力直接、间接地传回到刚刚欢天喜地的农民身上,这才是我国经济改革风险和压力默默无闻的承受者。农民固然得到了一部分农产品价格上升的好处,但马上又在工业投入品价格的更大幅度上涨和形形色色中间费用膨胀中得到了回报。计量研究表明进入 1985 年后,农村居民产生的国民收入与其最终使用的国民收入之间的系数发生逆转,这不能不减弱农户对技术创新和积累的兴趣。根据抽样调查资料,承包农户及其各种组合(包括私人企业)已成为农村生产性投资的主体。但是,农户的生产性固定资产投资占其总支出的比例,却在 1983 年达到了顶点(5.7%)后开始下降,1984 年为 4.7%,1985 年为 3.8%,1986 年前三季度为 3.43%。更值得注意的是,农户在温饱满足之后,一旦退回到自给性经济中以避免市场风险,传统农村文化习俗就很容易地吞噬它有限的积累能力。1985 年,湖北荆州地区每个农户用于请客送礼与人情往来的金额平均达 200 元;安徽凤阳县农民办红白二事的花费差不多比 5 年前增长了 5—10 倍。全国而言,与 1985 年市场波动问题同时尖锐起来的农业投入问题,绝不像肤浅的观察所表明的那样,仅仅是个量多量少的问题。

统购统销改革中的反复,甚至也动摇着农村现有改革最重要的成果,即承包经济的巩固和稳定。承包经济是既包括公有财产(地产和社队企业),也包括农民部分私有财产的复合权利体系。但是,迄今为止,承包经济内部双方的权利和义务都缺乏明确的法律性规范,许多最基本的权利经常遭受着各种形式和不同程度的侵犯,得不到切实有力的保障。比如,耕地承包权多半是依仗其"人人均分"的特点,才使它受到非规范的保障。即使这样,与其密不可分的种植自由权和产品出售权,也因为第一步改革的不顺利而时常遭到形形色色的任意性很强的干预。在耕地承包收益分配中,"苛捐杂税"日多,承包者负担太重。此外,农户家内人口的变动对耕地长期承包产生着经常的压力,其后果将导致耕地的进一步细分或重分。这个致命困难又同土地承包权的流转规则没解决有关。这一切都使耕地承包长期不变的政策目标无法用制度来保护;反过来,它又将从根基上动摇着中国农村经济应用价格机制的进程。

如果要对改革的困难作一个简洁的分析,那么,我们的结论就是,包产到户提高的生产效率,因缺乏全面的深层构造改革,正在遭到交易费用急剧上升的抵消。人们常常奇怪为什么现在东西多了反而价格越来越贵,重要的原因之一,就是近年"硬东西"(产品)的生产固然增长了,但"软东西"(把产品和要素转化为商品的市场组织和规则)却相对"供不应求"。交易费用的膨胀大大减少了农产品大规模等价交易的可能。

力量对比显然无法保证农产品价格改革的直线进攻。"双轨制"由此产生,它的本意是逐步逼近改革的目标模式——充分的价格机制的形成。在过程中以指令性购销保住经济大局的平稳,其余部分则推向"市场决定",借以发育新机制,培植替代力量。然后通过此长彼消,导致价格机制的全面形成。但是,"双轨制"包含的深刻矛盾不应回避。行政指令计划与市场价格机制能不能在统一的经济生活中像两道铁轨那样并行不悖、安然相容,迄今为止还只是一种愿望性的假设。从农产品价格改革的经验事实来看,两者之间的冲突倾向比共处倾向更强烈、更现实。国家统购渠道之外的集市贸易早已存在,但它的稳定性发育却时时受到限制以至被关闭。不仅如此,行政控制系统还可借口农产品供给无保障而不断扩大自己的权力,以大大增强这些机构的谈判地位。与此同时,这个系统保障供给的责任却自动缩减,任何市场压力随时都可以向财政和农民转移;"市场轨道"始终只能作为补充,难以发育成替代系统。因此,问题的关键在于,是否能够在作为过渡办法的"双轨制"时期,及时发动深层构造的改革,放弃这方面的努力,"双轨制"不可能自动走向价格机制的全面灵验。

四、改革的重新定义:从组织创新到制度创新

深层改革遇到的困难不是借用某种技巧就可以快速解开的。因为当我们进入到深层构造内来观察问题时,又发现缺乏有效的现代商业中介组织来不断降低初级商品货币关系的发展所带来的交易费用上升。确切地说,农价改革遇到了组织危机,而这方面不像农户家庭经营那样,有现成的传统组织资源可供我们利用。

我国在组织资源方面所接受的历史遗产是一种两极的构造:中央集权制的政府和家庭宗族。两极之间,既缺乏社区或地方自治的传统和经验,也从未出现自由市民为主体的城市。庞大而复杂的行政系统通过非官非民的乡村一级而与分散、孤立的家族相联结,缺乏有效的中间组织,而呈现出一种特殊的脆弱性。行政垂直系统高度集中国家资源不断创造的辉煌业绩,总以日

益膨胀的管理费用为代价。一旦越过家族所能承受的界限,控制就失效和陷于混乱。新中国成立,我国一改一盘散沙的旧貌,实现了空前的统一,这是自19世纪以来,从未有过的有利政治条件。中国基本上依靠自己的力量,发动广泛而深刻的社会变革,进行了大规模的经济建设,取得了国家工业化方面的突出成绩。三十多年的历史表明,中国有很强的动员社会资源的能力[9],这在一般的发展中国家里是难得的。国家政权在党组织的帮助下深入到了乡村范围,破坏了在乡村地主基础上的旧的等级,通过新组织的建立,家族和血缘关系也受到很大的抑制,从而高强度地动员了大量的地方资源。但是,这种从中央到地方最基层的新的组织结构,对经济和社会生活的协调和控制过分依赖于垂直的行政系统,在权力过于集中时,也严重束缚了地方和基层的主动性和活力,使控制和协调的成本增加,效率下降。另一方面,由于这种调控方式使我国的组织结构十分单一,层次虽然不少,但这些中间层次缺少利益的独立性,在组织内部和组织之间缺少职能分化的机制,因此在分权时,各种组织很难通过相互协调的自组织过程来改善社会整体协调的能力和效率。"放—乱—收"周期性地重演并不是放的决心不大,而是我国既有的组织资源严重不足,认识到这一点对把握农村深层改革任务具有决定意义。

新组织的要求几乎从责任制刚刚开始实行时就萌生了。从农户耕地连片、换工协作、合购耕牛和机械到形形色色的新经济联合体,自组织过程一直在进行着。原来完全隶属于政府的各农村经济技术职能部门,也迈开政企分离甚至"恢复民办"的步子。一系列经济组织都进行了适应性改组,同时又重建了一大批形式各异的公司、协会和中心。经济发展内在的压力已推动人们投入积极的组织创新。但是,我们必须看到,迄今为止,农村已有的组织创新基本上还局限在非正规组织领域内花样翻新。这里所谓非正规组织,系指无须明确行为规范,同时各成员对规范遵守与否也没有统一的社会性强制为担保。这种组织在现实中,就是以血缘、邻里、亲友、"门路"等初级社会关系网络为依托,以"人情"等特殊媒介(而不是货币和法律这样的一般媒介)粘合起来的,它们具有极大的灵活性且非常容易产生,所以几乎遍地都有。这种组织的局限是,选择对象受天赋条件约束极强,无法在更大的范围内优化;组织的内部关系主要靠初级的社会规范来维系,在很大程度上取决于当事人的"交情"和个人道德,因而极不稳定;组织的社会地位得不到正式的确认,使外

---

[9] 中国农村发展问题研究组,见周其仁(1993)。

部世界对它难以产生稳定的预期。这一切都导致非正规组织领域内的创新成果无法积累,不足以承担大规模节约组织费用和交易成本的重任。

改革在正规组织领域内至今没有获得实质进展。这个领域有两个特征:第一,组织成员的行为有统一而明确的规范;第二,各成员违反组织的行为规范,要受到社会强制性的处置。如前所述,我国虽有强大的正规组织传统,但其中的行为规范及约束体系,却长期唯一地服从纵向的行政隶属。脱离行政权力系统就不正规,这差不多已成为我国一个不成文的"宪法"。这种正规组织类型的单一化,正是深入改革的主要障碍。农村改革以来,"政企分开"的纲领终难实行,关键是我们的"企业"一旦与政府分开,除了到非正规组织领域内寻找血缘、人情关系等非正规的保护和承认(如个人、家庭承包),再也没有一个可容它作为正规组织存在的空间了。我们民族的历史上,还从来没有为既超越家庭宗法关系的羁绊,又不依附于行政权力的独立经济组织,提供过正规保护和约束规范的记忆。仅有坚决的放权决心,是无法弥补这种先天性的缺陷的。

非正规组织领域的变革达到一定的临界点,也产生出正规化的内在要求。因为明确而统一的行为规范及对遵守规则的强制约束,是任何从事大规模商品交易组织的必要条件。这时它们也感到了没有"第三空间"的痛苦,正规化只好到原有的纵向行政隶属系统中去完成。这样农民在非正规组织领域里的大量创造,如基于独立权利的合作或联合、合伙人企业、"股份公司"、民间金融和各种横向联合等,一旦有了正规化的要求,首先就要完成"挂靠",即为自己找到一个行政上级。新组织幼芽非牺牲自己商品经济的特性才能合法化、正规化。所以生活中老有新东西产生,但却老也长不大;长大了的,多少就变了味。无论何种形态,用经济分析的语言来讲,就是都无法大规模节约交易费用。

市场机制的全面而大规模运用,为什么同正规组织领域内超越传统的创新密切相关呢?这就要联系对市场经济发生过程的重新认识来回答。事实上,前文论及的市场深层构造的两大支点,即独立的财产权利和契约基础上的商业法规,固然能够支撑起古典的市场,但随之而来的市场纵深发展,又对所谓"以均衡价格实现资源配置的帕累托最优"设置了时空限制。价格形成及供需双方的反应调节过程,都要花费时间。时间有价值,信息要有代价,这就是"交易成本"概念的由来。⑩ 市场的空间范围越大,经济过程越复杂,交易费用就越高,古典市场也随之成为一种代价昂贵的构造。⑪ 这就是通常所说的"市场失灵"。为了克服这种失灵,各种市场组织的发育被提上了商品经济的现代化历程。企业是最早一种内部不用市场规则而用命令、计划和等级制,但又从事市场经济活动的组织。最简洁的解释是,企业节约了交易费用。⑫ 随后,一系列企业间的"中介"组织更有了长足的发展。现代市场经济大大更新了"生产劳动"和"分工"的种类和内涵,创造了股份公司、现代银行体系、证券交易所、批零市场、期货交易所直至信息服务网络等一系列新组织。它们的共同特点是以节约交易费用为存在理由,同时又不破坏市场深层构造的基础。这方面最重要的制度创新是企业法人制的确立,它使任何节约了内部组织费用的大组织,都能享用早期市场制度对个人财产权利提供过的那种保护。

早期市场分散的小私有权经过组织发展成大私有权,它把市场关系推向全球的同时,也以垄断、技术停滞和通过对小私有权的侵犯造成巨大的社会不公平,危害到市场机制本身。"政府干预经济"的时代到来了,它导致税收、金融和财政等制度的又一次创新,不仅全面更新了市场机制的规则,甚至对绝对的财产权利——主要是大私有权——也作了使之不再完全排他,但仍由法规明确这种不完全程度的限定。这一切已对现代各国市场经济打上共同的烙印。不过,市场与组织之间的博弈并未因此结束。"政府干预经济"带来投资冲动锐减、福利病盛行以及国有企业的低效率,引来新自由主义经济学派的尖锐批评。

中国作为一个发展中国家绝不仅仅是这场世界性博弈的旁观者。我们应当从中得出对自己有用的结论:第一,市场的深层构造并非一经生成就不再变化,它一直没有停止从低级形态向高级形态的演化;第二,较高级的市场组织形态中包含着其低级形态的最基本规定,如股份公司扬弃了绝对排他性的私有权,但明确界定其不完全性的所有权却依然得到保持;第三,基于明确而不完全财产权的商业法规,比之于早期的体系要丰富得多,但它仍然是统一的、对所有当事人的行为都具有社会强制的约束;第四,在不同时代、不同社会制度下市场经济组织的个别经验中,包含着人类解决关于自己经济生活

---

⑩ 勒帕日(1985:9)。
⑪ 勒帕日(1985:11)。
⑫ Coase(1937)。

方面困难所积累的共同文明财富,只要善于借鉴,后进国家能够直接面对极为丰富的"组织规范",有可能对如何建立本国市场的深层构造,做出更优的选择。

从这样的角度来思考深入农村变革的方向,我们就不能满足于仅仅在非正规组织领域中日新月异的创新。改革的重点必须移向正规组织领域,而全部关键则要在这个领域里创建起能够接纳摆脱了非正规组织和行政隶属这两种传统约束的新经济组织的制度规范,为大规模节约交易费用、彻底完成统购统销改革铺平道路。

依据现有的认识,能够支持新的正规经济组织空间确立的根本基础,还是市场深层构造的两大因素:包含有现代内容的财产权利体系和完备的商业法规。在这两个方面展开工作,对中国都具有某种超经验性的和极不确定的风险,这里只能简略地涉及某些关键性的困难。

在财制权利制度方面,第一个根本问题是所有制的法律表现是否只是具有形式的意义。理论经济学似乎已经养成撇开所有制的法律表现去谈论"本质"问题的学术偏好,但中国的问题恰恰是各种所有制都极度缺乏自己的法律表现。在这种情况下,所有制的革新变化得不到相应的法律肯定(如农村承包经济牵动几亿人的根本利害,但至今仍无一个完备的法律),倒退性变化也就难以制裁。

第二个问题是如何对待财产形成中的"非劳动收入"。任何国家,更无须说中国这样一个发展中的社会主义国家,"非劳动所得"在财产形成中的权重过高,都会给经济和社会发展带来不良影响。但是,何谓"非劳动收入",比如经营活动和商业性"中介"活动是否可算"劳动",以及怎样确定各种不同劳动的量,都有大量的混乱认识需要清理。在商品货币的形式下,"非劳动收入"如银行利息是和股息等构成了商品生产的重要组织媒介。现实中货币关系的迅猛发展已经使红利、股息、租金(包括地租)等一系列"非劳动所得"的形式在事实上得到应用,如何在社会观念和法律上对待这个问题,成为我国财产制度确立中的一个敏感的方面。市场经济的经验表明,对"非劳动所得"加以法律程序,如征收所得税的限制,这样做的管理成本显然要小,问题是我国如何应用这种经验。

第三个问题是如何确立公有财产的权利体系。这同目前仍隶属于行政权力的"企业"独立化密切相关,集体公有财产的成立、占用、收益和流转的法律细节规定和程序的有效性,取决于它们对各个成员个别利益的承认方式和对真正合作的鼓励程度。全民财产（如国营粮食企业）的权利不完全性如同股份公司不完全的私人属性一样是明显的事实，但不同规模和不同产业的全民财产不完全性的程度差别，用明确的法律语言来规定是一件困难的事情。还应考虑到，对不完全国有财产权利的法律调整，甚至在最发达的市场经济国家也缺乏完全成功的先例。

在商业法规方面，首先是理顺利益关系与建立市场规则的先后顺序问题。流行的看法是利益不理顺，规则就建不起来。但没有规则，利益恐怕永远理不顺。比如目前从省到乡级政权都拥有的封锁市场权，如果不先通过一个简略的"反封销法"来加以初步约束，那么，即使是"双轨制"策略也未见得真行得通。在各种规则中，如何约束财政向银行透支的程序，以及限制行政权力施行任意的超经济强制，对于市场关系的确立最为重要。其次，如何为日益活跃的信用经济提供简便而有效的法律保障，也显得格外紧迫。从初级商业信用到高级的金融往来，对于旨在节约交易成本的新组织的生存和发展无疑有重要作用。但是，缺乏严格的法规容易导致连锁毁约甚至欺诈横行。当务之急是对从事信用活动的当事人设置资产审查和担保的程序，防止传统无组织势力利用信用手段危害市场和公众利益。在更广泛的基础上，我们必须从清理最基本的商业活动规范做起，如从事买卖活动，必对社会负有维护公平竞争的种种义务，抑制"无商不奸"的传统习俗对改革中不规则扰动的放大效应。总之，这里需要大量的建树，而缺乏文明商业的传统和经验，没有清醒的、倾向坚决的舆论与对商业道德的基准的支持，专业人才的稀缺和几乎社会性的对"规则"的轻视，必然构成这方面的重重障碍。

从组织创新到制度创新都不可避免地涉及多样化和规范化的关系。为了冲破旧有体制及其价值观念的束缚，多样化的改革实践显然减少了风险，提高了成功的可能性。同时，中国幅员辽阔，经济政治社会发展的不平衡也是多样化改革模式的客观基础。不过，对多样化的肯定不能超出合理的限度，因为整个旧体制的交替过程，总在较深层次上有一些共同的问题，要靠共同的制度和组织规范才可能真正解决。如果找出的似乎是仅仅只适用于一地一时的答案，那么，这种解决方式就难以制度化，难以向更普遍的范围推广，进步的速度可能因此大大减缓。对于具有极强的中央集权统一倾向的我国而言，地方模式也属于非正规组织领域，因此，前文的观点在这个问题上也是适用的，只在非正规组织领域内允许创造和突破，否则永远不会得到制度性成果。例如,目前包括温州模式在内的各个地方模式都尚未完全解决明确的财产法权体系的问题。因此,所有地方模式的稳定、巩固和继续发展,都应进一步面对在深层构造中具有同样性质,因而也需要同样的解决原则才能解决的问题。丰富多样的个性中所包含的内在稳定的共性,是农村深层改革中十分值得注意把握的命题。

最后,我们特别强调借鉴。比较现代化的研究表明,现代化关系大规模变革的阶段,都包括两个基本的革新过程:转化,即改造在现代以前已经存在的特质;借鉴,即参照适用于自己的模式建立新的制度和价值标准。区别在于,那些已具备现代化主要前提的国家,可以在很大程度上依靠转化;而缺乏某些必要前提的国家,转化的机会较少,借鉴的必要性就相应增加了。中国在全球现代化过程中的落伍,与拒绝借鉴和学习有极大的关系。因此,善于独立地借鉴一切有用的国际经验,显得格外重要。正像马克思主义绝不是背离人类文明大道的产物一样,实践中的社会主义也没有可能闭门在孤寂中完成自身的创新。第二次世界大战以后着手进行现代化的国家都面临大量的新知识,这些知识简直无法像 19 世纪末的日本那样在一代人的时间里加以吸收。中国人应当睁开眼睛看人类文明已提供的创新成果,实行勇敢的拿来主义。在借鉴中保持民族的一体性而不使社会解体,这对促进接收现代文明知识具有更大的意义。⑬ 后包产到户阶段是创新的阶段,面临着十分繁重的深层构造改革的使命。八年成功的改革给它以鼓舞,而停顿下来舍弃前功的危险,则给它以鞭策。

参 考 文 献

[1] Coase, R. H. 1937. "The Nature of the Firm", *Economica* 4: 386—405.
[2] 弗·布鲁斯,"社会主义经济和运行问题",刊《社会主义经济模式问题论著选辑》,人民出版社 1983 年版。
[3] 高小蒙,"粮食备忘录",《发展研究通讯》,1986 年 10 月总第 21 期。
[4] 国家统计局农业统计司,《我国农民生活的巨大变化》,中国统计出版社 1984 年版,第 5—9 页。
[5] 亨利·勒帕日,《美国新自由主义经济学》,北京大学出版社 1985 年版,第 9—11 页。
[6] 黄宗智,《华北的小农经济的社会变迁》,中华书局 1986 年版。
[7] 刘运梓,《发达资本主义国家农业和农村》,农业经济学会 1985 年铅印本,第 92 页。

---

⑬ 布莱克等(1984)。

[8] 宋国青、罗小朋:"经济结构与经济改革",刊中国农村发展问题研究组编,《农村·经济·社会》第二卷,知识出版社 1985 年版。
[9] 西里尔·E. 布莱克等,《日本和俄国的现代化》,商务印书馆 1984 年版。
[10] 中国农村发展问题研究组,《国民经济新成长阶段和农村发展》,浙江人民出版社 1987 年版。

农地产权与征地制度
——城市化面临的一项重大改革*

本文研究城市化过程中的农地转让权,重点是相对于使用权,重新界定农地转让权所面临的限制条件和选择。

一、问题所在

制度对经济绩效的决定性作用早已引起学者的注意。① 如果制度不能适当地反映资源稀缺性和经济机会,经济中就会出现行为的扭曲。② 对于任何一个社会而言,制度的基础总是一组关于产权的法律规定,它界定了社会成员运用特别资产权利的范围。③ 产权一般包括资源的排他性使用权,通过使用资源而获取租金的收益权,以及通过出售或其他办法转让资源给他人的转让权。④ 这样,产权不但提供了影响经济绩效的行为的激励,而且决定谁是经济活动的主角并因此决定着社会财富的分配。

在产权诸种权能中,转让权起着更为关键的作用。理论上,得到清楚界

---

* 本文的基础是作者 2003 年 9 月至 12 月在耶鲁大学法学院访问期间完成的一篇工作论文,该文曾在耶鲁大学中国法律中心(China Law Center at Yale)于 2003 年 11 月 17 日举行的研讨会上作为专题讨论。作者感谢该讨论会的参加者,特别是 Robert C. Ellickson、Carol M. Rose、Paul Gewirtz、陈志武、文贯中、陈洁和其他与会者的评论、批评和建议。作者尤其感谢 Jamie Horsley 和耶鲁大学中国法律中心对访问的安排与关照,以及耶鲁大学各图书馆提供的研究条件。当然,本文的错误由作者而不是由上述任何机构或个人负责。

① Coase (1937, 1960), North (1990)。
② North (1990)。
③ Bazel (1989), Libecap (1989a, b), Eggertsson (1990), North(1990), Alston(1996)。
④ 张五常(2002)。

定的转让权一定包含了清楚界定的使用权和收益权。但是反过来,清楚的使用权或收益权却并不一定意味着可以自由转让。在实践中,经济增长常常引起经济结构的改变,而经济结构的变化恰恰是大规模的资源转让的结果。如果转让权受到限制,潜在的资源转让连同经济增长就受到阻碍。

历史一定充满如下经验:急速的经济变化要求改变现存法律关于转让权的界定。在需要的法律改变完成之前,违法行为可能大量发生,因为经济变化要求加快资源转让,而现存的法律制度并没有对转让权做出清楚的界定。这时,如果不制止违法行为,经济秩序就会受到冲击。但是同时,依靠执行原先的产权制度来消除混乱,则不得不以限制资源转让作为代价。解决这个矛盾的办法是适时改变法律关于转让权的界定。问题在于,合乎需要的法律变革究竟在什么样的条件下才易于发生?

中国近年城市化加速的经验为研究上述问题提供了一个难得的案例。在 1978—2000 年间,中国城市从 193 个增加到 663 个,镇则从 2 173 个增加到 20 312 个,城镇人口从 1.7 亿增加到 4.56 亿。与此同时,论千万计的农民工从农村转入城镇,数千万亩的农地转为城镇的工商建设用地。基于改革开放和经济增长的累积效果,人们一般预计未来 20 年中国的城市化还将加速。⑤

但是,近年城市化的加速,恰恰是在现存法律关于土地资源转让权的重新界定严重滞后的情况下发生的。中国现存土地法奠基于计划公有制时代,其主要特色是政府用行政命令代替市场交易来达成经济资源的转让。虽然二十多年市场取向的改革已经动摇了现存土地法律的基础,但是几经修订的土地法还是远不能满足经济实践的要求。结果,城市化加速伴随着利益冲突的加剧,提出了一个两难性问题:是不惜以土地转让中的利益冲突为代价来继续加速城市化,还是不得不抑制城市化来缓减土地转让中的利益冲突?

问题的根源是,加速的城市化——中国长期经济增长的一个重要源泉——发生在含糊不清的农地转让权的限制条件下。这就无法避免巴泽尔指出过的困境:离开了清楚界定并得到良好执行的产权制度,人们必定争相攫取稀缺的经济资源和机会。这里所谓的"攫取",就是指人们竞争稀缺资源而不受法律限制。重要的是,攫取表明混乱与机会经常紧密地纠缠在一起。

---

⑤ 例如,国务院发展研究中心预测,我国的城市化指数将在 2020 年达到 60%。

不能认识和分析攫取行为,将难以重新在法律上界定权利。

沿着上述线索,本文探讨以下问题:在现存土地转让权的法律安排下,人们实际上会采取怎样的行为?如何理解这些行为的经济含义?然后,我们讨论将要修订的《宪法》和《土地法》面临的主要选择。本文结构如下:第二节调查现存农地转让权的法律制度,第三节分析土地转让中的攫取行为,第四节研究重新界定转让权的实践经验,第五节提出关于转让权管制的经济分析,第六节讨论相关政策建议以及重修土地法面临的选择,最后是全文结论以及有待进一步研究的问题。

二、现存法律对农地转让权的界定

现存法律涉及农地转让权的主要有两部,一部是《中华人民共和国农村土地承包法》,另外一部是《中华人民共和国土地管理法》。⑥ 转让权问题如此重大,以至于为了制定和修订这两部法律,甚至需要修改《宪法》的相关条款。本节简要评论这些法律,着眼点是它们内在的矛盾冲突及其对经济行为的影响。

(一) 承认转让权的法律

在20世纪70年代末、80年代初农村改革中形成的农民家庭土地承包经营权,差不多经过了20年时间,才得到第一个比较完备的法律表达。2002年8月29日全国人大常委会通过的《农村土地承包法》,不但确认并宣布保护农户的土地使用权和收益权,而且确认并宣布保护农户的土地转让权。至此,曾经在中国长期实行的农地集体所有制,全面改革为土地的农户私人承包经营制。

对农户私人土地转让权的全面承认和清楚界定,是《农村土地承包法》的基本内容。让我们简述其中最重要的几项规定:

- 土地转让权属于"承包方"(即"农户"),而不属于"发包方"(即"集体")⑦;
- 实施土地转让权的首要原则是平等协商、自愿、有偿,不受任何

---

⑥ 为了节约篇幅,下文分别把这两部法律简称为《农村土地承包法》和《土地管理法》。
⑦ "承包方有权依法自主决定土地承包经营权是否流转和流转的形式"(第34条),"国家保护承包方依法、自愿、有偿进行土地承包经营权流转"(第10条)。

组织和个人的强迫和阻碍；
- 土地转让的形式可以包括转包、出租、互换等多种形式；
- 转让权的价格由当事人协商确定；
- 转让权的收益归承包方所有。

由于转让的是土地承包经营权，因此非常合乎逻辑，《农村土地承包法》必须综合改革以来关于土地承包经营的全部政策法规，以更清晰的法律语言全面界定土地的农户私人承包经营权。其要点是，农村集体所有的土地全部实行以农户家庭为基础的承包经营制，为此，法律规定了集体土地承包给农户私人经营的程序、期限、形式，以及在承包期内发包方与承包方各自的权利和义务。

可以说，《农村土地承包法》全面完成了对我国土地集体所有制内容的正式更换。按照产权经济学的规范，包括使用权、收益权和转让权在内的产权正是法律上财产所有权的实质内容，因此，恰恰是产权——而不是抽象的法律所有权——才构成人们经济行为的实际限制。中国的农地依然可以说为集体所有，但是当今的集体唯一可以作为的只是依法将土地发包给农户私人；在长达30年以上的法定承包期内，唯有私人承包方才有权使用和经营农地，获取相应的收益并可在市场上自主转让农地的经营权；集体发包方无权终止、收回、调整农户承包权，无权截流承包收益权，也无权干预承包方的转让权。很清楚，农户私人承包经营的集体土地所有制，再也不是人民公社时代集体经营的集体土地所有制。

比较重要的改革经验是，通过承包合约确立私人使用权相对容易，而把私人的资源使用权发展为转让权，远为困难。更重要的是，一旦法律可以清楚界定私人的资源转让权，它一定要更清楚地界定农户私人的使用权和收益权。限于篇幅，本文不展开评论这些经验的含义。我们只是在这里指出，由法律清楚界定并加以保护的农户私人的土地使用权、收益权和转让权，为在经济结构快速变迁条件下有效利用农地资源，奠定了一个可以将稳定性与灵活性结合起来的制度基础。

《农村土地承包法》仍然存在一些瑕疵。抛开枝节，一个重要的问题是承包农地的年期依然偏短。比较城镇住宅地50年到70年的批租期，30年的农地承包期是否就是完全合适的？与此相关，现行土地承包法没有交代土地承包到期后续约的准则。如果法律规定届时给予在位承包方某种优先续约权，那么承包年期的长短也许就没有那么重要了。

另外一个缺陷,现在就不容回避。《农村土地承包法》关于农户私人土地承包权和转让权的清楚界定,全部以"土地的农业用途"为限。例如,《农村土地承包法》在总则中宣布,"未经批准不得将承包地用于非农建设"(第8条);在发包方的权利中,加入"制止承包方损害承包地和农业资源的行为"(第13条);在承包方的义务中,点明"维持土地的农业用途,不得用于非农建设"(第17条);更在土地承包经营权的流转原则中,规定"不得改变……土地的农业用途"(第33条)。很清楚,一旦土地用于非农业用途,这部法律对农户承包经营权的确认和保护,就戛然而止。

(二)否认转让权的法律

农地转为非农建设用地,受《土地管理法》调节。这部法律,1986年6月25日经第六届全国人大常委会第十六次会议通过,从1987年1月1日起执行。可是仅仅两年之后,1988年12月29日第七届全国人大常委会第五次会议就决定修改。这一改差不多就改了十年,到1998年8月29日才由第九届全国人大常委会第四次会议通过,从1999年1月1日起执行。《土地管理法》从制定到修订的时期,中国经济正在经历市场化改革的深化。可是,改来改去,这部法律还是没有在"转让权"的基础上处理农地转用这样重要的资源配置问题。

查阅修订后的1998年《土地管理法》,我们发现除了抽象宣布"土地使用权可以依法转让"(第2条)之外,整部法律8章86条再没有一处提及"土地转让权"的内容、主体归属、转让程序、执行原则和定价方式。就是说,虽然土地使用权"可以依法转让",但根本就没有相关的具体内容。举一个例子,本法第16条指出"土地所有权和使用权争议,由当事人协商解决;协商不成的,由人民政府处理"。问题是,土地使用权的转让就不发生争议了吗?发生了,怎么处理?

涉及农地资源转为非农业建设,1998年的《土地管理法》明令"农民集体所有的土地使用权不得出让、转让或者出租用于非农业建设"(第63条)。⑧那么,当经济发展需要把一部分农地转为非农业建设的时候,这样的要求——这是城市化的必然要求——如何才可以得到合法的满足呢?对此,现行《土地管理法》规定唯一的合法途径就是举凡农业用地转为非农民自用

---

⑧ 本条款还有一个例外条款,我们在下文引用并分析。

的建设用地，必须完成从土地集体所有制向国有制的转变。

（三）城市土地国有化的来历

为什么本是集体所有，并已经长期承包给农户经营的农地，一旦转为城市建设用地，就非转变为国家所有不可？推究起来，这涉及一个宪法准则。1982年宪法修正案宣布"城市的土地属于国家所有"（第10条）。这是第一次把过去宪法及其历次修正案确立的土地国有范围，从"矿产、水流、国有森林、荒地"，扩大到全部城市土地。根据当时宪法修正案的说明，"草案第10条中原来是把镇的土地和农村、城市郊区一律看待（就是作为集体土地看待——引者注）。全民讨论中有人指出，全国各地情况不同，有些地方镇的建制较大，今后还要发展，实际上是小城市。因此删去了有关镇的规定"。就是说，建制较大的镇的土地，将来也属于国有，而不再是农民集体所有。

但是，"城市土地全部国有"本身的来历，却并不那么清楚。经查1975年宪法，第6条中尚有如下表达："国家可以依照法律规定的条件，对城乡土地和其他生产资料实行征购、征用或者收归国有。"这个条款清楚地说明，至少到"文化大革命"行将结束的时候，我国城市土地还没有全盘属于国家所有。否则，何须"国家对城乡土地可以征购、征用和宣布收归国有"？结束"文化大革命"后的1978年宪法，也并没有宣布全部城市土地国有化。此后我国进入改革开放新的历史时期，到1982年之前并没有关于国家如何"对全部城市土地完成实行征购、征用或者收归国有"的历史记载。难道"城市土地属于国有"这样一件大事，从来就没有经过政府的具体作为，直接就由1982年宪法宣布而成？

无论来历如何，"城市土地属于国有"构成现行土地法规的指导原则。这个原则的含义，正如我们将要详细讨论的，不但是"全部现存城市土地属于国家"，而且是"凡是将成为城市的土地全部属于国家"。后者既包括现有城市向其郊区和周围农村的扩展，也包括从原农村、小城镇和郊区形成的新城市。很少有人注意到，1982年后的中国还经历过、经历着并将继续经历规模浩大的土地国有化。

（四）征地悖论

现行土地法律规定了用于城市的农地必须全部转为国有制，同时也就把征地变成了农地转用的唯一合法形式。本来，即便在城乡土地皆为私有的情况下,国家也可以依法拥有征地权。例如,1954年制定的我国第一部宪法就宣布,"国家为了公共利益的需要,可以依照法律规定的条件,对城乡土地和其他生产资料实行征购、征用或者收归国有"(第13条)。众所周知,那时尽管已经宣布了向社会主义过渡的总路线,但城乡土地的大部分还是属于私有,并得到宪法的承认和保护。因此,国家征用农地,仅仅只是农地转为建设用地中的一种形式。为了界定国家征地与民间私人转让土地之间的界限,1954年宪法对征地加了一个重要的限制条件,即必须是"为了公共利益"。这至少在法律上是清楚的:为了公共利益的农地转用,通过国家征地来完成;非公益性质的农地转用,还可以通过受当时法律承认的私人转让权来完成。

随着城乡土地所有制改造的完成,特别到了上引1982年宪法第一次宣布全部城市土地归国家所有之后,农地转为城市建设用地必须同时完成国有化,政府征地就成为农地转用的唯一合法途径。但是颇为不协调的是,1982年的宪法连同以后的《土地管理法》,仍然照搬1954年宪法对征地的限制条件——"为了公共利益"。悖论在于:非公共利益性质的农地转用怎么办?不经过征地是违宪,因为转为城市用的农地如果还是集体所有就违背了"城市土地全部国有"的宪法准则;征地也违宪,因为不合"为了公共利益才可征地"的宪法准则。

(五) 政府经营土地的牟利冲动

更严重的问题是,现存土地法律在禁止农民承包地转为非农用途的同时,却宣布国有的土地——包括从农民集体那里征用来的土地——"实行有偿使用制度"(第2条)。⑨ 这就是说,政府可以把强制征得的土地——无论"为了公共利益"与否——按有偿原则向城市土地使用权市场出让。

应该看到,《土地管理法》宣布"国有土地有偿使用制度",毕竟反映了逐步引入市场机制配置土地资源的改革现实。事实上,自1987年深圳、上海市政府分别试行向市场批租土地之后,我国城市建设用地市场发育很快,并形成一套法律法规。

问题是,土地市场化仅仅限于部分国有土地使用权的有偿转让和再转让。至于前述农地转为非农业建设用地,以及另外一部分由行政划拨的城市

---

⑨ "建设单位使用国有土地,应当以出让等有偿使用方式取得"(第54条);必须"缴纳土地使用权出让金等土地有偿使用费和其他费用后,方可使用土地"(第55条)。

土地,仍然服从行政权力配置土地资源的准则。新混合模式是这样的:政府凭对农地转用的行政垄断权获取城市建设用地,然后将部分国有土地批租给城市二级土地市场,部分留在政府手中划拨。这种行政配置和市场配置的特别混合,不能不激励各行政主体竞相成为经营城市土地的牟利组织。如果说征用农地成本与批租土地收益之间的差额意味着政府经营土地的红利,那么"无偿划拨"与二级城市土地的市值之间的差额就显示了"划拨权"的租值。

现存法律甚至明文规定征地的补偿完全不同于批租土地的价格决定。一方面,《土地管理法》规定政府征用农地"按照被征用土地的原用途(当然就是农地的农业用途——引者注)给予补偿"(第47条)。另一方面,法律又允许政府按"土地的城市建设用途的市值"把征得的土地批租出去。这等于保证了政府经营土地的法定红利最大。因为在一个城市化严重不足、正在经历急速发展的经济里,一幅土地从农业用途转为城市建设用途,市值的增加何止十倍、数十倍?土地市值越大,政府"无偿划拨"土地的权力租金越高。这实在是一门由法律保障政府独家垄断获取经营土地暴利的新生意。

(六) 三处例外、两点不明

并不是没有例外。根据现行法律,农地转为非农建设用地一般要同时完成土地被国家征用、成为国有土地的过程,在某些条件下可容例外,那就是没有经征用而转国有土地,农地也可合法转为建设用地。

前引《土地管理法》第43条所定准则("任何单位和个人进行建设……必须依法申请使用国有土地"),法律允许的例外如下:

> 但是,兴办乡镇企业和村民建设住宅经依法批准使用本集体经济组织农民集体所有的土地的,或者乡(镇)村公共设施和公益事业建设经依法批准使用农民集体所有的土地的除外。

就是说,农民自用于办企业、住宅、公共设施和公益事业的土地,虽然也是农地转为建设用地,但可以保留集体土地所有权。

第二处,农村集体经济组织"与其他单位、个人以土地使用权入股、联营等形式共同举办企业的"(第63条),也可以在符合土地利用规划、通过行政审批的条件下,合法将农地转为非农建设用地。

第三处,"符合土地利用总体规划并依法取得建设用地的企业,因破产、兼并等情形致使土地使用权发生转移的",可以例外于"农民集体土地使用权不得出让、转让或者出租用于非农建设"的法条。直截了当地说,就是合乎上述要求的集体土地使用权可以出让、转让或者出租。

法律当然没有声明"城市土地必属国有"的原则也容例外。麻烦在于,在城市化急速扩大的经济现实中,当初农民自办企业或与人联办企业的农村,日后可能成为城市或城市的一部分!如我们将要看到的,一旦发生这种情况,现存法律中"例外"合法存在的转让权,又将发生很大的混淆。因为届时土地已是城市土地,原先的"例外"是否一定要再经征用转为国有土地,现存法律并没有清楚的交代。

另外,三处例外中只有第三处明确转让权的基础是"集体土地使用权",也就是转让权归承包农户;前两处,有权"例外"合法转农地为建设用地的主体,都是"农村集体经济组织"。不明的地方是,在农地已经承包给农户经营的情况下,"集体"为了获得法定例外转用农地的好处,是否可以甚或一定要收回农户的土地承包权,然后再以集体的名义自办、联办企业和其他设施呢?

(七) 现存转让权的一个概述

让我们概述我国农地转让权的法律表达。经过二十多年的改革,现存土地法律清楚界定并保护农地在农业用途范围内的转让权。作为农地转让权的权利主体,承包农户可以在平等协商、自愿、有偿,不受任何组织和个人的强迫与阻碍的条件下转包、出租、互换农地经营权,农地转让的价格由当事人协商确定,而转让收益归承包农户所得。这构成我国农业经济活动的一个重要制度基础。

但是,农地一旦转为非农建设用地,承包农户的农地转让权就不再得到现行法律的承认。农地转为建设用地,甚至也不是农村集体的权利。除去个别例外,法律要求农地转为城市建设用地必须以土地国有化为前提。国家征用农地就成了城市化利用农地资源的唯一合法途径。

现行法律在确认政府征用农地权利的同时,也确认政府可以向市场出售所征农地的使用权。一方面,政府征地补偿根据被征农地原用途——即农业用途——的收益来决定。另一方面,当政府出售土地使用权时,却可以根据市场原则来定价——根据土地未来用途的预期收益,由竞争各方中的出价高者得。这就是说,现行法律不但承认政府独家垄断的征地权,而且保证该项权利可获得最大的法定价值。这为政府经营土地内置了功率强大的发动机。

简言之,随着农地转为城市建设用地,农地转让权从承包农户那里转到了政府手中。现行法律为了约束政府的土地征用和经营权,一再重申"严格保护耕地"的立法意图,不断改进按行政等级分派土地审批权的程序,也始终坚持"为了公共利益才可征用农地"的宪法准则。下面我们开始调查:在现存法律的激励和约束下,政府主导非农业建设土地转让的实际行为。

三、攫取与冲突

人们总是在现实的约束条件下行为。鉴于成文的正规法律只是全部约束行为的一个组成部分,我们选择的调查路线就是先从涉及农地转用的实例出发,然后分析可观察行为与现存法律约束条件的关系。为了得到经得起推敲的事实,本节选用的实例一般从已经媒体公开报道的司法案件中选取,必要时加上我们自己的调查。

(一) 河南登封铁路征地案[⑩]

1998年底,河南省登封市人民政府与河南登封铁路有限公司签订了《登封铁路马岭山至白坪段征地拆迁包干协议》。根据协议,登封市政府承诺包干完成境内铁路建设所需征地拆迁任务。"根据依法、求实、低限原则",该协议确定征地补偿费为每亩8500元(包括土地补偿费、青苗补偿费和安置补偿费),并规定由登封铁路公司(乙方)按总包干费的方式支付给登封市人民政府(甲方),"该费用由甲方包干使用,超支不补。该费用的具体补偿、分配使用办法由甲方决定。甲方负责将集体与群众应得的款项落实到村、组、户"。

一年以后的2000年1月27日,登封市政府下达封政[2000]4号文件,公布为登封铁路完成的征地补偿标准为耕地每亩4 300元,无收益土地每亩1 000元。按此补偿标准执行,在被征地段的农民中引起不满和上访。其中,库庄村农民王东岳,因家中收益较高的蔬菜大棚被低价征用,联合同村另外两位农民将登封铁路公司告上登封市城关法庭。

[⑩] 本小节利用的公开报道资料包括:新华社郑州2003年7月8日电"河南登封市政府截留征地补偿款近千万元";《中国青年报》新华社郑州2003年7月13日电"河南登封决定退还截留的征地补偿款";《周末》记者陈磊2003年7月23日报道"河南登封铁路征地款问题调查";CCTV《经济半小时》2003年7月25日"河南登封征地,补偿缩水蹊跷不少";《中国经营报》记者赵平、董昭武2003年9月8日报道"河南登封铁路征用农民土地补偿款调查"。

当庭辩论中,登封铁路公司认为应该由登封市政府而不是铁路公司来赔偿王的蔬菜大棚。作为证据,铁路公司应诉人员向王东岳等出示登封市政府与铁路公司之间的征地包干协议。王等人得到了协议副本后,与登封市政府主管官员私下谈判,最后得到的"解决方案"为:登封市政府经所在乡政府以"造地款"下发20万元人民币,由王东岳等加村支书共四人领取;王交出协议副本,并"保证做好群众工作,不再因铁路占地费用赔偿标准原因上诉"。此时为2000年10月10日。

王东岳从此退出了上诉和上访活动。但是同村其他农民还在继续上访,使得王等人"停访息诉"的承诺落空。为平息其他农民上访,王东岳经市信访办一位赵姓干部答应给付6 500元,不料反被认为证实了"王东岳得了掩口费"的传言,引起其他村民更积极的上访,并把矛头对准了"私分20万掩口费"事件。登封市检察院于2002年9月对库庄村村支书、王东岳和另外两个参与分取20万"造地费"的农民以"贪污造地款"罪名提起公诉,并于2003年4月由登封市人民法院以"职务侵占罪"分别判处上述四人1年6个月至5年6个月的刑期。

可是群众上访的势头更加汹涌。原来王东岳在交出协议时还留了一份复印件。王被起诉后,其家属广为散发了协议复印件,使登封铁路沿线更多农民知道市政府截留征地补偿款的真相。当地农民还通过在铁路公司工作的亲属,得到《登封铁路马岭山至白坪段征地拆迁包干协议的补充协议》,该补充协议的第10条明白交代,登封市政府以截留的征地补偿款共计427.6万元,"作为甲方对登封铁路的投资"。经多位新闻记者向登封铁路有限公司查证,登封市政府共出资700多万元人民币,约占铁路公司总股本的1%;除去补充协议提到的从征地补偿款中截留部分之外,还有1994年登封市为启动铁路项目时集资的300万元。

为什么截留的征地补偿款作为政府的投资,并成为政府拥有权益的股权,而不是沿线被征地农民的投资和权益?登封市政府当年主管副市长回答:"因为国债资金的使用,需要地方配套一定的资金。"有记者点明,"地方政府投入的这个股份又不是地方政府的,这是群众的钱";副市长回应,"当时财政非常困难"。真是可圈可点的答案。事实是,登封市的财政困难还不单单是缺少配套资金,因为全部征地被截留补偿款的总额当在千万元之谱,在"入股"之外还有数百万元,记者们问来问去也没有人知道清楚的下落。

沿线农民群众持续的上访,加上上述事件在包括新华社、中央电视台等全国性权威媒体上的曝光,使登封铁路征地案终究有了一个结果。2003年7月8日,在河南省省长直接干预下,新一届登封市领导班子决定把全部截留的征地补偿款足额退还给沿线农民。虽然王东岳等人还因"职务侵占罪"在狱中服刑,但铁路沿线四个乡镇数万农民被挪用的征地补偿款,总算有望索回。

分析本案的重点是,当"为公共利益"的征地权与被征土地的所有权及其承包经营权发生冲突的时候,现存法律怎样要求前者补偿后者,以及这种补偿机制实际上可以怎样执行。

登封铁路建设工程无疑对当地经济发展有重要意义。到目前为止,也没有证据表明登封市政府工作人员在铁路案中徇私舞弊。因此我们可以把登封铁路征地案看作是一个"为公共利益"征地的典型案例。铁路工程一旦顺利完成,包括沿线被征地群众在内的当地民众和政府都可以受益。但是同样很显然,被征地农民要比其他受益人群多付出一个代价,那就是只有他们要损失原来从土地上获得的收益。当征地——政府为了公共利益强制完成农地转用——发生的时候,农民放弃对土地的权利而得到政府的补偿。问题是,现行法律规定的补偿可以怎样被执行?

我们已经知道,登封铁路原先的每亩8 500元的补偿金是按照"低限"原则决定的。鉴于1998年新版《土地管理法》尚未执行,当地政府与铁路公司的协议补偿金依据的应该是1986年版的《土地管理法》。该法规定的征地补偿包括土地补偿、附着物和青苗补偿以及安置补助三项。其中"征用耕地补偿费,为该耕地被征用前三年平均年产值的3至6倍";"被征土地上的附着物和青苗补偿标准,由省、自治区、直辖市规定"(第27条);"征用耕地的安置补助费……最高不得超过被征用前三年平均产值的10倍"(第28条)。这里,法律规定的"低限"只有一条,即耕地补偿要等于被征前三年平均年产值的3倍。至于安置补助,法律只规定高限,而完全没有规定低限!

当然,旧版土地法还规定,"支付土地补偿费和安置补助费,尚不能使需要安置的农民保持原有生活水平的,经省、自治区、直辖市人民政府批准,可以增加安置补助费。但是,土地补偿和安置补助费的总和不得超过土地被征用前三年平均年产值的20倍"(第29条)。这里规定了另外一个征地补偿的底线准则。问题是这个标准含糊不清。例如,何谓"保持原有生活水平"?在"多长时间内"保持原有生活水平?按照1986年的法定最高征地补偿,农户保持原有生活大体也就20年——还要假定其他条件一概不变!但是被征用的土地是永久性资产,理论上是农民保持原来生活水平的永久性条件。现在的补偿用完以后,失地农民靠什么维持"原有生活水平"呢?

如果法律清楚规定了农民在征地补偿问题上的"还价权"——就是农民可以在法律规定的补偿原则下参与补偿数额的决定,那么逻辑推理的结论是,征地补偿总额应该等于一笔与被征土地等值的资产,其年度性收益能够永久地满足被征地农民"保持原有生活水平"。用现代法律经济学的术语,就是使"无论征地发生与否农民的利益不变"[11]。如果法律把农地转为非农建设用地的转让权清楚地界定给承包农户,那么农民出让农地得到的"补偿",一定会等于被征农地转为非农建设用地后,由市场供求决定的非农用地的市值。

上述分析试图揭示现行土地法律的如下性质:它清楚地禁止农民把承包的农地转为非农建设用地,但同时并没有把农户不能行使的转让权——决定得到多少补偿才转让农地转用的权利——清楚地授予任何一个组织和个人。虽然现存法律确立了政府的独家征地权,但并没有清楚地规定政府在行使征地权的时候,究竟怎样支付代价(补偿)。在现存法律规定的范围内,至少以下三种征地补偿都不违法:等于法定最低补偿;在高于法定最低补偿但低于法定最高补偿之间的任何一笔补偿;等于法定最高补偿。

登封案告诉我们,因为被征地农民没有法律许可的还价权,就只好通过上访上诉,甚至采取超越现行体制许可的其他集体行动,来影响补偿额的最后决定。本来,在市场里是否放弃农地,卖家凭借拥有的转让权,集中考虑"合算不合算",并支付相应的市场交易费用就可以了。但是在征地制度下,不能诉诸转让权的被征地方只得诉诸"生存权"、"公平"和"正义",并通过增加对方(政府)的征地执行成本来提高自己的收益。这反映了征地要支付一种非生产性的,同时也是非市场交易性的成本。我们将通过其他实例继续分析,正因为忽略了这类特别成本,才使得实际上非常昂贵的征地看起来非常便宜。

即便按照1998年版的《土地管理法》来执行,事情也不会有本质的不同。补偿标准虽然有所提高,但最低限的规定还是远不如最高限规定来得清晰,"保持原有生活水平"的根本性含糊依然保留,而政府仍然把征地补偿款付给"单位"而不是直接受到损失的承包农户。在基本的征地补偿机制不变的基

---

[11] Ellickson(1993:6)。

础上,新法增加的经济民主条款被执行的可能性很小。⑫

(二) 福州闽侯东南汽车城征地案⑬

1995年福建省汽车工业集团与台湾裕隆集团达成合作协议,在福州市闽侯县青口镇兴建东南汽车城。这是福建省最大的闽台合作项目,总投资3.52亿美元,其中一期项目规划征地2 400亩。

是年7—8月间,闽侯县和青口镇派出多批工作组深入规划征地的村庄,反复宣传:被征地农户每个人可拿到1万元征地补偿费,50岁以上的老人每月可拿到60元的养老金,每户还至少有一个到东南汽车城就业的机会。村民们满意政府的"征地补偿报价",在政府尚没有实际支付征地补偿款之前,约2万被征地农民就交出了农地。

东南汽车城项目很快进入建设期。但是一年后,被征地农民只得到每人800元的补偿。他们不能不发愁:耕地已经被占,而政府承诺的每户几万元征地补偿和每家一个就业机会完全没有影子。当地农民感到受骗,同时也实在无法维持生计,于是发生了后来在青口镇政府文件里得到记载的"聚众闹事"。

与登封征地案不同,青口镇被征地农民到最后也不知道东南汽车城项目实际付给的征地补偿金究竟是多少。但这并不妨碍他们找寻其他参照。一个明摆的参照,当然就是县、镇政府当初的许诺。问题那都是口头宣传,没有协议和合同等字据为凭。况且会算账的农民经过概算,也认定政府根本没有兑现当初承诺的财政基础。另外一个参照系就是邻近实际发生过的征地补偿案例。他们找到了当地报纸有关福州市大学城项目征地补偿的报道,这个同样落户在闽侯县的项目,征用本县上街镇土地12 886亩,每亩农田平均补偿1.3万元。

中央媒体记者最后才调查到地方政府实际的征地收入。据《中国改革》报道,他们的记者得到了福州市人民政府正式文件的副本,其中明确规定:

> 东南汽车整车厂规划用地1 200亩,汽车配件基地规划用地1 200

---

⑫ 例如,1998年《土地管理法》规定"征地补偿安置方案确定后,有关地方人民政府应当公告,并听取被征地农村集体经济组织和农民的意见"(第48条),以及"被征地的农村集体经济组织应当将征用土地的补偿费用的收支状况向本集体经济组织的成员公布,接受监督"(第49条)。

⑬ 本小节利用的公开报道资料包括:《21世纪经济报道》记者郑学勤2003年6月30日报道"东南汽车城征地'后事'";《中国改革》赵岩、姜建生、陈春华等2003年12月8日报道"在青口镇的现代化中农民获得了什么?"。

亩。汽车配件基地允许外商采取成片开发形式并以项目带开发方式开发。土地出让价为3.3万元/亩(含配套税费)。其中,农民补偿费为1万元/亩,其他地价收入由闽侯县统筹集中用于汽车生产基地的外配套基础设施建设。市、县两级将应上缴的征地和土地出让的配套税费,全额返还给闽侯县青口镇投资区,用于该项目的基础设施建设……

就是说,福州市政府决定以每亩3.3万元向东南汽车城项目出让土地,其中补偿农民的是每亩1万元,其余地价收入"由闽侯县统筹集中用于"项目建设。问题是,到了村民这里,福州市政府规定的每亩1万元,变成了每人800元。

调查的结果是,闽侯县和青口镇政府进一步截留了土地补偿费,并与登封的做法一样,把截留的征地补偿款用于东南汽车城项目作为投资。据报道,东南汽车城首期投资13亿元人民币,中国内地占50%股份,其中福州市占10%,市信托投资公司占5%,闽侯县占5%。当时闽侯县政府财力很弱,根本没有出资入股的能力。就是照福州市的决定办,把项目一期征地2400亩得到的出让金(每亩3.3万元)与给付农民的补偿金(每亩1万元)之间的"差额"全部用来投资,总额也不过5500万元。要达到占13亿元总投资5%股份(6500万元)的水平,非进一步截留福州市规定的每亩1万元补偿款不可。

青口镇党委陈伙金书记的阐释可圈可点。他对采访本案的记者说:"当时考虑相当一部分农民素质不高,如果把全部补偿费发给农民,恐怕有的农民几天就挥霍光了。"他还随口报告"我们把绝大部分的钱给农民入了县农业基金项目了,其中有生产扶持基金、口粮基金、提留基金、养老基金"云云。可是当记者追问多少农民的钱存入了基金会,是否经农民同意,这些基金收益如何、有无合同、基金如果赔了损失由谁承担等细节时,"陈书记和在座的镇长无言以对"。

到1996年底,被征地村庄的农民感到政府原来的承诺是空头支票,先后几十次到省市、中央有关部门上访。1997年3月福建省召开人代会,青口镇几十名农民前往省人大反映问题,结果闽侯县、青口镇政府出动警力抓捕上访农民。后来闽侯县财政决定每年拨款青口镇100万元补偿被征地农民。但村民至今还要求补发1997—2002年间的补偿,并要求分享县政府在东南汽车城的股权。

事实上东南汽车城作为商业项目十分成功。到2002年底,该项目累计销售汽车10万台,累计销售收入131亿元,税利18亿元。仅2002年一年,闽侯县从东南汽车城征得国税 7 283 万元,地税 3 693 万元;还作为股东分得红利 1 231 万元。效益刺激了东南汽车城不断扩大规模,汽车零配件厂从 1999 年的 30 家增加到 78 家,占地面积从 1 500 亩扩大到 3 800 亩。东南汽车公司已经开始二期建设,并与德国汽车公司合作,拟征地 3 000 亩。

对征地需求的增加提升了闽侯的土地出让价格。事实上,1996 年经省政府批准,为东南(福建)汽车工业有限公司建设配套设施项目而征用的 9.4 公顷土地,出让金就达到每亩平均 6.7 万元。这份由省政府批复的文件指明,这仅仅是 50 年期"生地"的出让金,因为"'五通一平'及其附属设施建设事宜应另行约定"。就是说,政府征得的农地无须追加任何投资,就可收每亩 6.7 万元的出让金。据说农民对征地补偿款的"还价"也提高到了每亩 2.6 万元。但是,被征地农民要分享土地的升值,在利益上不得不与实施征地的政府对垒,因为从地方得到的土地出让金与实际给付农民的征地补偿款之间的差额,是政府征地权的净租金。

东南汽车城是一个商业性投资项目,而不是一个向社会提供"公用品"(public goods)的公益性项目。不过在现行法律之下,非公共利益投资项目凡涉及农地转为非农业建设用地,一概通过政府强制性征地获得土地。这里,法律提供的激励结构是双重的:商业项目追逐更高的利润驱动政府行使征地权,政府在行使征地权的时候追逐更多的权力租金。

对东南汽车城征地案的调查告诉我们,商业化驱动的政府征地是在各地激烈竞争商业投资项目的背景下展开的。福州市计委一位了解项目内情的官员指出,东南汽车城当初选址并非只考虑闽侯县,"但是当地开出的优惠地价,还有县领导立下的拆迁军令状,使青口镇胜出"。这是一个非常重要的约束条件,因为地方之间争取投资项目的竞争必然限制各地政府索要土地出让金的上限,谁要价过高谁就会把投资者吓跑。在这个约束下,地方政府要想得到更多的征地权力租金,唯有压低给付农民的征地补偿款。

在这个方向上,如同我们在登封看到的一样,现行征地补偿的决定机制给出了很大的弹性空间,因为现行法律只规定了最高法定补偿而没有清楚地规定最低补偿。真正决定政府向农民支付征地补偿款下限值的,唯有农民的上访、上诉和采取其他集体行动的压力。在这场竞争中,对被征地农民不满的"抗压性"是争取更多商业投资,同时谋取更大的征地权力租金的必要条件。很清楚,不是"良心"好不好的问题,而是竞争所迫,不适者要被淘汰。

商业竞争是工业化、城市化的伟大动力。商业项目的成功,给社会带来可观的外部经济收益,也一定间接增加社会的公共利益。地方政府彼此竞争投资,能够改善各地投资环境,促进社会经济的全面进步。这些都没有问题。有问题的是"商业竞争"究竟受到何种产权制度的约束。产权约束不同,竞争中的行为也就不同。我们要集中研究,没有清楚界定的私人土地转让权,政府参与土地竞争的行为究竟具有哪些经济含义。

(三) 徐闻县迈陈镇征地案[14]

商业化行为因为加入了逐利动机,应该更节约成本,从而提高土地资源的利用效率。但是,商业化驱动的大规模农地征用,却同时一并出现乱占土地、征而不用的现象。仅据2003年7月国务院下令进行的全国土地整顿的初步调查结果,全国各类开发区5 000多个,总圈地3万平方公里,相当于全部现有城市和建制镇目前的建设用地面积。这样的紧急整顿1997年也进行过一次,问题是商业化开发与土地浪费这两件事情是怎样加到一起的。莫非真如一些人的推测,是逐利的贪婪导致了土地资源的浪费?

让我们来看一个违法征而不用土地的案例。故事发生在广东湛江市徐闻县的迈陈镇,一个有名的果菜生产外调集散地。1997年初,该镇政府向县市申请征用土地,兴建迈陈东区果菜市场。申请报告力陈兴建果菜市场的重要意义:

> 由于长期以来没有外调果菜交易市场,大部分果菜收购点只能沿路设点,造成交通阻塞,秩序混乱,难以管理,给一些不法分子带来哄抬物价、欺行霸市的可乘之机,造成生产者和经营者的合法权益得不到保障,严重阻碍了我镇外调果菜的正常发展,同时造成集圩脏、乱、差较为严重,有损镇容市貌。因此,建设迈陈外调果菜市场已成为我镇经济发展的迫切需要。

迈陈镇政府市场建设的规划如下:简易摊位200个,建成后投资方可获利80万元,一年向国家上缴税金200万元,并可解决1000人的就业。当年7

---

[14] 本小节利用的公开报道资料包括:《生活时报》焦辉东1998年12月24日报道"徐闻县迈陈镇愈演愈烈的征地纠纷";《南风窗》记者章文、陈勇2001年12月10日报道"失地之痛——迈陈镇违法征地纠纷案四年回顾"。

月,湛江市国土局批准该项目征用土地 42.3 亩。⑮ 但是在随后发布的《关于拆迁建设迈陈东区果菜市场通告》中,迈陈镇宣布的征地范围是 90 亩。同年 11 月 1 日,镇政府发布拆迁通告,限令"各拆迁户必须在 11 月 5 日前办理拆迁手续,自行拆迁完毕;否则,从 11 月 6 日起,镇政府履行强制拆迁,所拆材料一律没收"。11 月 6 日,迈陈镇政府召集镇派出所、国土所等部门,开着大型推土机强行摧毁村民住宅、经济作物,并对拒绝拆迁的村民进行殴打,致使多人受伤。"当天迈陈镇哭声连天",昔日惨状许多目击者至今仍然记忆犹新。镇政府还对违抗征地的"死硬分子"进行拘留、追捕,致使一些人好几个月都不敢回家。村民们强烈指责镇政府违法行政,镇领导却埋怨村民的法制观念太淡薄,素质太差。

问题是,如此大动干戈征来的土地,几年以后,还大部分闲着。2002 年《南风窗》记者再次造访迈陈镇时,没有在规划的"市场"上看到一个简易摊位,只有"不少新楼房在原来征地上冒出,有的已经完工,有的正在兴建之中"。当年指挥强行征地的镇委书记陈权也对记者承认,现在的这个样子的确不是当初规划的市场,不过他 1998 年就调走了,也就不好再管这档子事了。⑯

原来迈陈镇政府在申报征地的时候,镇党政机关连工资都发不出,根本无力建设果菜市场。当时决定的开发办法是,由镇政府招商引资,等地皮卖出和市场盈利后,政府与开发商三七分成。当时决定的征地补偿是每亩 4 万元,而征得的土地按分类定价,一类地(临街)每 1 米(纵深 15 米)2.2 万元,二类地 1.8 万元,三类地 1.6 万元,平均售价每亩 88 万元。

从"盈亏平衡"分析,征地 90 亩的总补偿额为 360 万元,因此镇政府和开发商卖地 4 亩,就可得 392 万元;卖地 8 亩,征地补偿作为"投资"就收倍利!(镇政府分三成就是 100 万元)。就是说,哪怕全部征地闲置掉 90%,镇政府

---

⑮ 1997 年 5 月 5 日,国家土地管理局下达了《关于冻结非农业建设项目占用耕地的通知》,规定自 1997 年 4 月 15 日至 1998 年 4 月 14 日在全国范围内冻结非农业建设项目占用耕地一年,此期间,已列入国家或省、自治区、直辖市年度资产投资计划且急需建设的非农业建设项目,确需占用耕地的,只有国务院有审批权。湛江市国土局无视国家土地管理局的通知规定,越权审批土地,就更令人不可思议。该局有关部门负责人 1998 年 11 月在接受记者采访时这样为自己开脱:我们去的时候在现场没有看到镇政府有占用耕地的现象,他们实际上是不是占用耕地搞建设我们不知道,但从他们上报来的材料看,不是耕地,因此我们批的也不是耕地。

⑯ 其实,早在 1997 年 10 月,徐闻县交通局在迈陈镇西区建的一个果菜交易市场就已开张,完全可以解决迈陈果菜外调的问题,但由于镇里某些领导的掣肘,一直空在那里,到记者这次去看时,空无一人的市场里只有几头牛在悠闲吃草。所以,对于迈陈镇还要另起炉灶,不少村民气愤地讲:"他们(镇政府)哪里是在建什么果菜市场,分明是在大炒地皮赚钱!"

和开发商也已经得到数百万元的毛利,不是什么不合算的事情。况且,闲置土地作为土地储备,将来还可以再卖。

这里的要害不是人们的盈利动机或"贪婪",因为普通商人的盈利动机在市场上要受到其他人盈利动机的制约。"拿地"开发商不但要受土地出让方利益的限制,也要受其他开发商的竞价压力。但在现行征地制度下,政府强制"拿地"给付的补偿可以大大低于农地转用的机会成本。政府"拿地"的代价越低,可以占而不用的土地面积就越大。这解释了商业化用途的土地征用为什么普遍乱占、多占以及经常占而不用。何况政府的征地支出是公币,在公共财政缺乏必要监督的情况下,征地的浪费甚至不顾政府自己的征地成本是否回收。许多人赞美现行征地制度可以保证以"低成本土地"来支持我国的工业化和城市化。他们没有看到,"低成本土地"不但刺激了土地的大量浪费,而且刺激了巨量资本的错误配置。

四、重新界定转让权的实践

从所有权的角度看问题,征地就是要把集体土地所有权变更为国家所有权。因此,当征地行为发生的时候,"集体"而不是承包农户就立刻成为合法的一方当事人。如前所述,农村集体在征地过程中的权利地位并没有得到清楚的法律界定,而在含糊的权利空间当中,集体组织也在利用自己的优势参与对农地转用租金的争夺。我们在征地实例的调查中,看到集体参与压低、截流征地补偿款,甚至直接占用土地的不少记录。在这个方面,集体与前述正规政府的行为逻辑并没有什么不同。我们还看到另外一些案例,一些集体在现行法律的边缘上饶开了征地,以入股、租赁等多种形式直接向非农建设土地的最终需求者供地。

(一)南海模式[17]

1992年以后,南海地方政府利用大量本地和外地资金投资设厂的机会,认可集体经济组织在不改变土地所有权性质的前提下,统一规划集体土地,以土地或厂房向企业出租的方式,打破了国家征地垄断农地非农化的格局。

---

[17] 本小节利用的调查资料包括:国务院发展研究中心刘守英等《南海土地股份制调查》;Bledsoe and Prosterman(2000)。

到 2002 年,南海全市工业用地共 15 万亩,其中没有经过征地改变集体所有制的土地 7.3 万亩,几乎占了一半。在南海模式下,农民通过土地入股的形式,分享土地市值的飙升。

南海模式最开始是由少数村庄在实践中摸索出来的。我们来看罗村镇下柏村的做法。1993 年该村规划农业保护区 1 300 亩,商住区 60 亩,工业区 1 700 亩。其中工业区的开发在起步的时候,就是靠招商引资,向投资方租出土地,然后滚动开发,搞电、水、批文、"三通一平"。土地租期一般 50 年,租金按每年 2%、3%、5%递增。到 2002 年已经有 60 多家公司进来,每年土地租金收入 600 万元以上。农业土地也租赁经营,比如 200 亩菜地由一个澳门老板承租,每亩年租金 300—500 元;农业公司每年承租鱼塘交 20 多万元,菜田交 10 多万元,共 40 多万元。至于商住区 60 亩,批给村民建房,每平方米面积 200 元,还加每间 1 万元的水电配套费,收了 100 多万元。

下柏村对外出租的土地,就是原先已由本村农户承包经营的土地。因此,这里发生了农户承包权转为股权的变化。他们的具体做法是,村把全部集体财产和土地折成股份,配股给行政村或村民小组的全体农户;配股时以社区户口为准则,同时根据不同成员的情况设置基本股、承包权股和劳动贡献股,以计算不同的配股档次。村股份公司出租土地的收益,按股份向全体股东分红,其中集体股权的收益继续投入土地开发经营,农户股的分红分到农民家庭。

村股份公司通过出租土地积累了一定经济能力后,也开始盖厂房出租,以提高土地的附加值。例如,平南村 1989 年引进一家台商,自筹 200 多万元资金,盖了一幢 2 400 平方米的厂房租给该企业使用。而后该村又通过分别引进台商、港商和内地民营企业,形成一个包括 32 家台资企业、2 家港资企业和 230 多家个体企业在内的工业区,村股份组织获得稳定的土地收入。

南海市政府总结并推动了村庄级的土地制度创新,把土地股份制规范为以下两条:① 进行"三区"规划,把土地按功能划为农田保护区、经济发展区和商住区,以保护农田和实施城镇规划;② 将集体财产、土地和农民的土地承包权折价入股,在股权设置、股红分配和股权管理上制定出章程,用以约束村股份组织的经营活动。同时,南海还宣布土地股权的分配是终身的,并可继承。

根据国务院发展研究中心研究小组的调查,南海土地股份制的效果是明显的。第一,以集体土地启动工业化,降低了工业化的门槛。对一个初始创办的企业来讲,如果通过征地方式取得土地,企业不仅会因手续繁杂而影响开工进度,而且还要支付高昂的土地交易金和出让金。在南海市,一亩农地要转为非农建设用地出让,牵涉到的费用有:耕地占用税 4 000 元;征地管理费 1 500—1 800 元;垦复基金 1 万元;农业保险基金 6 000 元;农田水利建设费 1 333 元;土地出让金,工业用地为 1 万—2.5 万元,商业用地为 12.5 万元,住宅用地以前为 8 万—10 万元。由于土地市值的上升,南海按征地办法测算的企业用地价格,工业用地一般每亩 15 万元,高的 40 万元;商业用地一般每亩 40 万元,高的 150 万元。南海市通过租地的方式,使企业创办的费用大大降低。企业租用农地每亩每月为 500 元,路边地价相对高于这个数,而偏远地段、山冈荒地价格会偏低。正是这种灵活的土地使用方式,促使大量企业在南海落户、生根,形成珠江三角洲地区著名的工业带,走出了一条新型工业化的路子。

第二,与国家征地不同,集体在上缴了与土地有关的各项税费以后,可以收益土地租值,并由全体农户按股权分享。在南海,工业企业租用集体土地的年租金一般为 6 000 元,而租地合约通常规定要先交 3 至 5 年的租金。这样,集体和农民不仅可以一次性获得地租收益每亩 1.8 万至 3 万元,而且还可以不断分享土地租金的日后上涨。

第三,将农民的土地承包权变成永久享有的股份分红权,既保留了家庭承包制的合理内核,又将农民的土地收益权延伸到了土地非农化过程。

根据对桂城区、平洲区、里水镇、大沥区、黄岐区部分村社的调查统计,1994—2000 年间农民人均股红分配从 1 016 元增加到 1 951 元,多数地区农民的股红收益占农民年人均纯收入的 1/4—1/3,甚至 1/2。但是南海市农业局在更大范围的调查却表明,1997—2000 年间全市农村股份经济社每股分配金额仅从 310.8 元增加到 314 元,股份集团公司的每股分红金额也不过从 97.74 元增加到 99 元。问题在于,许多土地股份组织并没有给村民实际分红。例如,以村委会为单位组建的 191 个集团公司中,期间有分红的只占 17.8%;以村民小组为单位组建的 1 678 个股份合作社,有分红的占 52%。

南海模式踩到了现行土地法律的边缘。如我们在第二节的法律调查中看到的那样,现行法律在坚持"农地转用须经征用为国有"的基本原则下,留有若干例外和不明的空间。主要是,农民自用于① 办企业,② "与其他单位、个人以土地使用权入股、联营等形式共同举办企业",或者③ 因破产、兼并等情形致使土地使用权发生转移的,可以保持非农用地的集体所有权。

问题是，南海的模式显然不符合上述①，因为他们不是自办企业；也不符合③，因为不可能有那么多的土地是破产集体企业的"遗产"。那么是不是符合②呢？麻烦就在这里，因为南海模式并不是以土地使用权直接入股工商业企业，而是组成土地合股组织，然后向独立的工商业企业出租场地或厂房。至于是不是"联营"，那是一个没有清楚界定的经济组织方式。如果联营是指组成一个共同体，那么南海的农民土地股份并没有与工商业企业成为一个联营体；如果指"合作"，那么场地或厂房的租赁倒不失为一种市场里的"合作"。不过无论如何，农民土地股份组织向工商业企业出租土地，直接与"农民集体土地使用权不得出让、转让或者出租用于非农建设"的法条相抵触。

所以实际中的操作，要么先以农民集体"自办"或与他方合办企业申报，然后再与外来投资方签租赁合约；要么干脆"无证用地"。无论哪种操作，集体非农建设用地的流转权都不能得到法律的保护。一旦与承租方发生纠纷，法院的判决结果只能是将土地使用权还给集体，土地租金返还交租者；同时一般还要求集体向承租方返还建筑物的投资。

南海实践的重要意义在于正式提出了"集体非农建设用地的转让权"，或者集体非农建设用地合法进入土地市场的问题。2003年，广东省人民政府根据中共中央国务院关于农村工作文件的精神，发布《试行农村集体建设用地使用权流转的通知》。这份地方政府的行政法规指出，"农村集体建设用地使用权可以按照本通知的规定流转。以出让、转让、出租和抵押等形式流转农村集体建设用地使用权应当遵循自愿、公开、公平、等价有偿和用途管制等原则"；凡依法经批准使用或取得的、合乎规划的、办理土地登记、领取土地权属证和界址清楚、没有权属纠纷的集体土地，"可以出让、转让、出租和抵押，并享有与城镇国有土地使用权同等的权益"。[18] 这为全国修改现行土地管理法规提供了地方性的经验基础。

（二）昆山模式[19]

江苏昆山市陆家镇车塘村毗邻昆山经济技术开发区。从1992年开始，台商等外资蜂拥而至，到此地开工厂、办实业。这个77平方公里的县级市拥挤着448家外商投资企业，每年创造2053亿元的财富。1996年转任村党支

---

[18] 见广东省人民政府粤府[2003]51号文件。
[19] 本小节利用的公开报道资料包括：《外滩画报》记者蔡伟2003年6月报道"昆山'土地革命'"；《外滩画报》记者贺莉丹等2003年8月22日报道"用足土地政策是上海亿元村的撒手锏"。

部书记的沈慰良介绍说:"1992年以前,昆山基本是个农业县,没有什么工业,土地也不值钱。"他注意到,昆山吸引了越来越多的外商投资、买地建厂,使土地越来越值钱。一亩地种稻谷油菜一年也就收800来元,而政府征用农民的耕地再转租给外商,一亩地一年的租金就有6 000多元;如果出让,一亩地要20多万元。"可是这些钱跟农民没关系",当地农民的土地被国家征用,补偿最多也就每亩2万来元,还是位置靠近国道的好地块。

转机出现在1996年底。当时有台商要求沈慰良提供标准厂房出租。沈知道机不可失,而附近胆子比较大的村子已经有人私下租地给台商。但是他也知道,政府征地转手出让,是合法的。农民要做同样的事情,就要面对《土地管理法》——"农民集体所有的土地的使用权不得出让、转让或者出租用于非农业建设"。

尝试了种种办法,沈慰良找到了一个他认为既不违法,又能让农民分享土地增值的办法。他组织村民到处买土填平了村头村尾的烂泥塘和沟渠,"复垦"出一部分农地。按照政策,"复垦"的土地可以申请建设用地指标。1997年,车塘村一共"复垦"了40亩地,"曲线圈地"得到40亩建设用地。

但是村里没钱开发厂房。本来想用集资的老办法,但20世纪80年代村集资办厂的教训把大家搞怕了。琢磨来琢磨去,沈决定让胆大的农民私人投资建厂房出租,村通过租赁的形式向投资者"供地"。1999年,村民陈振球联合4户村民,租用了40亩复垦地中的1亩,投资15万元,建成432平方米标准厂房。厂房出租后第一年,他们得到12%的投资回报,这就刺激了其他村民。到2001年12月,车塘村105户村民(接近总户数的1/5)发起成立了9个"投资协会",总投资679万元,建成了15栋标准厂房、两座打工宿舍楼、一座农贸市场和66间商用店面。

三年后,昆山市已有1 600余户村民自发加入各种以开发非农土地为目的的合作组织,投资总额超过6 000万元。这些农民"投资协会"和"投资合作社",得到了昆山、苏州和江苏等地方党委领导人的肯定,昆山市委还发布过一个《富民政策28条》的文件,明确提出发展农村专业股份合作制经济是富民的主要手段。但是,农民的合作投资组织还是没有清楚的法律地位。一旦农民与出租土地的村庄或承租厂房的外资公司发生合同纠纷,就难以得到法律保护。

昆山市陆家镇工商分局杨局长认为,农民的这个创举在法律上处理起来很麻烦。因为依照现有法律,这些组织无法按照有限责任公司或股份有限公司注册。如果注册成其他形式,农民合作社的"股东"必须承担无限责任。他认为问题的根子还是在土地产权上,现行法律并没有确认村庄集体把土地租赁给农民从事非农建设的权利,也没有确认农民向外资出租非农建设用地的权利。

同在陆家镇的国土所所长周道明坦称,昆山现在的政策是很宽松,农地事实上在一定范围内转让、出租或作价入股,但是这些操作和现有法律产生了很大的矛盾。据说江苏省委书记在昆山考察时曾指出要不断探索农民增收的新途径,要在土地收益分配等投资性富民政策上大胆试验、大胆突破。可是当地有关政府部门官员表示,按照现行法律,这是很出位的说法。

"平心而论,我们不希望村村点火、户户冒烟式的开发。"昆山市陆家镇党政办公室主任表达了另外一种观点。陆家镇有 35 平方公里辖区,三个工业园区已经占了 20 平方公里,如果政府手中不控制土地,就无法进一步招商引资。"土地和政府服务效率是最根本的,所以政府必须控制土地。"从统计数据看,2002 年陆家镇的财政收入 3.38 亿元,比 13 年前增长了 100 倍;而本镇农民人均收入 6 500 元,仅比 13 年前增长了 3 倍。这位镇政府办公室主任承认,"我们是名副其实的'强势财政、弱势群众',昆山大发展的十几年,农民从中分享的好处有限。客观上政府和农民之间也因此而导致了一些矛盾"。虽然昆山市政府把征地所得的一部分拿出来给农民作社保,但这只是保命保吃饭,解决不了农民增收的大问题。不过,镇政府还是对农民直接进入土地一级市场的做法持保留态度。"按照现行法律,这会引起很大的麻烦。"

陆家镇政府的想法是,在规划的各个工业园区中给各村都留一些土地,由村出资建厂房出租或者出让,收益按市场原则分配。"这一招我们也是向苏州市政府学的,市政府给我们各个镇子在昆山国家开发区都留有一块地。这样不论远近的乡镇都可以分享开发区发展的好处。"

昆山的经验主要是,农民通过竞租农村非农建设用地、投资建厂房和其他工商业设施,然后向外商出租,从而分享农地转用的土地租值飙升。与南海模式不同的是,昆山并没有重新集中农户的土地承包权,而是利用了"复垦土地"——农村非农用地的增量;昆山也没有在全体农民中平分非农土地开发的收益,而仅仅通过村内非农用地的竞标租赁,由出价高者得地,然后自发、自愿组成投资合作组织,并完全承担向外资出租厂房设施的市场风险和收益。

类似昆山的土地开发模式在邻近大上海附近的农村多有所见,只是碍于"做而不说"的考虑,许多实际操作没有被公开报道。比如,上海青浦区徐泾镇光联村,人口1553人,800多名劳力,占地约2400亩,差不多是上海近郊人均土地最多的村庄。但是在传统的务农方式下,人均每年纯收入不足600元,也就是温饱线水平。随着本村劳力外出打工机会的增加,农户持有农地的成本上升,务农意愿下降。于是村里开了一个条件,即免除全部农地负担,外加每人每年600元补贴,将经农户同意的部分承包土地集中起来,由村进行非农开发建设。

为此,光联村集体出资成立了上海光联实业有限公司,由该公司担当开发土地的主体,招商引资,盖标准厂房然后将厂房租给外来投资的公司。1993年,光联村引进了两家企业,三年内,全部收回了建设标准厂房的投资。而随着上海郊区高速公路等重大基础设施项目的启动、开通,上海郊区对投资者的吸引力越来越强,招商引资已经成为上海农村快速发展的关键。许多地方认准了由集体组织(企业)在土地上建好厂房、仓库、店铺等然后出租,是利益最直接、风险最小也是最为长久的方式。

当然,考虑到现存法律的明令禁止和不明确的"例外",光联村声明他们招商引资"不是土地出租,而是土地合作"。外方欢迎这样的"土地合作",因为如果通过政府征地,工业项目的土地使用费将高达25万元/亩,商用和住宅项目更是高达100万元/亩。农民欢迎"土地合作",因为如果土地被征用,一般地块可得补偿3500元/亩,条件好的也不过5000元/亩。现在,光联村引进了40家企业,村庄收取的厂房租金中包含着土地租值的急剧上升。该村已成为远近闻名的亿元村。

五、农地转让权的经济分析

为了理解现行产权制度下的农地转用行为,我们也许需要清楚相关学术传统,厘定关键概念,并建立能够解释复杂经济现象、可被验证的理论。在这件工作完成之前,我们不妨引用旧作,整理线索,做一些必要的准备。[20]

(一) 放弃农地的代价

农地一旦转成工业用地或城镇用地,其市值上升数倍甚至百倍。在工业

---

[20] 这里所说的"旧作",主要是指作者2001年在《21世纪经济报道》评论版连载的专栏文章"农民收入是一连串事件",后收入《收入是一连串事件》(香港花千树出版有限公司2003年版,中国发展出版社2004年版)。

化和城市化的过程中,农地的产权主人能够在多大程度上分享农地转为他用引起的增值,是由农地产权制度——特别是农地权利的转让制度——决定的。

差不多一百多年以来,有一个起源于美国空想社会主义者亨利·乔治的理论流传甚广。这个理论说,土地从农业转为工业和城市用途而引起的市值上升,是社会因素使然,与土地的主人没有关系。因此,如果地主从地价增值中获利,是不公平的。当年孙中山先生受此学说的影响很深。作为中华民国的国父,孙中山不但以"平均地权"为革命纲领,而且认定必须禁止或限制地权的自由买卖,否则"富者田连仟佰,穷者无立锥之地"将卷土重来。在中华民国的政策传统上,"土地涨价要归公"一直是一个正面口号(做不做是另外一回事)。

但是,"土地涨价归公"的经济学却是错的。因为这种经济学认为,各种资源的市值是由其成本决定的。土地的"生产成本"为零或基本不变,为什么地价突然飙升?在现象上,一幅农地对于工业、城市的意义不是其肥沃程度,而是"位置"(location)。农地因"位置"身价百倍,而农地之主对"位置的生产"显然没有贡献,也不因此耗费代价,为什么要由他们享受土地涨价的好处呢?

传统理论忽略的,是农地之主对土地增值的一项重要贡献,那就是"放弃"农地的使用权。倘若地主不放弃土地使用权,工业家、地产开发商、城市规划官员们看中的"位置",增值从何谈起?

放弃一项权利,要有代价。这个道理不难明白。农地之主本来可以通过使用农地而获得收入,现在要他放弃,就少了那笔收入。因此,"由自己使用农地的所得",就构成了放弃使用的一个机会成本。得不到一个合适的出价,他横竖不会放弃本来可以有所得的农地使用权的。

比较不容易明白的,是产权的主人只有在他认为"值"的条件下,才接受别人的出价而同意放弃使用权。在真实世界里,"值"还是"不值",不是小事情,不可以不讲清楚。这里先谈三点。第一,面对同一出价,张三说值,李四说不值,他们两个都对。这就是说,"值"还是"不值",是非常个体的、主观的判断。不明白这一点,经济学没法入门,诸如边际、比较优势这类概念,都以个体主观的判断为基础。第二,一支铅笔5毛钱,买者认为"值",是他认为得到的铅笔对他而言,高于他所付出的5毛。对卖者呢?"值"就是他所得的5毛,高于他为生产这支铅笔的全部所付。一笔生意成交,双方都认为"值"。这是市场经济令人着迷之处。第三,按照各方觉得"值"的原则成交,资源配置才有效率。这是因为,卖者放弃使用、换取收益对卖者更"值",而买者放弃收益、换取使用对买者更值。普遍照此办理,那就不论资源归谁所有,非落到更有效率的使用者手里不可。商业世界,熙熙攘攘,讲到底,就是不断在发现谁能够更有效地利用资源。

(二) 产权残缺与排除市场机能

所以,要证明农地被工业和城市用更有效,最简单可靠的办法,就是占地者的出价,要高于农民自己种地的收益。唯有这样一条简单的准则,才能普遍有效利用土地。那么,"补偿"高到农地的主人认为"值"的程度,不会损害工业化、城市化吗?看看历史吧。西欧、北美、日本的工业化和城市化领先全球,土地制度都是清楚的私人所有、自由买卖、按值成交。难道 1700 年的英国城镇人口占总人口 25%,是"普天之下,莫非王土"的结果?日本在明治维新以后,工业化、城市化大有苗头,难道不正是法律保障土地自由交易的结果?

但是在我国现行土地制度下,农地一旦转为工业或城市用地,就由"民土"(农民集体所有、家庭承包经营)变为"国土"。这样一套土地制度为解决工业化和城市化占用农地,混合了"土地不得买卖和涨价归公"(强制征地)、"国家工业化"(超低价补偿)、人民公社集体所有权(唯有"集体"成为农民合法代表)和"香港经验"(土地批租制),实在自成一家。

这套组合起来的土地制度,特征如下:决定工业和城市用地供给的,既不是农地的所有权,也不是农地的使用权。就是说,农地产权在法律上没有资格作为土地交易的一方,无权参加讨价还价。由政府对工业和城市用地的需求做出判断,运用行政权力(包括规划、审批、征地)决定土地的供给。在这个过程中,权力租金——而不是土地产权的权利租金——刺激农地转向工业城市用地。由此,市场价格机能就被排除在城市化土地资源的配置之外。

(三) 低价征地缘何易行

农地征用的补偿水平很低,但近年超低价补偿征走土地的数量大增。从农民方面看问题,这是违背需求定理的事情。在经济行为逻辑上,任何人要低价拿走资源的难度应该大,为什么拿走农地的补偿金很少,却拿得相对容易?

可能的解释很多，我认为要害在"集体"。虽然农村改革二十多年，人民公社制已经做古，但土地等最重要的生产资源，还是属于集体所有。若问"集体"与公社有何不同，可见的区别是，集体的土地由农户长期承包经营，而不再实行集体耕作制。

但是在法理上，集体还是土地所有者，是承包地的"发包方"。既然是所有者和发包人，集体当然有权决定承包期限和承包条件，也有权中止和收回承包权。现在靠中央政府的政策管制，土地承包长期不变。但是，中央政府不可能替全国几十万个集体一一规定除期限以外的其他承包条件。于是，集体不能轻易"动"土地承包期，但其他条件经常在动，并且可以诉诸"如果农户不接受这些变化的条件，集体可以收回土地承包权"。近年农民负担严重，制度上的原因就是集体制。

至于农地转为非农用地，更是集体的职权。现行土地体制规定，国家征地面对集体，而不是农户——这是与城乡住户搬迁最不同的地方。《土地管理法》明文规定"征地补偿金归集体所有"。至于集体如何补偿失去土地承包权的农户，并没有法律规定，在实际中常常五花八门，可以便宜行事。

换句话说，集体以土地被征用的名义中止农户"长期不变"的土地承包权，完全合乎现行土地制度。在实际案例里，各级政府超越土地规划的"征地"，包括乡、镇、村卖地图利的事情，所在多有。横竖对农民来说，任何一级政府——甚至包括宪法规定自治的行政村——都是"国家"。

至于征地代价为什么如此之低，我的看法与农户不参与征地补偿谈判有关。有权去谈补偿条件的只是"集体"，而实际上的集体常常不过就是几个乡村权力人物。他们其实是在"卖"别人的地。以每亩几千元几万元的补偿就永久放弃农地的权利，不是"贱卖"了吗？但是这些微薄的补偿集中起来由少数几个人支配，则非常之"值"。何况，能不能完成征地任务，常常是乡村权力人物能不能掌权的条件。

更进一步分析，"集体制"可不是那个起源于欧洲的"合作制"——后者是基于成员私人拥有的产权的一种组织。在合作制下，个人入社的资源要界定得一清二楚，要有清楚的资产收益规定，资源的使用是合作的，但所有成员都参加决策——比较经典的合作社实行决策的一人一票制，这是合作制不同于股份制的地方。集体制消灭了成员的私人财产。因此，"集体财产"成为不可分解——现在流行的词汇是"量化"——为个人私产的财产。它永远归抽象的"劳动人民集体"所有，但实际控制权又总是落在集体代理人之手。当资源发生转让、定价的时候,信息成本比之于自用陡然上升,使得这些实际上没有委托人的代理人,更容易攫取成员的权益。

按照阿尔钦的说法,"所有定价问题都是产权问题"(every question of pricing is a question of property rights)。[21] 反过来,所有产权残缺都影响价格机制发挥正常作用。我们的一个重要理论结论是,转让权管制与价格管制具有同样的行为逻辑。稍微不同的地方,转让权管制是"事先"执行的价格管制。我国现行征地制度通过管制农民土地转让权,将产权租金转变为行政权力租金,从而事先管制了农地转用的价格,妨碍了运用市场机制配置土地资源。这套制度不但引发分配的不公正,而且导致生产和交易的低效率。

六、政策讨论和可能的选择

20 世纪 90 年代以来,中国发生了两次全国规模的农地转为非农业用地的浪潮。在此期间,中央政府实施积极的财政政策,扩大基础设施建设规模,固然到了不可低估的带动作用,但工业化和城市化的加速,应该是农地大规模转用更为根本的经济推动。问题是,在现行土地制度下,相关利益主体的行为必不可避免地发生扭曲。因此伴随城市化的加速,我国城乡协调发展的基础受到很大的冲击,农村耕地被占规模过大、农地转用的资源配置效益低下、农民土地权益遭到严重剥夺成为制约农民收入增加的重要根源。同时,围绕土地的社会冲突呈上升趋势,特别是政府机构和官员个人违法、违规屡禁不止,土地腐败非常严重。

复杂性在于,城市化加速不但合乎国民经济发展的要求,而且也是包括农民在内的多方面经济利益实现的基本途径。我们的调查和分析表明,问题的根源不是城市化,也不是市场关系的深化刺激的城市化加速,而是约束我国工业化、城市化的制度条件的发展不平衡。中心问题是,现行法律在开始允许政府按市场原则出让、出租、转让土地的同时,依旧坚持全部非农民自用建设土地国有化的准则,依旧维持政府独家征地的垄断权,依旧禁止和限制农村集体和承包农户对非农建设用地的转让权。对土地转让权的不当管制,使市场价格机制不能在工业化城市化的土地资源配置中发挥正常作用。

鉴于问题的严重性,国务院在 2003 年中决定开展全国土地市场的清理

---

[21] Alchian(1965:816—829)。

整顿，并叫停一大批乘势而上的土地征用项目。这有助于制止全国滥占农地、侵犯农民利益的形势继续恶化，也有助于查明情况和问题，为选择解决问题的正确政策准备条件。也正是这一次清理整顿，使人们认识到必须采取多方面的后续政策、法律行动，从制度层面提出和解决根本问题，否则难免重蹈1997年大规模清理整顿土地市场、大力紧缩农地供给之后过不了几年，问题就更大规模重新爆发的覆辙。

在城乡协调发展的总体思路基础上，"按照保障农民权益、控制征地规模的原则，改革征地制度，完善征地程序"[22]的任务已经提上日程。1999年生效的《中华人民共和国土地管理法》，又面临重新修订的命运。因为仅仅强调严格执行现有土地法规，明显不能适应当前和今后城市化加速形势的需要。但是，究竟如何修改土地管理法和相关土地政策，人们还有不小的分歧。本节我们从一个特定的出发点——"清楚而有保障的农地转让权是运用价格机制配置城市化进程中土地资源的基础"——来讨论有关政策建议。

（一）关于"最严格的耕地保护制度"

我们注意到，中共十六届三中全会通过的《中共中央关于完善社会主义市场经济体制若干问题的决定》，对农户土地承包经营权的流转给予了特别的关注：

> 农户在承包期内可依法、自愿、有偿流转土地承包经营权，完善流转办法，逐步发展适度规模经营。

与现行土地法规特别强调把土地转让权限制在"农业"和"农民自用的非农建设"范围内不同，这里关于农户土地转让权的界定，没有在农业/非农业用地之间设置绝对不能逾越的障碍。当然还是提到了"发展适度规模经营"，但农业与非农业、工业化以及城市化的经济活动，都有适度经营规模问题。至于"依法"之法，可以是现存法规，也可以是按照决定原则修改后的新法。我们认为，这一重要的新的政策原则——承认和保护不受农业/非农业建设用地限制的农户土地转让权——为在法律上打破农地转用的单一征地制度，提供了十分重要的依据。

这并不意味着农户的土地转让权就不受任何限制。在我们看来，这次征

---

[22] 《中共中央关于完善社会主义市场经济体制若干问题的决定》，人民出版社2003年版，第17页。

地制度改革的一个基本任务,就是在放宽"对农户非农用地转让权的绝对法律禁止"的同时,确立适应经济社会发展需要,又易于执行的限制。目前各方已经提出来的政策建议,基本可以看作是关于土地转让权的限制条件。那么,哪些限制条件以及怎样理解和表达这些限制条件,将有利于最大限度发挥农地转让权的经济功能呢?

上引中共中央的决定指出,"实行最严格的耕地保护制度,保证国家粮食安全"。这应该是农地转让权的边界条件。就是说,农地转让再自由,也不能自由到破坏最严格的耕地保护制度,以至威胁国家粮食安全的程度。问题是,这个限制条件的内涵,还需要展开一些必要的讨论。首先,最严格的耕地保护制度,并不意味着任何耕地从此不得转为非耕地、任何粮田不得转为非种粮的其他用途。如果具有那样的极端含义,本项政策的执行就没有任何难度了。但是在经验上观察,全世界没有一个不减少一点耕地而又实现工业化、城市化的经济。因此真正的问题是如何做到"以较小的耕地减少为代价,得到包括粮食安全、城市化、农民收入等目标在内的较大收益"。

决定规定,减少耕地的最后底线是"确保国家粮食安全"。难点在于,"国家粮食安全"是一个随需求、技术和贸易条件变化而变化的目标,而在工业化、城市化加速的国民经济环境里,达到上述目标的手段(成本)也在不断发生变化。究竟什么样的土地制度,可以大体准确地反映相关经济条件的变化呢?

现行管制耕地转让权的基本办法就是行政审批,比如对农地转用、耕地占用、大面积耕地占用分别规定由不同级别的政府机构,按照不同的标准加以审批。问题是,行政审批制绝不能做到灵敏反映耕地转用的真实收益和机会成本。我国的经验已经显示,虽然严格保护耕地早被定为国策,但经济制度一直没有提供恰当的机制来衡量"耕地减少的收益和代价"。从经济角度着眼,过犹不及:耕地减少过多过快、得不偿失甚至占而不用当然是祸害;但过度保护耕地,也就是完全放弃适当减少耕地去谋求城市化、工业化的潜在收益,也并不是经济增长的福音。要灵敏地衡量耕地转用的得失,必须考虑增加耕地转用的经济性限制条件。

(二) 关于公益性与经营性的区分

目前已经提出的经济性限制条件包括,"区分公益性和经营性建设用地","大幅度提高法定征地补偿水平",以及"以社保方式实现征地补偿"。以下分别讨论这些政策建议。首先,根据大量实际情况的调查和专家建议,针对各地政府把按公益性低价征得的土地高价向经营性项目出让的严重问题,中央决定提出"严格界定公益性和经营性建设用地"的原则。

要在征地制度改革和《土地管理法》修改中应用上述原则,还有必要考虑一系列相关问题,主要包括:

(1) 公益性和经营性的含义。宪法对国家征地行为的限制是"为了公共利益",现在又提出"公益性",究竟是什么含义?在最严格的意义上,只有免费向全体国民提供的产品和服务才是"公益性"产品和服务,才可称得上是为公益性项目。除开国防、社会安全、公共卫生、公共教育等少之又少的品种之外,包括绝大部分国家重点工程在内的建设项目,都是只供部分国民消费、可以也应该按市价收费的项目。但是在概念上,那些五花八门的所谓具有"外部性"的活动,或者为了避税而选择的"非营利"安排究竟是不是属于公益范围,并不是一个容易得到一致意见的问题。在纽约州,一位市长动用征用权将一个5人就业的牧场改成了一个可供20人就业的高尔夫球场,他是不是增加了社会就业?是不是改善了贫困,降低了潜在的犯罪率从而减少了纳税人的公共治安开支?我们有没有把握说,这个项目完全没有公益性?

(2) 即使社会或立法机构就公益性和经营性的区别达成一致意见,那么公益性项目与经营性项目获得土地的代价是否要有法定的不同?如果没有什么不同,那么区别公益不公益还有什么意义?如果要设立法定差别——例如公益性项目得地的代价低于经营性项目得地的代价——那么选择什么标准来决定差别?是规定补偿数额的不同,还是规定不同的补偿机制——例如公益性项目经由政府征地,经营性项目经由土地市场交易?

(3) 从土地供应方的角度看,为什么轮到公益项目,就只能获取法定低补偿,而向经营性项目供地,却可以得到市价水平的补偿?要害在于,向公益项目供地的农民固然也是国民的一个组成部分,公益项目使全体国民收益,也使这部分农民收益。但是另一方面,为什么单要这部分国民做出其他国民无须承受的特别牺牲?不妨比照征兵制度来思考,"凡适龄合格的公民都要入伍"是普遍原则,"凡向公益项目供地者缴纳特别税"则是对部分国民的歧视。

(4) 公益性项目与非公益性项目之间任何方式形成的"差价",终究要对资源在公益和非公益之间的配置发生影响。经济规律是,差价的倾斜程度越大,资源配置的歪曲程度就越严重。无须详细论证,在任何特定的收入水平,如果公益性项目因为法定代价过低而占用过多的资源,国民经济的增长总要承担一部分损失。这部分损失具有反公益性的性质。

(三) 关于"提高征地补偿的法定水平"

针对国家征地补偿的法定水平偏低,以及征地机构在执行中"尽可能靠近下限"的倾向,有关方面提出了提高征地的法定补偿的建议。要讨论的问题是,如果不同时考虑改革征地制度的独家行政垄断和单方面决定的根本性质,在现行补偿机制不变的基础上提高补偿倍数,究竟能不能反映被征土地的真实相对价格?过去的经验已经表明了这一点:从1986年到1998年,《土地管理法》把征地补偿的最高限制从土地原用途年平均产出的20倍,提高到了30倍以上。可是相对于国民经济的增长,特别是城市二级土地市场价格的更快增长,新的法定最高补偿不但没有上升,反而大幅度下降。

要使征地补偿反映土地的相对稀缺性,首先要考虑是否需要改变征地补偿的基准。现行基准是被征土地"原来用途产生的收益",对于转用的农地而言,也就是土地的农业产出。这个基准导致征地需求脱离征地成本的制约,因为征地需求立足非农用地未来的收益,而征地成本仅仅代表农民放弃土地农业用途的代价。在这个基准下,土地的农用与非农用之间的市值差距越大,资源配置的效率损失越严重。从分配上看,农地主人被排除在城市化增加的土地市值的分享名单之外,抑制了农民增收的现实可能,恶化了国民收入的分配结构。

补偿倍数的选择,涉及资产收益的年期。土地是永久性资源,在现行土地制度下,政府征得的土地可以分期批租、永久收益;但政府给予农民的补偿却以最高30年为限。这也许反映了农户承包集体土地的年期,但也忽略了30年承包期后农村集体还可以继续把土地发包给农民经营的利益关系。如同补偿基准方面的制度歪曲效果一样,征地补偿在年期方面的歪曲,也对效率和公平同时产生了不良影响。

法定征地补偿还有先天不够灵敏的缺点。非农土地的市值决定于各地经济水平和地块位置的相对稀缺性。受许多地方性复杂因素的支配,由一部全国性法律统一规定法定征地补偿水平,无论如何难以恰到好处。参照发达国家的经验,在征地改革和土地法修订中应该考虑"国家征地按市价补偿"的新原则。我们暂不阐释"市价补偿"的细节和众多的优越性。这里只有必要提及,倘若考虑引入按市价补偿的新原则,就要连带考虑打破国家对一级土地市场的垄断。这里的道理很简单:没有一级土地市场的开放和竞争,社会无从知道土地的市价信号。

(四) 关于"被征地农民纳入社保"

在改革现存征地补偿机制的实践中,浙江、上海、北京等地提出或试行为被征地农民群众建立社会保障、分期支付征地补偿的新办法。这些实践引起学者的研究兴趣,也提出了"征地补偿社保模式"的政策建议。我们对此作非常粗略的讨论。

首先要明确,征地补偿的社保形式也是一种价格安排。因此,征地补偿水平的决定不但没有因社保模式的选择而被替代,而且构成社保模式的基础。很显然,征地社保基金来自征地补偿的强制储蓄,因此偏低的征地补偿额,只能向被征地农民提供偏低水平的征地社保。如果不改变征地补偿的数量形成机制,仅仅将一次性补偿改为分期补偿,被征地农民的利益就没有也不可能增加。

其次,征地社会保障就其本质来说,是一种承诺,也就是土地被一次性征用之后,被征地农民将分期得到征地补偿。如果征地社保是政府统一、强制建立的制度,那么就是一种国家信用,而不是任由投保人选择合约下形成的市场信用。征地社保未来的支付一旦发生问题,将由国家信用来负责。讲到底,就是由全体纳税人甚至全体国民来承担最终责任。

但是,负责管理征地社保的却是按期换届的政府。在此现实条件下,可能发生现在难以观察到的道德风险,那就是本届政府一次性得到征用土地的全部收益,却把分期支付的责任推给下届或下下届政府。即使征地补偿社保独立操作,并增加"个人账户"等最新社保制度安排,那也要依赖金融服务市场的成熟和金融监管的完善。目前除开国家信用,还看不清楚征地补偿社保模式可以多么普遍地可靠运转。局部的地区性实验可以继续,但全局的制度化、法制化则为时过早。

(五) 关于"准许集体土地进入市场"

南海、昆山和上海等地的农村集体进入非农土地市场的实践,最重要的意义在于突破国家垄断农地转为非农用地市场,打破征地是农地转用的唯一合法途径,为形成与国家征地并行的市场化的农地转用机制准备了条件。但是从目前的实践经验看,集体土地所有权进入市场的方向,有两个大问题需要研究。

一个问题是怎样明确界定集体与承包农户的产权权利。当集体为了开发非农土地资源、重新回收、集中农户的土地承包经营权的时候,二十多年农村改革的基本制度成果,可能重新动摇。由于南海等地农民非农就业机会比较多,农户继续持有农地的成本上升,因此那里的集体集中回收农户的经营承包权,只要给予合理的补偿条件,一般不会遇到农户们的抵抗。但是,如果"集体进入非农土地市场"的政策被法规化、普遍化之后,2002年被《农村土地承包法》通过的作为"单纯的土地发包方"得到规范的"农村集体",可能重新又变成容易侵犯农户产权的积极力量。如果法律不明确农户是土地承包经营权向非农业用途转让的权利主体,那么正如我们已经看到的,集体连同村庄权力人物同样将参与攫取农地转用的租金,或者实际控制、支配农地转用的租金收入,而让农民担任基本不分红的股份组织的"股东"。

如果法律承认农户的承包土地转让权可以进入农地转用的领域,那么农户的利益可以有比较可靠的保障,也便于新的非农土地制度与《农村土地承包法》有更好的衔接,避免征地制度的改革动摇到农村家庭承包经营体制的根本。以农户完整的土地转让权为基础的体制,当然可能引起非农土地市场上较高的交易费用。为了解决这个问题,在理论上我们强调农户完整的转让权包含了自主的缔约权,他们可以缔结各种市场性合约来节约交易费用;在实践上,农户可以在自愿的基础上选择集体、新的合作组织,或者其他合约组织,如昆山的农民投资合作社。

另外一个大问题是集体和农户进入非农土地市场的合约形式选择。目前无论南海、昆山还是上海郊区,我们可以看到的大体都是集体或农户向外来企业出租土地、厂房或设施。这类年度性出租合约,受到外来企业的欢迎,也得到权威人士的重视。㉓ 因为比之于土地批租(卖地),出租方式由土地的供方按年收取租金,可以降低外来企业的进入门槛。

但是在把这些经验上升为政策和法律的时候,要研究年度性出租方式潜在的风险。在理论上,长期性的批租土地与年度性出租,都是市场合约的不同品种,代表经营风险的不同分布,各有适用的范围和对象。厂房、宿舍、居民住宅等固定建筑的建设和使用周期都比较长,投资量比较大,因此"能否被长期充分利用"是一个很大的风险。由外来投资方买地(批租土地)搞建设,

---

㉓ 见陈锡文在发布2004年一号文件的新闻记者会议上的讲话。

土地和建筑物经营的长期风险和收益就归外来方;反过来,就归供地方也就是农村集体或农户。在理论上,这两种方式可以是等价的;但实际上取决于对付市场风险的信息优势和资本实力的分布,由此决定合约形式的选择。

因此,不宜由法律或政策替代供求双方在市场里自由缔约。目前农村供地方以年度性出租为主的模式,应该是农村集体和农户还没有明确的转让非农土地权利的结果。如果法律承认并保护集体和农户的全面转让权,情况当有所不同。特别要考虑到,如果长期建筑物的投资只能与短期土地租用相结合,形成的合约隐含着极大的未来风险,而这类风险目前还不能完全观察清楚。我们仅可在理论上推断:法律和政策对合约形式的干预和限制越多,合约的执行成本就越高。这里的政策含义是,要明确完全的土地转让权和缔约权,可以批租(卖)、可以出租、可以入股,也可以用其他合约。重要的是自愿和自由协商。

(六) 建议的政策组合和程序

根据以上讨论,我们认为可能寻找一组经济损失最小的政策,来处理农地转用必定要遭遇的种种复杂问题。我们建议的农地转用政策组合如下:

- 结束单一国家征用农地制度,发展农地转用市场。
- 政府在法律严格规定的公益用地范围内,拥有最终依法征地的权力;完善政府征地程序,确立征地按市价向承包农户补偿的原则。
- 承认农户承包经营土地的完全转让权,包括为农业用途和非农业用途转让承包土地的权利;农户在非农用地市场转让土地经营权,在符合土地利用规划和土地用途管制的前提下,可以自愿选择各种合约形式和开发方式。
- 农村集体作为承包经营土地的发包方,可以接受政府的委托,协助办理征地和征地补偿发放的工作,但不能截留应征地补偿款项;集体也可以接受农户的委托,集中开发非农建设土地或设施,但不能违背自愿原则,侵犯农户的转让权。

这里需要追加的解释不多:

(1) 政府征地的适用范围,严格限制在经过法律程序确定的公益性用地的界限之内;考虑到"公益"定义的困难,我们建议按照国际经验,加入"征地按市价补偿"的新原则。这样,政府财力就构成征地数量的经济约束,等于给

"最严格的耕地保护"或"农地转用的最优利用"提供了"双保险"。

（2）征地按市价补偿，除了防止公益用地与非公益用地的配置误导，还减少了被征土地与进入市场交易土地的差价，有助于从源头上根治"权力寻租"。"征地"与"市价补偿"结合的经济含义，是节约公益用地项目的市场交易费用，因为"公益用地"以"征"来保证，不容讨价还价，但补偿还按市场形成的价格，可以保留市场机能。至于国防、反恐怖、救灾等紧急需要，可在法律里规定"紧急状况下政府可以先占用、后补偿"的条款。

（3）政府征地权加上"最终"的限制词，是考虑到在政府拥有最终征地权的限制下，即便公益性项目的市场交易费用也可能减低到可以接受的限度之内。也就是说，即便法律规定的公益项目也不一定马上动用征地权，而可以先行市场谈判，谈不拢再（申请）行使最终征地权。这可以为公益项目的民营操作提供空间，也可以增加市场机能在公益项目建设中的作用，减少征地执行成本。

（4）在逻辑上结束农地转用的单一征地体制，就必须开辟非农用地市场。实际上政府对一级土地市场的垄断已经被实践打破，只是现有市场的基础薄弱、规模过小。我们建议未来土地市场以农户的完全土地转让权，而不是以集体土地所有权为基础。这样可以与农村改革的基本成果以及《农村土地承包法》相衔接，同时减少村庄权力人物利用农地转用机会再度侵犯农民权益，也提高土地资源的利用效率。千家万户农民进入非农土地市场引起交易费用上涨的问题，要靠以自愿为基础的组织和合约来解决，其中包括农户可以通过委托来利用农村集体组织和其中的企业家资源，但要防止集体侵犯农民利益。

为了实现上述政策组合，不但需要全面重修《土地管理法》，而且需要修改关于"城市土地属于国家"的宪法准则。考虑到围绕征地改革的利益格局的大调整，以及人们的观念和认识不可避免地存在较大分歧，我们认为不应该急急忙忙启动法律重修，而建议考虑吸收我国城市土地使用权市场化的历史经验，逐步、渐进地完成土地制度更根本的变迁。具体来说就是考虑以下程序：

- 先由全国人大常委会宣布《土地管理法》列入修订程序。
- 授权国务院在《土地管理法》没有完成修订之前，试行一些与现行土地法律不相一致的办法，包括提高征地补偿水平，开放城市一级土地市场，允许集体土地或农户承包地进入土地市场，完善土地市场建设和管理,等等。

- 动员社会各界关心征地制度改革和土地法的修改,广泛研究国际经验和我国自己的经验,在局部实验和全面研究的基础上,用3—4年时间完成法律修订。
- 在完成对现有《土地管理法》的修订之前,还要考虑是否对近年征地补偿过低的农民,作某种形式的补充补偿;这些补充补偿的形式包括:在普遍大检查的基础上制定补充补偿政策,选择严重的个案重点解决,从中央和地方政府的卖地所得中取出一个数额(或比例)用于农村教育、卫生的开支;为了保证效率准则,可以考虑以教育券或医疗券的形式发放。

参 考 文 献

[1] Alchian, Armen. 1965. "Some Economics of Property Rights", *Political Economy* 30.
[2] Alston, L. J., G. D. Libecap and R. Schneider. 1996. "The Departments and Impact of Property Rights: Land Titles on the Brazilian Frontier", *Journal of Law, Economics and Organization* 12: 25—61.
[3] Barzel, Y. 1989. *Economic Analysis of Property Rights*. Cambridge University Press.
[4] Bledsoe, David J. and Roy L. Prosterman. 2000. "The Joint Stock Share System in China's Nanhai County", RDI Report 103.
[5] Coase. R. H. 1937. "The Nature of the Firm", *Economica* 4: 386—405.
[6] Coase. R. H. 1960. "The Problem of Social Cost", *Journal of Law and Economics* 3: 1—44.
[7] Eggertsson, I. 1990. *Economic Behavior and Institutions*. Cambridge University Press.
[8] Ellickson, Robert C. 1993. "Property in Land", *Yale Law Journal* 102(April).
[9] Libecap, G. D. 1989a. "Distributional Issues in Contracting for Property Rights", *Journal of Institutional and Theoretical Economics* 145: 6—24.
[10] Libecap, G. D. 1989b. *Contracting for Property Rights*. New York: Cambridge University Press.
[11] North. D. C. 1990. "Institutions and Credible Commitment", *Journal of Institutional and Theoretical Economics* 149: 11—23.
[12] 张五常,《经济解释》(三卷本),花千树出版有限公司(香港)2002年版。
[13] 周其仁,《产权与制度变迁——中国改革的经验研究》,社会科学文献出版社2002年版。
[14] 周其仁,《收入是一连串事件》,中国发展出版社2004年版。

市场里的企业:一个人力资本与非人力资本的特别合约[*]

本文讨论科斯关于市场里的企业理论,中心是把企业理解成一个人力资本和非人力资本共同订立的特别市场合约。企业合约的一个特性是,在事前没有或不能完全规定各参与要素及其所有者的权利和义务,而总要把其中一部分留在契约的执行过程中再加规定。企业合约的这个特别之处,来源于企业组织包含着对人力(工人、经理和企业家)资本的利用。与其他理解不同之处是,本文把"人力资本的产权特征"引入对企业合约及其特征的思考,并认为这是科斯企业理论里被忽略的一个关键。

一、"企业"合约的特征

在市场机制起作用的条件下,为什么还存在着企业?科斯的发现是,在真实世界里的市场机制并不免费,交易费用为正,而"企业"组织正由于节约交易费用而存在。企业能够节约交易费用,是因为"在企业内,市场交易被取消",组合在企业内的各生产要素,不必彼此签订一系列买卖合约,原来用于签订和执行这些市场合约的费用,因此被节约了。所以,科斯说:"企业的显著特征就是作为价格机制的替代物。"①不过,企业并不是以一个非市场的合约替代了市场价格机制,因为在科斯看来,企业内部的"命令"和"允许某个权威(一个'企业家')来支配资源",无非是"一系列的契约被一个契约替代了"的结果。"通过契约,生产要素为获得一定的报酬同意在一定的限度内服从

---

* 本文原发表于《经济研究》,1996 年第 6 期。
① 见中译本,科斯(1994:4)。

企业家的指挥,契约的本质在于它限定了企业家的权利范围。只有在限定的范围内,他才能指挥其他生产要素。"②这就是说,科斯并没有把企业看成一个非契约机构对市场契约的替代。相反,企业不过是以一个市场契约替代了一系列市场契约而已。这个契约,我在下文将称之为市场的企业合约,由投入企业的各生产要素及其所有者"同意"而订立,其本质正在于界定企业家权威的范围。换句话说,企业家在企业内的权威、命令和计划等这一切骤然看来"反自由市场交易"的东西,本身就是由另一类市场合约——市场的企业合约——授予并加以限定的。这是企业家权威不同于帝王权威、农奴主权威和中央计划当局权威的地方。结论是,企业以一个市场的企业契约替代了市场的价格机制。

科斯没有侧重回答的问题是,如果企业不过是以一类市场契约替代了另一类市场契约,那么这两类市场契约有些什么不同呢?张五常(Chueng, 1983)指出,企业"这个契约",发生在要素市场上;而价格机制的"那一系列契约",则是产品市场上的交易。因此,企业无非是以要素市场的交易合约替代了产品市场上的合约。张五常的上述阐述,被认为是对现代企业理论的一个重要贡献。③ 不过,关于企业是要素市场上一个(或一组)交易合约的思想,在科斯1937年的论文里就清楚地表达过了。在我们上面的引文中,科斯不是已经讲到,"生产要素(或它的所有者)"之间的"一系列契约被一个契约替代了"吗?这难道不是表明科斯已经把企业看成是要素市场上的一个合约吗?其实,在这一点上,张五常与科斯毫无不同。

张五常真正不同于科斯的地方,是他认为要素市场上的合约即企业合约,与产品市场上的合约,并没有什么特别的不同。市场交易的时间间隔性、交易费用不为零以及交易过程中的风险和不确定性等,在产品市场和在要素市场上都是一样的。因此,这两类合约在程度和具体安排上的区别,并不足以把企业组织与市场机制区分开来。张五常提出的实质问题是,如果你不会因为到百货公司买了一双袜子,就被看成你与这家百货公司同属一个企业,那为什么你聘用了一个工人或一个工程师,你就与这个工人或工程师被看成构成了一个企业呢?在他看来,买袜子的合约,与企业家聘用工人或购买原料的合约都是市场合约,在本质上没有什么两样。张五常由此得出结论:由

---

② 科斯(1994:6)。
③ 见张维迎(1995:13)。

于企业的合约本质,使我们"不知企业为何物"!④

科斯明确表达他不同意这个结论,他认为企业除了是要素及其所有者间的合约之外,本身还有其他特别之处。其实,在1937年的论文里,科斯就已经写道:

> 由于预测的困难,有关物品或劳务供给的契约期越长,实现的可能性就越小,从而买方也越不愿意明确规定出要求对方干些什么。……契约中的所有陈述是要求供给者供给物品和劳务的范围,而要求供给者所做的细节在契约中没有阐述,是以后由购买者决定的。当资源的流向(在契约规定的范围内)变得以这种方式依赖于买方时,我称之为"企业"的那种关系就流行起来了。⑤

这里,科斯论证,由于把要素组合起来投入企业契约的期限通常很长,由于这个过程中的风险和不确定性,因此不便(或不能)在订约前把要素买卖双方的一切权利义务全部规定清楚。所以,对科斯而言,企业合约的特征,是在合约中只陈述要素供给的范围,而将如何完成这种供给的细节作为购买者(企业家)可在签约"以后"行使的权利。换句话说,企业合约是权利义务条款没有事前完全界定、要素买方有权在合约过程中追加规定的一种特别合约。

科斯定义的这种企业合约,显然有别于一般产品市场上的合约。在产品市场上,顾客付钱购买袜子后,交易就结束了。他不能再要求过问交易对方袜子生产的任何细节。他可以事后退货,但那意味着退出交易,而不是表明可以控制生产过程的细节。他也可以事先定做,但"定做权"只允许顾客在事前给出各种要求的细节,并以此为据在交货时查验、调试和修改。顾客的定做权也不意味干预生产过程细节的权利。如果一位客人事先说不清楚他所要袜子的花色,又非要过把瘾"事先只说个大概,然后由他指挥袜子的生产,直到满意为止",那他不但要大大破费一番,而且必须在买袜子的同时,购买缝纫工人的劳动,并且事先只与这位工人讲定工作条件和薪酬,而保留对加工细节的控制和指挥。不过,当他这样做的时候,他已经在签一个科斯意义上的企业合约了。现在我们问,科斯抓住的企业合约的上述根本特征,因何而来?

---

④ 张五常与科斯就这个问题的讨论,见张五常(1991:148)。
⑤ 科斯(1994:6—7)。

二、人力资本的产权性质

企业合约不同于一般市场交易的关键,首先是在企业合约中包含了劳务的利用。这一点,科斯本人在他 1937 年的论文里有过非常简洁的交代。他说,就企业合约的特点而言,"购买劳务——劳动——的情形显然比购买物品的情形具有更为重要的意义。在购买物品时,主要项目能够预先说明而其中细节以后再决定的意义并不大"。⑥ 反过来讲,恰恰是由于企业必须购买劳务,而劳务买卖"事前只说明大概,以后决定细节"的意义特别重大,才使企业合约区别于其他市场合约。

科斯并没有进一步说明,为什么单单劳力的利用和买卖,需要如此特别的契约。20 世纪 30 年代科斯前后的经济学家,对此似乎也没有做过较为透彻的说明。这也难怪,因为在 20 世纪 60 年代现代人力资本理论兴起之前,经济学对劳务要素的研究,好像从来要比对土地和非人力资本的研究薄弱。当代人力资本理论探究了经济增长中何以总产出的增长比要素投入的增长更快的根源,发现健康、教育、培训和更有效的经济核算能力等要素,成为现代收入增长的日益重要的源泉(Schultz, 1961)。不过,多数人力资本理论的文献,也不过是将对(非人力)资本理论的一些原理推广到对人力资源的分析上而已。当人力资本经济学家把人的健康、生产技能和生产知识看成是一种资本存量,即作为现在和未来产出和收入增长的源泉时,人力资本与非人力资本在形式上几乎就没有什么区别了。

但是从市场合约的角度来研究人力资本,不能不注意到人力资本产权形式的重要特点。正如罗森(Rosen, 1985)所说,人力资本的"所有权限于体现它的人"。在我看来,这可是一种独一无二的所有权。任何其他经济资源包括各种非人力资本和土地的所有权,既可以属于个人,也可以属于家庭、社区、其他共同体或国家,还可以不属于任何人或人的群体。但是,人的健康、体力、经验、生产知识、技能和其他精神存量的所有权只能不可分地属于其载体;这个载体不但必须是人,而且必须是活生生的个人。⑦ 罗森在解释人力

---

⑥ 科斯(1994:7)。

⑦ 在古典经济学家那里,马克思注意到人的能力只属于个人。在马克思设想的社会主义社会里,一切非人力资本都已经归全社会公有,市场也已经消亡,但即使如此纯粹,还要"默认不同等的个人天赋,因而也就默认不同等的工作能力是天然特权",还必须保留按照劳动者实际提供的劳动数量和质量来分配消费资料的"资产阶级法权"(马克思,1972:12)。

资本只能属于个人的产权特性时,用了一个限制条件——"在自由社会里"。他的意思是,只有在不允许将人为奴的法律条件下,人力资本属于个人才是真实的。但是读了巴泽尔(Barzel, 1977)关于奴隶经济的研究后,我们可以认为,即使撤去"自由社会"的局限条件,人力资本只属于个人的命题仍然成立。奴隶在法权上属于奴隶主,是其主人财产的一部分。因此奴隶主可以全权支配奴隶的劳动并拿走全部产出。但是奴隶是一种"主动的财产"(full-fledged property)⑧,不但会跑,而且事实上控制着劳动努力的供给。奴隶主要在强制条件下调度奴隶的体力和劳动努力,即使支付极其高昂的"监控(supervision)和管制(policing)成本",也不能尽如其意。为了节约奴隶制的费用,一部分奴隶主不但必须善待奴隶(如福格尔发现的那样⑨),而且只好实行定额制(quota),即允许奴隶在超额后拥有"自己的"私产,以致一些能干的奴隶积累了财富,直到最后买下了自己,成为自由民。这是不是说,人力资本作为一种天然的个人私产,甚至奴隶制的法权结构都无法做到完全无视其存在呢?

　　违背市场自由交易法则的法权和其他制度安排,当然可能导致人力资本产权在德姆塞茨意义上的"残缺"。像其他任何资产一样,在完整的人力资本的利用、合约选择、收益和转让等的权利束中,有一部分权利可能被限制或删除。此时,即便人力资本在法权上明确归属于个人,其产权强度也会遭到损害。就此而言,人力资本与非人力资本的景况相似,没有什么特别之处。但是,人力资本天然属于个人的特性,使之可以在产权残缺发生时,以迥然不同于非人力资本的方式,来作回应。人力资本是巴塞尔所说的"主动资产",它的所有者——个人——完全控制着资产的开发利用。因此,当人力资本产权束的一部分被限制或删除时,产权的主人可以将相应的人力资产"关闭"起来,以至于这种资产似乎从来就不存在。更特别的是,这部分被限制和删除的人力资本的产权,根本无法被集中到其他主体的手里而作同样的开发利用。一块被没收的土地,可以立即转移到新主人手里而保持同样的面积和土壤肥力;但是一个被"没收"的人,即便交到奴隶主手里,他还是可能不听使唤、"又懒又笨",甚至宁死不从。简言之,人力资本产权的残缺可以使这种资产的经济利用价值顿时一落千丈。

---

⑧　张五常提到他本人对这个"主动资产"概念的贡献(张五常,1984:181)。

⑨　Fogel and Engerman(1972)。

如果对人力资本产权形式的上述特点一无所知,要理解现代经济学中非常热门的"激励"理论就困难重重了。为什么土地和其他自然资源无须激励,厂房设备无须激励,银行贷款也无须激励,单单遇到人力因素就非谈激励不可?道理就在于人力资本的产权特性。一方面,人力资产天然归属个人;另一方面,人力资本的产权权利一旦受损,其资产可以立刻贬值或荡然无存。这两条相结合,就是奴隶制下仅仅为了利用奴隶的简单劳务也不能只靠棍棒和鞭子,何况自由市场合约条件下的种种复杂的劳务和能力的利用!激励的对象是人,更准确地说,是个人,因为个人才是人力资本的具有技术不可分性的所有者和控制者。激励(包括负激励)的内容,就是把人力资本开发利用的市值信号(现时的或预期的),传导给有关的个人,由他或她决策在何种范围内、以多大的强度来利用其人力资本的存量,进而决定其人力资本投资的未来方向和强度。激励机制的普遍性是因为人力资本的利用在经济生活中无处不在,而在现代经济中,人力资本的开发利用日益居于中心地位。[10]

三、企业里的人力资本

在一般的产品市场交易中,消费者和生产者的人力资本就已经很重要了。即便是在交易费用为零的假设下,供求双方的产品和劳务交易中就已经包含了或多或少的人力资本。价格机制不单单配置物质性的经济资源,它同时也激励着生产者消费者双方人力资本的利用。买什么、买多少和卖什么、卖多少,都离不开双方当事人的健康、体力、经验、知识和判断。这些人力资本如何调用,要凭市场信号的激励。所谓价格机制配置资源,不能少了一个由当事人在价格信号下作决策的关键环节。道理很简单,市场交易需要的人力资本只归属个人,除了相对价格变动引起相对利益变化的激励,当事人既不会"进入(买和卖)",也不会"退出(不买和不卖)"。用其他方法来"配置资源",如果千千万万当事人不配合,必定麻烦一大堆。

但是,人力资本产权特性在企业合约的场合才得到突出的表现。企业合约把隐藏在一般市场交易产品和劳务之中的人力资本分解了出来,并把人力资本本身当作可为企业购买的独立要素。我们已经知道,加入企业合约的至

---

[10] 关于知识和其他人力资本在经济发展中的作用,参见汪丁丁 1994 年发表在《经济研究》上的"对近年来经济发展理论的简述和思考"一文(汪丁丁,1995:49—91)。

少有一方是人力要素及其所有权。最简单的如"古典企业",就是企业物质资本的所有者与劳务要素的所有者——工人——达成的一个企业契约。这里投入企业的劳务,还不就是工人人力资本(体力、基本技能和努力)的发挥和利用?劳务天然属于工人个人,这个铁则在古典企业里同样存在。企业的物质资本所有者——资本家——除了找寻激励之道,别无良策可让工人尽心尽力。阿尔钦和德姆塞茨(Alchian and Demsetz,1972)强调的企业内的"计量和监督"(measuring and monitoring),意义在于识别出个别工人对企业生产的贡献,从而奠定"激励性报酬安排"的基础。计量和监督可不是"压榨工人"的意思。[11] 工人的劳动努力,像任何其他人力资本的利用一样,可"激励"而不可"压榨"。资本家滥用权力的事情虽然像任何权力都会被滥用一样史不绝书,但资本权力的滥用,除了激起工人的集体行动(罢工、游行和工人运动),从来达不到充分利用工人劳动能力的效果。另一方面,工人自发的集体行动,只以反制资本家滥用权力为限。在多数情况下,工人在竞争中接受劳务市场上的交易,并对"激励性合约"做出回应。

计量和监督,就是另一类人力资本,即通常被叫作经理的管理知识和才能在企业里的应用。同样,所谓"企业家才能"即对付市场不确定性,做出企业"做什么和怎么做"的经营决策,不过就是企业家人力资本在企业里的运用罢了。因此可以更完整一点说,任何企业合约都离不开工人的劳动、经理的管理能力以及企业家的经营决策。这三种人力资本,像任何其他经济资源一样,在生产中的功用相同,仅仅因为相对稀缺性的不同而市价迥异。但是,这些人力资本的产权特性,却共同地与非人力资本的产权特性不同:第一,人力资本天然只能属于个人;第二,人力资本的运用只可"激励"而无法"挤榨"。这就是为什么在企业这样一个团队生产里,不可没有对所有个别成员劳动贡献的计量、监督和管理。[12] 阿尔钦和德姆塞茨主张"以剩余索取权来激励企业监管者",仅仅是因为"监管监督者"的信息成本过于高昂;奈特(Knight,1921)强调以"利润"回报企业家才能的合理性,道理也在于企业家面对的是无经验概率可寻的市场不确定性,根本无人可知企业家是否尽心尽力在作经营决策。

---

[11] 科斯注意到,列宁在提出社会主义将把国家变成一个大工厂时,多次强调要有"严格的计量和监督"(Coase,1988)。

[12] 团队生产中"计量和监督"职能的必要,与这种职能在团队生产成员之间如何分布,是两个问题。本文篇幅有限,不讨论后一个问题。

企业，无非是上述各种人力资本与其他非人力资本之间的一个市场合约。市场的企业合约之所以特别，就是因为在企业合约中包含了人力资本。人力资本的产权特性使直接利用这些经济资源时无法采用"事前全部讲清楚"的合约模式。在利用工人劳动的场合，即使是那种简单到可以把全部细节在事前就交代清楚的劳动，劳务合同执行起来还是可能出问题。因为单个工人在团队生产中提供的劳动努力，要受到其他成员劳动努力的影响。要维护并激发全体成员的劳动努力，离开"计量、监督和其他激励"就无计可施。在利用经理努力的场合，要事前讲清楚企业管理的全部细节即使在技术上可能，也会因为信息成本太高而在经济上不合算。聘任企业经理的合同在事前真正可以写入的，实际上是经理相机处理那些事前不可完全预测事务的责任，以及经理的努力所应该达到的目标。经理努力的供给，是由激励机制的安排和执行决定的。"激励"不足，到处看到"管理不善"迹象就不必奇怪了。至于要利用企业家才能，事前恐怕连"大概"的内容也写不出来。因为"发现市场"和"在一切方向上的创新"这样的事，毕竟谁也不能在事前加以"规划"或"计划"。企业家才能的发挥，甚至在事后都难以监督和计量。除了用类似"分成租合约"(share cropping contract)这样的制度安排，即由企业家人力资本的所有者分享企业经营剩余，企业家才能是无法被"激励"出来的。企业家才能属于个人，如果"激励"不足，这种才能就好像"天生匮乏"一样供给不足。经营败笔随处可见，"企业"就不如拆成多个小个体户到市场上分头谋生还更划算些。总之，当不同质量的人力资本作为可以独立买卖的生产要素进入企业时，有一些共同的产权特征。企业合约作为一个特别的市场合约，其特别之处——合约要多少保留一些事前说不清楚的内容而由激励机制来调度——可以由人力资本的产权特征得到说明。

四、企业合约和企业所有权

上文形成的结论，即企业是一个物质资本和人力资本的特别市场契约，还牵连到一些有关企业产权的问题需要讨论。第一，企业作为一个市场契约已经包括了多个要素及其所有者，那么企业本身还有没有一个独立的所有权，即企业所有权？第二，"资本雇用劳动"是不是市场的企业合约的永恒内容？第三，所谓的"经理革命"真的弱化了所有权吗？本节简要讨论这些互相有些连带的问题。

企业是一个市场契约的思想,应该已经明明白白地包括了"企业不可能只有一个所有权"的意思。没有两个或两个以上的资源所有权,何来"市场合约"? 两个或两个以上的所有权如何通过产权的交易来合作利用各自的资源,这就是一个契约的内容了。因此,一个契约一定包括多个所有权,应当是清楚明了的事情,在经验里,一份契约总有多个同样的文本。每个契约文本除了其作为法律依据的功能之外,本身也可以有独立的市值,如作为抵押的凭据。但是,同一个契约各个文本的市值,可能极其不同,取决于各持有方在契约中的产权地位。比如一份租地合约,租佃双方在理论上都可以将其"上市抵押",只是在出租方能够押出 100 元的地方,佃入方可能只能押出 10 元。这清楚地表明每个市场契约都会有多个所有权。市场契约是多个所有权之间为让渡各自产权而彼此做出的保证兑现的承诺。没有人会问,"这份契约属于谁",因为契约既不属于任何单方的所有权,也不是由各参与方"共同拥有"。

但是在企业合约的场合,人们似乎很自然地去想"企业的所有权属于哪一方"这样的悖论性问题。一般说来,普遍的结论是"企业由其资本所有者拥有"。但是,企业里难道只有一个资本(及其所有权)吗?在古典企业里,企业的物质资本所有者同时又兼任企业的管理者和企业家。这种非人力资本与人力资本的所有者合为一身的现象,造成了经济学中一个笼统的"资本"概念。资本家,就是这种笼统的古典资本的人格化代表。资本家在古典企业里一身多任,他并不需要作为财务资本家的自己与作为经理和企业家的自己签订契约。这就足以构成"资本家拥有古典企业"命题的认识论起源。人们常讲的早期经济发展中"资本的相对稀缺",现在看来,那不过是对企业财务资本和企业家人力资本不加区分的一种模糊判断而已。其实,正如著名经济史学家布劳代尔指出的那样,在以往任何一个经济时代都有"一些钱财找不到投入的场所"[13]。换言之,即使在古代,真正稀缺的也是企业家人力资本而不是财务资本。不过,在物质资本的所有者与企业家人力资本的所有者"一身二任"的时代,看到这一点实属不易。

企业家稀缺的结果是创新不足、经济增长缓慢、结构单一。在这样的经济里,就业的容纳能力不可能强,所以看上去人力资源"过剩",工人的体力和技能一钱不值。在古典时代,"资本"的相对稀缺和人力的相对过剩,使"资

---

[13] Braudel(1977:35)。

本"不但"雇用"劳动(马克思),而且"支配"劳动(奈特)。如果财务资本与企业家才能和管理职能这些人力资本永远合为一体,那么"资本雇用劳动"如同"企业属于资本家"一样,可能就是一个永恒的命题了。人们有理由不去思考,究竟是什么在"雇用"劳动。人们也有理由想当然,似乎纯粹的物质资本的人格化代表(资本家)就有权力"支配"劳动——工人人力资本的应用。这使我们看到,所谓"资本雇用劳动",不过是"企业属于(财务)资本家所有"命题的一个翻版而已。

但是随着现代企业组织的发展,企业家才能和管理才能这些人力资本从一体的"资本"里分立了出来。市场范围的扩张、交易从内容到形式的复杂、企业组织的成长,使企业家和企业管理的人力资本的独立不但势在必行,而且在经济上有利可图。这无非是分工法则在经济组织变化中的体现。古典"资本家"逐渐被一分为二:一方面是单纯的非人力资本所有者,另一方面是企业家(管理者)人力资本的所有者。在这个过程里,单纯的非人力资本日益显示出它们"消极货币"的本性。其实,早在古典企业里,非人力资本就是一堆消极货币了。只不过那时这些消极货币的所有者本身又是"积极货币"的握有者,人们难以觉察而已。例如,即使在卓别林传神地表演过的"机器流水线支配工人"的场合,机器和设备也并不知道"生产什么和生产多少",那是由企业家才能,即冒险地"预测市场"来决定的。经营决策错了,工厂要关门,多少机器流水线也只好停摆,怎么还可能去"支配工人"?因此,即便是在古典企业里,与其说是物质资本家在"雇用"劳动,不如说是具有企业家才能的人力资本家(奈特讲过的"能对付市场不确定性的冒险家")在非人力资本的影子里扮演关键角色罢了。这说明,"资本雇用劳动"的命题是由含糊的资本概念支持着的。⑭

古典企业向现代企业的发展,不但使企业家(管理)人力资本从企业资本的影子里走了出来,而且径直走向大企业的舞台中心。20世纪30年代中,伯勒和米斯观测到在200家美国最大的非金融公司里,经理已经在公司股权极其分散的条件下控制了这些企业资产的大部分(Berle and Means, 1933)。他们称此为美国企业制度史上的一场"经理革命"(managerial revolution),这场革命造就了一种"与所有权相分离的经济权势","那些提供资财的人被赋

---

⑭ 科斯1998年回顾他50年前关于企业的论文时,自认为"文章的主要弱点之一是使用雇主—雇员关系作为企业的原型","由于强调雇佣关系,结果没有考察契约能使企业组织者以获得、租赁或借入资本来指挥资本(设备和现金)的使用"(Coase, 1988:288—289)。

予'所有者'的地位,从而使新王子们能够行使他们的权势"。伯勒和米斯的观察堪称一流,但他们的概括和理解却是错的。他们的鼻子已经碰到企业家(管理)人力资本及其所有权,却无以名之,不但模模糊糊称其为"经济权势"或"新王子们",而且把走到大企业舞台中心的经理们,看成是其老板(即"提供资财的人")权力的僭越者。他们把企业家人力资本的产权与企业资财资本的所有权的分离,理解成"控制权(经营权)与所有权的分离"。20 世纪 60 年代以后,"伯勒—米斯假设"大行其道,许多人甚至把股权分散的大公司看成"所有权已经淡化"的经济组织。⑮

"伯勒—米斯假设"在理论上的误差直到 1983 年斯蒂格勒和弗里德兰的论文发表才得到纠正。斯蒂格勒和弗里德兰指出,大企业的股东拥有对自己财务资本的完全产权和控制权,他们通过股票的买卖行使其产权;经理拥有对自己管理知识的完全产权和支配权,他们在高级劳务市场上买卖自己的知识和能力。股份公司并不是什么"所有权与经营权的分离",而是财务资本和经理知识能力资本这两种资本及其所有权之间的复杂合约(Stigler and Friedland, 1983)。这在理论上把人力资本及其产权引进了对现代企业制度的理解。

推广这个理论,我们可以看到现代股份公司引起企业产权结构的真正重大的变化,是人力资本在现代企业里的相对地位急剧上升,以及纯粹的财务资本的相对重要性下降。一方面,在当代企业展开的形式上,人力资本的专门化达到前所未有的高度,人力资本的各种发挥和利用——一般劳务、专业技能、管理(计量和监督)、各种企业家才能——都变成独立可交易的要素进入企业合约。由此而来的,是人力资本与非人力资本之间的企业契约变得极为精巧和复杂。另一方面,各种人力资本及其所有权在契约里的竞争与合作,发展出多种多样的超越"古典企业"时代的新组合和新形式。如何充分动员企业里各种人力资本,即发展"激励性契约"(incentive contracts),成为有效利用企业财务资本的前提,也因此日益成为当代保持企业竞争力和生产力的中心问题。现在才看得清楚,不是"消极货币"即纯粹的企业财务资本的存在,才使个人、经理和企业家人力资本的所有者"有碗饭吃",而是"积极货币"的握有者——企业的人力资本——保证了企业的非人力资本的保值、增值和扩张。这个局面底下,企业的人力资本市值上升,非人力资本市值下降,何

---

⑮ 见张军(1994),第 8 章。

怪之有?⑯ 问题是,企业里人力资本市值的相对上升,可不是通过"剥夺"企业财务资本的产权而实现的;而财务资本的相对市值下降,也不是什么"所有权弱化"的结果。企业的不同资本的相对市价的变化,是由一切进入企业合约的要素的市场竞争来决定的。没有发达的劳务市场、经理市场、企业家市场和财务资本市场,没有这一系列市场的通畅和联成一体,哪里可以"创新"出一个现代企业制度来?市场的企业合约只有在市场(即产权交易)中才能找到其经济有效性的边界,这在现代和"古代"并没有什么两样。现代企业,如果可以这样称呼的话,不过是一组更为复杂的"市场的企业契约"罢了。其中,企业合约的特性更加显著了,因为具有独特产权形式的人力资本,在现代经济增长和现代经济的组织中,占据着在以往任何时代都不曾有过的重要地位。

五、结 论

本文达到的理解,是把市场里的企业看成是一个人力资本与非人力资本的特别契约。企业契约的特别之处,在于不能事前完全规定各要素及其所有者的权利和义务条款,总要有一部分留在契约执行中再规定。这个特性是因为企业合约包括了人力资本(工人的、经理的和企业家的)的参与。人力资本的产权相当特别:只能属于个人,非"激励"难以调度。正是人力资本的产权特点,使市场的企业合约不可能在事先规定一切,而必须保留一些事前说不清楚的内容而由激励机制来调节。"激励性契约"——企业制度的关键——不但要考虑各要素的市场定价机制,而且要考虑各人力资本要素在企业中的相互作用,以及企业组织与不确定的市场需求的关联。"激励"得当,企业契约才能节约一般(产品)市场的交易费用,并使这种节约多于企业本身的组织成本,即达到企业的"组织盈利"。

---

⑯ 崔之元(1996)援引美国自20世纪80年代以来共有29个州修改了公司法的事实,说明美国的公司法已经发生了"与'私有化'相反方向的深刻变革"。据崔之元介绍,这一拨美国公司法的改变,要求经理们要为公司的"相关利益者"服务,而不仅为股东服务。不过这里"相关利益者"(stakeholders)的概念不是很清楚,似乎既包括"股东",也包括"劳动者、债权人和企业所在地的社区共同体"。从这个变化的背景来看,高级经理、工人和企业所在地社区,反对只给股东带来好处的"恶意收购"行动,是提出这些法例的主要起因。那么,我们是不是也可以把美国公司法的上述变化,看成是美国企业里人力资本的产权地位上升的一种表达呢? 崔之元引用的资料似乎正好支持了本文的论点。例如,依斯特布鲁克法官在1989年关于威斯康星州新公司法的判决中,之所以支持"利益相关者"的原理,是因为认定"恶意收购"虽然有利于股东,但剥夺了债权人、经理和工人的人力资本(崔之元,1996:38)。这位法官讲到的人力资本,难道就不是早在企业合约里的一部分所有权吗? 如果人力资本像本文达到的理解一样,即使在一切物质资本都归了公的条件下还只能是属于个人私产的一种特别资本,我们怎么能够从美国29个州的公司法的上述变化里,看到"超越私有制的逻辑"?

科斯的企业契约理论,加上产权理论和人力资本理论,可以提供一种对市场里企业组织的新理解。但是,要把这个新理解直接用于分析非市场条件下的"企业组织",却是困难的。比如,"转型中的社会主义企业"是在禁止或限制市场交易的条件下形成的。当这种并不包含"节约市场交易费用"形成机制的"企业",在改革中被推向"市场"后,其困难自成一家,需要另作专门探讨。

参 考 文 献

[1] Alchian, A. and Harold Demsetz. 1972. "Production, Information Costs, and Economic Organization", *American Economic Review* 62: 777—795.

[2] Barzel, Yoram. 1977. "An Economic Analysis of Slavery", *Journal of Law and Economics* 17:73—96.

[3] Berle, A. and Means, G. 1932. *The Modern Corporation and Private Property*. New York : Commerce Clearing House.

[4] Braudel, Fernand. 1977. *Afterthoughts on Material Civilization and Capitalism*. The Johns Hopkins University Press.

[5] Chueng, Stenven. 1983. "The Contractual Nature of The Firm", *Journal of Law and Economics* 26(1): 1—21.

[6] Coase, Ronald. 1937. "The Nature of the Firm", in Coase. 1988. *The Firm, the Market, and the Law*, 33—55. University of Chicago Press. 中译本见盛洪、陈郁译校,《论生产的制度结构》,上海三联书店1994年版,第1—24页。

[7] Fogel, Robert William, and Stanley L. Engerman. 1972. *Time on the Cross : The Economics of American Negro Slavery*. Boston: Little, Brown.

[8] Knight, Frank. 1921. *Risk, Uncertainty, and Profit, Reprints of Economic Classics*. Augustus M. Keller, 1964.

[9] Rosen, S. 1985. "The Theory of Equalizing Differences", In *Handbook of Labour Economics*, eds. O. Ashenfelter and R. Layard. Amsterdam: North-Holland.

[10] Schultz, T. 1961. "Investment in Human Capital", *American Economic Review* 51, March:1—17.

[11] Stigler, G. and C. Friedman. 1983. "The Literature of Economics, The Case of Berle and Means", *Journal of Law and Economics* 26: 237—268.

[12] 崔之元,"美国二十九州公司法变革的理论背景",《经济研究》,1996年第4期,第35—40页。

[13] 马克思,"哥达纲领批判",《马克思恩格斯选集》第3卷,人民出版社1972年版。

[14] 汪丁丁,《经济发展与制度创新》,上海人民出版社1995年版。

[15] 张军,《现代产权经济学》,上海三联书店、上海人民出版社1994年版。

[16] 张维迎,《企业的企业家——契约理论》,上海三联书店、上海人民出版社1995年版。

[17] 张五常,"我所知道的高斯",《凭栏集》,香港壹出版公司1991年版。

[18] 张五常,"知识与共产政制",《卖橘者言》,信报有限公司1984年版。

"控制权回报"与"企业家控制的企业"

——公有制企业中企业家人力资产的产权研究*

引　言

本文通过浙江省横店集团的产权制度研究公有制企业中的企业家人力资本产权。① 我们面对的现象是,以经营绩效出名的公有制企业至少有一位出类拔萃的企业领导人在较长期内保持对企业的控制。以往的企业理论局限于物质资本所有权的视角,无法理解这个现象,于是在"公有制企业"里存在着的企业家人力资本产权的各种表现形式,就被排除在理论考察的视野之外。另外,现实中绝大多数公有制企业还处在"政企不分"的制度构架之中,在那里企业领导人往往集企业家和官员等数种身份于一身,不免给考察"公有制经济"中的企业家人力资本问题带来观察上的困难。幸运的是,中国的改革已经产生了一些政企分开的公有制企业。本文研究的个案——浙江省横店集团,就是较早界定了企业与政府关系的一家公有制企业。这使我们有可能通过横店模式研究:在一个独立于行政权力控制之外的"公有制企业"里,企业家人力资本产权是否存在、怎样存在、如何实际在现有企业制度里起作用、如何被激励以及可能如何进一步变化并影响企业产权制度的安排?

---

* 本文原发表于《经济研究》,1997 年第 5 期。
① 关于企业家人力资本及其在企业合约中地位的初步讨论,见周其仁(1996a,1996b)。

一、"社团所有制"名与实

横店集团公司的产权被概括为"社团所有制模式"。什么是"社团所有制"?《横店集团公司社团所有产权制度纲要(草案)》(1994)定义如下:"社团经济的资产所有权不属于国家所有,也不属于当地政府所有,也不属于各村所有,更不属于社团经济领导层个人所有和企业员工个人所有,它属于社团范围内的成员共同所有(即共有)。"②这个定义涉及从古典所有权理论到现代产权经济学的许多复杂概念,因而并不简单。但是首要的问题是,上述"社团所有制"的定义究竟在多大程度上反映了横店集团公司事实上的产权关系。

调查确认,首先横店集团公司既不归乡镇政府或其他任何一级政府所有,也不由乡镇政府或其他任何一级政府控制。横店集团的早期企业模式与我国一般的集体乡村企业并无原则上的不同,这就是企业资本形成与社区政府有着千丝万缕的联系。在那个时代,只有以政社合一的社队集体的名义才具备办企业的合法性。因此,即使办企业原始集资的发起和偿还责任都由企业家承担,企业还是属于社队集体企业。根据《横店集团公司总纲》③的记载,横店集团直到1989年还定性为"镇办集体企业"。但是自集团公司成立(1990年)之日起,企业性质就改成"集体所有制,棣(隶)属于浙江横店集团公司领导和管理"。④ 相应的实质性变化是,① 集团公司总经理从这一年起明文规定"由董事会推选任命",而不再由镇政府任命,也不需要经由镇政府同意⑤;② 投资项目无论规模大小,不需要经过镇政府的审批;③ 企业给镇政府的利润上缴方式,也历经分成制和定额制,演变为"接受镇政府的有偿服务",即由企业按照镇政府给企业提供服务的数量和质量决定向政府的付费

---

② 沈伟光等(1994:128)。
③ 横店集团公司从其前身横店镇工业总公司开始,每年修订、颁布一次《总纲》(1994年前为《关于经济责任制的规定(总纲)》),规范公司的管理,同时也为研究公司制度的变化保留了重要的记录(以下简称《总纲》)。
④ 1991年《总纲》,第1页。以前历年《总纲》都明确企业性质为"镇办集体所有制"。
⑤ 据当事人讲,镇政府在事实上早就不管横店企业的人事任命了。我们在档案中看到的最新的任命书,是1984年12月由当时的横店乡人民政府关于聘任"徐文荣同志为横店公司经理兼东阳县第一轻纺总厂厂长、东阳县电子工业总厂厂长"的通知(横政字(84)9号)。此后,徐文荣从工业总公司经理转任集团公司总经理,再也没有经过乡镇政府下文件任命或聘任。

数额。⑥ 简言之,横店集团的组建标志了制度化政企分开的完成。这使横店模式同中国目前大多数政企不分的公有制企业有了原则的区别。

其次,横店集团所有成员均没有以任何形式在"共同拥有"的企业资产中拥有个人份额。① 创办企业时从社员个人那里得到的"集资",后来都由企业还本,并没有作为股本留在企业。② 员工向企业缴付的就业"抵押金",用于承担岗位责任和风险,既非股权也非债权,不计息也不分红。③ 企业利润的大部分留在企业,不分配到个人。除了工资和奖金外(下文讨论),社团成员个人没有从企业得到股份、利息或其他任何形式的财产收入。横店集团资产由社团成员"共同拥有",但社团成员的身份是开放的,"不管来自何方都可以成为集团成员","在集团劳动就是集团成员,离开集团就失去集团成员身份"⑦,并不等同于本社区农民。

以上表明,"社团所有制模式"反映了横店集团的两大基本特征:第一,企业既不归政府所有,也不被政府控制。第二,横店集团全部企业资产没有被量化到个人。这里提供了一种极为独特的公有制企业:它不同于国有制是因为它不是在一国范围内实行的、由中央政府控制和管理的公有制;它不同于集体所有制是因为它的所有者既不是仅仅由社区内"本地人"组成的"集体",也不是由乡镇政府控制和管理。横店社团所有制与一切传统公有制的根本区别是它实现了"政企完全分开"。同时,社团所有制也区别于公有制在改革中的其他变型,如股份制或股份合作制,因为它没有以股权形式表现的个人产权。

二、量化到个人的激励机制

但是,"社团成员共有制"的概念,并没有反映横店集团"高度量化到个人的激励机制"的现实。历年有关工资、奖金和利润分配的制度安排表明,横店集团一直在努力界定每一个成员个人对企业的贡献和责任,并在此基础上探索建立使个人收益与其为公司所做的贡献、努力和责任相一致的分配体制。横店分配模式可以概括为:每一个成员基于个人的贡献和责任领取不等的工资,并且基于同样的原则在奖金的形式下分享利润。由于实际的激励机制总

---

⑥ 1994年及以后各年的《总纲》。
⑦ 徐文荣(1994:74)。

是意味着一套事实上的产权关系(de facto property rights)⑧,我们特别要注意包含在下述横店集团激励机制中的产权含义。

工资 横店的工资体系分为核定工资和评定工资。核定工资是由集团统一制定的,包括从学徒工到公司总经理岗位的等级工资标准。很特别的地方是,横店集团历来强调"工资与利润挂钩",即核定工资的水平与公司创利能力相联系。⑨ 核定工资乘以全员人数,就是集团核定的工资总额;集团内各企业在核定的工资总额限度内,按照各企业实际情况评定经理厂长以下各类人员的工资标准(经理厂长和集团总部工作人员的工资都由集团总部评定),这就是评定工资。实发工资以各企业的评定工资为准,但学徒和其他低薪岗位的实发工资不得低于集团统一规定的最低工资水平。横店集团核定的最高工资为最低工资的 5—7 倍;评定工资依企业而异,一般差距更大;在整个集团范围内,目前估计实际的最高工资约为最低工资的 10 倍。

奖金 奖金总额从利润中提取,一般占总利润的 25%—30%。集团内各企业依照各自创利水平提取奖金,然后依据个人不同的贡献和责任分配到个人。横店集团的奖金分配贯彻着两大"铁则":① "利润与效益挂钩",就是亏损企业没有奖金,只有创造利润的单位及其员工才能通过奖金分享一部分利润;② 利润分享绝不是平分式享有,而是基于不同成员的不同贡献和责任。大体是,一般工人"参照工资决定";技术人员按照专项贡献;企业经理奖金的基础则是企业盈利水平。

集体福利 出乎人们的一般预想,横店集团这样经济实力很强的公有制企业,并没有提供多少由公司出资购买,但分配给社团成员私人享用的集体福利。例如,除了为外来的技术专家提供按照市价收费的公寓之外,横店集团上至公司总裁下到一般员工的住宅都由私人而不是由集团投资兴建。集团对所在地的小城镇基础设施有较大的投入,但"社团成员"与当地所有其他非社团成员一样享用这些基础设施,并无成员特权。至于集团投资的公共文化娱乐设施,社团成员也同样要付费才能消费。这表明,横店集团凭成员身份获得的福利很少,企业的大部分可分配利润都按照"按劳分配、论功行赏"的原则量化到员工个人,然后由个人决定如何开支。

以上概述横店集团的激励机制,以"尽可能按照个人对企业产出的贡献

---

⑧ 我已经讨论过,理解人力资本"天然属于个人"的产权特征是理解"激励机制"的基础(周其仁,1996b)。

⑨ 1991 年后各年的《总纲》都明确"工资与利润挂钩"的分配原则。

份额将报酬量化到个人"为特色。这里有两个问题有待进一步考察。一是横店集团究竟如何准确测定每个成员对团队总产出的实际贡献份额;二是究竟由谁来有效地执行"量化"的职责。按照 Alchian and Demsetz(1972),这两个问题的关联性在于,如果"测定"的难度不大,那么谁充当"测定者"对激励机制的影响都无关紧要;反之则反是。横店集团如何解决这两个互相关联的问题?

横店集团的分配体制早就清楚地规定了"按照对效益的贡献"决定成员报酬的原则。但是,真正要实施"按劳分配、论功行赏",前提就是要从团队生产的总成果中把成员的个人劳动贡献或"功劳"份额准确地识别出来。进一步地,这种识别不但可以在团队生产的过程中进行,并在事后再行分配(如奖金),而且要求在事先就加以"识别"出来,并且事先就给予支付(如工资)。这里极具挑战性的一个问题是,究竟能不能遵循一种"客观"的标准来事先和事后地识别团队生产中个别成员的贡献呢?

让我们仔细重读横店集团的经验。第一,横店集团的"核定工资"显然并不完全等于各个岗位对集团总产出的实际贡献。例如,核定的公司总裁工资与普通工工资的差别并不能表明总裁和普通工实际贡献的差别。因此,核定工资只是"人为地"决定了集团准备(愿意)投入生产过程的总工资水平。第二,核定的工资总额在实际执行中只实发一部分,另一部分留待"事后"决定:盈利企业补足全部核定工资总额,亏损企业只发部分。第三,各企业在上述事先核定和事后最终执行的工资总额的基础上,通过"评定工资"将工资总额"量化到个人"。评定工资的基础并不是每个员工的实际贡献份额,而只是对这种贡献份额的"主观估计"。第四,奖金总额是从事后实际创造的利润中"主观"地划出的一个份额。第五,奖金量化到个人的依据是"被评定的"个人贡献。总之,无论是工资还是奖金的决定,横店都是先在集团范围内统一决定总量,然后逐级将工资和奖金总量分解到企业、工厂、班组和个人。

这里,"逐级向下分解"大有讲究。横店集团的分配机制并不因为所谓"资产的社团成员共同所有"而由"社团成员共同决定"。决定工资和奖金总额的是由集团总裁主持的总部和各企业经理的联席会议,而不是全体社团成员大会的"少数服从多数"或"全体成员的一致同意"[⑩];决定的依据是市场竞争形势和企业策略,而并不是各个社团成员的意愿。如此决定的工资和奖金

---

⑩ 这个事实把横店模式与"南斯拉夫的工人社会所有制"区别了开来。

总额逐级向下分解,先确定企业分配的总额,然后在企业经理主持下将分解到本企业的工资和奖金"评定"到个人。显然,这样由各级经理"主观"评定的工资奖金,能不能最大限度地"符合"企业个别成员在团队生产中的"客观的"(或可接受的)贡献份额,或者这里任何一个环节上不可避免的误差是否得到有效的"纠错机制"的校正,对于横店集团的激励机制有决定性的影响。于是,我们必须关心,横店集团如何有效地激励其各级经理,使之能有足够的动力在执行量化到个人的激励机制时代表企业的利益。

三、对经理和企业家贡献的"定价"

我们首先确认,横店集团一直在努力按照经理和企业家对企业的贡献来"开价"。这种特别的定价机制同样包括两个方面:经理的工资、奖金和其他报酬的数额决定,以及经理报酬支付的执行。特别之处在于,经理对企业的贡献更加难以测定,因此其报酬数额决定更加"主观",实际执行也更加"自上而下"。

上文已经交代,横店集团经理层(包括厂长)的工资,由集团总部评定;经理层的奖金与其工作企业所创造的利润挂钩,但具体数额由集团总部决定。历年集团《总纲》对经理层的工资和奖金数额都只定原则,而不作明确的数量规定。我们的调查可以确认,行业集团和集团直属企业的老总们的报酬都由集团总裁直接掌握。下属公司经理的奖金相当于从该企业创造的利润总额中提一个百分比,其绝对额则在当地的"经理市场"上具有足够的竞争力和刺激力。与重奖相对应的是对经理层的重罚。《总纲》规定所有企业经理都必须向集团缴纳风险抵押金(财产和现金),其中承包企业的经理预缴年工资额的 10 倍,租赁制企业经理预缴全部承租资产的 10%。横店经理层的风险抵押金,主要用于赔偿企业亏损。《总纲》同时规定,凡工厂亏损,厂长赔偿亏损总额的 10%;子公司亏损,子公司经理赔偿 5%;集团公司亏损,集团总经理赔偿 3%。

由于横店集团一般员工的报酬由经理层评定,而经理层的报酬由公司总部和总裁评定,因此集团总裁事实上构成全集团激励链条最后的决定环节。那么,横店集团如何激励其总裁呢?我们先看总裁的报酬。第一,公司总裁岗位是历年全集团核定工资的最高级。第二,公司总裁的奖金水平在全集团经理层中居于最高级。1991—1993 年的《总纲》规定:"在完成全集团公司保证利润指标的前提下……集团公司总经理的奖金按税后利润的

1.2%提取。"⑪我们得到的印象是,横店集团总裁——全部经理层贡献的最终评定人——不但在制度上可以得到全集团的最高所得,而且与集团内其他成员的所得保持着足够大的差距。⑫

简言之,测量难题在横店集团是这样解决的:集团总裁评价经理,高级经理评价下级经理,经理评价工人。由于企业集团的最终评定人在制度上可以分享最多的利润,因此利润目标就进入系统内分层的委托—代理关系,构成对层层"主观评价"纠错机制的基础。初看起来,横店模式激励机制的有效性正是建立在"阿尔钦—德姆塞兹效应"的基础之上,即以"剩余索取权"激励企业的管理者,通过考察各种投入来替代考察各种人力资本在团队总产出中的贡献份额,从而有效地节约了团队生产中的测量成本。⑬ 但是我们不可忘记这里有一点"小小的不同":横店集团的最终评定人——集团公司总裁——并不是法律上公司资产的所有者,他实际上最多只能分享公司利润的1.2%。产权经济学家难免要问,如此一点点的"剩余索取权",如何与战胜整个集团管理系统"败德"行为的巨大责任相对称呢?

四、企业控制权

有一项权利很容易在公有制企业的研究中被看漏,这就是企业控制权。本文把企业控制权定义为排他性利用企业资产,特别是利用企业资产从事投资和市场营运的决策权。⑭ 在横店集团,企业控制权高度集中。首先,集团

---

⑪ 1987年前《总纲》规定公司总经理可分得下属企业经理的最高奖金金额;1987年起的《总纲》明文规定集团公司总经理(即总裁)的奖金等于子公司经理最高奖金数额的140%。

⑫ 以1993年为例,是年横店集团公司税后总利润6 115万元,按照制度,集团公司总经理可以提取的年度奖金总额为73.38万元(集团公司财务中心主任告诉我们,徐文荣常常不拿走他名下应得的奖金,但是我们这里研究的是作为制度的激励机制);同年,集团内亏损企业的一般员工奖金为零,亏损企业经理的奖金为负(赔偿亏损额的5%—10%)。

⑬ 考核团队成员对总产出的实际贡献,费用可能极其高昂,因此通过考核投入来替代考核产出,能够节约考核费用(Barzel,1982)。

⑭ Grossman and Hart(1986)最早以"剩余控制权"而不是"剩余索取权"来定义"企业所有权"。Hart and Moore(1990)"更加限定剩余控制权的含义",把"决定资产最初契约所限定的特殊用途以外如何被使用的权利"定义为剩余控制权。不过,这并不是把"剩余控制权"理解为一种脱离"契约"的权利的理由。因为如何分配最初契约里所不曾清楚限定过的权利,仍然是契约,特别是企业契约的内容。因此,无论以"剩余索取"还是"剩余控制"来定义所有权,都没有改变"剩余权",是一种契约基础上的产权。现实中的公有制企业不是在契约基础上形成的,没有最初契约,也就没有可以界定的"剩余权"。这就是为什么在公有制企业里找寻清楚的"剩余权"会遇到困难。但是,公有制企业并不能取消关于如何使用企业资源的决策过程和决策权,本文因此直截了当地把排他性使用企业资源的决策权定义为企业控制权。

公司及其全部所属企业的投资权和资产处置权,高度集中在集团总部和总裁。横店集团总资产增长极为迅速,以1993—1995年间为例,包括140家核心企业在内的集团总资产从5.9亿元增长到16.3亿元,两年间增加了10亿元,年平均增长66%。⑮ 横店集团投资模式的显著特色是投资决策在集团内高度的"中央集权"。到1995年为止,全集团各企业的全部"新项目开发、投资;开办新企业(包括非独立法人单位)和老企业的关停并转",在制度上都是集团总部的职权。实际执行过程中,各所属企业提出的投资项目全部交由集团总部的专门班子评估,最后由集团总裁拍板定案。横店投资权高度集中的基础有:① 集团总部和总裁直接掌握了数目可观的投资资本金。⑯ ② 以全集团的总资产,而不是以各个所属企业的资产作为抵押来获得贷款;由于集团负担由此带来的风险,由此贷款使用权集中于集团。③ 集团总部和总裁至今为止具有良好的投资成功记录,以及由这种成功的记录转化而来的信用、商誉和其他无形资产。在投资决策和实施这件事情上,横店的实际做法既不是全体社团成员的共同决定,也不是(所属)企业自主权,而是高度的集团总部和总裁集权。

相比之下,横店集团的企业营运决策"分权化"程度较高。集团内各级企业的经理(厂长)对企业的营运管理负有明确的责任和相应的管理权力。横店集团内的企业管理体制经过历年演变,越来越明确了经理厂长对企业日常营运管理的个人责任和相应权力。⑰ 但是,横店集团内企业经理的人事任命,既不是由集团内全体成员"民选",也不是由集团外部的乡镇政府委任,而是高度集中在集团总部和总裁。横店各级经理的人事任命和横店各级经理厂长的产生,按照"集团董事会→集团总公司社团经济局→集团总公司总裁→子公司总经理→工厂厂长"的路线,自上而下,一级聘任一级,被聘任人对选聘者负责。在这条全集团经理任命链条里,集团总部和总裁同样位居顶

---

⑮ 横店集团资产负债表(陈剑波,1995,表2-4)。

⑯ 横店的资产负债率并不高(一般为50%—60%,见陈剑波,1995),集团投资的一个主要来源是企业自有资本金。由于历年横店各个企业留成利润(即税后利润用于企业职工奖金之后留在企业的利润)的50%以上都集中上缴到集团总部,因此集团总部和总裁直接控制了数目可观的资本金。

⑰ 从历年《总纲》界定的企业管理体制的变化可以看出这一趋势:从"以经理、厂长为主的集体承包责任制"(1986),"改集体承包为厂长一人承包"(1989),"厂长一人承包(租赁)"(1990),"厂长(经理)为主的风险承包"(1992),直到"总经理、厂长是企业的法定代表人"(1994)。目前横店集团各级经理作为企业的法定代表人,拥有企业的"人事组阁权,生产管理权,经营权,劳动用工和规定范围内的奖惩权和经济分配权",运用这些权力承担企业的经济责任,保证企业各项指标的完成(见1996年《总纲》,第5页)。

端。可以说,横店集团总部和总裁通过集中的经理任命权,控制着集团内分权化的企业日常管理。

由横店集团总部和总裁直接掌握的投资和资产处置权,以及通过任命经理间接控制的企业营运权,显然并不是 Alchian and Demsetz(1972)意义上的"剩余索取权",因为如上文介绍,集团总裁仅在1%—2%的水平上享有控制企业投资、资产重组和人事任命等活动所产生的"剩余"。但是,至少我们已经在横店产权模式中发现,与集团总裁个人享有的非常有限的一部分剩余索取权并存的,是高度集中在集团总部和总裁手中的对企业投资和经营活动直接或间接的控制权。这部分企业控制权支配的资源量巨大,其中仅投资一项,就占全集团年度税后利润的60%—70%,加上以全部集团资产为抵押得到的银行贷款和其他信用。对于集团的其他成员而言,他们分享剩余索取权但并不参与企业控制投资、资产处置和经理任命等活动。"与剩余索取权不相对称的企业家对企业的控制权",这才是横店社团所有制"共有、民营"模式的真实写照。

五、"控制权回报"

并不拥有充分剩余索取权的企业家却拥有充分的企业控制权,凭什么?在政企不分的"公有制经济"里,企业控制权或者直接就是行政权力的一部分内容,或者由行政命令分配给"任命经理"。但是在横店模式里,企业家凭借企业家能力获得了充分的企业控制权,这种企业家能力需要经由市场检验。首先,横店集团1975年的"起家"资本来自社员私人借款和银行贷款,而创办人徐文荣的个人能力、信誉和以往的成功记录,使债权人手中的"消极货币"转化为企业家承担风险的投资。[18] 其后,在"信用转化为投资,投资形成企业资产,企业资产加上企业家信誉构成更大的信用"的企业资产扩张过程中,企

---

[18] 1975年创办的横店丝厂是横店集团的起点。当时横店丝厂的原始投资共29.58万元,其中徐文荣从39个大队社员那里借款5万元(承诺3年归还),其余为银行贷款。这里,由企业家个人出面的集资起了决定作用。第一,他先集资得到的5万元成为向银行借贷的信用基础;第二,信用社贷款又成为他在更大范围内集资的基础,而在总的投资中集资数额占据了大多数。当我问到,究竟是哪些原因使社员们愿意把"家家户户省下的油盐钱"交给徐文荣去办厂时,当事人提到徐总的"人品"、"能力"和"以往的成功"。我把这些理解为横店的老乡用他们自己的语言在讨论卡森(Casson, 1982)提出的"信任"问题,即"出资人何以相信企业家会为他们的利益而使用资金"。徐文荣获得村民债权人的信任是因为他个人的信誉,而他的个人信誉进一步转化为企业的信用。从此,徐文荣个人的声誉就是横店集团无形资产的一个不可分的组成部分。

业家的精神、眼光和对潜在盈利机会的判断决策能力起了决定性作用。[19] 简言之,企业家控制着他自己以往对企业投资和营运决策的结果。[20] 在这种场合,企业控制权并不完全是"他人财产的投资信托",而首先是企业家控制企业的才能经由市场环境检验的结果。

企业家"有权"得到的企业控制权并不是自动得到的。横店集团由"企业家控制企业"的模式是在制度改革和创新过程中形成的。1984年,徐文荣将当时横店乡由一家母厂衍化出来的17家社队企业整合为统一的"横店工业公司",并决定由公司来行使"决策中心和投资中心"职能。这在当时意味着,乡镇党政权力机构和原先各工厂厂长手中的企业控制权,要"交出来"并集中到"工业公司"经理之手。这当然产生了企业控制权再分配的摩擦斗争和"讨价还价"。根据记录,为了将企业控制权从传统公有制模式的行政控制权"界定"为"企业自主权",徐文荣先后"赶走"过五任不放弃干预企业自主权的"分管工业的乡镇领导",并终于得到一位"开明的镇委书记"的同意和县里的支持,从制度上实行"彻底的政企分开",使"横店工业总公司成为名副其实的决策中心和投资中心"。[21] 事后来看,这当然是横店集团"企业家控制企业"模式形成的关键一步。我们在横店反复调查的一个题目是,当时的徐文荣从哪里获得足够的谈判"筹码",才成功地主导了这一场不同寻常的"制度变迁"。我得出的结论是,徐文荣力量的源泉是两种能力:通常的企业家才能即从事成功的投资和经营决策,以及作为制度企业家的才能即实现"制度和组织创新"。Umbeck(1977)在研究美国西部淘金的经验时提出"强权界定权利"(might makes right),我们在横店则看到,企业家和制度企业家的能力界定企业控制权。[22]

企业控制权构成对企业家努力和贡献的一种回报。这里的基本机制是,企业家对企业承担的责任和所作的贡献,与他事实上得到的企业控制权有正

---

[19] 这是观察过横店经验的学者们的一致结论。例如,由何伟、魏杰、沈伟光主编的《著名专家学者论横店》(1994)收集了14篇考察、研究横店模式的文章和报告,几乎每一位专家学者都阐述了徐文荣作为企业家对横店集团的突出贡献,其中,林子力和张小弟论文的标题直截了当就是"横店模式:徐文荣模式"。

[20] 留在企业里的资源,还包括其他人力资本对企业贡献的"剩余"。即使在私产制度下,各种要素按同一个最初的契约投入企业,也仍然有 Barzel(1989)所说的私产的"公共领域"(public domain)问题(见汪丁丁,1996)。这给公有制企业带来的特别困难,将在后文讨论。

[21] 徐文荣(1994:103)。

[22] 在汪丁丁(1996)阐述的"产权博弈"的框架里,可以更充分地理解"企业家和制度企业家才能界定企业控制权"。

的关系。显然,"控制权回报"作为对企业家贡献的一种激励机制,其激励有效性和激励强度取决于企业家的贡献和他所得到的企业控制权之间的对称程度。这似乎与通过"剩余索取权"来回报企业家贡献的机制相同。但是区别在于,"剩余索取权"意味着分配和享用企业创造的剩余,而"企业控制权"意味着企业家有权支配企业资源去从事决策性的工作。当"控制权"并不带来相应的"剩余索取权"时(这是横店模式的现实),那么所谓"控制权回报"不就意味着以"继续工作权"作为对企业家"努力工作"的回报?于是人们要问,在什么意义上"以工作权回报工作"才能够被看作是一种"激励机制"呢?

为了回答这个问题,我们需要进一步理解企业家。根据 Casson(1982),"企业家"是提供"决策性判断"的"某项事业的实施者"。这里,决策性判断的实质并不是仅仅根据价格体系所提供的公共信息进行边际主义的计算,而是"不仅受客观信息的支配,而且受主观信仰支配"的活动。因此,人们今天说的"企业家精神",包括事业企图心、自信心、竞争意志力、敬业精神、宗教信仰、人生理念以及对潜在盈利机会的敏感和直觉等,就成为"企业家"概念不可缺少的部分。"企业家精神和才能"虽然非常主观,难以观察和度量,但企业家所作"判断性决策"的结果——企业的竞争状态,却由于必定要通过在不确定的市场环境的"生存检验"(Alchian, 1950)而可以被观察到。问题是,拥有较多"企业家精神"存量的潜在企业家必须首先获得一个控制企业的机会,才能"按照他(她)的判断性决策配置企业资源"。在这里,企业控制权可以被理解为在市场上竞价出售"企业家精神和才能"的机会权。正是在这个意义上,企业控制权才构成对企业家的激励。[23]

横店模式对企业家激励的有效性在于,企业虽然没有支付与企业家对企业贡献相称的"剩余索取权",但企业家对企业的贡献与他从企业分享的利润之间的"差额",仍然由这个企业家,而不是由任何其他人来控制和支配。这就是说,企业家的贡献与"利润分享权"的不对称,由另一种不对称,即"利润分享权"与企业控制权的不对称来弥补。把企业家得到的"利润分享权"和企业控制权加到一起,我们发现在横店模式下企业家的贡献与他对企业贡献的总结果的分享权利是一致的。这就是我所理解的激励相容。必须指出,并不是所有"公有制经济"都具有横店模式的这种激励机制,例如,在南斯拉夫的

---

[23] 企业控制权也只有对于企业家和潜在的企业家才可能被看成是一种回报,对于其他人,企业控制权恐怕多半是一种负担。

"工人社会所有制"下,企业家贡献与其所得权利的"差额"由全体工人平分,而在绝大多数政企不分的"公有制经济"那里,"差额"由行政等级权力控制和分配。这样我们就可以理解,企业家才能为什么可以在横店模式里得到如此充分的发挥。[24]

六、企业家人力资产的资本化:可以超越的逻辑?

"控制权回报"包含着一个非常重要的特性,就是这种机制要求其激励对象必须"在位"。与"剩余索取权"不同,"企业控制权"要求企业家本人必须在控制企业的位子上才能"享用"这一权利。"在位"才能决策,而正是提供决策性判断的权利本身才构成对企业家努力成就某项事业的激励。这就是说,以"企业控制权"定义的所有权是"不在其位"就不成其为事实上所有者的权利。进一步地,"控制权回报"还要求企业家"一直在位"以至"永远在位"。试想,企业家的当期努力通过"享用"其成果的控制权得到回报,而当企业家在"享用"企业控制权的时候,又在为企业下一期的发展作贡献。如果企业对这种连续努力的支付,永远依据"企业控制权为主、剩余索取权为辅"的原则,那么企业家必须永远在位,即永远控制着其贡献与剩余权的差额,才能满足努力和回报对称的要求。

但是,正如我已经在别处指出的,人力资产产权的一个特征是它"天然属于个人"[25],因此,企业家人力资本产权的执行也不能不受其"权利载体"种种状况的影响。即使他们成就某项事业的企图心、雄心和责任感都不变,我们也会发现,企业家实现其企图心的能力在其任内就可能发生变化,何况任何一个企业家最终都无法避免衰老和死亡。因此,我们不能不关心"控制权回报"机制是否可以经受更长时期的考验。

"在位"企业家的能力变化有各种可能。那些能力越来越强的企业家对企业的贡献会持续下去,因为在"控制权回报"的安排下,更强的能力得到更多的控制权回报,更多的控制进一步提供了发挥企业家才能的机会。显然,

---

[24] 进一步我们也可以理解,为什么恰恰正是徐文荣本人在1993年反对"从上面来的"对横店集团进行股份合作制改造的方案。"按上面的精神,他(指徐文荣)可以名正言顺地得到至少10%的股份而照样当他的老板"(孙是炎,1995:96),但同时徐文荣实际掌握着的全部企业控制权,却很可能随着集团资产量化到个人的过程而减少,或者他要在另一个产权结构里为获得同样的控制权而付出更大的努力。

[25] 周其仁(1996b)。

企业家能力的强化将会强化"控制权回报"的激励机制。麻烦的问题是,企业家的能力也可能在他在位期间变弱。一种情况是企业家的"判断性决策"能力相对于日益扩大的企业规模和活动的复杂性而言变得越来越力不从心,或者"山外有山,天外有天",相形见绌于其他潜在竞争者。这是一种企业家能力相对弱化的情形。另一种情形是绝对的,即由于健康、年龄或其他原因使在位企业家的决策能力绝对下降了。无论哪一种情形,"在位"企业家能力的弱化对于"控制权回报"都是严峻的挑战。悖论在于,一方面企业家的"在位"或"永远在位"是"控制权回报"机制的题中应有之义,任何要求曾经做过贡献的企业家"退位"的安排都会损害企业家努力的供给;另一方面,能力弱化的企业家的继续在位最终会导致损害企业,进而损害企业家自己的结果。

在逻辑上我们也许可以找到上述问题的答案。比如把"企业控制权"与"支付给企业家的回报"分离开来,以至于企业家以往为企业所作的贡献可以得到一种独立于控制权的回报,而不必非亲自"享用"企业控制权不可。做到了这一点,企业家贡献和回报对称的激励机制没有被破坏,而企业也并不因此承受由决策能力弱化或预期不良从而有短期行为倾向的企业家控制的危险。当"剩余索取权"以企业资产所有权的形式,而不是以现金形式支付给企业家时,我们就说企业家人力资产在企业的投入被"资本化"了。在这种形式下,企业家的人力资产——以"判断性决策"为中心的企业家才能——的贡献,一部分获得当然报酬(薪金、奖金和所谓在职消费),另一部分则变成资本化的财产。只要"资本化"的企业家人力资本在市值上与"在位控制权"相等,问题就解决了:由于持股企业家的人力资本被"物化"到企业的资产结构之中,因此当他的能力退化之后,他可以退离控制企业的位子甚至退出企业,却仍然有权"享用"由他贡献给企业的剩余。[26] 这里我们再一次看到"剩余索取权"与"企业控制权"的不同:前者的权利持有人不一定要直接控制企业,后者却只有控制企业才算持有着权利。我们不能脱离企业家人力资本的状态笼统地比较这两者的优劣。但是,在企业家决策能力弱化和可能消失的条件下,"剩余索取权"安排却一定优于"企业控制权",因为拿"剩余权"回报企业

---

[26] 事实上,纯粹的"支薪经理"(更不要说企业创办人)随着他对企业贡献的增加而获得企业的一部分股份,是企业制度史上相当普遍的安排。在西方"现代企业制度"里发生这样的安排不足为奇,但中国的企业传统也常常以资本股份奖励"打工起家"的经理。例如,著名的山西"票号"里包括"银股"和"身股"两种安排。这里的"银股"是票号出资者的股份,"身股"则是经理和高级经理因为多年对经营企业的贡献而分得的股份("身股"在持有者去世后还可分红,为"故身股")。一些历史较长的票号,身股在企业总股本中占大部分,如 1906 年协成乾票号总股本的 57% 为"身股",1908 年大德通票号总股本的 54.5% 为"身股"(转引自黄鉴晖,1992:57—59)。

家昨天对企业的贡献一般不会牺牲企业的今天和明天。

但是,要把企业家在"控制权回报"模式下留在企业里的贡献"差额"全部变成"剩余索取权",可能会遇到困难。首先是企业家本人可能不接受以"股权"替代"控制权"的安排,因为"控制权"是积极货币的持有权,资本化的股权持有的却是消极货币。所谓两者的市值相等只有在事后看才是真实的。从事前的眼光看,两者绝不相等,因为与控制权分离的股权只能依赖别的在位企业家的本事和运气,而企业控制权却包含着在未来创造更大剩余的机会。最重要的是,在"企业家控制的企业"模式下,企业家有权拒绝任何替代控制权回报的安排。其次,"剩余权"是同"企业契约"连在一起的概念,如果企业建立在一个初始契约,即事前契约的基础上,那么就可能通过合约规定的"剩余索取权"来分配人力资产产权留在企业的"公共领域"。但是,要在"公有制企业"这样不存在事先契约也就没有由事先契约规定的"剩余权"的企业里,通过事后追溯的办法来确定所有人力资本在"公共领域"中的份额,即使不是不可能也是极端困难的。

最后,在"控制权回报"模式下,虽然企业家实际上支配着企业剩余,但是在外观上,企业家是在"劳动"并且只有"不断地劳动"才能行使企业控制权。企业家人力资本的资本化将导致"回报"和"劳动"的分离,将把原来由企业家实际享用,但看起来是"工作义务"的权利变成公开的、可以直接享受并且与"劳动"不再有关的收益权。蒙在"公有制经济"头上的面纱终究要被揭开了,它能被接受吗?

我们无法预料,上述企业制度变迁的潜在利益究竟要大到何种地步才足以支付变迁过程的成本。因此,我们也无从推断实行"控制权回报"机制的企业的未来走向。目前可以观察到的是,在横店集团公司,"企业控制权回报"机制的内生矛盾随着企业规模的扩大和创办人年事已高而在实践中浮现。第一,横店集团公司的规模已经大到超过老总集权决策的有效范围。第二,集团创办人、最终仲裁者的接班问题逐步提上日程。事实上,横店集团也曾经考虑过"股份制"改制方案,只是因为"量化难题"严重到可能威胁企业的当前营运才没有实行。[27] 但是横店集团从没有停止解决其产权模式面临的种

---

[27] 1989年《总纲》曾提出"一步完善奖金责任制,并积极创造条件向股份制过渡",但后来横店集团公司发现要量化几十年形成的资产存量,几乎怎么做都会引起问题。发现"公有财产"量化困难的不只是横店一家。据笔者1994年调查,浙江另一家明星乡镇企业——万向节企业集团,在著名企业家鲁冠球领导下抵制"股份合作制"改制的主要理由,也是要量化没有初始契约的企业资产,可能麻烦到足以搅乱企业的正常营运。

种新难题的探索。例如,徐文荣新近已经提出如下构想:① 组建集团基金会集中全集团资本,进行资本经营,由使用集团资本的各子公司向基金会"交租";② 他本人逐步退出企业日常经营决策;③ 选择一家子公司进行"股份制改制"的尝试。这些构想及其实践都值得追踪观察和研究,中心线索是,究竟能不能超越企业家人力资产资本化的逻辑,而使"企业家控制的企业"的有效运作不以一代出类拔萃的企业家的"自然生命"为限。

七、结　　论

以往的企业理论因为仅仅考虑物质资本的所有权或产权安排而缺乏理解"真实企业"的能力。但是没有一种企业,包括那些并非在"初始契约"基础上产生的"公有制企业",可以离得开"天然属于私人"的人力资本产权。进一步地,在市场环境里运作的企业,无法避免对付"不确定性"的决策问题,也就无法排除"企业家"人力资本作为企业的一种不可缺少的要素。但是,"公有制企业"这一概念并没有回答:企业家人力资本究竟在公有制企业中居于何种地位? 只是在真实世界里,我们才看到在同一称谓的"公有制企业"里,因为企业家人力资产实际居于极其不同的地位而极其不同。这是我们理解"公有制企业"效率差别的基本线索。我们必须观察,"公有"的资源与"私有"的企业家人力资产究竟怎样在"公有制企业"里结合着,什么样的激励机制(也就是实际的产权制度安排)被实际执行着。离开了这样的观察和分析,我们无从理解"公有制企业",因为无论经营绩效如何,"公有制企业"都不能仅仅从其物质资本的"公有产权"中得到说明。

本文研究的"公有制企业"类型承认企业家人力资本产权的方式是,以部分利润分享权和全部企业控制权回报企业家对企业提供的决策性判断的贡献,以此激励企业家对企业投资发展决策负最终责任和对企业管理负最终责任,在这里,企业家付出的努力和贡献与以控制权为主的总回报相对称。企业控制权的基础是企业家的人力资产而非物质资本。这是"企业家控制的企业",由企业家决定企业发展策略并由企业家控制经理层,进而由经理层实施"量化到个人的激励机制"。"企业家控制的公有制企业"保持激励相容的条件是,企业家本人必须在控制企业的岗位上,而且在位企业家必须绝对地和相对地保持其人力资本质量的竞争优势。当这些条件不能被满足的时候,"控制权回报"的激励效果就受到损害。基于以上发现,本文提出如下推断供进一步检验:"控制权回报"机制在一代杰出企业家手里是能够有效的。但是,如果没有"企业家人力资产的资本化"或其他具有同等效能的制度变迁,"企业家控制的企业"难以在与"股份公司"这样几乎可以有永久生命的企业类型的竞争中,通过更长过程的"生存检验"。

参 考 文 献

[1] Alchian, A. and H. Demsetz. 1972. "Production, Information Costs, and Economic Organization", *American Economic Review* 62(50): 777—795.

[2] Alchian, A. 1950. "Uncertainty, Evolution and Economic Theory", *Journal of Political Economy* 58, No. 3(June): 211—221.

[3] Barzel, Y. 1989. *Economic Analysis of Property Rights*. Cambridge University Press.

[4] Barzel, Y. 1982. "The Costs of Measurement and Market Organization", *Journal of Law and Economics* 25 (April): 27—48.

[5] Casson, M. C. 1982. *The Entrepreneur: An Economic Theory*. Oxford: Martin Robertson.

[6] Grossman, S. and O. Hart. 1986. "The Costs and Benefits of Ownership: A Theory of Vertical and Lateral Integration", *Journal of Political Economy*, Vol. 94.

[7] Hart, O. and J. Moore. 1990. "Property Rights and the Nature of the Firm", *Journal of Political Economy*, Vol. 98.

[8] Umbeck, J. 1977. "The California Gold Rush: A Study of Emerging Property Rights", *Explorations in Economic History*, Vol. 14, No. 2: 197—206.

[9] 陈剑波,《乡镇企业的技术获得与企业规模的迅速扩张——浙江省东阳市横店集团扩张的基本线索》(未发表研究报告),1995年。

[10] 何伟、魏杰、沈伟光主编,《著名专家学者论横店》,人民出版社1994年版。

[11] 横店集团公司,《横店集团公司社团所有产权制度纲要(草案)》,见沈伟光等,1994:附录,第128—131页。

[12] 横店集团公司,《横店集团公司总纲》,横店集团公司档案馆,1984—1996年。

[13] 黄鉴晖,《山西票号史》,山西人民出版社1992年版。

[14] 沈伟光、徐立钧、孙是炎、鲁灿松,《横店社团经济模式研究》,人民出版社1994年版。

[15] 孙是炎,《文化力:横店的启示》,中央党校出版社1995年版。

[16] 汪丁丁,"产权博弈",《经济研究》,1996年第10期。

[17] 徐文荣,《横店之路》,人民出版社1994年版。

[18] 周其仁,"人力资本的产权特征",《财经》,1996年第3期。

[19] 周其仁,"市场里的企业:一个人力资本与非人力资本的特别合约",《经济研究》,1996年第6期。

公有制企业的性质[*]

本文研究国有企业和集体企业这两类"公有制企业"(public-own enterprise，POE)的性质。通常而论，公有制企业或者被看作"清清楚楚属于国家和集体的企业"，或者被看成是"无主财产"和"所有者缺位"的组织。本文关心公有制企业的实际产权状况。主要问题是，作为国家和集体清清楚楚拥有的企业，是否除了国家和集体之外，再也没有其他产权主体？而在所谓"所有者缺位"的状况下，一切本来由所有者应得的权利和应负的责任，是不是真的完全消失了？

让我们从一个公寓的公共过道开始。为了保障所有住户进出和通行的便利，公寓公共过道的所有权是公有的，既不出卖，也不出租给任何私人住户。但是，恰恰可以观察到在不少公共过道上堆放了住户的私人杂物。分析公共过道上私人杂物堆放的"权利"是怎样形成和怎样分配的，是一个有趣的经验研究课题。但有一点是清楚的，私人住户占用公共过道从来不合法。即便是管理得最糟糕的公寓，也会制定清除公共过道上私人堆放物的官样文章。问题是，规章并不能被自动遵守。在法律和规章未被实际执行的环境里，私人住户以各种方式占用公共过道就成为公寓中的一种景观。这个现象"自然"到令人熟视无睹，以至于人们不再思考：被私人部分占据的公共过道是不是还可以说是清清楚楚属于"公有的"过道？或者这些财产（空间），是不是还可以被叫作"无主财产"，或者"所有者缺位"的过道？

公有制企业的经济性质已经包含在上述公共过道之中。但是，为了把经验中的问题提得更加清楚，需要展开分析。本文在引言之后的第一部分交代本文使用的概念和相关理论；第二部分分析公有制企业在法权上的产权特

---

* 本文原发表于《经济研究》，2000年第11期。

征;第三部分讨论市场中企业的合约性质和非合约的公有制企业;第四部分论述任何公有制企业也无法消灭个人在事实上拥有对其人力资产的私有产权;第五部分界定公有制企业怎样通过本文定义的国家租金激励来动员内部人力资源;最后是简短的小结。

一、概念和问题

国有制企业和集体所有制企业被看成公有制企业,是因为这些企业的资产所有权(ownership of the assets of the firm)属于国家或集体,而不属于任何私人,也不属于个人所有权任何形式的集合。但是,经济资源在法律上的(de jure)所有权和事实上(de facto)的所有权并不总是一样的。为了厘清这一区别,我们需要引入一些新的概念。

Coase(1937)以来,经济学家们普遍认识到界定产权要花费资源。其中,Barzel(1989)特别强调,从法律上界定一项资产的所有权比在事实上界定它,花费的资源通常要小。由于在事实上界定产权非常不容易,因此即便在法律上把全部资源都清楚地界定为私人所有,在实际的经济生活里总还存在一个"公共域"(public domain),即那些名义上属于私人的资产由于私人产权的实际执行成本过高而无法保持其权利的排他性。[①]

但是巴泽尔并没有特别指出,处于"公共域"的资源既没有得到清楚的法律界定,也并不是"无主财产"。除非资源没有价值,私人断然不会在"公共域"边界之外自动却步。总有人试图获取公共资源的价值,并建立事实上的排他性权利。我们在公共过道上看到被私家占据的空间,就是事实上具备了私人排他性的权利。巴泽尔把私人在实际上拥有对"公共域"资源的权利,称为"福利攫取"(welfare capture)。在这里,"攫取"具有"掳掠"和"掠夺"的含义,不是正当的"索取权"(claim)。从经济上分析,攫取者为攫取行动花费了私人成本,但是,他得到的收益里总有一部分来自其他人对公共财富的贡献及相应的权利。比如公共过道的攫取者虽然要付出心思和特别的看护成本,但他总是把因私家可用空间增加而相应发生的租金、灯光、通行不方便、火灾发生概率上升和潜在的逃生困难以及有碍观瞻等等的"成本",在事实上迫使他的邻居们来分担。简言之,公共过道部分地被私人攫取了。在这里,

---

[①] 见 Barzel(1989)的导言部分,并见汪丁丁(1998)为巴泽尔这本文集中文版撰写的前言。

资源的收益是"有主"的,资源的成本也是"有主"的。在得益和成本两个方面,被攫取的公共过道从来也没有处于"所有者缺位"的状态,虽然实际的成本收益主体与名义上清清楚楚的合法主体并不相同。真实的状态是,资源在法律上的所有权和事实上的所有权相脱节,从而导致资源的受益权益与成本责任相脱节。这就是说,由于"攫取"行为的存在,公共域部分价值的主人不是其法律上的所有者,而是事实上的攫取者。

公共过道被攫取的主要原因是资源的法律产权和事实上的产权不相一致。要是没有在事实上不同于公有制过道所有权的私人产权,要是"私人住家"从攫取公共过道空间中获得的"收益"没有在事实上得到排他性的保护,甚至不会有哪一个私人会产生攫取公共过道的行为动机。在这个意义上,用理性人假设来推断公共过道必定被攫取,并没有实际意义。重点是要研究,法律上(或道义上的)清清楚楚的公有制为什么消除不了事实上的私有产权,以及在事实上的私产存在的现实约束下,利用名义公有资源的行为特征和效率。

攫取会带来"攫取损失"(capture loss)或"租金耗散"(rent dissipation)。这首先是因为,攫取所得的部分成本由别人承担,通常会导致攫取者并不善待公共域里资源的价值。其次,攫取者为了掩盖其攫取行为的非法性,会被迫采用某些非效率的方法。最后,攫取得益会激发更多的人参与攫取,从而增加垄断或界定攫取权的费用,导致可攫取的"租金"被非生产性的用途耗散。但是,我们并不由此推论,任何公共过道只要还有一点利用价值,就一定会引发私人继续攫取的动机和行为,直到将可能产生的租金全部耗散为止。张五常(1984)对此提供了一个解释:"适者生存意味着某种制度安排必须被采用以降低租金耗散。"这就是说,私人可以攫取公共资源的机会,一方面刺激攫取行为从而引起攫取损失。另一方面,攫取损失的现实又刺激租金既得利益者采用某种制度安排来"保卫"租金不被耗散。恰恰是事情的后一方面,提供了理解制度和组织,包括形形色色"非典型的私产和价格机制"制度存在并运行的基础。这表明,攫取权是在所有现实的和潜在的攫取者之间以及在攫取者和公共过道公共性质保卫者之间的博弈中被界定的。因此,汪丁丁(1996)提出的"产权博弈"框架可能同样适用于分析攫取权,只是我们要注意攫取权与产权可以区别为法律上的和事实上的。本文的研究重点放在现实世界中名义上的公共资源如何被攫取,并通过比较替代性制度安排的效率,来理解公有制企业的性质。

二、公有制企业的产权基础

作为与"资本雇用劳动"体制的对立,公有制企业选择了"消灭一切生产资料私有制"和将一切物质资本和财务资本都归"公有"。为了彻底消除生产资料被个人占有的任何可能性,公有制的法权体系规定全部生产资料归国家和集体所有,而宣布个人不得拥有任何生产性资源的合法权利。在这里,公有主体只能作为不可分割的产权所有者整体性地存在,而不容许把公有产权以任何形式分解为个人的产权。② 因此,国家所有或集体所有的公有制完全不同于在个人私产基础上集合起来的合作制或股份制。按照传统的公有制政治经济学理论,个人在社会主义公有制下仅仅有权拥有非生产性的生活资料。

在承认个人合法产权的条件下,任何集合起来的组织可以最终追溯到组成集合体的个人,因为归根到底是个人在选择集合方式、管理方式并为此承担相应的财务结果。这时集合的主体可以看作是个人选择的结果,是个人将自己的产权集合起来委托给集合体,并为此规定了集合的条件和执行程序。但是,当个人合法拥有生产性资源的权利被法律否定之后,个人不可能选择经济组织,也不可能承担相应的财务责任。在此条件下,公有制企业就成为不能分解为任何具体个人的抽象,再也不能向组织的成员个人作进一步的追溯。在公有制企业庞大的体系里,实际上活动着的全部是形形色色的"代理人",而并没有可以追溯的最后委托人。在这个意义上,用"委托—代理理论"来讨论公有制企业,在分析上会遇到困难。公有制企业的特征是"没有最终委托人的代理人"(agency without principle),各类代理人本身都不拥有合法的对于生产资料的个人产权,也并不对任何拥有生产资料产权的个人负责。

个人甚至也不准拥有其本人人力资源的法律所有权。因此,任何个人不可能再与他方达成生产性利用自有人力资源的合约。③ 关于公有制企业禁

---

② Chueng(1970)阐释的租值消散理论,是说公共资源若真的不排斥任何人为使用这一资源而自由竞争,则一定导致此公共资源的租值消散。但是这里任何人竞争使用公有资源的基础,并不是得到法权界定的个人对集合财产的权利,而是后文提出的"事实上的权利"。樊纲、张曙光(1990)提出"作为劳动者个人不是公有财产的所有者"(第25页);荣兆梓(1996)指出公有财产"还存在着一种独特的内排他性",即公有产权针对每一个成员规定的诸如不得偷盗、损坏、滥用、浪费公产的"集体意志对于个人意志的排他性权利"(第18页)。他们共同的着眼点都是公有制在法权上的权利规定。

③ 产权的概念里面包括交易的权利,也就是选择市场合约的权利。产权的排他性固然很重要,但是建立产权排他性主要是为了交易,而不仅仅是为了排他地自用和享受资源。

止个人拥有人力资源的生产性利用权利,特别是缔约的权利,最直接的证据就是各类人力资源的市场交易被公有制的法律禁止。按照行政计划调派劳动力资源的体制替代了各类劳动力市场:劳动力市场被劳动力的国家(或集体)计划分配替代,技术市场被国家或集体对科学研究和技术开发活动的计划控制替代,企业的经理市场则被行政任命制替代。个人通过合法的市场交易实现其人力资产价值的机制,在传统公有制体制下消失了。

消除个人产权的公有制企业,合乎逻辑地实现了一切资源归公。个人不但不能充当公有企业财务资本和其他物质资本的最终委托人,而且无法凭借其自身拥有的人力资源,通过选择与公有制企业订立的市场合约,作为要素所有者进入企业合约。公有制企业已经不是科斯意义上的"企业",因为它并不是基于一个(或一组)市场合约。公有制"企业"当然也要使用各种投入要素,但是公有制企业利用这些要素的基础,不是要素所有者基于合约条件的让渡,而是一切资源归公以后的行政指令调派。由此我们可以看到,公有制企业体制的一个根本特征是其非市场合约性。

三、企业的市场合约性和非合约的"企业"

公有制企业的非市场合约性,从根本上消除了保证企业效率的一种机制:市场校正企业出错。要阐述这一点,需要借助建立在市场合约基础上的企业运行机制来作为参照。按照 Coase(1937)、Alchian and Demsetz(1972)、Chueng(1983)和 Barzel(1989)提出的理论,市场中的企业可以被理解为一个(或一组)由各类资源所有者缔结的市场合约。④ 这里,资源所有者可以选择不同种类市场交易合约的权利是各种生产交换方式和组织的基础。资源所有者可以自己利用资源直接生产,然后将产品出售给市场,可以一次性地出售资源,换取收入,也可以按照合约安排规定的条件,将资源的使用权让渡给一位代理人以换取收入。当上述最后一种选择出现时,即"当企业家或代理人依据合约赋予的有限的要素使用权直接指挥生产,而不是根据瞬时的价格

---

④ 企业是一组市场合约的思想,使得所谓"企业所有权"的概念成为一个悖论,因为构成一个企业至少要两个以上资源所有权,因此"企业合约"如同"租地合约"一样,不可能单独属于缔约各方中的任何一方;而同一份合约的市值对于不同权利方来说是不同的(周其仁,1996:76)。宣布消灭了私人对于生产资料的所有权,并在非市场合约基础上建立的公有制企业,似乎可以被理解为只有一个所有权,因为全部资源已经归公,再没有第二个所有权,但是本文的主要任务就是揭示这仅仅在法权的名义上才是成立的。

变化来组织生产并向市场出售产品",企业就产生了。⑤

要素所有者为什么放弃直接根据市场价格机制组织生产并出售产品的权利,而将资源的使用权让渡给企业家?如果让渡使用权可以换取收入,那么向市场直接出售产品或一次性卖掉资源不同样可以获取收入吗?科斯的企业理论提醒人们注意,在上述两种收益之间可能存在着一个差额:通过企业式的市场合约(即把要素使用权有条件地让渡给企业家)换取的收益大于要素所有者直接向市场出售产品(或要素)的收益。科斯进而发现,"通过建立企业而赢利的重要理由是利用价格机制要花费成本"⑥,而企业无须根据价格发现而可以直接组织生产,节约了最显见的交易成本。科斯的上述分析被简化为一个命题:"企业是市场里节约交易成本的组织。"但是这个命题非常容易被曲解,似乎任何企业注定都会节约交易成本。要是企业仅仅因为直接指挥要素、避免运用价格机制就一定节约了交易成本,那么企业的规模越大,囊括的可供直接指挥的要素越多,可节约的交易费用岂不是也越多?把整个社会改造成一个企业,消除全部市场交易,这个经济体制的交易费用就被节约为零了。

这当然不是科斯的本意。他指出企业在节约交易费用的同时还要支付组织费用,如果组织费用过高,抵消了对交易费用的节约数量,企业就得不偿失了。"当企业节约的交易费用在边际上与其支付的组织费用相等的时候,企业的边界就确定了。"⑦但是科斯这里表达的思想,并不是由一个中心来统一计量交易费用和组织成本。相反,这里从事比较的主体,是进入市场过程的全部的要素所有者和所有彼此竞争的企业家;这里比较的内容,是资源所有者自己生产产品的一切可能性与将资源让渡出去的一切可能性之间的孰优孰劣,是将资源作为要素让渡给这一个企业家的一切可能性与让渡给其他企业家的一些可能性之间的孰优孰劣。无论如何,资源所有者对合约的选择建立在他们各自分散进行的交易费用和企业组织成本的基础之上。离开资源所有者对各种市场合约的自由选择,没有什么可以保证企业节约交易费用(或者在边际上与为此支付的组织成本相等)。

道理在于企业和企业家容易出错。企业出错的原因是企业要事先通过合约把各种资源组织进企业,并经过一个企业过程(即由企业家和其他代理

---

⑤ Chueng(1983:3)。
⑥ Coase(1937:6)。
⑦ Coase(1937:5)。

人指挥)将产品和服务生产出来,再通过市场出售。在这个过程里,Knight(1921)定义的"不确定性"(uncertainty)常常将企业和企业家事先的战略计划连同其调整应变的全部努力击败。为了对付市场的不确定性,企业家才能是重要的,能够充分有效激励企业家才能的制度,即由企业家分享企业的剩余索取权和控制权更是重要的。[8] 但是即使在企业家可以独占全部企业经营剩余的制度下,最神明的企业家也不能保证在市场不确定性面前常胜不败。[9] 一个企业及其企业家事先承诺将要履行的合约,在市场过程中可能变得无法履行。或者,已经进入这个企业的要素所有者发现另一个企业的邀约更有吸引力。同样,在资源所有者自己生产产品、一次性出售资源以及将资源让渡给企业使用的比较中,事先的预期也常常被不确定性打断。只有市场能够校正企业和企业家的出错,或者更一般地说,市场过程校正所有资源所有者可能的出错。市场校正企业家和资源所有者出错的基本机制,就是自由的、可竞争的合约选择。当一种合约在市场竞争中显现为不合算或相对不合算时,资源可以向别的合约流动。这里讲的合算不合算都出自个别资源所有者的主观判断,甚至这些主观判断是否"理性"都不重要,例如一个资源所有者从一个合约退出、进入另一个合约可能出错更加严重。重要的是,在资源所有者为其选择承担责任的约束下,所有市场合约最终都经受着 Alchian(1950)意义上的"生存检验"(survival test)。

说到底,市场合约的可选择就是资源所有者有权出错和纠错。这是产权最重要的经济功能,也是市场经济保证资源有效配置最基本的机制。因为自

---

[8] "企业家才能的发挥,甚至在事后都难以监督和计量。除了用类似'分成租合约'(share cropping contract)这样的制度安排,即由企业家人力资本的所有者分享企业经营的剩余,企业家才能是无法被'激励'出来的。"(周其仁,1996:76)

[9] 强调挑选合格的企业家或公司经理是重要的,但是这种挑选的有效性离不开整体市场环境。至于张维迎(1995)的理论强调的由企业的财务资本所有者选择企业管理人的优先权,也必须将这种优先权置于整个市场环境,特别是各类要素市场的环境中才能得出正确的说明。公司股东及其董事会通常一年一度挑选总经理,但工人、技术人员和其他进入企业的要素合约方每天都可以挑选他们的管理人,甚至挑选那些选择了管理人的"公司老板"。他们可以承担一定的退出成本而退出公司,也可以留在公司里让老板为难。至于公司的财务资本所有人是否会选择那些被其他要素所有者"挑剩"的管理人,取决于这些"老板"们是否符合经济学家关于他们总是理性的假设。在真实的经验世界里,"老板"们因为固执、任性、妄自尊大和独断专行而将其财务资本糟蹋干净的故事比比皆是。我们仅仅在竞争的市场终究会将这些通不过生存检验的老板们淘汰出局的意义上,才假设"(存活下来的)老板都是理性的"。在理论上,我认为崔之元(1996)介绍的公司"相关利益者"(stakeholders)的概念对于理解科斯关于"企业作为一组市场合约"的思想是有意义的,我只是不能同意崔之元关于承认公司经理对所有利益相关者负责就是所谓"超越私有产权逻辑"的阐释,因为利益相关者进入企业合约的基础就是他们各自对其拥有资源(包括人力资源)的产权。

由选择合约的权利才能保证"存活"下来的合约或资源组织方式具有竞争优势。在理论上,资源在不同市场合约之间的流动性,是解释各种市场合约存在和创新的基础。更有意思的是,当资源在不同市场合约之间流动时,各个市场的供求形势也就相应发生了变化。例如,当制鞋作坊业主放弃"老板"地位而到制鞋公司打工时,或者反过来,制鞋工人下岗开个制鞋铺子,都会使作坊产品和公司产品的市场供求发生变化,进而使制鞋劳动力市场和相关要素市场的供求也发生变化。在这个意义上,相对价格体系其实是资源所有者选择不同市场合约的记录。而离开了相对价格体系,交易成本和企业组织成本都无从测度。总体而言,"价格机制配置资源"的原理,基础就是产权主体对不同市场合约的自由选择。

  没有一个中心权威可以评定资源向哪一种方向的流动才是"正确"的,或者哪一种组织形式和规模才是"正确"的。虽然经验上可以观察到,随着经济增长,越来越多的资源被组织进企业,而企业的规模也似乎越来越大,但是支撑这一现象的可靠基础还是市场合约的可自由选择。早就有经济学家预言过小公司将被大公司消灭。但是我们直到今天在每一个技术时代都看到大中小公司并存,以及市场合约层出不穷的形式创新。大公司效率的基础,绝不仅仅是大公司内部的科学管理和大公司之间的市场竞争,而是资源所有者在一切形式、各种规模的公司以及公司与非公司模式之间作自由选择的市场体制。大公司雇员拥有"背弃"大公司、选择中小公司、家庭、自主创业以及一次性出售要素等等不同合约的权利。这才是检验并迫使大公司证明自己组织具有市场竞争优势的条件。归根到底,企业的组织营利性的真正基础是对不同市场合约,包括非企业合约的自由选择。因此,正如张五常强调的,科斯企业理论的要点是市场合约的选择。⑩ 在这个意义上,产权、市场和企业讲的是一回事。试图区分产权更根本,还是市场或企业更根本,难免模糊所要讨论问题的方向。

  公有制企业消除了企业的市场合约基础,同时就把市场校正企业和企业家出错的机制也消除了。这并不是说,非合约基础的"企业"的初始出错就一

---

  ⑩ 但是张五常关于科斯企业理论的阐释也被许多文献概述为"企业是以要素市场替代了产品市场"。企业的存在的确是通过要素合约得到了资源所有者的让渡使用权,而这些资源本来可能由其所有者直接生产为产品出售。但是,企业能够作为科斯"组织盈利"意义上的存在,却不能替代掉包括产品市场在内的任何一个市场。要是产品市场真的被完全替代了,资源所有者不再能选择自己作为企业家直接向市场生产产品,只能"选择"别的企业家让渡资源使用权,怎么保证这个企业的存在一定就真正具有竞争优势呢?

定更严重,而是在市场自由合约遭到限制的条件下,企业出错没有办法及时被校正。更严重的问题是,在产权选择合约的权利被根本禁锢的场合,公有制企业甚至无从知道"出错"的发生,因为市场关系一旦受到限制,关于资源利用在机会成本意义上有效无效的标准——市场相对价格体系和形成机制——也就随之被歪曲。在经验上,公有制企业体系常常特别关注"资本主义市场体系"提供的技术经济参数,比如标准能源消耗的国民所得增长弹性系数等等。但是,即便公有制企业从宏观上"掌握"了本体系不能发出的信号,从而知道能源的利用效率极低,它也对在微观层面上提高节约效率无能为力。因为资源在经济活动各个方向、各种利用形式之间由其所有者决策的机制,在公有制企业体系里被消除了。从信息成本的角度看,公有制企业即便可以全部使用预设了最大化程序的机器人来从事经济工作,它也不可能达到所谓理性计算的最优。何况,公有制企业也还必须利用一种特别的资源,那就是人。

四、无法消灭的事实上的个人产权

人本身具有经济价值,是一个早就被发现的真理。将投入经济过程的人力资源的数量与质量区别开来,并将人力的知识和技能质量看作经济增长的关键,则是经济学近几十年来一个重大进展。[11] 20世纪60年代以来,经济学家通过对现代经济增长的大量经验研究发现,人力资源,特别是人掌握的知识和技能对经济增长的贡献非常之大,而这些具有一定知识和技术质量的人力资源,同样符合关于资本是"未来收入流的源泉"的定义。因此,一些经济学家将人力也看作是一种资本,而且是对长期经济增长做出更重要贡献的"人力资本"(human capital)。简言之,具备知识和技能的人力资源具有生产性和资本性。

但是,可以从人力资本理论中引申出来的并不仅仅限于教育和培训对于经济增长的极端重要性。更为根本的问题,是使一个经济中人力资本有效发挥作用的条件,因为这些条件不但影响人力资本对经济增长的效果,而且影响人力资本本身的形成。这就不能不涉及人力资本主体的产权特征。根据

---

[11] 关于知识和其他人力资本在经济增长中的作用的经济学思想演进,参见汪丁丁(1994)的阐释。作者感谢汪丁丁阅读本文初稿时提出的评论,特别是关于"学习"是人力资本最重要组成部分的见解。

Barzel(1977)、Rosen(1985)和张五常(1984)等人的研究,人力资本可以被理解为天然属于个人的资产。⑫ 诸如劳力、掌握和运用知识的技能、学习能力以及负责、创新、冒风险、对潜在市场机会的敏感等等一切具有市场价值的人力资源,不但总是附着在自然的个人身上,并且只归个人调用和转让。因此,在个人产权得不到社会法权体系承认和保护的场合,个人可以凭借其事实上的控制权"关闭"有效利用其人力资源的通道,从而增加别人利用其人力资源的成本,降低人力资源的价值。理解这一特性,是理解现代经济学关于激励理论的基础,也是理解市场里的企业作为人力资本与非人力资本的一个特别合约的基础。⑬

公有制企业制度否认了个人对其生产性人力资源的合法所有权。但是,它并没有消灭"个人总是其人力资源天然的实际所有者和控制者"。这使公有制企业面临一种内在的紧张。公有制企业可以按照计划命令组合全部人力资源和非人力资源,从而免去了基于个人产权的市场交易体制的一切麻烦。但是,在法律上属于国家和集体的人力资源,并不能直接听由公有制企业调动和指挥而得到发挥。各种卑微的私人利益和动机在公有制企业里不但依然存在,而且仍然在实际上决定着人力资产的实际供给水平。劳力、知识、学习能力、技能、责任心和创造性的实际供给水平,依然是由负载着这些资产的个人决定的。除非人力资源事实上的"主人"即个人乐意接受国家或集体的目标,公有制企业同样不能自动地动员已经被"配置"在企业内的、在法律上"公有的"人力资源。

公有制企业像任何体制下的企业一样无法回避激励问题。事实上,由于资源的稀缺性不可能消失,由于国家间政治、军事和经济实力整体竞争的压力传导,公有制企业其实从来没有放弃过鼓励个人增加人力资本供给的努力。只是,法权上不承认个人拥有生产性资源的公有制企业,在面对激励问

---

⑫ 周其仁(1996:73—74)。

⑬ 张维迎(1996)认为"人力资本与其(个人)所有者不可分离"的特性,恰恰具有与非人力资本相比的劣势:第一,人力资本不具有抵押功能;第二,人力资本所有者可以通过"偷懒"和"虐待"非人力资本来获利。因此,他认为正确的逻辑推论是"资本雇用劳动",也就是"让(非人力)资本所有者拥有当企业家的优先权"(张维迎,1996:9—10)。我认为,如果"名声"(reputation)也理解为人力资产的无形部分,那就没有那么大的把握认定人力资本"没有抵押性"。因为离开了名声定价的市场机制,仅仅靠财务资本的可抵押性来理解现代公司,不免困难重重。至于"偷懒"和"虐待"倾向,在我看来不是靠由非人力资本拥有成为企业家优先权可以解决的,这正如 Barzel(1977)研究过的拥有几乎绝对优先权的奴隶主并不能解决奴隶偷懒和虐待资产的问题一样。解决进入企业的人力资源的"偷懒"、"虐待"等行为的有效途径是激励性市场合约,而不是"资本"对"劳动"的优先权。

题时有一些特别的障碍。我们已经指出比较根本性的困难,在于公有制企业体制没有可追溯的最后委托人,以及市场合约权利被禁止因而无法产生衡量资源利用效率的市场价格信号。现在我们进一步讨论,现实的公有制企业怎样寻找制度性的替代,使得实际控制在个人手中的人力资源在公有制下得到发挥和利用。

首先可以发现,国家租金(state rent)替代了利润而成为公有制企业的行为目标。已有的研究指出,公有制企业并不追逐利润,其行为目标是完成国家计划任务。但是,很少有人注意到公有制企业根本没有办法追逐经济学意义上,而不是财务核算意义上的利润。[14] 因为严格说来,消除了个人对于生产性资源的产权,特别是选择市场合约的权利,市场价格、生产成本、交易成本等概念都无法存在,利润概念也因此无法存在。那么,什么是"国家计划任务"? 历史地看,公有制经济是在国家与国家之间的整体实力竞争中确定自己的国家经济目标的。但是,国家经济目标并不能按照所谓"客观经济规律"自动来确定。国家间竞争的形势以及什么是合适的竞争策略,首先取决于国家代理人的认知。同时,并没有一个容易计算的技术函数可以表明已经集中到国家手中的资源,究竟可以提供多大的产出以及形成一个什么样的经济结构。经验地看,公有制国家的经济目标常常是在国家代理人之间经常不同的主观判断和意志的政治平衡中被确定的。[15] 当然,无论国家代理人主观确定的国家经济目标能否如愿实现,集中在公有制经济国家手中的资源总会产生非常实在的经济利益,而增加这种由国家代理人控制和分配的经济利益,即国家租金,本身就可以成为公有制经济的经济目标。

对我们的分析来说重要的是,所有国家代理人都是自然人。因此要确定国家经济目标这个公有制经济开始的逻辑环节,就没有办法完全排除自然个人的作用和影响。国家代理人能够在多大程度上为国家利益最大化,而不是为国家代理人自身利益最大化工作,取决于相应的激励和制约。需要考察的

---

[14] 许多主张改革公有制企业的经济学家提出,在公有制企业制度里引进"利润"范畴可以刺激公有制企业提高生产率。1962年苏联著名的"利别尔曼建议"主张高度简化国家对企业的计划指标,而将"利润"(统一核定的部门资金盈利水平定额)作为考核企业的主要指标。20世纪60年代中国的孙冶方也提出过类似主张(见吴敬琏,1994:122—129)。但是"利润"是市场交易中企业合约的产物,废止了市场合约的公有制企业体制里可以"统一核定"并经过计划下达的,就不可能是本来意义上的"利润"了。相比之下,顾准的认识不那么折中,他认为要引导企业追逐利润必须"废除指令性计划和指令性定价制度,使价格自由涨落"(转引自吴敬琏,1994:127)。

[15] 这是关于公有制计划经济的增长目标、速度、优先增长的部门以至重点项目的决定常常充满政治斗争的根本原因。

是,在法权上消灭个人拥有生产性资源的产权之后,国家代理人本身的行为和社会监督、制衡国家代理人的动力机制和有效性究竟受到什么样的影响。这里只须指出,国家租金替代了市场体制下的利润,并不能够将怀有伟大或者卑微动机的个人在实际上控制其智力和能力的现实,完全逐出公有制经济体系。

五、替代性制度安排:国家租金激励

公有制企业在多大程度上能够为国家租金最大化的目标从事生产性活动,是一个更为日常性的难题。因为这里涉及为数众多在名义上"归公",但在事实上控制着自己人力资源的个人。经验表明,人并不因为归入公有制就自动为国家租金最大化而提供劳动、发明、学习、计量、监督和管理的努力。公有制企业的管理体制从建立之日起就不断尝试并变换各种方向的"自我完善",根本原因就是仍然需要动员人力资源以增加供给。从发动工人直接参与管理决策到建立严密的行政管理体系,从维持革命激情、依赖政治忠诚的供给制到引进各式各样的"物质刺激"手段,从大规模思想教育、群众运动到仿照建立"资本主义泰罗制"式的规章制度并强调劳动纪律,从直接劳动时间计量社会产出到"尊重价值规律"并"建立"公有制下的"价格、成本和利润"核算体系,公有制企业不断地寻找替代承认个人产权,又能够动员人力资源的制度安排。

在种种看来毫无稳定性和一致性的寻找替代性制度安排的过程中,公有制企业逐步收敛于通过建立生产(管理)国家租金的努力与分享国家租金之间的正的关系来激励人力资源的供给。比如,管理公有制企业的行政等级制和"物质刺激"的劳动报酬制度,比较普遍地成为公有制企业的基本体制。这并不是偶然的。因为按照行政等级来分享国家租金的制度化,使得公有制企业可以用国家租金的分享权来刺激个人增加在公有制企业中的管理和劳动供给。在这个本文称为"国家租金激励"的体制下,个人正是凭借事实上的对其人力资产的权利,才可以选择是增加劳动和管理的努力以得到较高等级的国家租金分享,还是减少劳动和管理努力的供给而较少分享国家租金。"国家租金激励"在名义上不属于任何个人的公有制体系内建立了可以由自然的个人获得的既得利益,其基础就是承认了个人在事实上仍然拥有的产权。

粗看起来,国家租金激励与市场企业制度的激励原则没有什么不同,因为市场的企业合约的中心内容,无非也就是确立生产利润的努力与分享利润之间正的关系。当市场经济的企业制度把获得利润的权利授予对创造利润做出贡献的人时,公有制企业将分享国家租金的权利授予对创造国家租金做出贡献的人。在前一个场合,个人之间竞争利润,在后一个场合,个人之间竞争国家租金。要是把国家租金概念改称为"利润",要是国家租金的激励强度与利润体制的激励强度相似,这两种制度不就没有什么实质上的不同了吗?

原则性的不同是利润和国家租金的形成过程。利润是在分权的、自发的市场合约过程中形成的,国家租金则是行政权力集中经济资源、集中经济决策的结果。企业利润是市场的企业合约产生的"组织盈利",它是市场中各类企业之间的竞争以及企业与非企业模式之间竞争的结果。国家租金体制消除了所有市场竞争,代之以在集中决定的企业组织模式下生产国家租金。从个人选择权利和选择范围的角度来想问题,容易发现这两种体制的差别。利润体制承认个人基于其拥有资源的产权进入、退出或者自组企业的权利,保障市场合约权的所得。国家租金体制从法权上消除了个人产权,从而也就禁止了个人自由选择市场合约的权利;个人只能在给定的公有制企业组织的框架内竞争,既不可以从他认定无效的企业组织中"退出",更不能创立与集中选定的公有制模式竞争的生产组织。因此,利润体制在充分利用 Hayek(1945)所重视的"每一个个人对其他人的信息优势"以及"在一切方向上探索生产性创新"方面,远比国家租金体制具有竞争优势。[16]

公有制企业的国家租金体制与市场企业的利润体制在激励强度方面还有实质性区别。第一,由于个人在公有制企业下可以合法拥有的仅仅限于"生活资料",因此个人可以合法分享的国家租金限额较低,与"无须封顶"的利润激励不可同日而语。第二,为了维持"生活资料"的分配属性,国家租金大量以等级制实物福利的形式发放,允许个人占用、消费和享受,但不可交易和投资,这固然使得国家租金体制看起来比较平等和公平,但同时也削弱了其激励效果。第三,国家租金体制下个人可得的租金索取权很小,但可能获得的租金控制权相比却很大。这里,"国家租金控制权"是指由公有制代理人控制的对生产和分配国家租金的决策和指挥权力。这种租金索取权与控制权极不对称的组合,事实上是以控制权来补偿租金索取权的激励不足,但是这样的制度安排给公有制企业体制带来滥用控制权的危险,从而有理由不被

---

[16] 参见汪丁丁关于哈耶克思想的系统阐释(1994,1999)。

看作是正的激励。第四,国家租金索取权,特别是控制权总是按照在职在位的原则分配,这增加了竞争现职的激励强度,但并不激励人们顾及当前行为的长远影响。对于那些可能对企业产生长远影响的行为,国家租金向现职倾斜的分配原则常常带来灾难性后果。

比较起来,利润体制从来没有把可分享利润的数额限于个人"生活消费",也没有对可分享利润究竟用于消费资料还是用于投资加以限制。由于利润激励体制建立在个人产权交易的基础之上,因此,即便是除了其自身人力资本别无长物的个人,同样可以凭借其人力资本取得市场机会,实现市值,并可能获得分享利润,然后通过再投资而拥有非人力财产。这就是说,个人拥有的有形和无形的人力资产可以转化为非人力资产产权。这一点对于理解利润激励制度的有效性相当重要。毕竟人力资产所负载的个人主体都有其自然生命周期,不但难免产出的波动,而且总要面临丧失生产能力、衰老和死亡。如果人力资本的所有者对其"财产"的收益限于生活性消费并且只能"即用即取",那么个人在其人力资源生产力不足和丧失时的"生活消费",就只能唯一地依靠公有制企业的养老和各项补助基金。⑰ 因此,个人对其人力资源的产权必须包括交易人力资源、投资和转化为非人力资本产权等全部权利,限制了其中一部分,激励强度就要下降。

国家租金激励和利润激励唯一相同的地方,就是都不能改变人力资源天然只能由其承载主体——个人控制和调动的事实。两种体制的差别,在于人力资源得到生产性利用的充分程度。在个人对其人力资源实际的产权得到合法承认的场合,某个企业合约的激励无效或激励不足,可以由人力要素向其他企业或非企业组织的流动来校正。因此,人力资源因为个人拥有较大的选择自由而得到更大程度的生产性利用。但是,在个人不能合法拥有其人力资源的场合,个人没有权利自由退出激励无效或不足的组织,也没有权利缔结他认为更有效率的组织合约。个人可以"选择"的,只是在给定的企业组织里,要么减少劳动和管理努力的供给,要么利用事实上的控制权和监督不足通过攫取公共资源非法地获得个人所得。在这两种场合,人力资源要么闲

---

⑰ 在理论上,公有制企业提取的养老和其他各项基金,可以通过投资于生产性资产而增值,从而每个人不再需要为自己丧失劳动能力以后的生活担心。但是,集中起来的基金无非是另外一类公共过道,必须有激励机制来保障其得到良好的关照,否则同样可以因为管理不善而被攫取和糟蹋。从经验上看,公有制企业最后不能兑现当年的福利承诺,一方面带来严重的社会问题,另一方面刺激所谓"59岁现象"的恶性发展。

置,要么被用于非生产性方向。由于国家租金来自于对资源的独家行政性垄断,竞争国家租金的努力还使得一部分人力资源被专用化为在公有制企业体制内设租和寻租,那就导致对人力资源的"反生产性"开发了。

我们的分析并不断言,公有制企业连同国家租金激励体制因此就根本无法生存。事实上,这种企业体制可以长久存在。因为公有制企业制度仅仅在法权名义上消灭了个人所有权,而在事实上它仍然面对个人控制其人力资本的现实,并通过国家租金激励来动员公有制企业内的人力资源。我们的分析只是表明,国家租金激励与市场体制的利润激励机制相比较处于竞争劣势。这有助于说明,为什么公有制企业在隔离市场竞争的条件下还可以"正常"地运转,而一旦与利润激励体制站在同一个竞争平台上,势必每况愈下。预言只须引进市场竞争而无须改革公有制企业产权的经济学家们没有看到,市场竞争的引进首先刺激国家租金激励体制下没有被充分动员起来的人力资本,首先使得一部分高质量的人力资源率先"退出"公有制企业而流向与其竞争的非公有制企业。因此,当国家间的政治、军事和经济实力的整体性竞争转向市场开放,即各种公有制企业与非公有制企业在同一产品市场上竞争时,公有制企业面临的命运就是或者在市场竞争中被淘汰,或者进行市场化产权改革。

最后简要讨论什么是公有制企业的市场化产权改革。在科斯指出"市场交易无非是产权交易"的时候,他其实已经提到了确立个人产权是市场化改革的真正基础。但是,在法权上否认个人私产的传统公有制企业体制不会轻易接受这一观点。于是,产生了"公有制为基础的市场经济"的新理论,而市场交易似乎也可以被限定在部分产品,并且是公有制企业的部分产品的范围之内。但是,一切产品和生产要素都互为投入产出的市场特性终究要表明,人为划定只允许一部分产品(服务)可以进行自由市场交易是徒劳的。部分产品(服务)的市场经济总会扩展为全部产品(服务)的市场经济,进而扩展为包含一切生产要素的市场经济。当人力要素终于可以合法上市交易时,公有制企业的市场化改革就触及了根本。因为任何一种人力资源只能以个人为载体;能够走上劳动力市场、技术专家市场、经理和企业家市场的只能是一个个自然人,而再也不可能是抽象的"全民"、"国家"和"集体"。公有制企业的改革终究要回答以下问题:承认还是否认个人对其拥有的人力资源的产权,承认还是否认个人的人力资源产权可以转化为非人力资本的产权。基于上述理由,本文把公有制企业的市场化产权改革定义为最终指向清楚界定个人产权的改革,并以此来理解公有制企业的市场化改革的逻辑。

六、小　　结

本文概述尚未发生市场化改革的公有制企业的性质。这就是,在法权上否认个人拥有生产性资源产权的基础上,公有制企业成为非市场合约性的组织;但是为了充分动员在事实上仍然属于个人的人力资产,公有制企业用国家租金激励机制来替代市场交易和利润激励体制。公有制企业是一座这样的公寓,里面甚至没有任何私人房间因为全部空间被法权承认为是公有财产。因此,这里的全部资源都是公共过道,按照国家租金体制界定私人在事实上对其进行占用和获得收益的权利。国家租金体制实际的执行,决定了公共过道的面貌和利用效率。本文认为流行的"委托—代理"框架和"所有权经营权分离"框架都不适合分析公共过道的经济性质,因而尝试用"法权的和事实的产权不相一致"的框架来分析公有制企业。我们将继续在本文提供的框架里研究公有制企业市场化改革的逻辑,其中心线索是在个人事实上拥有对其人力资产权利的基础上,公有制企业怎样向承认个人产权的法权地位的市场合约性组织转变。

参 考 文 献

[1] Alchian, A. and Harold Demsetz. 1972. "Production, Information Costs, and Economic Organization", *American Economic Review* 62: 777—795.

[2] Alchian, A. 1950. "Uncertainty, Evolution, and Economic Theory", *Journal of Political Economy* 58, No. 3: 211—221.

[3] Barzel. 1989. *Economic Analysis of Property Rights*. Cambridge University Press.

[4] Barzel, Yoram. 1977. "An Economic Analysis of Slavery", *Journal of Law and Economics*, Vol. 17, No. 1: 73—96.

[5] Chueng, Steven N. S. 1970. "The Structure of a Contract and the Theory of a Non-Exclusive Resource", *The Journal of Law and Economics*, Vol. 13, No. 1: 47—70.

[6] Chueng, Stenven. 1983. "The Contractual Nature of the Firm", *Journal of Law and Economics* 26(1): 1—21.

[7] Coase, Ronald. 1937. "The Nature of the Firm", In Coase. 1988. *The Firm, the Market, and the Law*. Chicago: The University of Chicago Press.

[8] Hayek, F. A. 1945. "The Use of Knowledge in Society", *American Economic Review*, September.

[9] Knight, Frank. 1921. *Risk, Uncertainty, and Profit*. Reprints of Economic Classics.

Angustus M. Kelley, 1964.
[10] Rosen, S. 1985. "The Theory of Equalizing Differences", In *Handbook of Labour Economics*, eds. O. Ashenfelter and R. Layard. Amsterdam: North-Holland.
[11] 巴泽尔,"公共财产财产权",《新帕尔格雷夫经济学大辞典》,经济科学出版社1992年版。
[12] 崔之元,"美国二十九州公司法变革的理论背景",《经济研究》,1996年第4期,第35—40页。
[13] 樊纲、张曙光等,《公有制宏观经济理论大纲》,上海三联书店1990年版。
[14] 荣兆梓,"论公有产权的内在矛盾",《经济研究》,1996年第9期,第16—23页。
[15] 汪丁丁,"产权博弈",《经济研究》,1996年第10期,第70—80页。
[16] 汪丁丁,"哈耶克'扩展秩序'思想研究",《通向林中空地》(汪丁丁自选集),山东教育出版社1999年版。
[17] 汪丁丁,《经济发展和制度创新》,上海人民出版社1995年版。
[18] 汪丁丁,"中文版序",《产权经济学分析》,上海三联书店、上海人民出版社1998年版。
[19] 吴敬琏,《现代公司与企业改革》,天津人民出版社1999年版。
[20] 张维迎,《企业的企业家——契约理论》,上海三联书店1995年版。
[21] 张维迎,"所有制、治理结构及委托——代理关系",《经济研究》,1996年第9期,第3—15页。
[22] 张五常,《卖橘者言》,信报有限公司1984年版。
[23] 周其仁,"市场里的企业:一个人力资本与非人力资本的特别合约",《经济研究》,1996年第6期,第71—80页。

公司理论与中国改革[*]

一、从科斯说起：公司是市场海洋里的岛屿

计划经济的思想起源，是公司理论。马克思论述过，大公司内部有计划，而整个社会无计划，正是这个矛盾将把资本主义推向灭亡。那时的看法，是生产力越来越社会化，所以公司就会越来越大，直到覆盖整个经济，把大公司的内部计划变为全社会的计划。这样看，计划经济的理论，其实最早就是一个关于公司的理论。列宁讲得更清楚，无产阶级领导的社会主义，就是把全体社会成员都变成国家公司的雇员，整个经济就是一个超级国家公司。

科斯回顾他的公司理论时，明确讲，他自己曾经受到列宁上述思想的影响，即国家也可以看作是一个大公司。当然科斯提供了关于公司的经济学分析。他首先问：在"充分竞争"的市场里，既然可以用价格机制配置一切资源，为什么还存在内部似乎不靠价格机制运行的企业呢？科斯的答案，是市场的价格机制有成本。这个"成本"，不是原来人们都熟悉的生产成本，而是在生产成本以外、为了完成产品的交换而发生的交易费用。随着市场的扩大，交易费用要耗费很多资源。在一些场合下，把运用价格机制的"市场协调办法"，换成在内部不讲价钱、靠命令指挥的"企业协调办法"，可以显著节约交易费用。按照科斯的这个理论，公司无非是节约交易费用的一种组织。

非常有意思，科斯是从"完美市场"出发，发现了市场交易存在费用，然后走到了市场里的企业组织。不过，科斯可没有走到超级国家公司那么远，因

---

[*] 本文是作者在天则经济研究所、广东人文学会"纪念改革开放30年研讨会"上的发言，文字经本人修订。

为他的分析还顾及另外一个成本,即"组织成本"——当公司把原本通过市场交易的活动集中到企业内部之后,公司组织的成本(包括决策、监督、管理的成本)就上升了。

完整地看,科斯的企业理论就是同时考虑两种成本:公司可以节约市场交易的费用,但又必须为此支付组织成本,当公司节约的交易费用与由此增加的组织成本在边际上相等的时候,公司与市场的边界就确定了。科斯用了他老师当年用过的一个比喻,认为真实的市场经济好比大海,公司则是海洋中的那些大大小小的岛屿。在科斯看来,在交易费用与组织成本并存的真实世界里,海洋不可能覆盖一切,岛屿更不可能覆盖全部海洋。

二、改革起点:运转不灵的超级国家公司

社会主义国家的改革,恰好站在科斯出发点的另一个端点。科斯从当代经济学的"完美市场"假定出发,发现了企业或公司存在的理由。中国的体制改革,则是从实践上的计划经济,即一个超级国家公司的现实出发。这个超级国家公司,把所有经济资源掌握在自己手里,靠国家机器的权威、强制力和全盘计划来组织国民经济。虽然列宁掌权后有过一段"新经济政策",就是国家仅仅控制经济命脉,而把大量小工业、小商业和小农业都交给私人和市场,可是那一段很短暂。斯大林推进了全盘国有化,把苏维埃经济组织成列宁在革命前设想的超级国家公司,内部靠行政命令组织计划经济,不给私人产权和自由市场活动留有合法地位。

轮到中国在更落后的一个农民国家里建设社会主义,大框架也是学苏联。不过毛主席对苏联的高度集权也不甚满意,几次试验分权,把中央权力下放到地方。回头看,那也只是在中央政府与地方政府之间分权,就是一个超级国家公司外加许多地方政府公司。这当然还不能构成市场经济的基础,因为在"一大二公"这样的问题上,毛主席一步也不让。真有哪里的地方政府把经济决策权放到私人手里,他老人家一定叫停,如1962年批"三自一包",叫停"包产到户"。所以整体看,改革前中国虽然有分权,但绝不接受私人产权,也没有私人之间的自愿订立市场契约的合法空间。整个经济架构还是一个超级国家公司,不过内部则是一个程度不如苏联那样"高水平"的计划经济。

这样看,社会主义改革的实际出发点,并不是市场的交易费用太高,所以

要靠扩大企业组织去节约交易费用。多少年来困扰社会主义经济建设的,是超级国家公司的组织成本太高,计划经济失灵,资源配置效率过低。数亿人民在和平时期要改善生活,涉及多少供求的变量及其协调?靠指令计划、超级国家公司集权决策去对付,信息成本太高,而人们工作劳动的激励不足。1977年中国改革的前夜,开过一个国务院务虚会,反思为什么中国与西方主要国家的经济、技术差距被拉大了,主要结论就是过度集权的中央计划经济越来越转不动。

三、改革发动:权力下放与农村包产到户

问题是,超级国家公司成立之后,一旦发现组织成本太高,究竟走哪条路线才能把经济运转的成本降下来,确是一个前无古人的任务。科斯的理论发现,说的是市场里的交易费用太高,可以扩大企业组织来加以节约。但是社会主义改革面对的困难,完全自成一家:国家超级公司太大,组织成本太高,怎样才能有效降低呢?

方向似乎容易确定,那就是从覆盖全部国民经济的超级国家公司,转向给"市场的海洋"更大空间、让看不见的价格机制之手在配置资源方面发挥作用。这也许就是"市场化改革"战略的由来。但是,在铁板一块、一切归公的体制下,究竟如何重建市场,人类历史并没有现成的经验和理论。

科斯在1959年的一篇论文里提到,清楚的权利界定是市场交易的关键条件。这个命题包含了一个朴素的道理:如果一件东西不是我的,那我哪里有权就把它卖给你呢?所以,交易要以权利界定为前提。既然市场经济以交易为内容,那么市场的前提就是清楚的权利界定。

中国的改革,在实践上是从重新界定权利入手的。在"邓小平做对了什么"一文里,我回顾了这个过程。原来的公有制计划经济,其实是一套权利界定,即人们可以怎样行为、不可以怎样行为的一套制度规范。在改革形势的逼迫下,权利被重新界定,正因为重新界定了权利,特别是重新承认了私人产权包括转让权,市场关系才重新在中国发展了起来。

1978年中共十一届三中全会部署的改革,是扩大国有企业的自主权。那是基于四川的地方改革试验,把原来由国家经济机关控制的决策权,放到企业层面。这也是对外部冲击的一种反应,因为外资开始进入中国,它们可以快速作决定,但国企不行。什么都要批准,很大的国企连盖个厕所都要申

报批准,所谓"打酱油的钱不能买醋"。福建的国营厂长说,不是我们没有竞争能力,而是我们的手脚都被捆着,国家要先给我们松绑。新华社记者调查重庆钢铁公司的故事很有名,那里有一套设备是洋务运动时代的,能耗极大,如果把动力改一改,两年的能耗节约就可以把投资收回。可是报告打了多少年,还是没有批。所以当时改革的口号是放权、松绑。

有意思的是,扩大企业自主权还没有在全局推开,农村的包产到户改革就提上了日程。在一个纪念农村改革 30 年的会上,当年主管广东农村工作的杜瑞芝讲了一句精彩的话:农村改革的第一动力是农民的肚皮!就是种地的人吃不饱饭,肚子饿得不行,逼着搞包产到户。也不是第一次,最早的包产到户是在温州永嘉县,1956 年下半年高级社就开始搞的;1961 年安徽省有 40% 的生产队搞了包产到户。问题是以前每当形势好转,临时的权宜之计就被收回了。

四、中国路径:底层创新,上层承认

仔细观察 1978 年后的农村改革,同过去一样,是农民和生产队干部首先在底下改,自发地搞包产到户。不一样的地方在哪里呢?就是上层的政治思想路线有了根本变化,执政党痛定思痛,提出实事求是,反对本本主义、教条与僵化。在这条思想路线下,一些地方敢于率先承认底层的改革实践,至少不打棍子,允许试一试、看一看。一批地方看到了改革效果,中央再用政策文件给予承认,最后立法,完成权利重新界定的合法化全过程。

这条"中国路径"非常有价值。因为权利的界定与重新界定,涉及行为和预期,如果预期不稳定,人们就不会有长期行为。中国的办法是对底层改革先局部承认,然后不断重申"政策不变"、"长期不变",最后时机成熟,推进立法,把改革重新界定的权利真正在法律层面"定"下来。

杜润生在他的回忆录里提到,邓小平早在 1962 年就说过,"生产关系究竟以什么形式为最好,要采取这样一种态度,就是哪种形式在哪个地方能够比较容易比较快地恢复和发展农业生产,就采取哪种形式;群众愿意采取哪种形式,就应该采取哪种形式,不合法的使它合法起来"。很幸运,这样一种为政态度,在中共十一届三中全会上成为主导路线。这改变了中国的命运,因为在底层、在第一线,总会逼出一些解决实际问题的办法,问题是,它们能不能得到"上层建筑"的合法承认。得到了,重新界定权利就有了一个制度性的成果。得不到呢？底层经验还是个别经验，顶多是权宜之计，不能长久。

"上层建筑"不简单。思想和观念有很强的顽固性，何况各方的利益有矛盾，而各人看问题的角度也常常不同。1980年中央会议讨论农村改革，省委书记那样的大官也因为观点不同而闹到不欢而散。"你走你的阳关道，我走我的独木桥"，反映的就是底层自发改革要得到上层的承认不容易。所以，实践检验真理是一个知易行难的过程。

重新界定权利可以激进，也可以渐进。中国改革的历程大体上是一步步来的。就是今天看，农村土地的所有权还是属于集体的，似乎与几十年前一模一样。只是所有权的内涵改变了，无非通过承包合约，把农地的使用权、经营权、收益权直至承包期内的转让权，一项一项都界定给了农户。农地的集体所有权还在，不过在这个所有权的"箱子"里，还剩下一个内容，就是定期把农地发包给农户，除此之外别无所为，"集体"也因此就成为一个消极的所有者。在生产和经济活动中，积极的是承包者即农户。

有朋友批评承包制不彻底，说还是维护了一个所有权意义上的集体，因此也就给基层权力人物侵犯农民利益留下一块制度的基础。这个批评有道理。可是如果当年不走包产到户这一步，中国农村根本就走不出来。先走了这一步，后面沿着进一步界定产权的路子，总还可以继续走下去。比如承包制还算集体资源的一种经营方式，但农户的承包所得，就可以是清清楚楚的合法私产。这说明，"不彻底的"承包制，也是重建"彻底的"私产制的一座可行的桥梁。这个改革的逻辑，不但在农业承包中是成立的，而且在农村非农业活动，直到小城镇、大城市的国有工商业承包改革中，也都是普遍成立的。这是后话，按下不表。

承包制是权利重新界定的一种中国形式，也是超级国家公司从高组织成本的困境里走出来的一条现实通道。从公有制的承包经营，到包括私产制在内的多种产权制度的形成，终于奠定了中国走市场经济之路的基础。

五、"剥削"疑云：承认雇工经营的合法性

产权不是拿来说的，而是要拿来用的，特别是用来保障与他人的合作，通过交换形成专业化分工。这里头有一个事情比较麻烦，就是雇工。随着农业大锅饭的终结，农村出现了大量"剩余劳动力"，农业里面用不了，要进入商业和工业，于是出现了雇用工人的现象。这涉及传统社会主义的敏感点。原本

搞超级国家公司,目的之一就是消除资本主义剥削,当时的政策,私人雇工超过7个人就是资本家,就是剥削阶级。

这是继包产到户之后,改革碰到的第二件大事。这个事处理得比较成功,基本办法就是先看,不贸然做决定,更不准一棍子把这个打下去。

当时抓住的案例有几个。一个是广东高要县的陈志雄,承包养鱼,有三百多亩水面,靠家庭劳力和几个帮手就不够了,雇工超过7个人。这是不是就是资本主义呢?很多人开始讨论,后来胡耀邦亲自过问,要求把情况弄清楚,不同意见可以辩论,但不要打棍子,还决定在《人民日报》上公开讨论。这样的问题原来是不能讨论的,真放开来讨论,发现也没有想象的那么可怕。

第二个是安徽芜湖的年广久,有名的"傻子瓜子",雇工六十多人,工资水平比当时当地国有企业的工人高,只是没有那些福利,而被他雇去的人原来也并没有端上国企"铁饭碗"。当时的调查,最重要的发现是,由于年广久炒瓜子成功,很多人就跟着炒瓜子,互相竞争,你炒瓜子要雇人,他也要雇人,雇主之间增加了竞争,对工人就有好处。杜老亲自组织了调查,把情况摸得非常仔细:到底雇了多少人,发了多少薪水,给国家交没交税,老板总共得多少利润,都查清楚,然后把不同意见的论据也搞清楚,整理了一个材料报给邓小平。记得传回来的邓小平指示,就是五个字——"先不要动他"。这个"动"字大有讲究,过去批资本主义,不但用批判的武器,而且常常是"武器的批判",就是用专政手段来对付。这次小平说不要动,就是不准沿用旧法。在"不要动"的前面有个"先"字,我们的理解是为了让党内不同意见有个缓冲余地,至少看一看、试一试,最后下结论也不迟。

看来看去,社会主义承认私营企业并没有什么真实的危险。这是中国经济发展非常重要的一步。其实邓小平重新执政不久,就重新起用荣毅仁,也就是过去的民族资产阶级的代表,办法是主要由国家出资办中信公司——荣毅仁先生个人也出部分资金——但把管理全权交给荣老板。实际上是国有资本加上企业家能力——这是过去不可能想象的事情。另外,包产到户后民间自发生成了很多新的企业组织形式,邓小平一直说看一看,不要动,这么一个政策取向大概维持了二到三年。1986年的中央5号文件开始宣布,可以把私人企业放到社会主义框架里来处理。中国的工商登记开始有了"私人企业"这一类别。开始很多人不敢公开去登记,觉得还是戴个红帽子比较安全。只有温州是个例外,据说那个登记条例一出来,温州当天就有百十家民营企业去登记,有的拿证的时候流下了眼泪,觉得终于有一个合法地位了。这是中国改革的第二次飞跃,不但承认劳动者基于自己劳动能力的财产权,还可以在法律和政策的框架内,通过市场合约包括雇工合约来发挥企业家才能,对付市场不确定性。

六、惊险的价格闯关

邓小平的改革最了不起的地方,是在多种形式的经济组织发展起来以后,及时发动价格改革。逻辑是这样的:当一个超级的国家公司分解成许许多多分立的公司,加上新形成的民营公司,整个经济就无法再靠计划和命令来指挥,而必须充分发挥市场价格机制的协调功能。从1988年春天开始,邓小平开始推进价格改革。中国把价格改革叫作"价格闯关",是很有道理的,因为这是经济体制改革的核心和关键。原来苏东国家比如波兰,改到价格体系就出了大问题。这是一个大关口,没有坚定的政治支持过不了这个关。

邓小平坚决推进价格改革。这一点难能可贵。通常讲,经济学家理解和相信价格机制,总的说来比较容易。但大权在握的政治家,要相信价格机制一般就比较难。因为所谓"看不见的手"在不经意之间就把看得见的计划之手给替代了。价格机制发挥作用的地方,审批之手、权力之手就要失业。邓小平当过中央总书记,指挥过千军万马,分明拥有强有力的"visible hand"。像他这样的大政治家以及他的同事们,对价格改革不遗余力地支持和推进,是改革最不容易的地方。没有强有力的政治支持,价格改革很难成功。可是,要政治家支持价格改革,又谈何容易?

当然,1988年那一波价格闯关的发动,并没有成功。那年中央政治局关于价格和工资改革的决定一发布,全国就发生了抢购和挤兑。主要的教训是在货币太多的情况下,放开价格就把隐形的通胀变成显性的通胀,公众无法接受。不过,邓小平并没有因此就把价格改革当作不能再碰的禁区。他耐心地等了几年,直到把超发的货币收拢得差不多的时候,到1992年他又推动价改。中国价格改革的大步推进,是在1993年完成的,连最厉害的粮食价格都放开了。这为中国社会主义市场经济的确立,奠定了一个基础。

概略地看,邓小平领导的中国改革,就是通过重新界定权利、激活市场合约、确立的市场价格为基础的协调机制这三个要点,就把传统社会主义的超级国家公司模式,从根本上改变了。这个改革过程,社会没有发生大的震荡,经济活动不但是连续的,而且在连续中保持了高增长。中国正是通过改革开放,成为一个有全球影响力的发展中大国。

七、靠法治约束权力

回头谈科斯的公司理论。他的出发点是离开当代主流经济学的那个"完美的市场"(perfect market),科斯不相信有完美市场这回事,因为他发现了交易费用,而形形色色的企业组织与合约形式,正是为节约交易费用才活跃在真实世界里。科斯理解的公司,就是通过内部下命令、搞计划和战略、有老板和经理、靠看得见之手指挥,从而节省了市场的交易费用。但是,科斯也不相信公司越大越好,因为他还发现了大公司不能不面对的"组织成本"。至于超级国家公司,即把整个国民经济组织成一个统统不用市场价格机制、只靠命令指挥的中央计划经济,那固然能把所有交易费用都省掉,但此种"节约",本身也要付出代价,因为超级国家公司的组织成本会史无前例地高。这样来看科斯的理论,就是坚持从成本的约束出发,分析真实世界里的市场、企业和政府。"成本"是一种现实约束条件,非下功夫调查不可。离开成本约束,"理想的模式"从完美市场到超级国家公司,都只不过是想象而已。

中国改革的出发点,不是完美市场,而是超级国家公司或者说完美的计划经济。搞了多少年,面对的是计划体系内部的麻烦——信息成本高、激励程度低。所以,改革的基调是从国家超级公司即计划经济出发,走向更多利用市场价格机制。那么,改革是不是要走向"完美的市场"呢?谢天谢地,因为有了科斯的工作,人们知道天底下根本没有那回事。现实的体制出路只能在两个思维极端的中间,既不是超级国家公司,也不是所谓的完美市场。

改革的难度在哪里呢?就是离开了完美市场和超级国家公司这两极,中间还有一个伸缩余地很大的体制选择空间。中国从超级国家公司走出来,靠的是重新界定权利。问题是,权利的重新界定是一个过程,其中有一个关键,邓小平提出来了,但并没有解决,这就是国家行政权力的界定和约束。因为过去的超级国家公司是政企合一、政经合一,改革下放权力,把行政权和经济权一起放下去了,新问题是,下放的权力靠什么去约束?离开有效的约束,行政权力进入了市场,腐败就不是个别官员的道德问题,而是制度性的问题了。行政权力广泛地搅进了市场交易,怎么解决?

邓小平做过很多探索。1980年就讲党和国家体制的改革,1986年他重提这个话题,讲得非常清楚,一是说如果不搞政治体制改革,经济体制改革的成果是守不住的;第二条,如果不搞政治体制的改革,经济体制改革是不能继续下去的。就是说,在经济改革发动以后,一定要适时发动政治体制改革。改革的要点是把超级国家公司的那部分行政权力,重新约束起来。1987年中共十三大通过了政治体制的改革纲领,但是1988年价格闯关失败,接着发生了北京政治风波,失去实施政改纲领的机会。1992年邓小平南方谈话再推改革,主要推的还是经济改革、市场化和加快发展。政治体制改革,是邓小平的未竟之愿。

超级国家公司不纯粹是一个企业,它同时还是一个"权力"(power)系统,不仅仅是"产权"(property right)关系那样简单。"权力"的含义是合法强制力,不受竞争的市场的约束。所以权力的重新界定,比产权的重新界定要困难得多。我的看法,超级国家公司通过分权之路走向市场的途中,并不适合用一个合约理论框架来处理的。一些经济学家习惯用市场性合约理论来处理,用委托代理模型、地方政府竞争等等,我认为他们可能看漏了一项关键的约束,就是合法强制力不受市场合约的约束。现实中的中央政府部门或地方政府,虽然看来很像公司行为,但是里面有一个因素,即权力因素、合法强制力的因素,并不是市场合约可以对付的。譬如收入分配不公,公众的意见很大。但收入问题不单单就是差别问题,更根本的是凭什么造成的收入差别?姚明的收入高,是一回事;但是武汉火车站那个腐败站长的收入高,是另外一回事。利用倒票获取的不法收入,来自权力即合法强制力,并不是市场竞争力量可以节制的。

"分配不公"就是凭借合法强制力赚钱。要明确,这个问题不是单靠经济改革可以解决的,更不能把这些活动"化装"成市场竞争。我们要肯定,中国的改革从超级国家公司那么一个极端走出来,取得了巨大的成功,有了农民承包,有了民营企业,有了国企的改革,也有了一个按照价格机制配置资源的市场经济的基础,这些改革极大地解放了生产力。但是,我们也要看到,改革并没有完成。最大的挑战是,政企合一的超级国家公司,在放权以后,产权可以通过市场竞争去约束,但放出来的行政权力却要靠法治才可能加以有效约束。这是更困难的改革。

八、土地、垄断国企与价格改革是难点

有一种看法,认为中国的改革在策略上是渐进的,或者是一些学者概括的"增量改革",以区别于俄罗斯的"大爆炸"。不过渐进改革要坚持"进"并不容易。突出的就是上文讲到的行政权力分权后进入市场,一旦获得巨大的经济利益就不容易再改了。这里的困难,不再是认识上的,或纯粹意识形态上的,而是非常坚硬的、实在的既得利益。目前的观察,凡是难度大的改革,都与此有关。

比如土地产权制度的改革,最早发生,但到今天还有一些要害问题没有解决。农地农用的体制基本顺了,就是承包到户、长期不变、落实转让权,可以基本适应生产力的要求。但是,农地一旦转为非农业用途,还是那个国家征地制度普照天下。为什么农民的土地一旦转为非农业用途,就一定要国家强制征购,然后要由政府把土地批租给市场呢?这是最明显的行政权力进入市场的例证。现在大量的社会冲突都发生在这个领域。为什么农村的集体建设用地,就不能直接进入土地市场呢?讨论了多少年,局部试验的经验也不少了,还有更多地下、半地下的做法,为什么就是迟迟不能完成全国范围的合法化?我认为找不到别的理由,就是权力搅市场的收益太高,既得利益方绝不肯自动放弃。

像大都市周边的农民"小产权"房,是全世界都没有见过的:房子是私人财产,但底下的那块宅基地却不是私人财产。几亿农民进城,城市用地当然要增加,但乡下作为福利分得的宅基地,农民却无权转让和交易,那份土地资源的配置,因此也就不受市价的指引。结果中国快速的城市化不但没有更集约地利用土地,反而造成土地的更不集约利用。一方面城市地价高悬,一方面农村有大量未加利用的建设用地。如此的"土地危机",是改革没有适时推进的必然结果。最近国家开始推进林地产权的重新界定,是一个重要的改革。类似的水权、矿权等重新界定,尚有大量文章可做。

再比如,民营企业有很大发展,近年还通过了"非公经济三十六条",但大型垄断国企还是偏多偏大。毕竟改革 30 年了,现在凡是国家搞赔钱的,一定会改。问题是剩下的"高盈利"部分,在市场禁入或限入条件下赚取的高额利润,对国民经济整体而言究竟是什么含义?当下没人讨论这样的问题,反正有天文数字的盈利,高歌猛进,似乎只有继续做大做强这么一件事情。

价格改革究竟完成了没有？大部分价格由市场决定是事实，但一些关键的价格还是行政定价。汇率、利率、能源如油煤电，更不消说药价医价，近年凡严重困扰国民经济的，看来看去都与价格机制未能发挥作用有关。经验证明，价格管制不但影响资源数量的配置，还要影响商品服务的品质。没有进一步的价格改革，很多乱象难以根除。

总之，中国改革成就伟大，任务艰巨。只有认真总结自己的经验，才能更好地前进。现实的现象和问题纷繁复杂，本文借用公司理论的简单框架，认识过去，面对未来。以上这些看法，供各位批评。

竞争、垄断与管制
——"反垄断"政策的背景报告*

引　言

本报告应国务院体制改革办公室产业司的委托而作,旨在为政府制定"基础设施产业反垄断政策"提供基于学术研究的背景报告。无须特别说明,本报告提出的理论观点和建议均为受委托方的个人见解,与作者所供职的机构或任何其他机构无关。根据委托研究合同的规定,本报告仅供委托方制定政策时参考。

在简短的引言之后,本报告包括以下部分:一是"反垄断"政策的基本原则,阐述"反垄断"政策的主要原则,可以看作是本报告基本结论的一个政策性概述。二是定义与理论,解说有关竞争、垄断和反垄断的基本概念和相关学术论争的焦点问题,提供有关理论背景。三是管制与管制改革,概述相关国际经验,主要区别了发达国家政府干预经济的三种主要形式,即"宏观调控"、"反垄断"和"管制",着重研究管制怎样从市场竞争中产生、发展,进而引发"管制改革"的经验和问题。四是重视自己的经验教训,主要以我国民航、电信业的开放竞争为经验基础,讨论我国"反垄断"实践的若干值得注意的问题。五是政策选择与约束,立足于理论、国际经验和国内经验,前瞻性地提出今后一个时期"反垄断"政策面临的主要选择和约束。

为了便于委托方阅读,本报告采用概述有关学术著作的写法,除非十分

---

* 本文写于 1999 年 7 月,未曾公开发表。

必要,不做过于细致和烦琐的文献引证。

一、"反垄断"的基本原则

(一) 开放市场准入,改革行政性垄断部门

为了发展社会主义市场经济,保持国民经济的健康成长,必须在基础设施产业的各个部门,逐步扩大市场开放。提出"扩大市场开放"政策的主要目标,是通过引进并增强市场竞争机制,显著提高基础设施产业投资和营运效率,增加国民经济的整体竞争力。

我国基础设施产业的现行体制,主要特征是行政性垄断。行政性垄断是以政府名义实施的市场禁入,不同于市场经济里其他的垄断形态,比如由于创新形成的垄断、由于竞争实力形成的垄断以及仅仅由于成本特性形成的所谓"自然垄断"等等。由于行政性垄断能够排除在位垄断经营者所有当期和潜在的合法竞争对手,因此,它常常违背政府垄断基础设施行业的初衷,导致经济行为的扭曲和经济效率的低下,抑制基础产业的供给和需求。更严重的问题是,长期的行政性垄断所形成的特殊既得利益,妨碍了国民经济的这一重要部门对技术和市场需求的变化做出灵敏和有效的反应。

基础产业部门在最近几个五年计划期间,经历了高速增长。主要的推动因素包括:第一,市场需求的强力拉动;第二,财政资源的动员和投入;第三,实施了某些市场化改革的尝试。但是,整体来看,我国基础产业的增长,主要还是依靠政府动员财政性资源来应对市场需求的模式来实现的。由此,也在客观上掩盖了行政垄断产业和市场的体制弊端。当前,行政性垄断部门的资费偏高、服务质量改善不足,已经成为国民经济发展的严重制约因素。为了在短期内刺激消费需求和投资需求的更快回升,并形成能够支撑国民经济持续增长的基础产业和具有市场竞争力的公司,必须对我国行政垄断行业,实施全面的、根本的改革。

(二) 长期目标和特殊任务

根据国际国内的经验,解决行政性垄断问题必须有清晰的、不动摇的长期目标。这就是,在基础产业领域永久性地消除市场禁入,通过各种形式的市场竞争,达到有效的资源配置、分工深化和经济增长。

为了实现上述长期目标，需要明确我国面临两项特殊的约束。第一，在基础产业长期实行着国有垄断体制，政府直接经营基础设施产业；第二，市场导向的公司化改革时间不长，改革力度还很低。因此，与发达国家不同，我国难以通过简单宣布消除市场禁入政策，就能够期望马上出现与在位垄断商势均力敌的竞争对手，很快形成一个竞争性的基础产业。

相反，我国必须对原来行政性垄断的产业部门，首先由政府实施大刀阔斧的重组，形成一个大体可操作的竞争性框架，然后再经过市场性重组，实现长期目标。没有政府主动充当"第一推动力"，打破既得利益的传统格局、形成竞争性市场的过程将极其漫长。

困难在于，政府在执行特殊的、用行政手段重组行政性垄断产业部门的时候，要防止陷入一个循环：本来为了达到彻底消除市场禁入而实施的行政性重组，由于行政性手段本身固有的笨拙，或者由于行政权力的使用不当，反而远离改革的长期目标。为了防止出现这一局面，必须恰当地提出和处理以下一系列问题。

(三) 对内开放与对外开放的一致性

中国加入 WTO 的谈判和协议签订，表明改革开放达到了一个新阶段。开放我国基础设施部门的市场竞争，将是进入改革开放新阶段的重大事件。总的说来，在加入 WTO 的总框架之内，已经包含了国民经济命脉部门的逐步开放，因此不必另起炉灶，为基础设施部门的"反垄断"制定单独的政策纲领。但是，对外的进一步开放，将引起产业既得利益的重大调整，对人们的思想认识也形成某种冲击，有可能激发狭隘的民粹情绪，甚至酿成某种复杂的局面。为此，在进入 WTO 前后一个时期，要适当强调"对内开放"。这里所谓对内开放，就是那些长期由政府以国有经济形式垄断的产业部门和市场，对国内非国有经济成分开放。对内开放的程度，应该等于或者高于中国在 WTO 协议中承诺的对外开放的程度。

在实施对内扩大市场开放的过程中，应该大力借鉴我国在加入 WTO 过程中积累的宝贵经验。主要有：① 要提出一个基本准则作为"事前规则"，这就是根据我国 20 年改革开放的经验和国际经验，放弃一切产业部门的政府垄断，向组成社会主义市场经济的一切所有制成分开放市场；② 要针对各个大行业的具体情况，确立开放市场的范围、主要步骤和关键细节；③ 要对现存相关法律法规，作全面的清理和调整，特别是系统清理和修订原来基本上由行业部门起草、旨在保护行业部门权力的旧法,重新制定《电信市场法》、《电力市场法》、《铁路市场法》和《民航市场法》;④ 要提出一揽子的关于开放市场、修法立法的计划时间表。

如同改革开放、进入 WTO 等重大决策一样,扩大对内开放市场先是关于中国和世界大势的战略判断,必须有坚强的政治领导。应该明确,要由战略判断来指导战术细节的选择,而不能颠倒过来,由操作细节来决定选择大政方针。特别要防止,各种局部既得利益与纷纷繁繁的"专家意见分歧"绞在一起,使得方方面面莫衷一是,失去对大机会和大趋势的把握,延误时机。

(四) 政府有序地退出市场

在各大产业部门,政府退出市场垄断的步骤各不相同,但是根据已有的国际国内经验,政府退出市场必须有序。首先,政府要主动充当开放市场的第一推动力,实行政企分开,在原先独家行政垄断的行业组建数家竞争性公司,并坚决而稳妥地完成从行政控制价格转向市场竞争定价的体制,依靠市场价格机制来配置资源、引导企业行为;其次,政府将考虑进一步消除市场准入方面障碍,以各种形式扩大市场准入,特别要放弃市场准入方面的所有制歧视,扩大国内非国有经济成分进入各大产业市场的范围。在以上过程中,政府管理逐步转向对所有经营性竞争公司一视同仁的资质管理、牌照管理和行为监督,培育多种非政府管制的控制机制,包括竞争者的互相监督、行业自律、消费者及其组织的监督、舆论监督等等,逐步减轻政府管理市场的行政负荷,加强法治意识和市场管理的法制建设。

政府的管制机构,要逐步扩大管理范围,缩小管制重点。由于在各种产品和服务之间存在广泛的替代竞争,政府管制部门的设置,要逐步超越按照计划管理生产时代的局限,形成对大交通市场、大能源市场、大通信市场的综合性管制,关照各类产品和服务之间的联系,消除妨碍替代性竞争的因素。必须明确,扩大管制范围只有在集中、缩小管制重点的条件下才能真正做到。政府必须从直接的市场准入审批和价格管制,转向管制市场参与者的资质和竞争行为。

基础设施行业的竞争局面一旦形成,政府要因势利导,让市场机制在市场结构的重组中发挥更大的作用。必须明确,数家竞争的局面一旦形成,特别是这些公司相继进入资本市场之后,进一步的分拆或合并,要由市场去决定,而不宜由政府继续主导,避免政府的决策负担过于沉重和导致过大的风险。政府可以"善始",却不一定"善终"。要更多地按照公司法和其他市场法规,将基础产业市场的重组交给市场去解决。以民航、电信为例,因为开放市场竞争的尝试较早,现存的市场结构、公司定位包括业务划分,都要不断随市场情况的变化而变化,不可能完全指望靠政府行政命令来完成全部重组。

(五) 逐步扩大法院对市场管制的介入

为了更有效地妥善处理基础产业市场里的各种利益矛盾,防止"加强监管"过程中难以避免的权力腐败,要把目前"行政管制部门对应被管制企业"这样单一的"上下垂直关系",逐步改成包括行政管制、法院裁决、市场自组织仲裁,以及庭外和解等多种方式在内的复合体系。这对提高市场管理中信息交流和处理的质量,制衡管制权力,增加利益协调的程序性权威,都具有战略意义。特别要扩大法院对市场管制的介入。为此,在相关法规的修订和重立过程中,要增加设置专业的市场管理法庭,专门受理这些市场管制中发生的政府管制部门与公司和消费者在管制过程中可能发生的矛盾,既限制行政管制的权力、防止管制权力的滥用,也减轻行政管制的负荷和压力,为管制消亡准备条件。

(六) 兼顾投资人、营运公司和市场消费者的利益

开放市场、打破垄断,是为了更好地发展我国的基础设施产业,为国民经济持续健康增长奠定可靠的基础。为此,必须协调投资人、营运公司和消费者之间的利益矛盾,要特别注意避免转型时期严重的利益冲突。

鉴于基础设施行业"资本密集"的特点,保持吸引资本流持续不断地投入基础设施行业的建设和技术改造,甚为重要。为此,必须善待境内外、国有和非国有的投资人。必须清醒地认识到,政府垄断部门高额垄断利润的存在,对于吸引资金投向这些产业部门,是一个重要诱因。随着开放市场,垄断利润将合乎规律地减少,如何形成吸引投资的新诱因,是发展这些部门有待解决的新问题。根据国际国内的经验,政府人为地"创造"投资诱因的做法,既不可能持久,也难以避免严重的副作用。但是,政府在减少政策和制度风险、降低市场交易费用、提高政府服务质量、维护市场竞争的公平性和透明度等方面,是大有可为的。这应该是政府在新时期工作的重点。

对于不同时期的投资人,他们在打破垄断、开放市场的过程中,所承受的制度性风险是不尽相同的。较早期的投资人,可能因为开放市场的政策实

施,而遭遇较高的政策、制度变化的风险,生产预期混乱。为此,有必要参照国际经验,在开放市场加速的情况下,对原先预期可以有更长时期垄断租金分享机会的投资人,给予适当的补偿。同时,要尽可能公开宣布未来市场开放的时间表,帮助潜在投资人有预先的计算和准备。

政府垄断的基础设施行业内的大公司,连同其积累的管理经验、技术知识和上下游联系、整合的能力,都是国民经济建设中重要的资源。这些部门工作人员的一些毛病和陋习,首先是垄断体制的结果,换谁去工作,相差都不会太远。因此,在打破垄断、开放市场的过程中,要避免拟人化宣传,把一切问题归结于人的品格。另外,反垄断绝不是"反大公司",开放竞争也绝不是搞平均主义。必须明确,如果市场竞争扩展了市场规模,中国需要,也一定可能产生更大的、更强的现代公司。应当看到,人民群众和舆论对垄断部门的意见、批评和不满,是发动打破垄断、开放市场的重要力量,但是也要提防,情绪化潮流同样可能妨碍市场竞争秩序的形成。

消费者的购买力是产业发展的动力。打破垄断、开放市场、形成竞争,从理论上能够扩大消费者的选择、刺激市场需求、增加国民真实所得,这是我们的政策应该期待出现的效果。但是也要看到,市场开放对产品和服务品质的保证,要有一个过程,期间如何切实保障消费者利益,也就是市场购买力,要发现新问题、研究新办法。中国正处于"消费者主权意识"萌生、提升的过程中,要明确消费者主权同样必须纳入市场竞争的框架,防止产生重大的偏差。政府偏护公司是错的,政府偏护消费者违反经济规律的要求,也是错的。政府要充当独立在上的、产业利益冲突调停人的角色,按照"手心手背都是肉"的原则,兼顾各方利益。

二、定义与理论

(一) 垄断的含义

"垄断"的语文词义是"排他性控制"和"独占"。因此,通常讲来,经济行为上的垄断,可以包括所有单一的个人、组织或集团排他性地控制某种经济资源、产品、技术或市场的行为。从这一点看,词语学意义上的"垄断"是一个中性词。固然,"排他性控制"行为可能产生许多影响经济增长和经济效率的负面效果,但是,"排他性控制"也是经济秩序的支撑点。比如产权的基本特征就是排他性专有,而行政权在所有文明国家都由一个政府独占。如果两个以上的主体声称对同一幢房子拥有同等的产权,或者两个以上的政府声称对同一个管辖区拥有同等行政权,那就天下大乱,不会有经济增长和经济效率。

经济学上的"垄断"概念,比语文意义上的垄断定义要复杂。虽然我们可以直截了当地说,垄断就是在一个产品市场上只有一个买家或一个卖家。但是,导致市场被独占的原因,却是多种多样的。更为重要的是,由种种不同原因引起的市场垄断,对经济效率的影响很不相同。经济理论和政策的分歧,常常发生在对垄断行为不同的因果关系的认识上。

(二) 不同的垄断成因

发生市场垄断的成因,大体有以下五种:

第一种,由资源的天赋特性,带来产品(服务)的独特性。比如龙井茶、莱阳梨和邓丽君的歌。这类产品,市场上独一无二,消费者又愿意出价来欣赏,资源所有者就拥有排他性的独占权。

第二种,发明专利权或版权,或者像可口可乐配方那样的商业秘密。这些资源没有天赋的独特性,但是在想象力和科学技术的商业应用方面,具有独特性。政府如果不通过法律保护专利和商业秘密,发明和创新的供给就不足,对经济增长不利。当然,技术一旦发明出来,由社会共用可以加快新技术的普及,所以对专利的保护,通常设立一个时间区间,过了时限就对社会免费开放。

第三种,赢家的垄断。凡竞争就有输赢,商场竞争的胜出者可能凭实力和策略,一时之间将所有竞争对手赶出市场。典型的案例,是 IBM 和微软公司,不是别人不可以做电脑硬件和软件,而是一时之间没有谁做得过他们。

第四种,成本特性产生的垄断。一些产业,需要巨大的一次性投资,才能形成供给能力。这些投资一旦发生,就成为"沉没成本"(就是几乎别无他用)。对于这些产业来说,新的竞争对手面临很高的"进入门槛",因为他们必须再支付一笔巨大的投资,才可能与在位厂商竞争市场需求。这就是通常所说的"自然垄断"。

第五种,强制形成垄断。这就是运用非经济强制力量,清除竞争对手,保持对市场的排他性独占。这种强制的势力,可以是高度非制度化的,如欺行霸市、强买强卖;也可以是高度制度化的,如政府管制牌照数量,或由立法来阻止竞争而产生的行政性垄断。需要说明,强制形成的垄断,虽然动机完全不相同,但在行为上,垄断者的地位都是由非经济力量造成的。

在真实世界里,一果常常多因。以美国 AT&T 公司为例,早年是创新带来的垄断(发明电话),后来是自然垄断(铺建了全国电话网络),而 1926 年后就享有强制的垄断(法律确立的电话市场独占权)。再看现在热闹非常的微软反垄断案,微软公司创新的垄断是否伴有其他"不正当手段妨碍竞争",成为控辩双方分歧的焦点。为了得到关于垄断行为后果的简明分析,我们需要进一步区分两种性质不同的垄断。

(三) 从产权角度区别垄断

上述垄断成因,进入细节问题之后,纷繁复杂。为了制定政策所需要的明了和准确,需要进一步化繁就简。本报告从产权角度,对垄断作进一步的区分。

我们要明确,在许多情况下,"垄断"恰恰是产权的同义词。上文提到的基于资源独特性、发明和创新、竞争胜利以及成本优势的垄断,都是从"产权排他性"中派生出来的垄断。保护产权,与保护这些垄断,具有一致性。产权是排他性的专用权利,是市场经济的基础。产权像一切权利一样,依托于社会关于"正确和正义"的共识,但离不开正式的和非正式的社会强制。其中,政府依法保护产权是现代经济秩序最重要的环节。政府保护产权,当然就是保护排他性权利。在这个意义上,保护产权必定派生出一些垄断——排他性控制——的结果。

我们也要明确,政府保护产权的原则,是保护产权主体对于其拥有资源的排他性选择权,但又必须以这种排他性权利不妨碍他人行使产权为限。比如,政府保护房屋主人排他性的居住权,但是,房主在他的房屋里产生可能损害他人利益的行为,从发出噪音到窝藏毒品,都要受到限制或法律制裁。

到了市场上,产权问题变得复杂起来。因为这里有众多的买家,也有众多的卖家,各有各的产权,行使起来互相影响。甲、乙都要卖货,竞争导致价格下降。在这个意义上,甲乙双方都受到对方的"损害"。能不能为了保护甲的产权,而将乙逐出市场?不能,因为那样就侵犯了乙的产权(交易权)。能不能同时保护甲乙双方,下令提高市价?也不能,因为那就侵犯了买方的产权。所以,在市场上,政府只能遵循一个原则:保护各方平等交易的权利,但不保护任何一方资源的市场价值。否则,必定违反普遍保护产权的原则。

上文提到的第五种垄断——强制性垄断——就是保护某一方产权的同

时,限制甚至禁止了其他方的产权。与前四种市场垄断不同,强制性垄断不是普遍保护产权的结果,而是侵犯产权的结果。

(四) 什么妨碍技术进步和经济增长

传统的经济理论没有清楚地区分不同的垄断,也没有清楚地区别不同垄断对经济行为和经济效率的不同影响。流行的教科书讲,垄断——市场上只有一个供应商——带来的"市场权力"(market power)使得垄断商可以通过控制产出的数量,来提高价格,获取垄断利润。此外,由于独家控制市场,技术创新的动机遭到削弱,产品和服务的质量通常也会比较糟糕。

但是,以上"规律",忽略了在真实市场过程中,保护产权所产生的垄断,与侵犯他人产权的垄断,行为和效果是不一样的。

仅仅拥有独特的资源,能不能持续控制价格、获取垄断利润?经验证明,不能。这是因为,绝大多数独特资源生产出来的产品和服务,都可能有替代的产品和服务。龙井茶叶的替代品包括黄山毛峰、福建乌龙、雀巢咖啡,可口可乐的替代品是百事可乐,邓丽君的替代呢?是四大天王、毛阿敏,以及梅艳芳。物以稀为贵是正常的,但是市场规律是,独特资源要是身价太高,等于召唤形形色色的替代品进场。什么是技术进步?其实就是不断发现、发明替代。

创新的垄断,也不能持久。商场如战场,既生瑜,又生亮。政府保护创新专利,只要没有剥夺别人创新的权利,创新带来的垄断,通常不能持久。靠创新获取垄断利润吗?等于动员天下英雄好汉加快发明替代,竞争始终是非常激烈的。

胜利者赢得市场优势之后就减量提价,是可能的。但是,正如弗里德曼指出过的,这样一来,垄断商等于在补贴他所有的潜在竞争对手。只要潜在的竞争压力没有消失,标准教科书举证的"垄断行为",就将先被淘汰。

最后,是所谓"自然垄断"。过去的分析认为,巨大的沉没成本提升了潜在进入者的"进入壁垒",从而构成在位者的垄断优势。但是,只要进入壁垒真的只是"自然"形成,技术发明寻求替代的竞争压力就无时不在。在位商受潜在竞争压力的作用,行为不能太离谱。

所有垄断的类型当中,只有强制地限制了市场准入,才真正妨碍技术进步和经济效率。因为对市场机会的强制性禁止和限制,才可能完全地或部分地消除替代,也就是消除潜在的竞争。

(五) 两个错误的垄断推理

因为没有清楚的产权理论，一百多年来的垄断经济学理论含混不清。含混的理论带来许多错误推理，以致谬种流传、以讹传讹。严重而普遍的错误，在于形成以下两大推理：

第一个错误推理是，政府为保护独特的资源、保护创新、保护成功和保护自然垄断，应该对这些特别的市场设置行政性进入限制，以减少社会资源的浪费。

这个推理，把保护产权与保护市值，混为一谈。政府应该保护产权，但是政府不应该也不可能保护特定资源权利的市值。政府对产权普遍提供保护的职责，不能偷换为靠限制或取消对一部分产权的保护，来达到保护另外一部分产权的目的。更危险的地方在于，只要政府有理由为保护一部分产权而侵犯其他方的交易权，终究就有理由侵犯任何一种产权。

从经济效果来分析，我们质疑政府为了保护龙井而禁售乌龙，为保护可口可乐而禁售百事可乐之类，真的就可以"减少社会资源的浪费"。是不是浪费，要问市场上的买家，而不能由政府或专家作主观裁定。买方愿意出价购买的产品和服务，"浪费"从何谈起？试图消灭这种"浪费"，等于消灭经济。

更广泛的错误，是认为政府对"自然垄断"行业应该限制市场进入，才能"减少严重的重复建设和恶性竞争"。就是说，自然垄断还不能过瘾，必须加上政府的强制性禁入，才能"更优"。但是，只要加上行政性垄断排他的因素，自然垄断就再也不"自然"。我们再也无从分辨：究竟是规模经济导致一家供应商在技术上更优，还是行政垄断排除了一切潜在的竞争对手？是成本优势令潜在别人裹足不前，还是政府权力压制了技术进步和替代？

行政权力创造的垄断租金，将不断引诱各方不惜耗费资源来攫取。假以时日，行政垄断租金的耗散，终究要抵消垄断减少重复建设所带来的节约。政府垄断产业的"是否节约社会资源"，要长期看，才有最后的结论。

另外一种情况，即便政府控制了自然垄断行业的市场进入，替代还是难以完全杜绝，只是代价更为巨大。举一个实例，如果自来水早就开放市场竞争，现在满大街还有没有这样巨大的对矿泉水的需求？社会关于可饮用水的总投资，是不是可能节省许多？所以，武断地说政府控制自然垄断行业的准入，一定可以"减少浪费"，不过是更多的浪费被忽略不计的结果。

第二个错误推理是，由于看到竞争是保证经济增长和技术进步的基础，因此,政府要运用行政力量,反对任何形式的市场垄断。

这里的错误,在于把保护产权产生的垄断,与侵犯产权的垄断混为一谈。竞争固然是技术经济进步的基本动力,但是,竞争要用清楚的产权界定和有效的产权保护来加以约束。缺乏有效产权约束的竞争,会让社会付出经济秩序方面的巨大代价。

在政府普遍保护产权的条件下,市场上还是会发生各种各样的垄断。但是,未曾侵犯他人产权的"垄断",无伤大雅。独到的资源和独到的资源利用方式,是垄断;成功的胜者拥有市场权力,是垄断;专利在有效时期内,是政府保护的垄断;商业秘密,更是垄断。所有这些垄断,都不能贸然反对。因为这些垄断,有的本身就是排他性产权的同义词,有的是市场竞争的手段、目标和结果。赞成产权、赞成市场竞争,所以不能反对这些垄断。

如果笼统反对一切垄断,发展成不分青红皂白地反对一切大公司、反对一切市场赢家、反对任何情况下市场份额的寡占和独占,甚至反对创新领先,那就变成反对产权、反对市场竞争、反对技术进步和反对经济增长。

以上关于垄断的第一错误推理,强调经济落后,民间经济不成熟,所以必须由政府限制产权,特别是限制市场交易权,才能加快经济增长。关于垄断的第二错误推理,强调的是在发达的市场经济里,大公司的市场权力过于强大,需要政府施加法律和行政的平衡。殊途同归,都没有找准竞争、产权、政府和垄断关系的重心所在。

当前我国处在从低收入经济向中等发达经济过度、从计划体制向市场体制转型,需要研究两大错误推理带来的实践教训,防范两大错误推理对我国"反垄断"法律和政策框架发生不良影响。我们更要当心,防止两大错误推理在我国的特殊国情里混合变种。

(六) 小结:反垄断的要害是"反对市场禁入"

概括以上分析,我们认定真正危害技术进步和经济效率的,是强制禁止或限制自由进入市场。其他诸项,包括独到的资源控制、创新领先、企业规模大、技术实力强、已经支付了巨大的沉没成本、占有很大的市场份额,以及莫须有的"垄断意愿"等等,统统有其名、无其实。

清楚的概念,才可能产生明了的政策。政策明了,解决问题才可能抓住重点。因此,本报告建议,政府总的政策口号,拟提"开放行政性垄断市场",重点是"消除市场禁入"。本报告还认为,权衡利弊,兼顾当前和长远,舆论和宣传上要避免过于笼统地"反垄断"。特别要防止,将"反垄断"混同为反大公司、反市场成功、反创新,甚至是反一切排他性的专用权。

现实的市场垄断形态是复杂的。保护产权的垄断,可能扩大保护而转变成侵犯他人合法权利。资源独特、创新、成功和成本优势的垄断,也可能派生出形形色色强制性排他性独占的要求。我们承认实际情况非常复杂,但是,唯因实际情况复杂,才需要简单明了的准确概念作为政策的基础。政府在反垄断政策的制定和执行中,应该坚守如下原则:普遍保护产权,反对市场禁入。对付所有"复合型"市场垄断,关键是消除市场准入的强制性障碍,以此为界,不越雷池一步。

三、管制与管制改革

政府确定了消除垄断、开放竞争的政策,实施之后,如何管理基础设施行业?当前的主要思路是,开放市场与加强管制(或说加强监管),两手并重。本报告为此在以下部分集中讨论管制和监管问题。中心是要说明,"管制"是发达国家政府管理市场经济的一种特殊形式。伴随市场经济的发展和管制的实践,发达国家提供的从"管制建立"到"解除管制"和"管制改革"的经验,非常值得我们借鉴。最早实施管制改革的国家,发生了"再管制"和"管制消亡"的争论,也值得我们关注。

(一)"管制"概念

"管制"不是一个传统的或日常使用的中文词汇,其字面含义包含"控制、规章、规则"的意思。作为一个外来词,管制(regulation)反映的是一种政府与工商企业的关系,就是政府运用具有法律效力的规章控制工商企业的行为。

经济学和法学关于管制的定义有许多。但是,根据《管制与市场》作者史普博的断言,"一个具备普遍意义的可有效运用的管制定义仍未出现"(《管制与市场》中文版,第28页)。有的经济学家指出,管制是政府针对工商企业的公共政策。有的强调,管制的实质是政府命令对竞争的明显替代;或者,是在一般法的正规执行之外,运用政府强制力来迎合某些特殊目的。有的干脆说,管制是管制者们的所作所为。

但是,所有关于管制的定义包含一个共同的行为特征,即政府依据法规对企业的市场进入、价格决定、产品质量和服务条件施加直接的行政干预。

撇开关于管制的起源、效果和价值评判等等歧见纷纷的问题，撇开管制手段和管制重点的历史演化和国家之间的差异，管制总是政府对企业在市场上活动的直接干预。这是"管制"的基本特征，不会因为"regulation"被翻译成别的名词，例如"规制"，而有什么实质不同。

(二) 政府管理企业活动的主要形式

上面定义的"管制"，发生在西方发达的市场经济国家，具有非常重要的，但容易遭到忽略的背景限制。本报告强调以下三点：① 法治，特别是政府依法行政的传统已经确立；② 政府和企业之间的界限比较清楚，一般没有政企不分的问题；③ 除非法律限制，私人产权包括资源的使用、收益和交易权利不受侵犯，而法律是一个公开的、各方可参与的立法（修法）程序的结果。本报告特别强调，不能脱离这个背景来借鉴发达国家的"管制"经验。

为了清楚地理解以上背景，我们有必要指出，"管制"只是西方发达国家政府管理经济过程诸多形式当中的一种。"管制"与其他政府干预经济的形式之间，有着非常重要的联系和区别。

简要说来，西方发达国家政府管理经济的形式，包括以下五种：

(1) 普通法（主要是财产法、合同法和民事法）管理私人经济行为。核心是保障产权的有效界定、不受侵犯。由于产权在行使的过程中会发生互相作用和影响，因此需要一套一般性的行为规则来对产权的利用加以限制。尽管如此，产权执行中还是可能发生大量纠纷，需要公正的判决、裁定和调解。因此，在立法之外，"国家的作用仅限于提供一套法院体系"。像中国老话所说，"民不举、官不纠"。只是这里的"官"，不是无所不管的"父母官"，而是专司司法职能的法官。历史地看，普通法是西方管理市场经济的基础。几百年来，西方国家在其普通法的基础上形成了其市场经济的文明。

(2) 反托拉斯法。这是1890年后率先在美国形成的新的政府管理经济的传统。鉴于大公司市场权力的扩张，美国国会通过了这套特别的法案。此后，不但私人可以提出反托拉斯诉讼，而且司法部被授予特殊权力，用于审批企业合并案例，并对违反反托拉斯法的公司提出调查、取证和公诉。要注意，原来美国政府被限制活动在公法领域，只能对刑事案件提出公诉。现在，政府可以因为特别的民事事项（涉及反托拉斯法）公诉私人公司，所以反托拉斯也被看作一个公、私法混合的领域。不过，政府反垄断的行政权力，依然受到独立的司法系统的制衡，因为司法部提出的反垄断公诉，最后由独立的法院和法官来裁决。许多案例,政府花费了巨额行政经费调查、取证,但最后还是败诉。

(3) 宏观调控。就是20世纪30年代大危机之后,根据凯恩斯的经济学说逐步形成的政府通过货币政策和财政政策调节经济景气的实践。必须强调,宏观调控是政府对经济活动的间接干预。就是说,政府仅仅改变企业和个人作经济决策的环境参数,但不干预、不限制,更不替代企业和个人的经济决定和行为。目前许多人把政府的所有干预,甚至政府管制价格和限制市场进入等直接管制行为,都当作"宏观调控",是错误理解凯恩斯主义的结果。

(4) 管制。政府依法对企业和个人的经济活动施加的直接的行政干预。管制的起源和发展,因时因地不同(详见下一小节),但共同的发生特征是,不但普通法的约束和调节,而且反垄断和宏观调控的实施都被看作不足以满足市场秩序的要求。这时,"管制"就出现了。需要明确,与反垄断的做法不同,管制是政府部门依据法律的授权采取直接的干预措施,而不是仅仅充当公诉人;与宏观调控不同,管制试图改变的不是决策参数,而是直接控制决策和行为。另外,我们也要指出,发达国家的管制,仍然植根于普通法传统的深厚土壤。具体表现在:① 管制需要立法提供法律根据;② 管制部门要得到国会的特别授权;③ 受管制市场的企业和个人,可以根据普通法和行政法对政府的管制行为提出法律诉讼。

(5) 国有化。政府依照法令,并运用财政资源新建国有公司,或者收购公司的全部或部分股权。由于政府是国有公司的老板,因此可以通过对公司的内部控制来直接实现政府的政策目标,而不需要经过反垄断、管制等外部管理的方式。但是,西方国家的国有公司要受立法机构和选民以及舆论的监督管理,并且参加与其他非国有公司的市场竞争。此外,国有公司的比重在第二次世界大战后的西欧高一点,在美国比较低。美国也有不少国有资源,但一般来说,政府不利用国有资源参与和私人公司的市场竞争,所以很少组织成国有公司参与市场营运。

以上五类,国有化是政府对企业的内部直接控制和干预,管制是政府从外部对企业的直接行政干预,宏观调控是间接的参数干预,反垄断是间接的司法干预,普通法是对私人产权最一般性的法律约束。

(三) 管制:由来和发展

据上所述,管制是政府直接用行政手法干预企业的一系列行为。为什在发达的市场经济里,会发生管制?

许多人简单地以为,自由竞争的市场不可能做到商家的个别利益与消费者利益以及社会利益的完全一致。由于自发形成的价格,没有也不可能完全反映商业活动的社会成本,因此仅仅依靠价格机制,不能完全消除企业和私人行为带来的负面"外部效果",甚至有了普通法、宏观调控和反垄断法还不够,还是需要政府对企业活动做出直接的干预。西方主流经济学关于"市场失败"的理论,强化了人们对这一问题的认识,从而为政府实行管制提供了系统的理论根据。

根据以上认识,管制是政府应消费者的需要,主要是为了保护消费者和全社会免遭企业盈利性活动可能产生的损害,而提出并实施的行政措施。

但是,经验表明,对管制的"需求"不但来自消费者,而且更来自企业和政府机构本身。虽然管制常常声称是为了社会利益,但是实际上,能够从管制中获得利益的,不但是消费者,而且是被管制行业的厂商、相关利益方以及政府管制机构本身。正是这些复杂的多方利益主体的互相作用,才在国际国内政治、意识潮流以及偶发事件的推动下,形成管制和管制的变化。

以美国为例。最原始的,并延伸至今的管制,可以拿政府对含酒精饮料的生产和销售的直接干预为典型。在历史上著名的《禁酒令》失败后,美国各州政府都通过发放营业牌照,直接控制酒类销售市场的进入者、消费者年龄以及合法出售酒类的场所和时间。是的,关于酒精饮料的管制从来就以未成年人、社会公众甚至嗜酒者家庭的"幸福"作为公开的诉求。但是,这套管制严格限制了酒类销售市场的竞争程度,从而保护了在位者的利益,而政府相关审批、发牌机构以及官员的权力和利益,也显著增加。因此,推动并维持酒精管制体制的,不单单是可能受到"酒精饮料的自由交易"损害的家长和嗜酒者亲属,而且也包括受管制体制保护的在位销售商和政府机构及官员。

需要探察的是,为什么像反托拉斯那样的政府行动,还是不足以满足"社会对政府管理市场交易的要求"? 流行的解释是,比之于反垄断诉讼,管制可能节约更多的执法成本(包括时间),并且可能带来更有效的资源配置。这是因为,① 管制机构分工专门,拥有比政府反垄断部门和一般法院更专业的知识;② 管制机构拥有法律授权的直接裁决权,所以处理问题无须等待漫长的司法程序。兰迪斯——美国新政时代的"管制先知"、哈佛法学院院长和罗斯福任命的证券管理委员会委员——写道:"要符合专门化的要求,就必须通过创立更多的行政机构来扩大政府在经济发展各个阶段的影响力,创立更多而不是更少的机构最有助于提高政府管制过程的效率。"他明确主张,各种独立的管制委员会应当是政府的第四分支,应当是"半立法、半行政、半司法的"。

是的,随着市场范围的扩大、分工深度的提高和交易活动的高度复杂化,对政府管理经济提出越来越高的知识要求。关于管制的知识专业化,以及由此产生的大量"管制专家",既是分工的结果,也是产生更复杂管制结构的原因。像市场里任何专业化分工一样,管制专家总是倾向于建议使他们的专家资产增值的管制体制。但是,与一般的分工专业化有所不同的是,管制专业知识和专家的"买方",只有政府一家,因此缺乏市场竞争的筛选和淘汰。因此,如果没有适当的抑制,管制——作为政府直接干预企业的行政行为——将会不断自动加码,直到在"社会利益"的名义下,使整体经济增长因为过度的管制而失去活力和效率。

(四)管制扩展的逻辑与后果

美国曾经是"管制的资本主义"的一个典范。虽然像许多其他国家一样,美国政府也直接拥有一些重要机构(比如田纳西流域管理局、地方公共电力事业、邮政体系、机场、码头和运输公司),但是相比之下,美国的"国有化程度"是很低的,而美国政府拥有的许多资源,例如国有土地和国家公园,在宪法原则下不可以从事商业性营利活动。也许正是这个原因,导致美国政府对经济的干预,更多地集中在政府管制私人公司的市场行为方面。

事实上远在《反托拉斯法》之前,美国成立于1887年的州际商业委员会(ICC),就拥有管制铁路的权力。这家标志经济管制开端的联邦机构,职责就是确保铁路运输价格的"公平合理"、运货人与公众的"公平待遇"以及限制铁路巨头对铁路商务的操纵。开始的时候,美国法院还限制着ICC的权力,但是,随后"进步主义"(以揭露商业活动中的各类丑闻、邪恶和堕落为主旨的思潮和社会运动)的压力,加大了ICC管制市场价格和进入的权力。

1913年,美国建立了联邦储备系统(中央银行)和联邦贸易委员会(FIC),随后,建立了罐头业与畜牧围栏管理局(1916年)、食品和药品管理局(1931年)、联邦通信委员会(1934年)、联邦证券与交易管理委员会(1934年)、联邦海运委员会(1936年)、民用航空委员会(1938年)、联邦公路局(1966年)、进入70年代后,又设立了联邦铁路局(1970年)、环境保护署(1970年)、联邦邮资委员会(1970年)、国家公路交通安全局(1970年)、消费品安全委员会(1972年)、能源管制局(1974年)和核管制委员会(1974年)等等,连同州一级的政府管制部门,到 1975 年美国共有一百多个政府管制机构,而受管制行业的产值占全部 GDP 的四分之一。

物极必反。过多的政府管制直接干预市场进入和企业定价,不能不阻碍市场机制正常发挥配置资源的作用、抑制企业家精神、助长官僚主义和各种转嫁自己行为不良后果的道德风险。20 世纪 60 年代,甚至连在罗斯福新政时代为创建美国式管制体制做出重大贡献的兰迪斯,也开始指责管制体制的僵化和无能。他断定"拖沓已经成为联邦管制的标志",并举例说完成待决的天然气价格的申请要 13 年,即使把人员增加 3 倍,在这 13 年内累积起来的新的申请批准也要到 2043 年才能处理完毕。

(五) 管制改革:美国的经验

"管制改革"(regulatory reform)起源于 20 世纪 70 年代中期的美国。像一切制度变革一样,思想解放发挥了前导性的作用。注重经验研究——就是从实际后果,而不是从所宣称的伟大意图来检验经济制度和政策的正确性——的经济学、法学和其他社会科学,从美国 20 世纪 30—70 年代发展到登峰造极的管制实践中,发掘出大量资料证明"管制失灵"对经济效率的负面影响,要比所谓的"市场失灵"更加严重。芝加哥大学的斯蒂格勒教授以他关于"管制者是被管制行业和企业的俘虏"的著名发现,获得了诺贝尔经济学奖。不过,只有当奉行中间政治路线的布鲁金斯学会以及耶鲁、哈佛大学的名家们纷纷加入之后,挑战管制主义的思想理论才成为不可阻挡的洪流。

在操作层面,最先对新政传统开刀的不是保守的共和党人,而是时任参院"行政实践与程序"委员会主席的民主党爱德华·肯尼迪。1974 年,肯尼迪请哈佛一位法学教授布雷耶为他准备了一份调查清单,而首批由参院决定调查的项目当中,就包括了航空管制。当然,解除管制的政治荣誉还是要归里根总统。因为正是这位政治能力常常被低估的共和党总统,下决心起用纽约州公共服务委员会主席、前康乃尔大学经济学教授卡恩,出任联邦民用航空局局长。卡恩的施政纲领别具一格:在事事要靠行政审批的民航业引进竞争,由市场接管原来由民用航空局五个委员会做出的经济决定,直到解散联邦民用航空局。

卡恩的改革后来被冠以"开放天空"而载入美国管制改革的史册。主要的做法是,政府不再用行政审批(包括听证程序)的办法来干预民航的票价决定和市场进入。航空公司可以自由地、竞争性地决定机票价格,也可以自行决定是进入还是退出某个市场或某条航线。所有其他公司、新的投资人也可以决定是否组建新的航空公司。结果,民航票价大幅度跌落,而对民航服务的市场需求量急剧上升;一些老牌航空公司走向破产,而新的成功者因为适应市场形势而欣欣向荣。最重要的也许是,美国航空业在竞争的压力下创造了"枢纽港模式"(就是用支线小飞机把各地旅客集结到一些中心枢纽航空港,然后高频率地飞向全国和世界各地的枢纽港)。

"开放天空"的成功,为里根政府赢得了声誉,也开了美国"解除管制"(deregulation,可以直译为"反管制")的先河。随后,铁路和货车运输、电信、金融、电力等部门纷纷开始解除自罗斯福新政时代以来形成的"管制下的垄断"体制,按照各行各业的技术特性,引进市场竞争。"解除管制"甚至深入到传统上被认为只能由政府独家经营的业务。新兴的快件专递公司挑战政府邮政,将美国的快件业做成了全球领先的大市场。此外,彼此竞争的民间保安公司部分替代了"独家经营"的警察部门,向社会提供了按照市场规则运行的安全服务。环境保护成为"生意",因为一些地方接受了经济学家的建议,由议会决定年度可污染的"额度",然后各方投标竞买"污染权"。甚至还出现了"民办监狱"这样的新鲜事,就是由"公司化的监狱"通过竞标向政府司法部门"接单",承担市场化的犯人管理(到 1996 年,全美有 170 家公司制的监狱和看守所)。当然,还有美国式的"私有化":联邦和州通过证券市场出售政府拥有的公司权益,包括国有的铁路公司、港口和机场、军队的商业服务资源以及城市供水系统。

解除管制并不意味着政府什么都不管了,而是政府从最不适应的领域和环节"退出",从而能够集中精力和财力,在需要政府管理的环节加强管理。例如,联邦民航局果然如卡恩和里根之愿被撤销,但是随后又成立了联邦航空安全局。不过,航空安全局不再从事票价控制、航线分配和市场进入管制,而是依法监督、管理各航空公司的飞行安全。在运输、电信、电力和金融领域,解除管制与"重新管制"(re-regulation)交替进行。但是从实质而不是名称来看,所谓"再管制"就是政府开放了所有这些敏感的、"战略性的制高点",并在开放市场的基础上探索行政管理的新经验。

(六) 英国:直接吸取"管制改革"的力量

比较起来,70 年代末撒切尔领导的市场革命,中心旗号是"私有化"而不是"解除管制"。这是英国国情约束的结果,表明各国总要在各自的经济、政治和社会的具体环境中解决各自面临的紧迫问题。

作为老牌的资本主义国家,英国国力的逐渐下降源于其竞争力的丧失。到70年代,"英国"已经病入膏肓,差不多"沦为欧洲的穷国"。要害问题如撒切尔上台前所指出的,是"垄断的国有企业和垄断的工会"导致英国生产率停滞不前,而国家的福利、补贴开支却如脱缰之马。"食之者重,生之者寡",老牌资本主义照样不堪一击。撒切尔的保守党政府对症下药,选择"私有化"和削减英国工会脱离生产率的福利诉求。

更值得注意的是,英国政府并没有简单照搬"管制市场"的传统模式,而是直接吸取美国"管制改革"的经验,探索建立更加有效率的政府管理市场的体制。本来,如上文说明,"国有化"是政府直接运用对国有公司的控制权,从内部直接控制国家经济命脉。因此,在国有化模式下,政府与大公司一体行动,国有大公司也不以营利为目的,所以一般也不需要政府从外部"管制"。那么,当国有公司私有化之后,公司有了私人的股权,甚至被私人资本控股,公司有了市场盈利的动机,会不会利用其既有的大公司"市场权力",将国家对市场的垄断转化为私人对市场的垄断呢?

答案是肯定的。因此,在美国解除管制的同时,英国有了"重建管制"的必要性。事实上,撒切尔政府在准备英国私有化方案的同时,非常注重美国的政府管制市场的经验。但是,撒切尔及其保守党思想库对英国病的深刻反思,使得他们对"通过管制重建政府至上"的回潮倾向保持直觉的警惕。加上里根"解除管制"的革命如火如荼,英国得以直接从"管制改革"的经验中吸取营养,而没有掉入传统的政府管制市场的泥潭。

具体说来,英国的如下四点经验值得中国格外注意。

第一,出售国有资产("私有化")与开放政府垄断市场并举。必须指出,这不是一件容易做到的事情,因为从财务操作的角度看,政府在保持市场垄断的条件下出售国有大公司的股权,卖价通常可以更高。所以,仅仅由增加短期财政收入的动机来"推动"改革,虽然在短期内可以把"行政垄断权"高价出卖,但是竞争的市场没有形成,产业的生产率没有显著提高,公司就不可能更有市场竞争力,也不可能有长久和持续的融资能力。

第二,政府启动竞争结构的形成。由于英国国有化范围广大,严重窒息企业家创业精神,因此与美国有所不同,并不是一宣布开放市场,很快就可以形成竞争性的市场结构。在这种具体约束之下,英国政府通过立法,设立新公司进入原先政府独家垄断的市场,先形成"双寡头垄断竞争"(duopoly)局面,然后通过逐步增发经营执照,增加市场竞争者的数目,直到完全开放市场准入。英国这样的做法,缺点是政府"挑选"先进入者,可能挑错;而在市场有限开放的条件下,一旦政府挑错了"候选人",并没有别的办法可以矫正。例如,英国电信市场上由政府特别法令组织的"水星"公司,拥有与大英电信同样的经营权,但是七年之后,其市场份额还是不足 10%,与"双寡头竞争"的设计相去甚远。但是,政府有一个大体的开放市场步骤的时间表,有利于投资者、经营者和消费者对未来的体制变化建立一个大体的预期,有利于转型时期协调各方利益矛盾。

第三,管制机构非行政化。因为政府对正在开放的市场的必要管理,涉及巨大的、多方的利益。建立纯行政机关来管制市场,不但可能导致管制过程中的信息垄断、权力过于集中而顾此失彼,而且容易发生寻租、设租行为,出现行政腐败甚至政治腐败。因此,英国建立了许多包括产业、消费者、独立的专家系统与行政官员组合的市场管理机构,由专门的法令规定其信息交流、权力运作的程序。就是说,从一开始,就特别注意"监管监管者"的问题。

第四,逐步扩大市场性监管,减少行政性监管。事实上,政府设立专门机构管制市场,所要达到的目标,比如物美价廉、品质保障、非歧视和市场秩序等等,可以经由各种手段达到。以英国电信管制机构(Oftel)1999 年 5 月发布的《关于 1999/2000 年电信市场管理计划》为例,可以看到他们把"监管"分为"专门管制机构的监管"、"行业自律性监管"、"竞争对手互相提供的行为约束"(也就是消费着增加了选择权利后,厂商竞相"讨好"消费者以保有市场份额)和"其他政府机构的监管"等四类。在私有化和市场开放的早期阶段,"专门管制机构的监管"要占全部监管的绝大部分,而后,伴随着市场竞争程度的逐步提高,"行业自律性监管"的比重提高,而"竞争对手互相提供的行为约束"越来越占有重要地位。

如此一来,管制机构就非逐步"自废武功"不可。这与通常可以预期的管制机构不断强化自己权力的"理性行为"就冲突了。英国人是怎样解决这个矛盾的呢?他们的办法是,"承诺"逐步减少管制预算,并给出时间表。还以 Oftel 为例,作为英国电信业的专业管制部门,不但决定逐年减少本部门的财政开支预算,将年度预算从 1998/1999 年的 1 279 万英镑,减为 1999/2000 年的 1 263 万英镑、2000/2001 年的 1 201 万英镑和 2001/2002 的 1 197 万英镑,并且向社会公布!

(七) 新管制经济学

不过,许多学者还是强调管制的不可废除。为了解决老式管制带来的种种问题,一门被称为"新管制经济学"的学问在近年发展起来。这门新学问的背景是"机制设计"理论,就是要用高深的现代经济学理论来为管制提供"指导",改善政府管制市场的传统模式。

例如,新管制经济学提出了"激励性管制"的概念。传统的价格管制原则是"成本加成",就是管制者依据企业的成本加上一个合理的利润来决定价格。但是这样一来,被管制公司就没有足够的动力去降低成本。当然,管制者可以去核查企业的"真实"成本。可是,成本并不那么容易被核查,因为"公司会掩盖低成本的事实"。况且,即使管制者能够神奇地把垄断公司的真实成本核查得一清二楚,由于缺乏控制成本的内在动机,已经发生的真实成本是否真正是"低成本",还是大有疑问。结果,无论引入多么高明的成本核查程序,被管制企业的成本状态还是"糟糕"和"不尽如人意"。这就给新管制经济学提供了用武之地,一个"高效能激励性方案"被提了出来,这就是所谓"最高限价管制"。

按照设计,政府管制部门的最高限价等于一个固定价格合同,公司每增加 1 元成本就减少 1 元净收入,这可以激励企业节约成本。另外,最高限价可以矫正"成本加成管制模式"的"价格结构不合理",而在最高限价的新模式下,只要(平均的)价格总水平不超过最高限价,公司就可以针对不同的客户收取不同的费率。这样,最高限价在理论上可以符合 Ramsey 定价原则,那就是在保证被管制公司利润不为负的条件下,定价使"社会福利最大化"。

其实,从斯密(1776 年)到科斯(1945 年),经济学的"古老观点"就已经指出,那些具有高固定投资成本、平均成本高于边际成本的行业,如果按照边际成本定价,一定导致亏损。可是,高于边际成本的定价,又怎样保证"社会福利"不受损失?出路就是"适宜的价格分歧",即"必须在那些给公司带来正效益的价格中找出各种受消费者欢迎的服务的价格"。这里的关键词是"各种",就是说,差别定价。

但是,切莫过早欢呼理性的胜利。因为至少还有一个问题没有解决。最高限价怎么就能够恰好被政府管制者定在"保证公司不亏损而使社会福利最大化"的水平?这里,经济学理论的精妙又一次依赖于一个前提性假设,那就是管制者要知道被管制公司"成本状态"的充分信息。否则,在"保证公司不亏损"里,就已经含了一块"租金",成本被高估的公司在最高限价规则下,照样可以得到与其控制成本的努力无关的收益。这表明,新管制经济学的最高限价方案并没有因为利用了更复杂的理论工具就注定"优于"成本加成合同,因为传统模式"尽管对降低成本的激励不够,却能够有效地榨取公司潜在的寻租"。

换言之,在市场禁入(限入)的条件下,无论政府管制者多么高明,也只是在两种均未完全消除浪费的管制模式中选择一种:是用成本加成办法"榨取租金",还是用最高限价激励被管制公司节约成本?这说明,天下并没有可以"指导"价格管制优化的理论。相反,没有一种万能的模式适于"制定一个对所有运营商都适用的法规"。

新管制经济学没有指出的是,在市场禁入的约束下,由于竞争的缺乏,根本就不可能依靠精确表达的理论,就完全消除价格管制中的"社会福利损失"(也就是"租金")。种种精心设计的管制机制,至多改变垄断租金的分布,从而引导当事人寻租方式的改变。更一般的结论是,市场竞争从来就不是理性设计的结果。"管制改革"的实践已经表明,所有行业的"市场禁入"都是可以突破的。而只有突破了市场禁入造成的垄断,才可能重新应用价格机制。归根到底,在处理发散信息流的方面,竞争定价的体制比新管制经济学的"机制设计"更具比较优势。

(八) 管制消亡:理论和实践

事实上,早就有一些理论家讨论过"管制消亡"的问题了。这方面开创性的经典思想可以追溯到 1959 年科斯对美国联邦通信委员会(FCC)的研究。他追问这家权威管制机构的权力起源,结果发现关于一项特别资源——无线电波——的分配难题,奠定了 FCC 令人耀眼权力的基础。早期,无线电频道的占用涉及航海安全——远洋的船只靠无线电定位和发出紧急呼叫。因为从来没有关于看不见摸不着的频道资源的市场,只好靠政府分派(管制)频道。但是,政府从运用行政手段配置稀缺经济资源的第一天开始,经济效率和行政效率的问题就挥之不去。同那些念叨"外部经济效果"教条的经济学家们不同,科斯问了一个问题:为什么政府不可以避免直接分派频道,而出面组织"频道资源的拍卖"?

科斯的问题直截了当。政府组织频道资源的拍卖,等于政府将原本"无主"的"公共频道资源",通过"出价高者得"这样一个简单的准则,转化为可以由价格机制来配置！既然价格机制死而复生,管制(用行政手段直接控制价格和进入)当然就不必要了。受科斯思想的启发,人们扩大了研究视野。只有一条铁路吗？为什么不可以将这"唯一的经营权"拿到市场上拍卖呢？城市要限制出租汽车的数量吗？为什么不可以拍卖？进一步,为什么"污染"不可以被设立为一种权利来拍卖？

要明确,这些经济学家都不是无政府主义者,因为"管制消亡"不等于政府消亡。科斯及其后来人思想的重点是,政府管制——直接的对价格和市场进入的行政性控制——可以经过新的权利的设立、启用市场机制而再次被替代,以至重新回到"民法协调产权交易"的基础。在提供权利设立和法院裁决及执行等方面,政府是不可或缺的。他们相信,像产业管制这样复杂的利益协调问题,政府站在控、辩双方之间充当中间人,比直接运用"看得见的政府之手"去分派稀缺的经济资源,无论从效率、公平还是从秩序来衡量,都要更加可行。

"管制消亡"的思想已经渗入实践。一个例子是美国朝野至今坚持对互联网的"无管制"(non-regulation)政策,虽然美国社会对管制互联网的呼声一浪接着一浪。笔者当面请教过 FCC 的官员,他的解说是,不是不要管理,而是不需要专门管制。"在任何情况下盗用信用卡都是非法的,网上交易并不例外,正如向非成年人传播色情资料的行为在哪里都非法一样。"是的,在科技迅速变化的时代,如果针对每一种技术手段都设计新的立法和专门管制,社会就会因为管制负担太重而寸步难行。

在新西兰,电信管制机构已被正式撤销。新西兰在 1989 年放开了电信市场的竞争,原来的垄断经营者 Telecom 随后开始私有化。由两家美国的"小贝尔"(Ameritech 和大西洋贝尔)组成的联盟拥有的 Telecom 面对两个主要竞争对手:提供长途电话服务的 Clear 公司和移动通信市场上的南方贝尔新西兰公司。所有电信业的特别问题统统由 1986 年通过的新西兰《商法》协调,市场上的各种矛盾,由控辩双方面对法院解决。新西兰的实验将检验没有专门的、权力通常难以被制衡的政府管制部门,电信市场是否就真的玩不转了。

(九) 小结:避免"管制主义"泥潭

市场是难免要出错,也常常能够通过自发的利益交易过程纠正各参与方错误的预期、决策和行为。市场就是在不断地出错和纠错的过程中,交换、处理专业化引起的巨大信息,刺激各方学习并获利。但是,市场作为一个过程并不免费,无论出错还是纠错都需要耗费时间和其他资源。总有人要为市场的出错、纠错过程付费。因此,人们总是希望——那些错误的理论和学说常常助长这类希望——减少市场过程的代价,或者由别人而不是自己来为市场过程付费。

政府管制就是在这样的背景下发生的。管制的严格含义是政府运用行政权力直接干预价格和为市场准入设置障碍。即便在"私产+民主"的西方资本主义国家,管制也容易被认为能够替代市场的出错和纠错,政府可以直接防止错误的发生。至于政府管制市场的代价,那通常由社会和全体市场参与人支付,所以它总是显得比市场代价更不容易引人注意,甚至让人觉得可以接受。

管制容易形成巨大的既得利益集团,包括以接受管制为条件、换取阻止市场竞争威胁"好处"的市场参与者,也包括作为"政府分支"的专业管制官僚。后者凭借高度专业化的管制知识,攫取了凌驾在市场竞争之上的、往往难以制衡的管理权力。在各种不同的政治约束机制下,这些权力或大或小地成为腐败的源泉。过度管制的另外一个重大影响是,烦琐的审批制加大了市场交易成本,大大压制了企业家精神,导致社会创新的严重不足。西方主要资本主义国家的历史经验表明,即使"成熟的市场经济"也不能自动免除"管制自我扩张"的逻辑。

但是,"管制"引发的经济增长低效和停滞,是可以观察到的现象。在任何一种政治框架下,政府运用行政手段直接干预价格和市场准入,无一例外地导致经济损失。管制体制越庞大、越完备,持续的时间越长,资源配置的效率损失就越严重。这里最基本的经济学总结,就是没有任何一种行政机制,可以与开放市场条件下的竞争定价机制在经济效率方面等价。管制市场准入,等于宣布政府有能力"挑选"所管制行业里最能干的企业家和最优秀的公司;管制价格,等于宣布政府有能力通过诸如成本加价等计算公式来制定所管制产品的"合理价格"。遗憾的是,在经验事实可以检验的意义上,政府——作为市场经济必不可少的守夜人——从来就没有能力做到以上两点。

持续的、大规模的管制积累起来的巨大利益矛盾、不协调和停滞,要求全面改革管制政策、法律和相应的经济体制。"管制改革"的出现不是无缘无故的。它需要一定的政治条件,也通过释放巨大的经济潜力给主张改革的政治集团以巨额回报。

四、重视中国自己的经验

(一) 中国在国有经济改革、政企分开和政府职能转变的历史进程中,早就遭遇了"国民经济命脉"部门的改革攻坚战

20 世纪 80 年代末,我国就着手开放原来半军事化管理的民航业,实施独立核算的公司化经营,组织多家竞争,引进市场机制。90 年代后,开始了电信和邮政体制的改革,并提出电力、高速公路和铁路投资以及营运体制改革的新任务。根据已有的改革实践,本部分概略地讨论中国在这些部门开放市场的经验和教训。

(二) 基本经验和教训之一

坚持开放市场、引进竞争、打破垄断的基本方针。民航、电信、铁路、电力等部门,历来被看作国民经济的命脉。从技术经济的角度来看,这些部门是国民经济运行的基础设施,担负着向所有其他一切部门提供服务的职能。此外,这些部门对国防和广义的国家安全具有重要的影响,其战略价值常常不单单用货币来衡量。要在这些部门形成全国性的服务能力,需要数额巨大的投资和经历很长的投资建设周期。主要由于这些原因,使得人们长期认为,国民经济的基础设施部门,可以也只能够实行垄断经营。如果说美国对这些部门长期实行的是管制下的私人公司垄断,我们这样的社会主义国家,就必须实行公有制的垄断,或者说国家垄断、政府垄断。

但是,运用行政的力量实行垄断经营、排除市场进入,在任何政治制度下形成了类似的经济行为和经济效果。这就是,垄断部门因为过分的政府保护而不求进取,服务质量低下,价格高昂,缺乏创新和进步。基础部门向全社会转嫁其低效营运的结果,就是国民经济整体的效率大大下降,并加剧了国民所得分配的不公平性。

中国的基本经验是,以试验、探索、渐进的办法,逐步证明原本国家垄断的命脉部门,也是可以并应该打破垄断、引进竞争和开放市场的。在思想冲破禁锢的态势下,我们不难发现,各个基础设施部门,都可以根据自己的技术经济特征,在不同的环节、不同的层次上,引进市场竞争。以电信为例,早先的认识是,增值业务可以开放竞争,但基础电信业务不适宜开放。但是,开放电信增值业务的良好效果,鼓励我们探索开放基础电信业务的竞争,进而又探索开放基础通信网络的市场竞争。这表明,基本方针对头,就会产生逐步推进的力量。否则,全国 6—7 家拥有独立网络、互相竞争又互联互通的电信营运商的格局,是不可能出现的。同样道理,航空、铁路、电力的市场开放,都是分层次、分环节展开的。基本经验是,开放市场的方针坚定而不动摇,操作上的推进是可以渐进的。

(三) 基本经验和教训之二

政企必须分离。国家垄断的实质是政府直接从事经营活动。因此,我们不能仅仅注意美国的管制改革的经验,还必须同时注意西欧国家改革国有化的经验。更重要的是,我们必须认识到传统的计划体制的"行政全能"特征,就是经济活动,特别是命脉部门的经济活动,已经高度行政化甚至军事化。在这样的背景下,仅仅成立一些附属于政府管理部门的挂牌公司,断然不能解决问题。必须在参与市场竞争的公司与承担市场秩序管理的政府部门之间,有清楚的、制度性的界分。1993 年中国政府决定成立联通公司来与中国电信开展竞争,方针是正确的,行动在全世界看来也相当领先(其时,新加坡和香港地区还没有类似行动),但是,我国电信市场的竞争程度,到 1998 年还远不尽如人意。1999 年中国对原邮电部实施的改革,2000 年电信重组的力度举世瞩目,表明政企分开对于打破原有的既得利益结构是重要的。更重要的是,政企分开为未来的市场秩序奠定了制度基础,防止了政府的管理权力与市场利益搅在一起。

(四) 基本经验和教训之三

价格机制是关键。传统的观念把基础设施部门排除在市场竞争的体系之外,最基本的"信念"就是作为命脉部门的经济资源配置,不应该以价格机制为基础。基础设施部门的供求,远离市场竞价的基本原则——出价高者先得到买的机会、索价低者先得到卖的机会,而主要靠计划价格加数量配给来调节。结果,我国基础设施部门,长期以来就被两种偏差主导,造成大量的资源浪费。第一种情况,基础设施部门的产品和服务的计划定价偏低,导致严重的供不应求。第二种情况,为了补偿基础设施部门长期的投资不足,计划取费水平过高,又人为加大了国民经济其他部门和居民消费的生产、生活成本。大体来看,对于基础设施部门未加以改革的时候,第一种偏差是主流,基础设施部门因为发展不足而拖了国民经济增长的后腿。而在对基础设施部门实施了初步的改革,但垄断尚未打破之际,第二种偏差又很快上升为主流,基础设施部门的价格上涨过快,刺激重复建设、抑制经济需求。

这实际上已经表明,用行政定价这样笨拙的办法,是不可能在技术变化加速、分工体系日益复杂的条件下,把基础部门与它们形形色色的"客户"有效连接起来。基础设施部门无疑是有特殊性的,但是,它并没有特殊到可以使价格机制失效。多方竞价的体制看起来很"乱",但唯有如此,才能灵便地调节供求、适应技术和市场千变万化的需要。

但是,至今关于基础部门定价机制的认识还是没有完全摆脱"特殊论"的主导。这不奇怪,因为我们至今为止,还没有在基础设施部门大规模实践市场定价的经验。可以总结的是一些局部的经验和教训,比如民航票的折扣竞争、禁折令风波和最近再次松动的尝试,部分地区电信与有线电视之间的"违规竞争",两大移动通信公司的价格竞争及其刺激需求和扩大市场的效果,新兴的 IP 电话市场的价格与市场需求量之间的对应关系,铁路票价与"票贩子"活动的关系以及关于春运铁路票价问题的争论,还有已经立法,并在一些地方和部门开始的"价格听证制度"。所有这些,都局部地涉及了基础设施部门的价格机制问题,值得仔细总结和讨论,为更大规模在基础部门运用价格机制提供条件。

(五) 基本经验和教训之四

开放市场与竞争主体的产权改革并举。人们曾经认定,在经济命脉部门放开市场与向市场出售国有公司控股权——通常被冠以"私有化"——的英国经验,我们这样的社会主义改革只要学一半就应该适可而止。就是说,只要有计划地组织国有公司之间的市场竞争,但是仍然保持国有经济对该产业部门的垄断和控制,是可行的,甚至具有战略上的重要意义。

但是,我国的实践经验已经表明,仅仅在国有公司之间组织市场竞争的"设计",虽然立意远大,但是无法回应以下三个方面的严重挑战:

第一,基础产业的市场开放是国民经济开放的一个重要组成部分,基础设施产业在开放的同时,需要大规模的技术改造,以增强在未来的国际竞争能力。为此,利用国际国内资本市场筹资融资势在必行,这就不可避免地要向市场出售国有大公司的部分控制权,改变国有资本独资经营的传统结构。

第二,政府充当命脉部门经营性公司的唯一股东,同时又充当竞争性市场的管理人,在这样的结构下,政府作为股东和作为市场管理者的角色难免互相冲突。一方面,企业将千方百计要求政府——也是自己的唯一股东和老板——提供行政保护,减轻市场竞争应有的强度;另外一方面,政府也可能更自然地对公司业务进行行政性干预。一句话,假戏难以真唱。

第三,国有公司之间的竞争,就是公司对经营活动负责,但是公司资产的最后责任还在政府手里。这样的产权约束机制,不可避免地产生公司通过损害资产来提高短期经营业绩,并据此获取分配收益的行为倾向。

上述前两种挑战,已经引起政府决策部门和研究机构的一定注意,但是对于第三种挑战,因为基础设施部门的市场定价尚没有广泛的实践基础,我们目前只可以从局部的、短期的经验基础上,加上有关经济行为的推理,才可能看出一点端倪。以民航为例,我们已经可以看到,① 多家公司的市场竞争,终究要引发机票的价格竞争(表现为折扣);② 一旦对机票定价的行政控制有所松动,各家国有民航公司就争相"杀价直至亏损";③ 等到出现大面积亏损甚至全行业亏损,政府主管部门就不得不重新加强对价格的行政控制(禁折令),结果重新出现运力的"过剩"。

比较一下,在任何行业里私人公司之间的竞争,也会出现竞相杀价、争取顾客的行为。但是,一旦出现市场参与者的出价在边际上等于其经营成本的时刻,在理论上这家公司就只好退出竞争,因为再低的价格就意味着"亏本"。在市场实践中,就表现为具有竞争优势的公司进一步收购缺乏成本优势的公司的资产,引发兼并。或者相对弱势的公司主动转业,另谋出路。这表明,公司资产的产权,在市场活动中并不是无所谓的,而是竞争行为的约束。有效的产权约束,不但引发有效的市场竞争,而且控制竞争的"度",并在经济合理的原则下"调整结构"。

国有公司的经营权在公司管理层,公司经营好坏与管理层和工人的利益直接相关(程度依改革的进度而定)。从这一点看,进入市场竞争的国有公司与任何私人公司是类似的,都具有从事经营竞争的动力。但是,国有公司资产的"老板"是政府(并且分散由若干不同的政府部门按照等级制原则控制),远离市场,难以及时了解市场的千变万化,决策要经过复杂的程序,并且政府工作人员与政府拥有资产的利害关系非常间接。一旦市场形势涉及资产的价值和安全,政府没有可能做出灵敏、快捷和合理的反应。在这样的约束条件下,才出现国有公司"杀价直至亏损"的行为,而政府不免在"行政定价的僵化"与"开放价格但国有资本大幅度亏损"这两极之间进退失据、摇摆震荡。

因此,"开放市场与产权改革"必须并举。这里所谓产权改革,就是变清一色的国有公司为股份化公司,而国家不但有必要出让、转售一部分国有股权,而且要考虑出售控股权,甚至全部股权,主动变成小股东或者全面退出,否则不可能从制度上解决上述矛盾。至于是否叫"私有化",是一个综合政治、文化和意识形态考虑的词汇选择问题,与我们这里讨论的经济行为逻辑,没有任何实质关系。

(六) 基本经验和教训之五

在改革中兼顾投资人、企业和消费者的利益。在基础设施部门开放市场竞争的过程中,要在动态中兼顾投资人、经营公司和市场消费者的利益,保证协调发展,是一个战略性的问题。投资人包括政府和非国有的境内外各种资本主体。中国的经验是,政府必须取改善基础设施产业整体投资环境的立场,而不是取仅仅保证政府投资最大回报的立场。政府只有保护所有投资人的利益,才能保护自己作为部分投资人的利益。另外,当代世界强国的政府都是靠税收过日子,没有一个是靠政府投资的资本收益过日子。政府靠投资取利,或者把政府资本的盈利目标放在首位,与民争利、破坏市场秩序、动摇民间投资信心,从长远经济增长来看,一定得不偿失。

境内外私人资本投资到原本政府垄断的产业部门,有复杂的动机和预期。中国的经验是,香港地区,甚至欧美主流资本市场,都可能在一段时期内,将政府公司的市场垄断权,作为投资的目标,并期望借此分享高额的行政垄断租金。但是,一旦政府政策调整,加大市场的开放程度,改变定价政策,原先可预期的垄断公司的高额利润就可能在竞争中烟消云散。就是说,这类投资人除了承担一般的风险,还要承担一项特别的"触礁风险",他们在作投资决策时,预期有一大片肥水(垄断利润)将流进他们的腰包,但是等到投资到位以后,不但肥水消失,而且水落石出,使得他们的投资"触礁"。

在一个基本市场环境发生急剧变化的时期,"触礁风险"难以避免,如何应对就值得认真研究。矛盾在于,如果强调"投资风险自负"原则,不但容易引发二级市场的股价震荡,而且增加投资人对未来的疑虑;如果"迁就"投资人分享垄断利润的预期,放缓基础设施产业开放市场的步伐,势必抑制市场需求的扩张和消费者利益。内地手机"双向收费"政策的调整引起的香港股市动荡,以及后来的"套餐计划"调整了公司、投资人和客户之间的利益,是处理"触礁风险"的一个重要案例。这里最重要的教训,是只能在开放市场的总政策下兼顾各方利益。为了矫正预期的偏差,政府应该对基础设施部门的市场开放,有一个总体的规划,像 WTO 协定一样,事先公布开放市场的大致步骤和时间表,引导各方建立"市场总要逐步开放"的合理预期,并可根据政策实施的时间表来盘算各自的利益和选择策略。如果时间进程在实践过程中需要调整,比如开放的步骤加快或开放力度加大,就应该考虑像新加坡和香港特区政府提前开放电信市场时的做法一样,给予公司及其投资人适当的财务补助,减少其"触礁损失"。

(七) 基本经验和教训之六

逐步改变政府的工作重点。在基础设施产业开放市场竞争的每一个发展阶段,政府的作用都不尽相同。我国在这方面的主要经验是,政府审时度势,确定不同阶段的不同工作重点,尽最大努力消除行政惯性和利益惯性的不利影响;同时要不断适应变化的形势要求,改变政府有关部门之间的权力分配、机构设置、干部配备和对政府官员的素质要求。

由于传统的计划经济的实际做法是政府包办命脉部门的投资和营运,因此,要开放这些关键产业部门,非由政府来充当"第一推动力"不可。我国民航、电信已经发生的改革,铁路、电力等部门正在酝酿的改革,无一不是由政府主动发动的。经验表明,一个具有改革开放意识的中央政府,可以凭借其权威大大节约解放思想、提高共识、采取实际行动(而不是空发议论)的成本。中央政府开放市场的坚定决心和意图,是调动各方积极力量的基础。

在一个产业部门由一家国有公司独家垄断的局面被打破之后,政府要主动考虑放开对价格的行政管制。必须明确,价格竞争是全部市场竞争的基础;允许数家公司彼此竞争经营,又由政府对定价机制实行行政性的审批和管制,是不可能收到按照经济原则合理配置资源的效果的。对于开放价格后可能引起的企业亏损,甚至行业亏损,要有清楚的分析,进一步通过增强企业的资产产权约束、加强市场重组来解决问题,而不要退回到政府控制价格的老路上去。

随着经营职能向竞争的经营公司的转移,政府部门的工作重点转向对公司行为的监督和管理。无论是关于公司资质的事先控制还是事后监督,重要的是要逐步减少行政审批办法的范围。

经验还表明,仅仅有中央政府开放市场的战略决心,没有相关政府部门的具体部署、落实细节并解决转型中无数具体问题,开放市场的大政方针是不可能自动得到贯彻的。但是,主管部门多年的行政惯性,以及管制权力在市场条件下的"货币化"甚至"资本化"趋向,容易形成严重的障碍。为此,在开放大产业的市场竞争过程中,政府系统强调政治纪律、强调令行禁止是完全必要的。同时,必须按照"政企分开"的总方针,坚决要求一切政府管制部门与所管制行业的任何企业,实行人财物完全脱钩。政府和政府部门从一切直接的市场活动退出,是政府现代化的基本标志,也是消除转型时期腐败的重要措施。

政府部门的设置以及文官的素质要求,必须随命脉产业部门的市场开放而变化。总的趋势是,直接控制产业活动具体经营目标和经营行为的政府机构,要逐步缩小直至完全消亡,而监督产业部门和企业活动是否符合由法律界定的抽象规则的政府部门要逐步增加和加强。为此,必须适时调整相关部门官员的素质和知识结构,总的趋势是,熟知产业部门技术经济、具有"动手能力"的干部要转向企业去工作,而需要更多具有监督能力、具有相关抽象规则知识的官员到政府监管部门工作。必须理解,在政府部门集中了大量具有工程专业背景的干部,是计划经济时代的特色。在开放市场、政府改变职能的新的历史条件下,需要更多具有法律专业训练的专家到政府部门工作。

五、政策选择与约束

(一)开放市场的总框架和政治领导

在加入 WTO 的谈判和协议中,关于开放我国基础设施部门市场竞争的问题,事实上已经破题。为此,总的说来不必另起炉灶,单独确定"反垄断"的经济纲领。但是,有必要预防,对外市场开放引起的既得利益的重大调整,有可能激发狭隘的民粹情绪,酿成某种复杂局面。为此,本报告建议考虑,近期要适当强调"对内开放"。所谓对内开放,就是那些长期由政府以国有经济形式垄断的产业部门和市场,对国内非国有经济成分开放。对内开放的程度,拟等于或者高于中国在 WTO 协议中承诺的对外开放的程度。

在实施对内扩大市场开放的过程中,我们应该大力借鉴、照搬中国加入WTO过程的经验。主要是,① 提出一个清楚的基本准则,这就是根据我国20 年改革开放的经验和国际经验,放弃一切产业部门的政府垄断,向组成社会主义市场经济的一切所有制成分,开放市场;② 按照各个大行业的具体情况,确立开放市场的范围、步骤和关键细节;③ 对现存相关法律法规,作全面的清理和调整,特别是系统修订由行业部门起草、旨在保护行业部门权力和利益的旧法,重定《电信市场法》、《电力市场法》、《铁路市场法》和《民航市场法》;④ 提出一揽子的关于开放市场、修法立法的计划时间表。

根据中国的国情,这样一件事情,必须有坚强的政治领导。如同改革开放、进入 WTO 等重大决策一样,扩大对内开放市场首先是关于中国和世界大势的战略判断。必须由战略判断来指导战术细节的选择,而不能颠倒过来,由操作细节来决定选择大政方针。特别要防止各种局部的既得利益的考虑与纷繁的"专家意见分歧"绞在一起,导致方方面面,莫衷一是,失去对大机会和大趋势的把握,延误时机。

(二) 明确政府退出市场的顺序

在各大产业部门,政府退出的具体步骤各不相同,但是根据已有的国际国内经验,可以确定如下一般顺序:① 充当开放市场的第一推动,实行政企分开,组建数家竞争性公司;② 从行政定价转向市场定价;③ 进一步开放市场准入,特别消除市场准入方面的所有制歧视;④ 政府转向无所有权歧视的经营公司的资质管理、牌照管理和行为监督;⑤ 培育多种非政府管制的控制机制,包括竞争者的互相监督、行业自律、消费者及其组织的监督、舆论监督等等,逐步减轻政府管理市场的行政负荷;⑥ 加强法治意识和实践,使我国历史上的"民举官纠"传统,在现代民法商法的轨道上得到发扬光大。

(三) 考虑多种市场准入的形式

民航可以组建数家彼此竞争的营运公司,电信可以形成并行的基本网络,但是机场、铁路和编组站,以及电力的传输网,怎样"数家竞争",还是一个没有完全解决的问题。从目前的经验看,我国可以更多地考虑多种市场准入的方式。主要包括:

(1) 替代竞争。比如所有运输工具都在一定条件下可以互相替代,因此,看起来只有"一个"的铁路网,事实上与公路、航空、水运等等,也是有竞争关系的。消除对"替代服务"的限制,将各类交通手段之间方便地连接起来,可以消除和减轻"独家"的垄断行为。

(2) 投标性竞争。对于替代效果相对较弱的产业,例如电力传输网,可以考虑"多家投标进入"的竞争。就是说,电力网是只有一个,但是谁获取经营权是可以数家竞争的。独家的"在位营运商"因为迫于潜在竞标者的压力,行为与永久性的独家垄断商的行为是不同的。当然,投票程序、中标原则和标期的设计,要经过很好的论证。

(3) 在法律上开放准入。这种模式的含义是,法律并不禁止多家进入,只是因为新进入者要支付庞大的沉没成本,所以如果预期的收益抵不过成本,市场上就没有第二家竞争公司。这种模式与在法律上只准一家垄断的模式,差别在于对在位商构成潜在竞争压力,一旦在位垄断商价高质次达到一定限度,潜在进入的预期收益将上升,竞争就从潜在的状态转变为现实的。

(四)政府管制机构的管理范围逐步扩大,管制重点逐步缩小

为了充分发挥替代竞争的作用,政府管制部门的设置,要逐步超越按照计划管理产业生产时代的界线。例如,对航空、铁路、高速公路、水运等各式交通的分别管制,要逐步被对整个交通部门的综合管制代替。后者不但要处理每个交通市场开放的个性问题,还要关照各个交通市场之间,妨碍替代性竞争的那些行为的监管。又如,在电信与电视传播之间,各种能源市场之间,都有替代性竞争的可能性存在,要跨越目前政府部门的设置,加以综合管理和利用。但是,政府对大交通市场、大通信市场,以及大能源市场的管理,重点却越来越集中,就是从直接的市场准入审批和价格管制,退向管理竞争者资质、依法监督行为。

(五)逐步扩大法院对市场管制的介入

为了更有效地妥善处理基础产业市场里的各种利益矛盾,要把目前"政府管制部门对应被管制市场和企业"这样单一的"上下垂直关系",逐步改成更多样化的产业利益纠纷的解决机制,形成包括行政管制、法院裁决、市场自组织的仲裁,以及庭外和解等多种方式在内的复合体系,提高信息交流和处理的质量,防止矛盾的积累和问题的拖延,加强权力的制衡,增加利益协调的程序性权威。为此,建议考虑在相关法规修订、重立的过程中,增加设置专业的市场法庭,比如通信市场法庭、能源市场法庭、交通市场法庭,专门受理这些市场管制中发生的政府管制部门与公司和消费者在管制过程中可能发生的矛盾,既限制行政管制的权力、防止管制权力的滥用,也减轻行政管制的负荷和压力,为管制消亡准备条件。

(六)为市场重组留有空间

基础设施行业的竞争局面一旦形成,要因势利导,让市场机制发挥更大的作用。有必要明确,政府为了形成竞争性的市场,可以通过组建若干经营性公司的办法,作为上文所讲的"第一推动"。但是,多家竞争的公司一旦组建,特别是相继进入资本市场之后,进一步的重组(包括分拆与合并),可能成为一项常规事件,要随市场形势的变化而变化。完全要政府来定夺公司的进一步重组,可能让政府的决策负担过于沉重,又容易导致过大的风险。因此,在这件事情上,政府应该"善始",却不一定"善终"。要更多地按照公司法和其他市场法规,将基础产业市场的重组交给市场去解决。以民航、电信为例,因为开放市场竞争的尝试较早,现存的市场结构、公司定位包括业务划分,都要不断随市场情况的变化而变化,不可能完全指望靠政府的行政命令来完成全部重组。

(七)调整国有资产存量来补偿"触礁损失"

制定一个对内对外开放市场的时间表,有助于建立投资人、营运公司和消费者对未来变化的合理预期,有助于持续融资。但是,未来经济局面的变动包含许多变数,其中一部分不完全取决于政府的控制。一旦情况变化,对各方预期的利益可能发生重大影响。为此,按照国际经验,要准备必要的财务补偿机制。由于开放市场是全社会收益的事项,由此发生的费用一般要由政府的财政来担负。但是,在政府财力不宽裕的时候,或者需要补偿的数额超过政府财力时,就会发生"承诺无法兑现"的问题。

考虑到我国的特殊情况,即命脉部门的大公司全部为政府所有或持有控股权,因此,我国有条件考虑通过国有资产存量的调节,保证各项承诺的兑现,向有关方面提供减少"触礁成本"的补偿。以中国移动电信为例,手机双改单政策引发境外投资人抛售,可以在政策出台时,配合宣布公司将消除一部分国有股权以增大非国有投资人持股比例,作为新政策可能带给老投资人触礁风险的补偿。很清楚,存量补偿与财政现金补偿的性质是一样的。但是,对新老投资人而言,国有股资产主动销股可能是更大的利好消息,因为这代表了政府股本退出的另外一种形式。

病有所医当问谁

——新一轮医改方案之辩

本文讨论我国新一轮医改。先要说明,用的还是老方法,重点是基于可观察经验事实的分析和解释。无论同意还是不同意,医改辩论中的判断、见解、论点和论据,常常是"刺激"作者展开论述的直接动力。但是,拜经验主义方法论之福,我从不习惯以论点对论点、拿看法驳看法。自己一向比较倾心的,还是"查证现象、检验论断"。

一、有没有"医疗市场化"这回事?

不少专家说,中国医疗卫生急待解决的种种问题是由"市场化"造成的。在这些论者看来,医疗卫生的特殊性,导致市场化医改路线必然失败,而新的医改总方向,顺理成章就应该是反市场之道的"政府主导"。① 为厘清症结所

---

① 我读到的代表性言论如下:

2003年,香港中文大学教授王绍光撰文指出,中国公共卫生形势之所以恶化,"更主要的原因恐怕与我们改革总体思路中隐隐约约存在的两种迷信有关"——其一是迷信经济增长,其二就是迷信市场。据王文,"九十年代以后,建立市场经济被确立为改革的目标,医疗卫生事业也逐步被推向市场",而最后结果是,"中国的医疗卫生领域恐怕是世界上最市场化的之一"(见"中国公共卫生的危机与转机",刊《比较》2003年第7期)。

2005年,由葛延风负责的国务院发展研究中心课题组发表专项研究报告,在讴歌"计划经济时期,中国医疗卫生事业发展的成绩非常突出"之余,该报告指证,中国自改革以来"医疗卫生体制变革的基本走向是商业化、市场化",其消极后果"主要表现为医疗服务的公平性下降和卫生投入的宏观效率低下",而"问题的根源在于商业化、市场化的走向违背了医疗卫生事业发展的基本规律"(见"对中国医疗卫生体制改革的评价与建议(概要与重点)",刊《中国发展评论》2005年增刊第1期)。

同年,北京大学李玲教授也发表文章,不加引证地重复上引王、葛等人之见,李的解释也如出一辙:"主要原因是政府失职和市场失灵。政府在改革的过程中对医疗卫生事业的发展没有明确的方向和目标,盲目地将医疗卫生推向市场"(见"中国应采用政府主导型的医疗体制",刊《中国与世界观察》2005年第1期)。

在,本文先辨析问题的现状,即"我国医疗卫生体制到底是不是已经完成了市场化"。在我看来,对现状的判断比如市场化医改好还是不好、应该还是不应该,以及未来医改要不要以"政府主导"等问题,更少受到论者主观价值观的干扰。更重要的是,对体制现状的判断是进一步改变体制政策建议的基础。不容易想象,一个误断病情的大夫还可以开得出妙手回春的处方。

对不少人而言,我国医疗卫生已经步入市场化之路,证据不言自明。难道不是吗?现在国人看病皆要自己花钱(无论是直接掏个人腰包支付,还是经由社保或税收代为支付);公、私医院不但"有病无钱莫进来",更利用信息和技术的优势地位,诱导病家看病多花钱——如此这般买进卖出,不是市场是什么?医疗服务的买卖如此普遍,不是"市场化"又是什么?

数据似乎也提供证据。据统计,2005年全国卫生总费用(即"全国当年用于医疗保健服务所消耗的资金总量")比1978年增长了77倍;其中,居民个人现金卫生支出增加了196倍,远高于同期GDP和城乡居民家庭人均收入的增长幅度。② 人们想,国民的卫生保健开支如此超高速增加,难道还不是"市场化"惹的祸?

是的,国人为医卫服务花费了越来越多的钱财。不过,容我问一句,当大量购买力集中于医疗卫生服务的时候,医卫的供给方面又做出了什么反应?这个问题不难回答,首先的结果当然就是医院和从事医疗卫生服务的人"发"了——或明或暗的收入滚滚而来。我们再问一句,当医疗机构和从业人员在需求集中增长的势头下大发利市之后,又有什么现象接踵而来?

如果真是专家们言之凿凿的"市场化",行医利市大发的消息一旦传出,挡不住天下英雄豪杰下定决心要破门而入——开设更多的医院和诊所,动员更多的人才学医,增加更多的医卫服务——直到行医行当的"超额利润"被平均化下来。这就是说,要是真有市场化这回事,行医大发利市是第一反应,动员更多资源进入则是无可避免的第二反应。很清楚,前者是需求增长引发收入分配的变化,后者才是用价格机制重新配置资源。

循着这条简单思路,我查验了以下问题:在卫生总费用,特别是个人卫生现金开支急速增加的同时,我国的医院、诊所、医护人员又增加了多少?结果令人吃惊:1978—2005年间全国的医院数目仅增加了1倍(101.3%),门诊部所增加了119.8%,医院卫生院床位仅增加了69.7%(由于同期人口增加,每

---

② 数据及其出处,见所列表1。

千人床位只增加了 24.9%);同期全国医护人员的增加数,医生 87.6%,医师 155.2%,护士多一点,也不过 231.9%。就是说,相对于卫生总费用增长 77 倍、个人卫生开支增长 196 倍,所有医疗卫生供给方面的变化,最高是护士增加了 2 倍多,医师增加 1 倍半,其余包括医院、诊所、床位和医生数目的增加,皆不到 1 倍。难道是医护的"劳动生产率"更高了?没有。同期全国诊疗人次的增加也只不过 40%。③

表1 中国医疗服务的需求、供给与潜在供给,1978—2005 年

	1978 年	1990 年	1995 年	2000 年	2005 年	1978—2005 年
GDP(亿元)	3 645	18 718	59 811	98 001	184 739	5 068%
卫生总费用(亿元)	110	747	2 155	4 587	8 668	7 865%
其中:政府预算	35	187	387	710	1561	4 404%
社会卫生支出	52	293	768	1 172	2 586	4 950%
个人现金卫生支出	23	267	1 000	2 705	4 521	20 075%
人均卫生费用(元)	11.5	65.4	177.9	361.9	662.3	5 759%
人口(万人)	96 259	113 368	121 121	126 743	130 756	136%
卫生机构数(个)	169 732	208 734	190 057	324 771	298 997	176%
其中:医院	9 293	14 377	15 663	16 318	18 703	201%
门诊所	94 395	129 332	104 406	240 934	207 457	220%
疾病防控中心	2 989	3 618	3 729	3 741	3 585	120%
医院卫生院床位(张)	1 847 300	2 624 100	2 836 100	2 947 900	3 134 930	170%
每千人床位(张)	1.92	2.31	2.34	2.33	2.40	106%
卫生人员(人)	3 105 572	4 906 201	5 373 378	5 591 026	5 426 851	175%
其中:医生	1 033 018	1 763 086	1 917 772	2 075 834	1 938 272	188%
医师	609 608	1 302 997	1 454 926	1 603 266	1 555 658	255%
护士	406 649	974 541	1 125 661	1 266 838	1 349 589	332%
高校招生(人)	402 000	608 850	925 940	2 206 072	5 409 412	1346%
本专医学招生(人)	46 772	65 695	149 928	386 905	386 905	827%

资料来源:作者根据《中国卫生统计年鉴》(2007:3、19、57、83、327、333)相关数据编制。

这组现象有几重含义:① 国人卫生费用和开支的增加,几十倍甚至百十倍高于诊疗人次的增加,由此每次诊疗的花费急速上升了——"看病贵"是

---

③ 数据及其出处,见所列表 1。

也;② 每个医疗机构以至每个医护人员,平均计得的服务收入得到了几十倍甚至百十倍的增加;③ 医护人员增长快于诊疗人次的增加,因此从整体上看我国医卫服务的劳动生产率并没有提升,虽然在不同医院之间,存在着极大的差异;④ 最重要的,是国人大把花钱于医卫服务,在一个不短的时期内,偏偏就没有能够刺激供给面资源动员的相应增长!

在哪里见过这等"市场化"呢? 也是改革开放以来,中国人的衣食住行用,发生了很大的变化。一般而言,从这也难、那也难的短缺时代,转入越来越多的产品供应充足,服务改善迅速,物美价廉之物充斥市场。其中最基本的轨迹,就是一旦需求在市场上得到表达,卖家大发利市,很快就引来大批"跟进分子",投资开厂设店,动员人力转行,钻研技术管理,很快形成产能,然后各出其谋,或竞争杀价,或创新出招,直到把一样又一样产品和服务,送入寻常百姓家。

恰恰是这些横向经验,让我看出所谓"中国医疗卫生市场化"论的破绽。再重复一次,这里要辨析的问题不是市场化好不好、该不该,而是究竟中国医疗服务是不是已经实现了市场化。王绍光把政府经费占卫生总费用比例的下降,当作医疗卫生市场化的根据。我认为他忽略了:政府在降低卫生费用开支比例的同时,有没有开启医疗卫生服务准入的大门? 葛延风和他的课题组说:"各种资本都可以进入医疗服务领域,基本上不存在进入和退出限制,新建医疗机构的布局以及服务目标定位主要取决于市场需求状况。"假如真的如他所说,为什么医卫需求如此急速增加,平均医疗服务收费几十倍、百十倍提升,却没有能够刺激医疗机构和医护人员数量的相应增长? 李玲批评"有人称由于市场竞争,电视已进入微利时代,那么医疗卫生也能通过市场竞争将价格降下来",而她认定"医疗卫生市场不能有效地配置医疗卫生资源,引入市场机制不能简单照搬其他行业的做法"。我认为她回避了一个事实性问题:中国医卫到底是不是已经引入了市场机制?

当然每个论者可以自己有一个对市场化的定义而自圆其说。我认为要关注的实质问题,是我国医卫系统在需求高涨的情况下,为什么动员资源增加供给的能力如此之低下。我认为,不论各有什么主张,这个基本问题不解决,改善我国医卫服务的政策目标,即使不是空中楼阁,做起来也将困难重重。

倘若人们对医疗服务没有需求,动员资源很少就正常。举一个例子,现在城乡居民靠书信传递音信的,明显比过去少了。在这种情况下,没有更多资源进入传统邮政服务,不足为奇。与此相关,街头代写书信的服务也比过去大为减少——那是自然萎缩,谁也不必为此大动干戈、兴师问罪。

倘若需求增长强劲,但存在一时难以逾越的供给障碍,结果引发市价猛涨,是另外一种情况。这方面可举石油为例。2005年我国原油的供给比1978年也不过只增加了1倍多,那可不是没需求,而是探明的储量太少,远远无法满足市场需要,只好大大增加进口——高需求刺激了全球资源的动员。一时供不上来呢?涨价就是了。

还有一种状况在制造业常见,就是旺盛的需求持续刺激更高强度的资源动员,直到形成所谓"产能过剩",然后日益激烈的市场竞争导致收购兼并,压迫生产率提升,最后存活下来的企业数目减少,整个行业只用很少一点人力资源就产出了过去不可想象的巨大的产品数量。

仔细鉴别,卫生医疗服务与上述三种情况都不相同。第一,绝不是没有需求。事实上,甚至"卫生总费用"和"个人卫生开支费用"都不足以完全反映卫生医疗服务的全部需求,即便如此,27年间77倍和198倍的增长,也说明了需求增长极其强劲。第二,不存在难以逾越的供给障碍,因为组成医疗服务的要素无非就是专业人才、场地、建筑和设备,它们都可以源源不断地提供出来。第三,医疗是服务,重在医生、护士的关照,无法靠"制造流水线"提升生产率,非动员更多人力参与不可。给定这些区别,我们可以认定,医疗服务的资源动员能力之低下,实在是一个相当反常的现象。

特别离谱的,是我国医卫系统动员人力资源的能力居然如此低下。看数据甚至发现,2005年全国医卫人员的绝对数,甚至低于历史达到过的最高水平:2005年全国医生总数193.8万,医师总数155.6万,分别只及历史最高数2001年的92.3%和95%;期间虽然护士人数一直增加,但医生和医师的数量大不如前,以致2005年全国医卫人员总数只及历史最高水平的97%!

最离谱的是,2005年全国医生人数不但低于历史最高水平,而且比1997年还绝对减少了46 595人。再重复一次,不是因为需求减少:同期全国卫生总费用增加了1.7倍(增量绝对值是5 399.8亿元),个人现金卫生开支增加了1.6倍(增量绝对值是2 775亿元)。就是说,医疗服务的需求在增加,而医生作为满足需求的中坚力量,人数却在减少!

很难找到一个类似的现象。劳动密集的制造行业就免谈了吧:见过多少隐形的产业冠军,不过几年、十几年时间,就把持全球产量第一名。还不是需求刺激,动员资源,干干干、学学学,不经意之间就搞上去了? 1997年我国懂网络技术的人才寥寥无几,现在怎么样了?其他诸如金融、外语、音乐、体育、美术,凡有市场招手的,无不吸引了足额的人才争相进入。就连同病相怜的教育部门,似乎也比医疗强。别的不论,至少教授数目总是直线上升的吧?

想来想去,还是选餐饮作为医疗的参照比较合适。两者都是服务业,都涉及生命健康(虽然程度有所不同),也都受所谓"信息不对称"、"外部性"以及"供方诱导消费"之类的困扰。更重要的是,没有谁可以否认今天我国的餐饮业是一个如假包换的市场化行当——完全符合一些专家对医疗服务体制特征的指控。那么,市场化餐饮业是不是也像"市场化"的医疗服务一样,面对急速上升的需求,资源动员的数量却绝对减少了呢?

没有。据统计,1978—2003年间(没有2005年的最新统计),全国餐饮业销售总额增长了112倍,同期餐饮网点的数目增加了33倍,从业人数则增加了17倍。就是说,需求量比网点和人员的增加,仅高出数倍而已。更有意思的是,1997年以来全国餐饮销售额增加了1.5倍,网点和人员则分别增加了43%和1.25倍。看明白了:在餐饮业,需求的强劲增加刺激了资源供给的增加,假以时日,资源动员的强度差不多可以直追需求的增长。

当然,医生的培养一般难过厨师。可是,恰恰在查证了医生后备人才的状况之后,才让我对现存医卫系统动员人力资源的能力差不多感到绝望。2005年全国医学本、专科招生人数有多少呢?33.8万。加上成人高等教育医学专业的招生人数,总共是58万!这里有扩招因素,而成人教育中很大一个比例的学生本身已经是医护人员。撇开这些,仅计普通大学医学专业的本专科生,1997—2005年间全国累计招生数达到85.4万。对照上文所引,同期全国医生人数减少了4.7万,这究竟算怎么回事?

大家知道,医科大学生比普通大学生要受更长时间的训练,医科学生及其家庭也因此要承受更大的财务负担。可是,最近8年以来,全国源源不断培养出来了的85万后备医生,面对的却是一个医生职位绝对数减少的就业市场!期间全国退休医生有20万吗?没有查到,即便有,那就还有70万受过专用性非常强的专业训练的医学人才入医无门!是人才外流吗?也许是——毕竟到美国当医生收入要高很多。可是美国厨师、工程师等等的收入也远比中国的高,为什么那些人才外流之余,国内还是越来越多,与医疗卫生系统出现的尴尬局面完全不可同日而语呢?让我们直指问题的根本:究竟是什么机制在妨碍我国医疗卫生服务的资源动员?

二、"政府主导"恰是问题所在

医疗卫生服务的资源动员能力,与体制息息相关。道理简单,人们要动员资源来增加供给、满足需要,非经过一套具体体制不可。那么,究竟什么样的体制特征,才决定性地影响了我国医卫系统的资源动员能力呢?

据卫生部统计,2005 年全国 82.8% 的医院、95.1% 的床位、90.4% 的卫生人员(其中包括 88% 的执业医生)属国有和集体机构,而 52.8% 的医院、80.1% 的床位、77% 的卫生人员(包括 74.2% 的执业医生)直属政府办医疗机构。这样的组织特征,说"政府包办",不准确,说"民营主导",更不恰当,说"政府主导",才恰如其分。

国有医院也罢,政府办医院也罢,当下我国绝大多数医院的院长任命权,都毫无例外地集中于行政机构之手。院长以下的人事,或由院长组阁或由"班子"集体决定,实质上都是间接的"政府主导"制,因为纲举目张,院长或班子的"乌纱帽"拿在政府手里,帽子下面的人的行为,一定间接受到控制或影响。这样的人事体制,绝对是政府行政控制,仅仅因为覆盖面没有达到百分之百,叫"政府主导",也是可以的。

如果医院和其他医疗机构的数目不够,需要新设,一律经由卫生行政当局审批。那不是开餐馆,更不是开鞋店,符合技术经济规范,到工商部门注册登记就可以了。开医院,非行政审批不可!"政府办"医院如此,国有集体医院如此,非政府办、非国有集体的医院和其他医疗机构也如此。新设医院要审批,新增科室和专业也要审批。就此环节而言,"政府主导"都不足以反映实际情况,说"行政包办"还比较靠谱。

医生和护士差不多都是聘任制。不过,合法行医的资格,要由卫生行政部门决定、审查和批准。其中,公立医院(包括国有和政府办医院)扩大执医人员的数量,还要受到政府人事编制的严格限制。这就是说,即使技术上合格,没有编制也不行。总之,究竟可以动员多少人力资源合法进入医疗卫生服务,"把门的"是政府,靠的是行政审批机制。

成百上千种医疗服务、药品和用品的供应价格,在体制上由政府实行价格管制。这是《价格法》规定的,涉及生命、健康和国计民生,没有价格管制怎么可以?我这里加了"在体制上"这个限制词,因为制度是制度,实际是实际,实际能否规避制度,那是一场旷日持久的博弈,需要另外专门讨论。这里只不过确认,在制度上,医药的合法定价机制是政府价格管制。

行文至此,不得不对王绍光、葛延风以及李玲诸君,表达一点佩服之情:他们非把具备以上特征的现行医卫体制,冠以"市场化"甚至"过度市场化"的帽子不可。可我等凡人睁眼一看,医疗服务体制"政府主导"的特征真的是随处可见、怎样也挥之不去。

年年喊"看病难",政府多办一点医院行不行?不行,因为预算不够用。多聘一些医生行不行?也不行,因为没有足额的编制和人头费。怪了,财政税收形势连年大好,政府办公条件和官员实际收入水平的提高,举世有目可睹,偏偏就没有很多钱多办医。这能不激起民怨吗?老百姓大有意见,一些人出来打圆场说,"那都是市场化闹的"——还有一丝一毫实事求是之意吗?

政府预算不够,总可以高抬贵手扩大民间办医吧。举目四望,国人解决吃难、穿难、住难、行难、通信难,哪一样是完全依赖政府预算解决问题的?中国自己的经验很可靠:用合适的体制和政策充分动员非政府资源、民间资源、国际资源,许许多多当时想起来要难破了头的问题,都是可以缓解,甚至可以解决的。

政府主导的医疗体制,在动员非政府资源方面又做得如何呢?调查了一下,法律上没有民间办医的限入或禁入的规定。从政策倾向看,动员社会各种资源办医也一再得到政府文件和主管部门的鼓励。可是看结果,非政府、非公有的医疗机构的绝对数不多,增长率不高,份额很小。这就是说,对民间办医,虽然法律不禁、政策鼓励,但实际结果就是不多。

其间有一项重要的制度安排值得一提,就是"非营利性机构"。原来,我国医疗机构的设立,在体制上分为"非营利性"和"营利性"两大类。前者,传承了所有政府公立医院的历史,因为"行医不以营利为目的",所以政府不抽税;后者,既然行医图利,就和其他工商企业一视同仁,要缴纳同等税收。

问题来了:同样开办一家医院,营利性和非营利性并存,你选哪样?看看税则吧——单是营业税、增值税和所得税三项,就要抽走很大的一块。况且,政府医院高举"非营利"而无须纳税,非政府的民营医院如果声明"营利"而大交其税,两者之间怎么可能展开平等竞争呢?统计数字说,2005年全国96%的床位都按非营利机构注册,营利医疗机构虽然在法律上允许,但实际上寥寥无几。

可是一旦挂上"非营利"的牌子,要合法分配投资收益的难度就大了。不是不可以做手脚,或者绕来绕去、用其他办法为投资方"曲线"提供回报。不过这样的做法有一个致命的缺点,即交易费用奇高。"曲高和寡"的事情,应者不免很少。加上国民经济其他部门的市场化如火如荼,投资医疗的机会成本日益见高。结果合乎逻辑,实际动员到医疗服务里来的非政府投资与民间经济实力完全不相称。

三、令人尴尬的"公立医院"

政府出钱少、管得多,这是我国卫生医疗系统"政府主导"体制的基本特征。出钱少,就谈不到把卫生医疗服务作为公益来办;管得多,特别是服务准入和价格管制多,就无从充分动员市场性资源参与医疗服务。加起来,医疗服务成了一个关起门来放手让"非营利机构"赚钱的场所。其中,绝对占据主导地位的"公立医院",集种种尴尬于一身,为天下所仅见。

"公立医院"不是中国独有的,算上国立、市立、县立以及各种社区的公家医院,在许多国家和地区都有。屈指算来,英国、美国、印度、俄罗斯、古巴、巴西、墨西哥、中国的香港和台湾……好像真还没有听说哪个地方没有公立医院。不过,在作者有限的见识范围内,同时具备"看病贵"和"看病难"特征的公立医院,天下差不多只有我们这里一家。

不是吗?英国战后搞起来的公立医院(NHS),排队候诊时间之长,天下知名。在"英国医疗体制问答录"一文里,我向读者介绍过,在这个政府出钱包办全民医疗服务所有开支的国家,之所以还有人愿意自掏腰包购买私立的医疗服务,就是因为公家医院候诊时间过长。④ 香港的政府医院,患者排长龙,密处连下脚都困难,不算太稀奇的事情。比较之下,美国的公立医院不那么挤,但那常常是一个"假象"——无医保的低收入者(据说总数有4000万之众),要先到其他地方排队申请政府医疗补贴,获准后再到医院就诊。说起来有一个共性:天下公立医院多多少少看病要排队!其"看病难"的程度,一般与国力财力的雄厚程度成反比。

但是所有要排队的公立医院,不容易同时出现"看病贵"。这倒不是说,凡公立医院或政府医院就一定以公益为重、决不牟利。问题是,同时又难又贵的逻辑难以成立。经验告诉我们,排队人头汹涌、一号难求的,一般就是因为商品或服务的价格奇低;反过来,曲高和寡,没有听到谁抱怨买法拉利跑车

---

④ 见周其仁(2008:179—190)。

有什么"难"的。难者不贵,贵者不难,是合乎常理的逻辑。

我们的公立医院,偏偏同时做到又难又贵。排队现象本来不为中国人所陌生,不过改革开放几十年之后,还像看病那样令人绝望的反复排队,实在不多见。看一些热门专科,半夜起来挂号根本不是奇闻。那还都是身居闹市的居民,那些从农村和小地方来看病的,要外加多少辛苦!

难是难,可绝不便宜!不要说那些"天价医疗费"案,就是平均的门诊费用和住院费用,也与患者的收入水平和支付能力脱了节。一家健康保险公司的调查资料说,某大都会城市医院平均门诊一次收费440元,住院一次19 000元,贵于台北,也贵于美国洛杉矶!这当然是顶级医院的平均收费水准。普遍的应该不至于这么高,但平平常常看一个门诊,连看带查外加药,不容易少于100元。2005年全国农民家庭平均每人的医疗保健费168.09元,占生活消费现金支出的7.87%,比衣着和用品开支的比例还要高一点。就是说,农民平均花费了比穿衣还高的代价,一年也看不起两次门诊。

既难且贵,同时在中国公立医院里发生,这是不容易解释的现象。这些年来,人们众口一词批评"看病贵、看病难",仿佛是最流行套语。我自己从听到的第一次开始,就怀疑其逻辑。问过了:倘若"难"是因为需求量太大而起,而"贵"是货币代价的度量,那么看病又难又贵,岂不就是说需求量不受价格之约束?真有此事,可以解释行为的经济学基础就倒塌了。

一定还有被漏看的约束条件。调查了几年,先后看过十来家各色医院,也有机会与众多医院院长、医生和患者倾谈,并在可得的资料里寻寻觅觅。2006年分析一个实例的时候,我突然发现,并存于看病难、看病贵的,还有一个重要现象,那就是对一部分患者而言,看病实在过于便宜!加上这一点,难、贵并存的悖论,在逻辑上就可以破案。

读者或许问,国内还真有"看病超级便宜"这回事吗?答案是有的,就在至今尚存的"公费医疗"体制之中。不错,我国"公费医疗"覆盖的人口范围,自改革以来有了明显的减少。相当一些受到财力约束的公家单位(政府机关和国有企事业单位),即便"制度"还在,公费医药报销也难以兑现。这都是事实。但是同时,那些财力(包括预算内外)状况很好,且越来越好的政府机关和国有企事业机构,"公费医疗"一直在水涨船高!总起来看,现存公费医疗覆盖的人口少了,但受惠群体平均享受的医疗福利水平,则有了惊人的提高。

由此派生出什么效果?首先,由于这部分高端的公费医疗绝少要求患者个人支付相应的比例(例如商业保险通常做的那样),因此,这部分医疗需求的量通常要远高于实际需要的量。别的不说,由于医疗服务的特殊性——这里要用一用医疗特殊性,公费医疗的花销就绝不仅仅只受一个人胃口大小的制约。一般的观察,公费吃喝比起公费医疗来,小巫见大巫就是了。

"公立医院"终于要面对这个体系最大的尴尬:作为一个法定的非营利组织,无从向财政足额报销医院投资和营运费用,却要"招呼"那既不受患者个人开支,又不受其货币购买力约束的高端公费医疗需求。

四、价格管制的重负

不幸的是,在供求严重失调的基础上,医疗服务和医药产品还实行价格管制,结果进一步削弱了医疗资源的动员。问题是这样的,需求旺盛而供给不足,医疗服务行当的整体收益可观。但是,参与医疗供给的要素很多,医生、护士、管理人员、机构的牌子和名声、设备器械、场地、药物和用品等等,缺了哪样也不行。麻烦来了:各要素怎样分享所在必得的行业高收益?在理论上,可用行政之手分配,可由市场价格机制决定,也可以行"非驴非马"的混合之道。不过有一个规律不可违背,只要价格不能准确灵敏反映要素的相对稀缺程度,种种行为的歪曲就接踵而至,"乱象四起"就难以避免了。

这正是当下我国医疗医药业的情况写照。远的不提,近两年为了降低医药费用,"军令十二道,道道有药名",把国家发改委忙成了什么样?劳而有功也罢,可多少批次的降价行动,实际效果却少有人恭维。无非"药价虚高"变成了"药价虚低"——许多降价药品无人生产,市场上再也买不到——你希望患者更欢迎哪一样?

细心一点观察,"怪象"早已形成了。我手头有一份北大副校长、医学部领导柯杨教授的讲演提纲,其中有关医疗价格变化的例证,很说明问题。看得出的趋势是这样的:凡传统就有的老医疗技术,目前的收费与15—20年前相比,扣除了物价指数之后,并没有变贵多少;高收费项目当然也有,不过无一例外,全部是新医疗技术。

以胃癌诊断为例。"上消化道造影"目前收费380元,20年前收80元;"常规活检病理诊断"收费100元,20年前收30元。怎么看,也就是在同期城市居民消费物价指数变动(略低于三倍)上下的水平。新的胃癌诊断和治疗技术,则是另外一个故事了:核磁共振1 500元;PET 8 000—10 000元;腹腔镜10 000元;内镜下支架置入5 000元;内镜下光动力治疗10 000元。

不奇怪吗？老技术和老药品超低价、新技术和新药品超高价，居然同时并存于医疗的价格管制体系之中。莫非如斯蒂格勒当年所说，价格管制部门因为不具备信息优势，反倒成了被管制对象的"俘虏"？可能。但为什么不干脆多俘虏几个，把老技术和老药品的价格也一并抬上去，医疗机构的收益岂不是更大？

答案要到现有医疗服务和药品的价格管制体制里去寻找。反复翻看1996年以来的有关政策法规资料，我发现两点：① 价格管制靠"成本加合理收益"的准则来定价，但成本调查费时费力，等到算出来，又常常时过境迁；② 价格管制不但要管比价的确定，而且对物价总水平的稳定负有责任。把这两点配合起来，怪现象就再也不怪了。

先看第一点。医疗服务的项目之多，实在超乎想象。2001年国家颁布的《全国医疗服务价格项目规范（试行）》，把原先各地3万种医疗项目，规范为不到4 000种。就以4 000种算，按全成本法调查，取数、分摊、归类、加总、平均、定价，怎么衡量也是一个超级庞大的工程。

就是说，价管机关掌握行医成本的"成本"，本身就非常高昂。不需要说"成本调查"名目繁多、误差层出不穷；也不需要说利害所在，人为的信息隐瞒是题中应有之意；甚至不需要说作为一个各地差异很大的大国，得到"平均成本"的麻烦无数。就算上述问题全部零成本解决，价管调查的那个"成本"概念也是错的。真实世界里约束人行为的成本永远是"机会成本"，即在一个可选的机会集合里当事人所愿意放弃的最高收益。中国有合法行医资格的医生200万，每个人面临自己的机会集合，每个人判断机会的准则不同、"心劲"不同、行动能力不同、边际变化也不同。由一个集中的政府机关来收集全部相关信息，并据此核定"医生成本"，能准确、及时、无误吗？

反正我知道，有的医院接到包含所在地区指导价目的规范时，已是2005年了。行内人评说，"十年调了一次价"。此前的收费标准还是1996年的版本——这是中国经济发生多大变化的十年！翻开这个价格本本，医护人员劳务技术报酬偏低的老问题似乎依旧。看吧，"门诊注射、换药、针灸、理疗、推拿、血透等，各取1次挂号费"，而"挂号费"的标准，"省市医院1元，县医院8毛"。这比几年前"打针比（自行车）打气还便宜"，到底改善了多少？

再看"急诊诊查费"，注明"指医护人员提供的24小时急救、急诊的诊疗服务"。指导价是多少呢？省级10元，市级8元，县级5元。实在于心不甘，翻来查去，终于看到"知名专家诊查费"贵了一点：省级30元，市级25元，县级20元。最贵的医师劳务报酬是"远程会诊",单价每小时200元,不如同级律师、会计师和高校老师的时费。何况那是机构对机构之价,医生能得到多少还有待调查。

最令人吃惊的是护理指导价:二级护理,每天5元;一级护理,每天8元;要"特殊疾病护理",包括艾滋病等特殊传染病的护理,才达到每天30元。最后举一项"吸痰护理",注明"含叩背、吸痰;不含雾化吸入;一次性吸痰管除外",指导价一律每次2元!朋友,这个工钱,多少人愿意做?没人做,医院还不得从高价项目里找钱来补贴加价?

谁也不知道下一次的"收费规范",在什么时候才能下达。期间,无论物价和其他经济参数怎样变化,医院和医生只能按现有规范收费。医院要生存,非从"以药养医"中找出路,非从加快医疗新技术的引进、更新和升级换代中找出路。可见,广遭诟病的"以药养医"和"过度医疗",有其财务上求生存的现实需要。

问题来了,在同一个价格管制体制之下,为什么畸高畸低、厚此薄彼?既然允许公立医院创收,为什么非要逼医院经销药品或仪器升级来增收呢?直截了当放开医疗服务价格,让人家可以"以医养医",不好很多吗?

这就涉及价格管制体制的第二个要点。原来,医护人员的"劳务成本"是连续性数据——去年、前年甚至10年前医护人员的劳务成本,都有案可查,提价多少,就显示多少。但药品、器械、仪器设备,特别是新药、新检查仪器之类,因为过去从来没有,价格再贵也不影响物价指数的变化。众所周知,我国价格管制价的任务不但定比价,还包括控制物价总水平。遇到物价上涨压力陡然增加时,价格犹如高压电,管制当局是不敢批准提价项目的。

上述两点的交汇,使医疗服务的人力资源的定价被压低,而层出不穷的新药品、新器械和新装备的定价,又轻而易举地升高了。畸高畸低的医疗医药定价体系,就是这样"炼"成的。它势必系统性地歪曲医疗服务的行为,影响医疗服务的有效供给。

五、管办合一是症结所在

追问医疗服务的准入门槛和价格管制,不能不追到现行医疗服务体制的根本特征,即管办合一。什么是管办合一? 就是政府卫生行政主管部门(从卫生部到各地卫生厅、局),既办医院,又管医院。此种管办合一的体制,经历过某些变化,但最为人诟病的特征——行政权力部门集裁判、领队、教练等多种角色于一身,但不负相应的责任——却没有根本改变。

管办合一大有来历。在理论构想方面,1917年列宁规划未来苏维埃经济的论述是原创:"全体公民都成了一个全民的、国家的'辛提加'的职员和工人。""整个社会将成为一个管理处,成为一个劳动平等、报酬平等的工厂。"(见《国家与革命》)虽然在实践中,掌握苏维埃政权后的列宁并没有马上照自己原来的构想办事,而是搞了承认多种经济成分的新经济政策,但是国家充当超级公司来组织整个经济、文化和社会事业,还是作为经典的社会主义制度设计而存留史册。

传统计划体制就是把整个社会变成一个超级公司。这家国家超级公司,同时也是超级邮电局、超级学校和超级医院。一切都是行政主导:规划、布局、投资、人事、编制、技术规范、费率——如果还需要收费的话。在这个体制下,社会管理与公司内部管理之间没有区别,因为"整个社会"成了一间超级公司,社会管理就和公司内部管理没有区别。

通俗一点讲,这套高度合一的管理体制是一套"管自己人"的体制。因为一切都是国家投资、国家建设、国家任命、国家控制——除了国家的"自己人",这个社会也再也没有"别人"了!"管自己人"是最为直截了当的管理模式,所有目标传递、资源动员、责任分解,靠的只是命令和指令。由于都是自己人——公司人、公家人或国家人——因此可以也只须下命令来指挥。

在战争和其他紧急状态下,命令体制的有效性也许毋容置疑。可是,用这套命令体制来满足和平时期千百万普通人不断增长的、多样化的经济文化需求,至今未被证明真有什么"优越性"。上个世纪的经验证明,命令体制的信息成本极其高昂,由中央计划当局下命令组织整个国民经济和社会生活,出错累累而纠错能力低下;层层被命令的活动主体,缺乏清楚的权利边界,没有稳定的利益预期,也就没有充分的动力积极提供产品和服务。信息匮乏和动力不足,仿佛构造了一个"缺氧"环境,难以指望这套体制充满活力。

命令体制很难变革的原因,仅仅是它造就了巨大的既得利益。世界上很难找到如此把权力和责任分开的制度:下达命令的机关和官员高高在上,负责具体事务的却永远是"下面"的单位——从工厂、矿山、学校、医院直到扫垃圾的环保所。作为权力高度集中体制的副产品,命令体制的评价体系也是自上而下的,所以,除非"上面的上面"有所警觉、有所发现或有所怪罪,那些下命令的机构和官员常常无须为他们的命令负责——所有发生的问题,反正唯

"下"是问。

为什么"管办合一"体制居然把权力和责任分解得如此干脆利落？答案是"整个社会"一体化使然。试想，市场经济里跨国公司老总和高管，不也大权在握、高高在上吗？他们不也每日每时下达命令要"下面"执行并负起责任吗？他们不也服从一种叫作"公司政治"的生存准则，尽一切可能文过饰非、推过揽功吗？

是的，大公司的首席执行官们与政府机关的官僚看起来颇为相似。区别在于，市场里的公司再大，也山外有山、天外有天。做错了决策、用错了权力，恰恰为虎视眈眈的竞争对手——无论是明面的还是潜在的——提供了最好的机会。"大老板"纵然可以一意孤行，但"胡来"总有限度，到了血本无归时，阁下只得出局，到此为止就是了。也因为市场上有对手在，组成公司的一切资源——从投资股东到员工——皆有"敌"可投，容不得老总为所欲为。

"整个社会"组成的超级管理处就没有上述"缺点"了。这里只有一个主体，场内没有其他竞争对手，也就没有对管理决策的外部压力。国家代理人用全社会的资源投资和经营，成败得失或有使用价值的比较，却没有价值的权衡。也许"健全的民主"才能决定不同使用价值的优先顺序，但在逻辑上，由无权合法拥有生产资料的"公民"组成的社会究竟怎样建设民主，还是一个问号。在经验上，苏联式的中央计划体制既没有健全的民主，也没有充分的市场。结果，超级管理处的决策大权，日益远离对决策后果应负责任的牵制。天地良心，尝到了这套体系的甜头，谁还会赞成改革？

这套制度只有在运转不下去的时候才可能发生改革。就是说，危机是改革的真正动力。

政企合一、管办合一的制度就是这样来的。医疗服务体制，不过是整个社会超级管理处的一个子系统而已。说卫生部（厅、局）主办医院还是主管医院，没有什么差别。反正办者就是管者，普天下的医院和其他医疗机构都由卫生部（厅、局）规划、布局、设立、任命、指导、指示、检查。也是仅此一家、除了"自己人"再不容别人开医院，所以权责分离就与生俱来。

把这套管办一家、权责分离的体制撕出第一道口子来的力量，是政府医卫开支的严重不足。我们已经做过简略回顾，即使在现在某些不着边际的专家引为理想的计划时代，医卫资源也严重短缺，顾得了城就顾不了乡，或者顾了乡就顾不得城。那个时代没有"看病贵、看病难"的说法，主要原因是城乡居民收入的水平低下，所以医疗服务需求被压在了更紧迫的日常需求之后。

真正让传统体制陷于普遍困境的,是城乡居民收入增长带来的医疗服务需求膨胀。财政性医卫开支再也难以满足日益增长的医疗服务需求,于是,"医改"才提上日程。不过,迄今为止,"管办合一"还是我国医疗卫生体制的基本特征。它只不过发展到了一个新阶段:行政主管部门没有足够的钱办医院,但仍然坚持"管办合一"!结果,就是在允许患者扩大自费比例、听任医院"以药养医"和"市场化收费"的同时,行政权力还是牢牢控制着医疗服务的准入,尤其不欢迎社会各界办医来与"自己人"竞争。传统的管办合一,终于演化成"包而不办",形成当下我国医疗卫生种种问题的体制性总根子。

六、医院本位论

本节标题是借来的。原作"企业本位论",作者为已故改革理论家、时任中国社会科学院工业经济研究所所长蒋一苇。论文发表于1980年[5],屈指一算,27年过去了。

当时改革开放起步,庞大的国营企业究竟按什么思路改,人们意见不同。蒋一苇立论鲜明,认为国企要解决的根本问题,"是如何发挥直接掌握生产力的企业与劳动者的积极性",为此,改革绝不能限于调整中央与地方政府之间管理国企的权限,必须直击"国家与企业的关系"这一核心,打破政企合一,承认企业的独立经济地位和经济利益,使之成为经济活动最基本的细胞。蒋先生用"企业本位论"概括他自己的主张,区别于"国家本位论"(主张强化中央主管部门的"条条为主")和"地方本位论"(扩大地方权力的"块块为主")。

传统的中央计划国有制把整个国家作为一间超级大企业来对待,所以政企不分本是题中应有之义。既然政企不分,国企的本位是"国家"还是"企业",想分辨也难。不过,传统体制在形式上也是把"政府机关"与"国有企业"分开来的:前者是头脑和神经控制系统,后者是执行系统——被动执行计划指令的工厂而已。这样看,蒋一苇的改革方略实在了不起,他以"手脚"为"本位",不但向"头脑"争自主权,而且还要在企业层面长出自己的头脑和神经系统来!

撇开细节不谈,国企改革还真的走向了企业本位。一个完全不知道80年代早期意见分歧的"今人",还会觉得"企业本位论"惊世骇俗吗?不会了。

---

[5] 见蒋一苇(1980)。

整体看,国企大体实现了企业本位,改革推进到了更深层面,即构成"企业"的各种要素所有权,如何界定再界定、合约再合约、重组再重组。说来令人气短,理论家一旦说准了什么,他的"影响"就此就消失了!

以国企改革作为参照,我们不难看到被很多人指为"市场化改革过了头"的医改,究竟真的改了没有。简单测试一下:如果把"医院本位论"作为一项基本主张提出来,舆论会是什么反应?负责全国医改的决策机构又会是什么反应?

或要面对漫天的狐疑:工业是工业,医疗是医疗,医疗改革怎么可以参考工业改革?问题是,医疗服务固然有其特性,但是医疗服务究竟具备了哪些特性,才真的特殊到完全不可以、不应该也不准许借鉴国有工业和其他服务领域的改革经验?具体问,医疗服务的哪些特性,可以拿来作为拒绝"医院本位论"的合适理由?

说"医疗服务的特殊性在于涉及生命和健康",不是一个经得起推敲的理由。难道工业品就无关生命和健康了?不说"药品"、"医疗器械"和"医护用品"本身都是工业制造产品,就是非医用工业产品,比如眼镜、香烟、打火机、服饰、鞋袜、摩托车、汽车和房屋连同装修产品,哪样又真的无涉生命和健康?这么说好了,凡是供人类用的产品,多少都要涉及生命和健康的。

要辩论的问题是,为什么涉及生命和健康的产品和服务,就不能以"企业(医院)"为本位、非采用"政府本位"的体制不可呢?我的答案是,第一,除非这些产品和服务具备"公用品"的性质;第二,除非公用品的生产没有非政府的组织愿意或能够提供。两条一起具备,才需要"政府本位"。除此之外,"企业本位"——或更准确地说"市场合约本位"——都大有用武之地。工业如此,农业如此,商业如此,餐饮如此,医疗、教育、文化也如此。

政府不直接从事生产,不等于政府什么也不管。在所有利害相关的经济活动中,欺诈、恶意损害他人生命财产,以及由于知识不足而无意造成对他人的侵害,都需要拥有合法强制力的政府提供适当的法律、司法和管制来解决和防止。"企业(医院)本位论"承认并保护的企业(医院)的独立利益,只能以不侵犯他人利益——包括股东、债权人、工人、供货商、顾客的利益——为前提。这一点除了诉诸道德和企业自律,还必须诉诸法治与政府执法。因此,"企业(医院)本位"不但不排斥政府执法,而且要求完善的法治和有效的政府执法。

经验说明,恰恰是政医合一、管办不分,才妨碍政府在一般医疗服务领域有效执法。要害就是那套"管自己人"的体制,很容易成为官官相护、掩盖问题、推诿责任的温床。唯有果断地从"政府办医院"的巢穴中坚决又彻底地退出来,政府不再扮演运动员兼裁判员的尴尬角色,才有利于重建医疗服务领域的法制。

至于"医疗服务的信息不对称",更不是拒绝"医院本位论"的理由。一般地说,分工体系里的信息不对称是普遍存在的。一个患者对药品、治疗方法及治疗效果的知识和信息,当然远不如医生和医院。不过如此信息不对称,与他或她作为一个顾客,对奶粉、饮料、皮鞋、服装面料、各色电子产品、汽车等产品,在知识和信息方面同样的不对称,只有程度之别,没有本质不同。要辨析的问题是,为什么信息不对称就不可以"企业(医院)本位"而非"政府本位"不可呢?

我们同意,医患之间在医疗服务方面的信息不对称程度比较高。这可能既是医学科学更复杂、专业化程度更高,也是患者作为当事人身在其中、不容易客观利用医学知识的结果。我们甚至乐意接受,医疗方面的信息不对称是最为严重的。问题是,即使是最为严重的信息不对称,就非要排除"医院本位"吗?

答案是反的。医疗信息的严重不对称,不能靠望文生义的"降低信息不对称"去对付——那无非是要把每个患者都变成医生,根本有悖专业化方向的"反动理想"。降低医疗服务的严重信息不对称,不但高度依赖法治,而且高度依赖掌握信息优势的专家系统之间的品质竞争。这是为什么从古到今,医生的医德和医院的声誉,从来就是医疗服务最重要的资产,也一直具有极高的市场价值。"声誉"需要长时间积累,更需要一个稳定的实体来作为好传统的载体。在这个意义上,"医院本位论"本来就是比"企业本位论"更为紧迫和更为重要的命题。

七、医院改制不容回避

1997年《中共中央、国务院关于卫生改革和发展的决定》,对卫生机构运行机制的改革有过部署。文件是这样说的,"卫生机构要通过改革和严格管理,建立起有责任、有激励、有约束、有竞争、有活力的运行机制";"卫生机构实行并完善院(所、站)长负责制。要进一步扩大卫生机构的经营管理自主权。继续深化人事制度与分配制度改革,运用正确的政策导向、思想教育和经济手段,打破平均主义,调动广大卫生人员的积极性"。很清楚,这是"医院本位"的改革思路,要根本改变"政医不分、管办合一"的老体制。

可是,上述方针并没有得到全面贯彻。缘由不复杂,因为医院本位包括院长负责制、医院自主权、改革人事分配制度等等这一套,与"行政权力本位"是冲突的。我们在宿迁看得清楚,那里老"公立医院"里不懂医疗技术的冗员,居然高达40%——所谓"公",常常就是"官"的私人领地——患者受损,但主管部门里各色权力人物可大有裨益。把行政权力本位的体制改了,原体制的那些"方便"就没了。这说明,医改实在不是什么"帕累托改善"——可以不触动任何一方的既得利益,就增加他方和社会的利益。难办的是,医改要触及主管部门的行政权力,又要在主管部门领导下展开。有点像"与虎谋皮",不是那样容易的。

中间发生的一些事件和观念变化,逆转了医改思路。最大的事件就是2003年突如其来的非典。非典型性肺炎本是传染性疾病,所以防止非典的工作,经济性质是典型的"公用品",非政府负全面责任、全盘指挥、全力使用合法强制力应对不可。突发的非典,也许有技术方面至今未知的某种偶然性,但从经济社会方面看,又有一定的必然性。主要就是改革开放以后,人口随其他经济要素一起,从原计划体制下的不流动或低流动性,转向大规模的高流动性。这当然对公共卫生造成巨大冲击,使公共卫生成为最薄弱的环节。以往对医改的认识,更多地集中于一般医疗服务的组织、效率和改制,没有把必须由政府负责、由政府财力支持的公共卫生,与可以加大医院经营管理自主权、经由"医院本位"改革之路强化的一般医疗服务,清楚而明确地区分开来。非典提醒人们注意这个偏差,要求反思医改方略,防止片面性。

但是反思中也发生了另外一个极端倾向,这就是把政府在公共卫生领域应当增强的责任,不恰当地扩大到整个卫生医疗服务部门。"公共卫生是公益事业"的正确命题,被扩大为"(所有)卫生医疗都是公益事业"的错误命题。加大政府对公共卫生财政投入的政策,被"提升"为财政包办全民看病之类完全脱离现实的主张。"政医不分、管办合一"似乎重新变得"政治正确",而增强医院自主权、院长负责制、矫正医疗服务和药品价格机制歪曲、营利与非营利医院并举、动员社会资本进入医疗服务领域等,似乎重新成为医改的禁区。社会上的不同议论,包括学界的不同分析和不同政策主张,本来是再正常不过的家常便饭。改革既是探索性的实践活动,就不能没有不同意见。但是政府主管部门和负责官员的表态和言论,事关政策方向和行政责任,是另外一回事。2005年5月,卫生部政策法规司司长在《卫生报》头版头条宣布,"市场化非医改方向";7月,国务院一家研究机构关于"市场化医改失败"的"诊断",见诸全国报端。⑥

两下呼应,全国医改叫停。真要能停得下来,倒也罢了。问题是,政府对公立医院"只给政策不给钱",由来已久。到2005年为止,我国公立医院维系人员工资、奖金、社保、营运、设备投资和人力培训开支的绝大部分,来自医院的自营收入。以我在这大半年访问过的五家大型公立医院为例,财政拨款占医院总收入的比例也就是1%;加上医院使出浑身解数争取到的各种专项政府资金,也不过5%!上海一位医院院长说得传神,"公立医院不吃皇粮还要纳公粮"——我国的"公立医院"绝不是世界上通行的"政府医院",名同实异,早就自成一家。

身处医疗服务第一线的公立医院,天天要开门,如何停得?你叫他们搞公益事业,走非市场化之路,财务基础何在?究竟由政府包办,还是慈善机构出粮,总要有一个切实可行的安排。老实说,像"市场化还是政府主导"这样空泛而不准确的话题,或许是口水战的好题材,却绝不是解决实际问题的好向导。

医改实际上停不下来。现在所谓"停",其实是"拖"。可是改得半半拉拉的公立医院,越拖损失越大。因为改革处在胶着之际,有关责任就变得更加模糊不清。比如最近一股风流行的由卫生厅(局)而不是由医院主持药品招标,这样招标来的药物,价格和品质到底是卫生局负责,还是医院负责?不少地方争相建立的"平价医院"、社区医院和医服中心,一次性财政拨款好办,盖楼买设备也不难,可是持之以恒过日子的营运,有没有足额的预算加以保障?这些新办公立医院,管理体制是院长负责,还是卫生官员负责?一旦发生经营亏损,怎样区别是"公益"所致,还是管理不善之果?还有,政府下令不得因患者无钱就拒人于医院大门之外,立意甚好,但由此发生的费用,要医院挂账"自行消化",还不等于又是一波"给政策不给钱"?凡此种种,离"有责任、有激励、有约束、有竞争、有活力的运行机制"似乎越来越远。公家单位"无人负责"的毛病,老根未除,又添新枝。

比较起来,干脆主张公立医院全盘回到"行政办、行政管"体制,倒不失为一种逻辑清楚的主张。例如有一个医改的建议方案,就提出"成立隶属卫生

---

⑥ 见曹海东、傅剑锋(2005)。

部门的医院管理机构,代表国家行使公立医院的出资人和所有权职能,收回过度下放的管理权,统筹管人、管事和管资产"。很明白,这是以"收"来重新定义"改"的杰作,目标是重回管办合一体制,让行政部门充当医疗服务体系的首脑,而医院不过是执行命令、完成具体工作任务的身体和四肢。难怪"有关部门"对此欣赏有加。

唯一缺憾,就是这个方案里缺了"管钱"两字。有意思,主管部门不派皇粮(不管钱),却又管人、管事、管资产——真有那等本事,还要医改作甚?现在一些专家横空出世,根本不知当年公立医院,就是政府管不起钱,才提出什么医院自主权的,就是皇粮派不下来了,才被逼搞改革的。时过境迁,也许今天政府财力强大,无须再改运行机制就可以重蹈覆辙?让我们拭目以待,不相信这是命运的诅咒,明年恰为中国改革开放30年!

八、实现卫生保健目标的制约条件

"2000年人人健康",是1977年世界卫生大会提出的全球目标。30年过去了,这个目标究竟实现得怎么样,其间有哪些经验教训值得中国规划未来医改时吸取,这是本节的话题。目标问题放到了本文结尾来处理,倒不是这个题目不重要,而是作者认为,离开了对现实制约条件的把握,完美动人的目标并不自动等于实际问题的解决。

其实,"人人健康"更多的还是一个远景式口号。第30届世界卫生大会提出目标的正式表述,其实是"到2000年使世界所有的人民在社会和经济方面达到生活得有成效的那种健康水平"。这个提法也较空泛,所以第二年,世卫组织又发表《阿拉木图宣言》,提出推行"初级卫生保健"(primary healthcare,PHC),才是实现2000年战略目标的关键措施和基本途径。[7]

中国政府很快对上述全球目标做出了正式承诺,时任中国卫生部部长还特别提出,"我国应在实现2000年人人享有卫生保健的战略目标方面走在全世界前列"。80年代中,"2000年人人享有卫生保健"数度写入中国政府报告和长期发展规划。1990年,卫生部等五部委联合颁布了《关于我国农村实现"2000年人人享有卫生保健"的规划目标》,给出了"初级卫生保健"的中国定

---

[7] 见世界卫生组织网站,http://www.who.int/topics/primary_health_care/alma_ata_declaration/zh/。

义和指标("初级卫生保健是指最基本的、人人都能得到的、体现社会平等权利的、人民群众和政府都能负担得起的卫生保健服务"),并指出,"我国农村实现人人享有卫生保健的基本途径和基本策略是在全体农村居民中实施初级卫生保健"。1997年,中国《关于卫生改革与发展决定》坚持,"到2000年基本实现人人享有初级卫生保健"。

千禧年终于来临了。全球实现了"人人享有卫生保健"吗?或者,至少实现了覆盖所有人的"初级卫生保健"?没有看到世卫组织这样说。中国做到了没有?中国也没有说。可是2002年,中国政府发布《关于进一步加强农村卫生工作的决定》,又提出"到2010年使农民人人享有初级卫生保健"。很明白,"2000年人人享有初级卫生保健"的承诺根本就没有兑现,否则不需要再提2010年。问题是,2010年也很快就要来到,届时能不能做到?

我认为对政府未能兑现的承诺要作分析,不能由于没有做到就再也不提了,好像世界上从来就不存在那回事。这是因为,既定目标没有实现,里面总有一些经验教训值得记取。回避现实——哪怕是令人尴尬的现实——就把这点经验教训也"回避"了,对未来没有半点好处。我的看法,2000年中国没有实现的"人人享有卫生保健",既因为承诺的目标大而无当,更因为对现阶段我国推行医保的制约条件缺乏清醒认识。

先谈目标大而无当。本来中国农村赤脚医生和合作医疗的做法,财务基础是农民在一个个小集体的范围内,自筹资金并实行一定程度的互济。所有农民和在农村生活过的知青都知道,不同地方的农村集体之间,甚至同一地方的不同小集体(生产队和大队)之间,收入水平和集体福利都存在不小的差别。在这个财务基础上搞起来的医疗制度,说"人人享有"也可以,但以为人人享有的福利标准是"整齐划一的",不免就是美丽的误会。其实就连"人人",也不能完全较真。客观一点来说,那是一套比较普遍实行的、平均的、绝对水准很低、各农民小集体之间相对水平差距甚大的医疗制度。

但是,当这个出口转内销的"2000年人人健康"被写成中文"2000年人人享有卫生保健",再被写入中国政府文件之后,问题就严肃起来:作为一项政府承诺,到时候兑现不了,问谁的责任?中国政府不是联合国机构,可以写下美妙动人的远景和目标,实际做不到也没关系,反正继续开会、继续编文件、继续大把花联合国经费就是了。中国政府要负具体行政责任,公开承诺不能兑现,言而无信,也是开玩笑的事情吗?

老老实实说,"2010年人人享有卫生保健"是根本难以实现的目标。这不但是因为中国人口数目巨大、地方社会经济发展极不平衡,更因为中国处在一个前所未有的转型变革过程之中,以下三大制约条件将长期约束包括医疗卫生方面在内的政府承诺。

第一个制约条件,是长期被抑制的城市化,在改革开放以后加速爆发,巨量人口从农村流向城市、融入城市,需要相当长的时间才可能形成一个新的社会结构。这是赤脚医生的人民公社时代没有的事情。现在不提别的,单每年春运的规模——1亿人口上火车,几亿人口坐汽车——哪个国家历史上见过?这对医保有重要影响:按人口属地原则设计的保障制度,怎么应付绝大规模的人口流动?民工的医保设在贵州、四川、安徽,工作生活却在北京、广州、深圳,在外有病,是回老家看,还是看了拿了账单回去报销?这些问题,所有德国模式、英国模式都没有遇到过。那些老牌国家,是在城市化大流动阶段早已经结束,多数人进入新的城乡社会结构,有了"正规就业"以后才搞起福利制度来的。苏联模式更没有这个问题,因为那个模式根本就不让人口自由流动。

有专家说,所以中国才要用税收支付医疗保障,就是"公费卫生保健",人不分天南地北,走遍天下(国内)到哪里看病也免费。当然,只要免费看病做得到、可持续,什么话也不要说了。问题是做不到。这里有第二个制约条件,即财政状况。近年中国财政收入增长比GDP增速快了许多,不免让人想入非非。不过,财政收入不论增加多么快,中国财政还是有赤字,政府还是内外举债——就是说财政开支增长得更快,要花钱的地方更多。以教育为例,"政府教育经费占GDP的4%",也是政府多年承诺要做到的,但是到现在为止,还是没有做到。

我不反对在政府现有总开支中增加卫生经费——特别是公共卫生经费——的绝对数和比例。但是有一条,此项增加,一定要以其他项目的减少为前提。就是说,做加法要以做减法为前提。现在的趋势是,家家做加法,谁也减不动,结果就是政府在国民收入大盘子中的总份额越来越高。这个趋势不扭转,什么"内需驱动的增长"根本就是无源之水。这一点,应该把各部门专家放到一个房间里,大家吵个明白。讲重要性、伟大意义,没有人不同意。卫生重要、教育重要、环境重要、治安重要,国防更重要。问题是,每个都"重要",钱从何来。水少了加面,面少了加水,把总税负和政府进项搞得越来越大,非出更大娄子不可。

这就带出了最后一个制约条件,公共财政体制的监督和政府行政效能。

不去说严重贪污腐败,因为讲了也未见有改善。剩下来的公共款项利用,凡是读过前几年中国国家审计长报告的,应该都有深刻印象。反正我是没有在贝弗里奇报告的英国——或者任何被称为福利国家的其他地方——看到过类似公币被滥用情况的报告。至于现在政府讲排场,办公场所、公车和一切公款开销的规模和水平,就是不看系统资料,人们也有机会在日常生活里略知一二。

这点很重要。因为所有医保无论叫哪种模式,总要把钱集中由政府机构管理。要是政府行政效能差,腐败程度高,写得再好听的目标,实际上做起来也一定南辕北辙。以"人人享有卫生保健"伟大名义集中起来的公共资源,有更多部分可能落到"近水楼台先得月"分子的口袋。所以,万不能以为,建了一个保障账户就等于实现了"人人享有卫生保健"。

现实条件约束了中国医改的可及目标,也约束了实现可及目标的模式选择和时间规划。把天下五花八门的福利方案搬来容易,但要把人家的约束条件也搬来,就没有那么容易了。天下国家不是一家,政府也不是一家。中国医改只能从自己的制约条件出发,才可能避免把公众的胃口吊得很高,却无望兑现开出来的支票。

九、医改的唯一关键

医改讲到底还是要坚持改革,因为只有坚持改革,才可能争取医改的成功。其实,已发表的40篇评论都围绕这一个中心下笔,在结语篇中特别集中强调一下,好让同意的和反对的朋友看得更明白。

有读者或问,为医改选定一个目标不是很重要吗?目标是纲,纲举目张,才能统领各项医改措施的落实,为什么不把"医改目标"看成医改的关键?我的看法,为中国医改确立一个目标固然重要,但是任何立意良好的目标,都要靠一套医疗服务体制,才能实际动员资源加以实现。目标定得再好,改革不到位,说了做不到,空中楼阁又有什么意思呢?

譬如上文讨论过的"2000年人人享有卫生保健",本是世界卫生大会在30年前提出的全球目标。中国政府认同了这个目标,也把这个目标写入了历次政府文告。现在,2000年已经过去了7年,中国并没有做到"人人享有卫生保健"。再提"2010年人人享有基本卫生保健",当然也没有什么不好,屡败屡战,精神可嘉。问题是届时再做不到,如何是好?干脆不设年限,一直喊下去，一直实现不了，于国于民，又何利之有哉？

其实世界卫生组织也算不上始作俑者。发表于1958年9月的《嵖岈山人民公社试行章程（草案）》，白纸黑字宣布"公社实行公费医疗"。"章程"者，小宪法也，又经伟大领袖御笔亲批推广，立意当然伟大——"公费医疗"就是"看病不要钱"，应该是"人人享有卫生保健"的最高境界！半个世纪过去了，你到那个公社所在地去看看，到底有没有这回事？

可以作为对照的经验也有。1980年邓小平提出"本世纪中国人均国民收入翻两番"，到2000年硬就是实现了。为什么20年翻两番的目标可以实现？经验有两条，一是目标提得比较恰当，不是大而无当，怎样努力也做不到的；二是在农业、工业、商业、外贸、服务等产业部门，全面启动经济体制改革，激发人民的创造力和工作干劲，并转向以市场机制配置资源的新体制。回头看，很清楚，离开了经济体制改革，根本实现不了翻两番的目标。

医疗卫生的目标为什么屡次提出、屡次不中？关键就是没有好好改。早期是"政府包办"，后来经济发展，国家财力捉襟见肘，变成"包而不办"，然后就在全盘公医的框架里，搞一点"医院创收"——就是市场准入不开放，行政垄断赚钱的"改革"。到中共中央、国务院全面部署卫生体制的改革，已是1997年，离开"2000年人人享有卫生保健"只不过三年而已。1997年部署的医改到底又做到了多少？仁者见仁、智者见智，我的看法是至今也没有全面推进。比如，对外对内开放、"管办分离"、公立医院改制、发展民营医院、松动医疗服务的价格管制，究竟实际做了多少？本文初步盘查，发现迄今为止我国的"医改"，根本还是一个"半拉子工程"，看起来"好像市场化过了头"，其实除了个别地区和个别环节，深层次全面改革根本还没有开张。

据此我就无法同意，未来医改的基本内容就是"增加财政的卫生拨款"，并以政府大手拨款为前提，然后在"政府主导"路线下，重回"政府包办卫生医疗"的老路。有人认为过去是财力不足，所以"政府包办医疗卫生"才没有成功，现在和今后国力强大了，包办制就必定胜利。我的看法正好相反，无论国家财力多么雄厚，政府包办医疗服务体制都无法有效动员资源，无法满足人们在经济和收入增长条件下对医疗服务越来越多样、越来越高水平的需求。

甚至就连"合理增加财政对卫生的拨款"这样一个单一的目标，离开了牵动面甚广的制度改革，也不能切实兑现。这里，首先就是"公共财政"体制改革，奠定公民纳税人对国家财力的支配方向、开支结构和增长情况的知情、代表委托、监督和决策参与的权利。没有这项改革，政府关于教育、卫生、民生的承诺,是难以兑现的。更要紧的是,要在限制税收总比例的条件下,全盘考虑各项民生开销,如果像本系列评论指出过的那样,不降低其他政府开支却大幅度增加医疗和其他福利,那一定会给国民经济和人民福利带来长远的负面影响。反正羊毛出在羊身上,过重的税负、财政赤字或多发票子,最后一定会给经济发展、就业增长以及激励人们努力工作等,造成灾难性的后果。

坚持改革的重要性还在于,任何以人民的名义——或者以低收入人群的名义——集中起来的"免费或低价的医疗服务"资源,并不能自动就变成人民或低收入人群的福利。没有相应的信息披露、监督和制衡的机制,许多听来美妙的体系,运转一段之后就难免老化和变味,成为少数人寻租、获取不公正待遇的"天堂"。以目前尚存在的"公费医疗"为例,行为扭曲严重,"过度医疗"严重,不但没有效率,也完全谈不到公平。未来的医改方案是不是认真部署改革这一块,人们有理由拭目以待。

本文针对医改讨论中的一种流行思潮,坚持在分析上把医疗服务的不同需求与供给分开来进行处理。这是因为,流行思潮已把"公共卫生的公益性质",不恰当地扩大为"所有医疗卫生服务都具有公益性质",而又把所有公益性服务,清一色地排除在"按市场机制配置资源"的体系之外。我的看法针锋相对:只有公共卫生服务才是严格意义上的公益服务,才需要明确政府的职责,并由政府运用合法强制力和税收资源来保证履行。即便如此,政府也可以根据实际情况,通过"向市场购买服务"的办法,组织市场提供公益性的公共卫生服务;只有当市场没有能力提供此种服务的时候,政府才必须亲力亲为,提供公共卫生服务。

至于不具备"公用品"性质的一般医疗服务,可以通过市场体制来供给。市场里涉及生命和健康的服务很多,也的确需要更为严谨恰当的监管,但没有经验和理论可以证明,凡涉及生命和健康的服务就一定要排除市场机制。在理念上,我不同意把涉及生命健康的服务与营利性的市场活动对立起来。因为普遍的经验,其中也包括中国改革开放以来很多生产服务领域的经验,证明只要坚持市场开放、竞争制约以及普遍的产权保障,营利性的市场活动才更显著而普遍地大幅度提升人民福利。约束下的营利活动,对客户需求更在意,对成本节约更敏感,对服务品质和品牌更上心——这都有利于动员稀缺资源来增加医疗服务。

没有理由把一般医疗服务和药品生产从市场机制配置资源的体系中排除出去。因为可以增加医疗服务的人力、物力、财力,没有一样不是稀缺的,没有一样不是在竞争的环境里被决定和被动员的。举人力为例,一个年轻人可以学医也可以不学医,他或她可以好好学也可以不好好学,学成以后可以好好干也可以不好好干,正如一个医疗机构可以努力提供服务创牌子,也可以"等因奉此"做一天和尚撞一天钟。所有这些行为的"分岔",取决于体制,特别是特定体制所决定的激励机制。体制和机制不对头,动人的口号天天喊,也没有用。那样的日子中国人经历过,历历在目,没有反复"试验"的理由。

当下我国医疗服务最严重的问题正是资源动员不足。为了防止医疗服务体制改革从"半拉子工程"变成"烂尾楼",要不失时机地抓紧行业开放、管办分离、公立医院改制、民营机构准入和价格管制改革。中国的市场经济走势不可阻挡,任何一个行当的资源配置,无法脱离大背景而另搞一套。

参 考 文 献

[1] 曹海东、傅剑锋,"中国医改20年",《南方周末》,2005年8月4日。
[2] 蒋一苇,"企业本位论",《中国社会科学》,1980年第1期。

货币体制与经济增长[*]

新一轮中国消费者物价指数开始大幅上涨的时候,恰逢米尔顿·弗里德曼去世一周年。这也许说明,仿佛已被淡忘的货币主义理论还不是那样容易就可以消失的。这当然更是提醒我们,还有一些重要问题值得继续关注和研究。

一、物价指数的含义

中国的消费者物价指数(CPI)似乎是突然涨起来的。2007 年年初的 CPI 是 2.2%,但到了 8 月份,升为 6.5%,9 月份降了一点,是 6.2%,10 月份又是 6.5%,11 月份达到 6.9%。[①] 这组记录了无数微观行为的指数,含义究竟是什么?对此,流行的解读是"物价的结构性上涨",即部分商品价格上涨,部分不变甚至下跌,所以还不是物价的全面上涨。

我的看法,说"结构性物价上涨"不是不可以,因为的确可以观察到物价涨、平、跌并存的现象。问题是,把几个部分物价加权平均之后,2007 年 8 月以来我国的物价总水平不是不变,更不是下跌,而是持续上升——即通货膨胀。重要的是,物价总水平的上涨趋势一旦出现,就会影响人们的预期、改变人们的行为,比如很多人想到将来的价格还要上升,就增加了当下的购买意愿,甚至要把未来消费的商品提前买到手才放心。同时,卖家却在同样的涨

---

[*] 本文是作者在 2007 年中国经济学年会上的主题发言,于 2008 年 4 月 29 日修订。作者感谢海闻教授及年会东道主深圳大学经济学院的邀请,感谢文稿修订过程中与薛兆丰、卢锋、余永定、宋国青、汪丁丁、梁红的讨论和他们提出的修订意见。当然,文中的错失还是由作者本人负责。

[①] 2007 年 12 月中国 CPI 为 6.5%(全年 CPI 达到 4.8%),2008 年 1 月为 7.1%,2 月为 8.7%。见国家统计局网站(http://www.stats.gov.cn/tjsj/jdsj)。

价预期下,舍不得现在就出售商品和服务,也就是产生了"惜售"倾向。加到一起,市场供不应求的程度更为严重,物价总水平上涨的趋势可能自我加强。

从物价结构出发,人们的注意力容易被引到以下问题:为什么一些商品的价格涨得比另外一些商品更甚?追问下去,会发现国际油价是一个根源。油价上涨带动很多下游产品涨价是一个方面。它同时也引发了替代,比如生物能源包括玉米提炼的酒精,结果带起全球粮食涨价。油价当然更直接影响运费上扬,后果就是高价买来的粮食要花更贵的运费。经济总是联成一体的,任何一种商品或服务的价格的变动,都会带出诸如此类连锁性的变化。

但是,从个别商品的价格上涨到物价总水平的提升,中间还有一个关键环节。没有这个条件,个别商品的价格上涨会被其他商品价格的下跌所抵消,并不能引发物价总水平的上升。这个"关键环节"不是别的,就是在市场里流通的货币数量。只有当流通中的货币数量太多,个别商品价格的变化才不仅仅改变商品比价,而且引发物价总水平的持续上升,即通货膨胀。例如,日本和韩国都是大量进口石油的国家,按理它们受全球油价上涨的影响更大,可是,观察到的日、韩物价水平却远比中国为平。俄罗斯出口原油,但那里的通胀指数比中国的还要高。这些现象,都要由不同国家不同的货币形势来解释。

二、从货币角度看通胀

这样从货币里面找寻物价总水平变动原因的经济思维,是古典经济学以来的一个传统。当代经济学家当中,最坚持这一传统的是弗里德曼。很巧合,弗里德曼生前三次访问中国(1980、1988 和 1993 年),分别都是中国通胀指数达到高峰的年份。[②] 我们无从知道,究竟是因为通货膨胀指数高,所以中国人才把这位货币主义大师请来,还是弗里德曼看到中国物价指数高,觉得货币主义理论在中国大有用武之地,所以才更愿意来到中国?不过客观的结果是,当年受通胀困扰的中国,更愿意对货币主义的经济思维开放。

大家可以回头看弗里德曼当年在北京、上海的那些讲演和问答记录。那是第一次面向中国听众介绍货币主义的思想学术传统。这个传统不是就物

---

② 1980 年中国 CPI 为 7.5%(1978 年仅为 0.7%),1988 年为 18.8%,1993 年为 14.7%(来年 1994 年更高达 24.1%),见《中国统计年鉴 2007》,表 9-1。

价谈物价,而是把物价的大幅度持续上涨看作是一个货币现象。按照这个传统,通货膨胀里的"货"不是任何具体的油、粮、猪、奶,而直截了当就是货币。当物价总水平上升的时候,弗里德曼提醒大家要到货币数量里面去寻找原因。这样一种思路,对当时的中国人富有启发,因为传统的"物价管理"既不能充分理解通胀现象,也不能有效处理通胀问题,只有摆脱了从某些商品价格的变动中寻找通胀原因的思维方式,才能把人们的注意力引导到货币问题上来,人们容易发现通胀的唯一原因是货币数量过多。

那么,货币数量又是怎么多的呢?这就涉及了货币制度。从历史上看,自金本位制结束之后,全世界的货币发行都是由政府控制的。如果说金本位制还是自发的市场力量决定着货币的发行,那么法定不兑换货币(fiat money)的发行量总是由中央货币当局,也就是一个行政机构来决定的。货币主义者认为,如此集中的货币发行权是对货币和价格总水平稳定的一个体制性威胁,因为行政当局很可能为了某种短期的好处而错用、滥用货币发行权。不论动机为何,货币发行一旦出错,一定会带来无数经济行为的歪曲和紊乱,市场中的个人、家庭、企业和地方对此都无能为力。政府滥用货币发行权的结果,一定就是恶性通胀。这在许多国家的历史上出现过。针对这一点,弗里德曼继承他老师西蒙斯(Henry Simons)的主张,坚持"规则高于权威",也就是要设定一个货币发行准则,以此约束货币当局的权威和权力。弗里德曼本人也曾提出过一个简单的准则,那就是每年增发的货币量不得超过经济增长的幅度,比如年平均4%。他甚至提出根本不需要中央银行,就让一台中央计算机系统按照设定的数值来控制货币发行,保证物价总水平的平稳。

货币主义不是单靠逻辑的力量就扭转了潮流。决定性的力量还是通货膨胀的肆虐给各国带来的损害。原本被冠以"行动主义"(activism)的理论和政策取向,习惯于把"货币"看成一个可以满足刺激经济增长、扩大就业、平衡内外收支等多重目标,并可由中央货币当局操控自如的政策工具。但是,发达国家持续的通胀压力和滞胀的现实,给货币主义的兴起提供了机会。弗里德曼论证了在通货膨胀和失业之间并没有长期的替代关系,他甚至发现,即使扩张性货币政策可以取得低失业的暂时好处,但带来的高通胀成本却趋向永久性。这就是说,煞有其事的"货币政策行动"给机会主义留下太多的自由空间,从而带来长久的"货币祸害"。[3]

---

[3] 弗里德曼(2007)。

回头看，弗里德曼最重要的贡献，是在政府掌控货币发行权的时代，不断根据经验提请人们警惕此种大权被滥用的危险。对弗里德曼来说，通货膨胀才不是"市场失灵"的产物，而恰恰是自发的市场力量被集中的行政权力替代之后，给经济自由带来的具有毁灭性影响的"礼物"。货币主义坚持，零通货膨胀才是长期经济增长和繁荣的基础。④ 这个理念有历史经验的根据。从权利角度看，通货膨胀是对所有人财产的一种隐蔽的剥夺；从交易角度看，通货膨胀加剧了生产的交易费用，带来了紊乱的经济行为和错误的资源配置。

人们有理由嘲笑关于计算机自动决定货币供应的构想根本不具备可操作性，因为迄今为止，还没有哪一个国家的货币发行采用了计算机机制。即使在想象的空间里，中央计算机替代了中央银行，似乎也只不过是把央行行长的权威转化为中央计算机电脑工程师的权威而已。此外，究竟如何控制货币数量，货币主义的理论原则也远不等于可操作的现实。⑤

但是，我们不能因此否认货币主义在思想上的建设性。因为它坚持问：怎样才能避免货币发行大权落入有可能不那么可靠的"看得见的手"的掌控？能不能为现代信用货币体系设定一个"非人格化"的货币发行机制？这并不是一个凭空想出来的问题，因为历史上的金本位制，就是由发散的贵金属分布和分权的开采力量"决定着"各国货币的供给。既然如此，现代货币在节约了贵金属成本的同时，能不能为信用体系找一个"非人格化"的机制来为货币下锚？

三、为货币选锚的困难

谈到这里，我们必须提到在货币框架问题上更具"复古"倾向的奥地利学派。这些经济学家与芝加哥学派的货币主义一样，认为自由繁荣的经济必须以稳定的货币为基础。不过他们相信，自发的市场可以提供这样稳定的货币，例如人类历史上的金本位就是如此，因为由贵金属本身充当货币的名义之锚，就不会给任何"看得见的手"操纵货币提供机会。为了从不断制造通货

---

④ 史库森(2006)，第3、5章。

⑤ 至于弗里德曼当年建议直接控制货币数量，而不是控制利率，这在美国战后的历史上有一任央行行长做过实践，就是在70年代，但是那个实践的结果很不妙，使美国的利率涨到21%，完全不可接受，所以从70年代以后，联储历代的主席重新回到弗里德曼当年不赞成的利率调控，针对银行的利率、市场利率来进行公开市场操作，以此来调节货币量。

膨胀的现代货币困境中走出来，许多奥地利经济学家主张恢复金本位制或商品本位的货币制，并恢复自由银行制度，即允许自由准入、充分竞争，用市场声誉机制来优胜劣汰，最后由使用货币的各方选择守信的银行。⑥

哈耶克后来承认，在现代条件下复古金本位制是不可行的，甚至"即使可行，也很可能是不可欲的"。⑦ 不过，正因为货币大权似乎无可避免地集中于政府之手，才使哈耶克找到了金本位制消失后持续通胀的根源——短期压力使政府、私人企业和公众都"极难抵御通货膨胀的影响"。⑧ 他为此忧心忡忡，反复探讨了在无法回到金本位的现实条件下，怎样约束中央货币当局的可能路径。从西蒙斯的"适当规则"（appropriate rule），再到"商品储备本位"（a commodity reserve standard），再到"按价格变动而调整条件的合同"（sliding-scale contract，也就是与通胀指数挂钩的合同），哈耶克逐一分析的结果，发现某种自由裁量的货币权力在当代货币制度里无论如何也挥之不去，因此以上所有"解决方案"多少都存在问题。那么，货币框架的最后出路究竟何在？哈耶克的结论是，"只能通过货币政策的目标而非它的具体做法来限制货币政策"⑨——这在我读来，不啻是几十年之后从新西兰开始，后席卷多国的"通货膨胀目标制"（Inflation Targeting）的理论先声。⑩

以上回顾，告诉我们从货币角度看通胀，背后还有一套至今没有完全解决的问题。比较起来，"结构性物价上涨"的提法则简单地把人们的注意力引向某几样价格涨幅较大的商品。问题的关键是，如果的确是货币总量引发了物价总水平的上升，那么仅仅控制某些商品的价格是无济于事的。相反，就物价管物价的做法一定会引起价格上涨的"漫游"，因为管住了石油价格，市场就涨粮价；管住了粮价，涨猪价；再管猪价，又升奶价。如此"头痛医头、脚

---

⑥ 这些论点表明奥地利学派甚至比货币主义还要更加"脱离现实"。正如马克·史库森所说，除非公众和政治家充分信任自发的市场——这一点不是现实的——金本位外加自由银行制度带来的实际麻烦，一点不比货币主义那台中央计算机要少（史库森，2006）。从纯解释的角度看，金本位制在历史上的消亡也总有某种理由，比如贵金属突然大量流出，难道不也对一国经济造成过严重的损害？我们或许可以说，正是金本位制内生的缺陷，才给民族国家的政治机器控制货币大权提供了机会。

⑦ 他的理由是，一旦现代商业组织在很大程度上依赖于信贷机构，就会"致使我们必须对货币制度和信用制度之间的互动作用施以某种深思熟虑的控制"（哈耶克，1997：96）。

⑧ 哈耶克（1997：105）。

⑨ 具体讲来就是，"金融机构必须把价格控制在众所周知的某个确定的限度之内，使之不至于逾越此一限度——甚至使之不能接近这样一种水平，否则金融机构就必须对其政策做出重大修正"（哈耶克，1997：111）。

⑩ 关于通胀目标制的国际经验，见伯南克等（2006）。

痛医脚"式的治理,看似针对性很强,最后却带来两个结果:一是延误了釜底抽薪——控制货币供应量——这唯一治本之策的实施时间;二是东涨西也涨的物价态势,激发和强化了公众的通胀预期。两厢结合,风助火势,可能激化通货膨胀。

类似的还有"成本推动通胀"之说,也似是而非。固然,食品和其他消费品的价格上涨使工人要求增加工资,进货价格的上涨使店铺要求提升商品的卖价,投入品的成本上涨使公司要求增加产出品的价格——这些推理都合理。问题是,所有这些合理要求在什么条件下才能被普遍满足?这样问,答案还要到货币总量里面寻找。要不是流通的货币数量过多,顶多只有部分商品的成本上升才能推动部分商品的物价,同时其他的"成本诉求"却得不到"受理"。升了成本的都要升价,但横竖只有那么多票子,怎么可能出现普遍的成本增加驱动价格总水平的上升呢?

这样来看,货币主义的核心命题即"通货膨胀是一种货币现象",还真的很有意义。诚如有的批评者指出,这个命题就像说"开枪是一种射击现象"一样,不过是同义反复而已。[11] 是同义反复,但却是正确的同义反复,因为它直指通胀的根子在于货币。相比混淆问题的其他命题,譬如说通胀是一种物价现象,是一种成本现象,甚至是一种良心现象(商人哄抬物价、囤积居奇)等等,货币主义的命题帮助我们到货币里面寻找通胀的根由。

四、超发货币的不同成因

上文提到金本位结束后总是政府决定货币的发行。在这个条件下,说通胀是一种货币现象,等于说"通胀是一种政府超发货币的现象"。接下来我们就要研究,政府为什么要超发货币。从历史上看,绝大多数通胀特别是恶性通胀,无一例外都是政府用印钞机维持财政开支——无论是为了战争、君主的奢侈需要,还是要兑现庞大的社会福利承诺——的结果。一般来说,战争引起的通胀常常是最离谱的,因为生死存亡又胜败未定,当权者一定把通胀机器开到极致才合乎逻辑。40年代末的中国,通胀率高达每月50%。季羡林老先生那时在国统区当教授,他讲那个时候领了薪水要跑步去买米,跑慢

---

[11] "通货膨胀是一种货币现象,就像向人开枪是一种射击现象一样。"(亨利·沃里茨(Henry Wallich),转引自布托,2004:181)。

了,米价就飞涨。

和平时期的通胀,很多是靠发印票子搞建设的结果。过去我国有一个"超经济发行"的概念,就是指政府靠多发票子来支撑超过国力的基建规模。由于当时实行全面的物价管制,因此超发的货币不一定马上表现为物价总水平的上涨,而表现为"隐性的通胀",即市场上什么东西也买不到,是普遍的短缺时代。其实殊途同归:显性通胀票子不值钱,隐性通胀有票子也买不到东西——都是票子无大用。苏联时代的家庭主妇,人人上街背个大口袋,见到任何队伍先排上去再算——那可不是因为俄罗斯的文化传统!

改革开放以来我国的三个通胀高峰,具体原因各个不同。1980年物价指数7.5%,是过去"低物价"时代所不能想象的。其实那时票证还普遍抑制着需求,只不过为了刺激农业,国家从1979年提升了粮油收购价,并对城镇居民发放财政补贴。那时财力很弱,用补贴启动农产品的价格调整,就成为财政赤字和超经济发钞票的新动力。1988年的中国物价指数高达18.9%,表面看是"价格闯关"惹的祸,背后的根源是发钞票搞建设又加上了发钞票搞(价格)改革。1994年中国通胀创新中国成立后最高,主因是地方财力不足又急于发展上项目,而银行在"软约束"下敞开口子贷款,倒逼中央银行发出过多的货币。这样看,三次通胀高峰的共同点,都是因为财政开支的压力把货币发多了。

最近这一波通胀,直接成因当然也是货币多,但近十年国家财力空前增强,制度上再也不容许货币通过"超经济发行"来弥补财政赤字,加上商业银行改制,建立了放贷的约束机制。就是说,过去超发货币的机制已经不存在了。但是,从结果看,货币还是发多了。这又是为什么?

2003年5月,宋国青教授主持了一项宏观经济研究,报告的总论作为北京大学中国经济研究中心的内部讨论稿刊印于同年9月。⑫ 这项研究分析了1998年以来中国实行的刺激总需求的宏观经济政策的情况,认为由于银行大幅度下调了存贷款利率,企业利润增加,加上吸引外资政策的作用,境外直接投资快速增长,结果企业的资本金大幅增加,引起银行贷款的大幅增加。更由于汇率稳定,中国出口的高速增长推高了总需求。据此,宋国青认为已走出通缩的中国经济面临新的转折,并肯定地预言,"目前已经出现了走向较

---

⑫ 见北京大学中国经济研究中心课题组(2003);公开报道见"宏观经济政策是否需要转折性调整?",《21世纪经济报道》,2003年10月29日。

高通货膨胀的可能"。

这个分析提到的"汇率稳定",成为理解全局的一个关键。背景情况是,1993年中国成功地以市场汇率大幅度校正了人民币币制高估之后,本来选择的是"以市场供求为基础、有管理的"汇率制度,而无意实行固定汇率或"盯住美元"的汇率制度。但在1997年亚洲金融危机后周边国家货币被迫大幅贬值的环境下,国际社会希望人民币不贬值,并得到了中国政府言而有信的公开承诺。这样,人民币以对美元1∶8.27的汇率,从1998年一直维持到2005年7月,使人民币汇率成为一个未加宣布,但事实上具有国际政治公信力的"盯住美元"汇率制度。

1998年后的十年,恰是中国多年大刀阔斧改革开放的成果在经济生活中普遍显现出来的时期。最集中的表现,就是中国出口部门生产率的增长率超过了美国和其他发达经济生产率的增长率。实体经济的这一重大变化,与上述"稳定汇率"的机制发生了矛盾,因为几乎不变的汇率使得生产率增长率有了显著提升的中国出口产品,变得越来越"便宜",从而刺激了国际市场对中国制造产品的强劲需求,拉动了中国的出口增长。结果之一,就是中国的贸易顺差大幅度增加。"稳定汇率"加上开放政策,也刺激外资涌入中国,从而出现了"大国历史上没有先例的持续双顺差"。这就开启了一条新的人民币发行的通道:所有进入中国的贸易顺差和外国投资,全部通过向中国银行结汇而变成了人民币。央行不断买入外币,在不断增加国家外汇储备的同时,也不断把基础货币发了出去。

所以,宋国青认为"汇率是纲"。[13] 因为只有增加了人民币汇率的灵活性,才能平衡中国的外需和内需,才能消除过度繁荣的出口推高中国总需求的潜在危险。他认为要特别注意涉外政策与货币政策之间的协调,建议人民币主动升值10%,或把部分直接升值、部分调整进出口税率组合起来,共同校正主要宏观变量之间的失衡。考虑到2003年中国外汇储备不过4 000亿美元,年度贸易顺差254亿美元,而当年的CPI仅为1.2%,我认为宋国青的研究具有难能可贵的预见性。

但是,主流意见是反对人民币升值。2003年9月,余永定教授发表文章,对"目前媒体和经济学家几乎一边倒的反对人民币升值的呼声",提出了

---

[13] 见宋国青(2002)。

商榷。⑭ 余永定并不主张人民币大幅升值,而认为应该坚持"有管理的浮动汇率",即允许人民币小幅升值。不过余文非常鲜明地对反对人民币升值的各种论点提出了犀利的批评。其中,他分析央行一面大量买入美国国库券和其他美元资产,一面不得不对迅速增长的基础货币进行对冲的做法,认为"似乎没有哪个国家能够长期进行对冲操作而不对本国货币体系的正常运转造成严重负面影响"。针对把日本在 1985 年广场协议后日元升值作为日后陷入资产泡沫和通缩危机原因的流行解读,余永定认为包括麦金农在内的国际名家看漏了日本在 1987 年采取过扩张性货币政策这一关键条件,而同样在 1985 年升值的德国,由于没有类似松动货币之举,因此后来并没有陷入日本式的困境——这是对"升值必入日本陷阱"说的有力反证。

五、宏观失衡损害中国经济增长的基础

事实上,人民币小幅升值的建议到 2004 年底也未被接受。于是,在汇率错估下的总需求转强,使国民经济出现了"过热"征兆。中国经济的总量已经很大,进出口占 GDP 的比例在所有大国中史无前例,因此"稳定汇率"的影响总要非常顽强地表现出来。2005 年 7 月,中国宣布重新回到"有管理的浮动汇率",但此时非常小步的人民币对美元升值不但不足以校正规模变得越来越大的宏观失衡,而且还带来刺激境外资本进入中国的新问题。就是说,老的双顺差压力未除,又增添了热钱入境的新压力。结果,"贸易顺差、外资直投,以及应邀来华分享人民币渐进增值好处的热钱,三股潮流合并,使中国的货币流动性有如'黄河之水天上来'"。⑮

货币形势累积性的转变,不能不在市场上反映出来。2004 年以后,我国城市居民经历了完全超历史经验的房地产价格的大幅度上涨。2006—2007 年以后的股市,上证指数从 1 000 点涨到 6 000 点以上,其中 2007 年一年的股市成交量即为上年的 5 倍。在小的投资品市场上,从古玩、字画、首饰、奢侈品到普洱茶,价格早就屡创新高——所有这些事件各有各的原因,不过最共通的道理还是货币多了。人们说 2007 年前的中国经济一直是"高增长、低通胀",这当然有道理。因为通胀一般由消费者物价指数(CPI)来定义,而

---

⑭ 见余永定(2003)。
⑮ 周其仁(2007)。

2000—2006年中国平均的CPI不过1.45%（其中最高的2004年为3.9%）。但是，货币驱动的价格总水平上涨早就开始到处漫游，它只不过到了2007年8月以后才最后"闯进"中国CPI指数，让在人民币汇率问题上避重就轻的人士，不得不王顾左右而言他。

公众舆论是颇难琢磨的。1997年国际社会特别是发达国家希望人民币不贬值，中国对此做出承诺并守信履行。舆论对此的反应是正面的，大家都为我们国家成为一个"负责任的大国"而感到自豪。但是2003年以后，随着中国国际贸易顺差总量增多，日本、美国和其他发达国家要求人民币升值，舆论的反应却是中国决不能屈从国际压力而就范，甚至哪个中国人赞同了人民币升值，哪个就是屈从外来压力，对不起自己的祖国。反过来，西方人士中但凡主张人民币不升值的，就被看作是维护中国利益的君子。如此奇妙的反差，当然不是经济学可以解释的。等到2007年国内通胀开始起来，舆论又奇怪"为什么人民币对外升值，对内贬值"？解释这两个方向的运动源于同一种经济力量，倒是经济学家的责任。

但是，2003年以来占主导地位的经济思维还是只见物价结构而漠视物价总水平。于是，就有了诸如"结构性过热"、"结构性房地产泡沫"、"结构性股市泡沫"直到"结构性物价上涨"等一连串判断。要说明，经济生活中永远存在结构问题，转型中的中国经济，结构性问题当然更多。但是，漠视或回避了总量的直接结果，是不能充分利用汇率、利率等手段调控总量，却不得不更多地用行政命令、法令法规甚至直接控制关键生产要素的供给数量（例如土地），由政府对某些产品、某些产业甚至某个公司施加直接的干预。这实际上只能使"结构问题"变得更加层出不穷，甚至也在客观上动摇了人们沿着市场化改革方向解决具体经济问题的共识和决心。

这不是小事情，因为它涉及中国经济增长的根本。近年国内外不少人认为中国经济在国际市场上竞争力的增强，都是因为中国拥有巨量的"廉价劳动力"。从2004年开始，笔者不断撰文批评这个看法。⑯ 我反问，30年前中国无论城乡劳动力都更为"廉价"，为什么那时候不容易看到满世界的"中国制造"？我同意今天的中国经济是靠"成本优势"打到世界市场上去的，但在这个成本优势里面，最重要的是"经由改革开放显著降低了中国的制度成本"，改变了普通中国人、企业和地方的激励机制，从而使得原本只能关门受

---

⑯ 见周其仁（2006：7—23）。

穷的廉价劳动力,转变成中国的竞争力,并通过学习曲线的提升,改善产品品质。概括地说,中国竞争力的提升是制度成本下降驱动的。我也注意到制度成本像任何成本曲线一样,降下来之后还会上升。所以,只有坚持改革开放和制度创新,才能持续保持中国经济增长的动力。从这点出发,因宏观失衡而增加微观上行政管制的长远代价,是损害中国经济增长的基础。

在所有反对人民币升值的意见中,张五常独树一帜。[17] 我理解他的分析是这样的:人民币不是对美元"升值"的问题,而是脱开与美元挂钩的问题。但是,在人民币汇率放开与美元挂钩之前,先要解决未来的人民币以什么为锚。在他看来,人民币钩住或盯住美元,是以美元为"名义锚",现在人民币要与美元脱钩,以后以何为锚就成为问题。要是与美元脱钩在先,又没有找好自己的锚,那人民币就有变成"无锚飞弹"的危险。张五常的建议是,人民币对一篮子商品挂钩,使人民币先有自己的名义锚,再脱开与美元的挂钩。他还认为,更可以考虑把人民币"放出去",释放人民币作为国际强币的潜在优势。

这样来看,张五常屡次声明反对人民币升值,是汇率与货币制度层面的意见。但是,无论选哪一组商品为人民币之锚,按 2003 年以来的市场价格情况算,人民币都不能避免对美元的大幅度升值。问题是,为人民币定一个新锚,比在现行汇率制度下升值要困难得多,因而也更难以达成决策共识。在解决这个难题之前,能不能维系人民币挂钩或盯住美元的体制,取决于现实的约束条件。不幸的是,近年美元强势地位不再,坚持人民币挂钩美元不升值不但使美国的日子难过,而且首先就使中国自己的货币形势一天比一天严峻。至少到 2007 年中国通胀的重新抬头,客观上已不允许等人民币换锚后才与美元脱钩,而只能在现有汇率框架里加快人民币升值的步伐。至于把人民币放出去,也要等人民币汇率大体反映市场供求以后才行得通。现在满世界的钱都要进中国,你就是把人民币放出去,挡不住它们还要跑回来。[18]

至少到 2007 年底,中国经济形势终于表明了问题的症结所在。此时中国外汇储备高达 15 000 亿美元(还不包括国家注资中投的 2 000 亿美元),年

---

[17] 张五常从 2003 年 5 月 23 日起发表"汇率战略论"(系列共 5 篇文章),到 2007 年 11 月又写下"人民币的困境"(也是系列 5 篇),其间关于人民币汇率问题的文章共 50 篇,全部可以在新浪网的"张五常的博客"里读到,见 http://blog.sina.com.cn/s/blog_47841af7010000v3.html?。

[18] 不过,张五常教授关于中国要从制度层面选择新的货币本位的意见,还是有重要价值。即使他建议的一篮子商品本位面临技术和认知的困难,他对非人格化货币发行机制的探索,正如芝加哥货币主义和奥地利学派代表人物的追求一样,有长远的意义。

度贸易顺差达到 2 800 亿美元,外资进入中国约 3 000 亿美元。快速增加的中国外汇储备承受着美元资产贬损的巨大风险和社会福利损失,同时又快速恶化国内的通胀形势。即使央行不断实施货币对冲,但"外汇占款"占更广义货币(M3)的比例还是从 2003 年的 15% 升到近 30%。2007 年前 11 个月,全国更广义货币同比上年增加了 23.1%。⑲ 作为货币现象的通货膨胀终于顽强地露头,开始激活久违了的公众通胀预期,并反复表明它并不仅仅是个别成本推动的结果。

至此,问题依旧,但麻烦的规模已经翻了倍。最新的变化是,美元连年走软,加上次贷危机的影响,美国经济的增长速度放缓,使人民币不得不加快升值下的中国出口部门,面临雪上加霜的调整痛苦。回头比较,如果 2003 年人民币一次升值 10%,所付的代价应该比拖到今日为小。当然历史的棋局总是落子无悔的,为了避免未来更大的损害,今天中国应对日益加大的通胀压力,还是要到过多的货币和泛滥的流动性里面去寻求釜底抽薪之道。

让我们小结一下。物价指数(CPI)虽然是判定通货膨胀的基本指标,但对物价指数的结构性分析并不能帮助人们认识通胀的真正原因。通货膨胀之"货",不是任何一种具体的商品,而是货币,即流通中的货币。当物价指数升高的时候,我们只能到超发的货币数量里去寻找原因和治本之策。当下中国较高位通胀的成因也是货币超发,不过与历史上多次出现的财政性动机不同,本轮货币过多的主要原因是汇率机制的歪曲。在通胀态势已经形成的条件下,物价管制不单不能抑制通胀,而且会因为无端增加制度成本而损害中国经济增长的基础。反通胀要走釜底抽薪的路线,就是校正汇率失衡,从紧控制货币总量。

参 考 文 献

[1] R. 布托,《通货膨胀与通货紧缩》,刘锡良译,西南财经大学出版社 2004 年版。
[2] 北京大学中国经济研究中心课题组,《走出通货紧缩与人民币汇率:总论》,2003 年 9 月。
[3] 本·S. 伯南克等,《通货膨胀目标制:国际经验》,孙刚、钱泳、王宇译,东北财经大学出版社 2006 年版。
[4] 弗里德利希·冯·哈耶克,《自由秩序原理》,邓正来译,三联书店 1997 年版。

---

⑲ 央行发出票据("央票")对冲过多的人民币基础货币,一是不能对冲干净,二是"央票"也不完全就不是货币,比如货币基金和保险业得到的"央票",还是可以在市场上用。

[5] 马克·史库森,《朋友还是对手——奥地利学派与芝加哥学派之争》,杨培雷译,上海人民出版社2006年版。
[6] 米尔顿·弗里德曼,《货币的祸害——货币史片断》,安佳译,商务印书馆2007年版。
[7] 宋国青,"汇率是纲",《证券市场周刊》,2005年7月4日。
[8] 余永定,"消除人民币升值恐惧症,实现向经济平衡发展的过渡",《国际经济评论》,2003年第9—10期。
[9] 周其仁,"毫不含糊地反对通货膨胀",《经济观察报》,2007年12月3日。
[10] 周其仁,"解释中国经济成长",《挑灯看剑》,北京大学出版社2006年版。

体制成本与中国经济[*]

本文以体制成本为核心概念展开分析。体制是成体系的制度安排。举凡体制确立、运行和改变所耗费的资源,即为体制成本。中国在1978—2008年间高速增长,得益于改革开放降低原先高居不下的体制成本,从而在全球化中发挥出比较优势。这是中国经验的根本。但在增长过程中,中国的税费和其他法定缴纳、寻租以及贪腐和奢靡开销过快提升,导致中国在应对全球竞争格局新变化时承受了新的压力。中国需要通过结构性改革大幅度降低体制成本,以实现持续增长。

中国经济早就引人瞩目。不过,人们对中国经济有着不尽相同的理解、解释和判断。本文选取一个角度参与讨论,中心论点是,体制成本是理解中国经济高速增长得以发生及其继续变化的关键。

一、新问题:解释中国经济起落

自改革开放以来,中国经济经历了30年高速增长。对此,经济学者做了系统回顾。2008年7月,年近百岁的诺奖得主科斯教授在芝加哥大学组织了总结中国经济制度变革经验的学术研讨会。是年年底,国家统计局发布公告,2008年中国经济年增长率为9.6%,虽比上年有所降低,但还是达到1978年以来30年平均增长率。次年,中国超越日本成为世界第二大经济体。再

---

* 本文发表于《经济学》(季刊)2017年第16卷第3期。本文草稿经汪丁丁、薛兆丰、卢锋、刘守英、李力行、王敏、王跃、张惠强等阅读并提出修订意见;在《经济学》(季刊)评审时,得到匿名评审人的阅读意见和修订建议。作者在文稿修订中充分考虑了这些意见和建议,特此感谢。但对尚存的不足,当由作者而不是任何其他人负责。

过一年,中国成为全球最大出口国。2013 年,中国又成为全球最大贸易国。2014 年,国际货币基金组织以购买力平价方法计算,宣布中国经济总规模超越美国成为全球第一。①

比照 20 世纪 70 年代末的情景,中国经济取得了足以傲人的成就。这也激发学界总结中国经验的理论雄心。毕竟,像中国这样人口众多的大国取得如此出色成绩,绝非偶然。与中国经济增长奇迹并存的,应该有关于中国经济的学术建树。所以大体也在 2008 年前后,人们不再满足于仅把中国作为验证现成经济理论的一个案例,而立志要从中国经验里提炼新理论和新思想。②

其实经济成就与其理论总结之间的关系,并不一定亦步亦趋。1776 年亚当·斯密出版《国富论》之时,距瓦特发明第一台单动式蒸汽机不过七年,英国满打满算还处于产业革命的初级阶段。七十多年后《共产党宣言》所说的"资产阶级在它的不到一百年的阶级统治中所创造的生产力,比过去一切世代创造的全部生产力还要多,还要大"的宏图,在当时还没有可能被人感知。斯密时代的英国经济只不过经历了长久的缓慢增长,他当时看到过的绝大部分企业规模还很小,而不被他看好的像东印度公司那样的获皇家特许贸易权的大公司,为数寥寥。当时英国人的生活水平似乎也普普通通,甚至乏善可陈。③

就在那么一个经济基础之上,诞生了足以长久影响后世经济思维的古典政治经济学。以此作为参照,30 年中国高速增长的奇迹,就算斯密本人在世,也不能不刮目相看。拿出与当今中国经济绩效旗鼓相当的思想产品,顺理成章。问题是雄心愈烈,挑战愈多。恰从 2008 年开始,中国经济增长态势开始发生新的变化,虽然 2009—2010 年因施加强刺激政策而维系了高增长,

---

① 2008 年及之前 30 年的经济增长率数据,见中华人民共和国国家统计局(2013:45);IMF 以购买力平价方法估计 2014 年中国成为世界最大经济体的报道,见"America Usurped:China Becomes World's Largest Economy-putting USA in Second Place for the First Time in 142 Years"(http://www.dailymail.co.uk/news/article-2785905/China-overtakes-U-S-world-s-largest-economy-IMF-says-economy-worth-17-6trillion-America-falls-second-place-time-1872.html)。

② 例如张五常以他特有的风格宣布,"平生没有见过这么好的中国制度"(见凤凰网报道,http://news.ifeng.com/opinion/200809/0912_23_780811.shtml),并称他自己破解了中国经济制度的密码(见《中国的经济制度》)。其他关于中国模式的作品,参见人民网理论频道的专题报道,"聚焦中国模式"(http://theory.people.com.cn/GB/40557/149513/)。

③ 斯密本人为出版自己的巨著 1773 年从爱丁堡前往伦敦,区区 410 英里路程,要搭乘一个月只来往一趟的公共马车,路上要颠簸 10 天到 15 天。更要命的是,上车前他还按当时惯例签下遗嘱,因为旅途绝不安全(Ross,2010:401)。

但下行压力终究尾随而至。回头看,2007年第一季度中国GDP折成高达15％的年增长率,应该是一个增长阶段结束的空谷绝响。不过几年光景,世界第二大经济体减速一半以上。

这里带出一个新问题,如何阐释中国经济的起落?分开来处理,可以增长解奇迹,下行析成因。但如果我们不满足于此,希望在一个简明框架里获得对中国经济戏剧性变化一以贯之的理解,那就还须付出努力。下文从一个核心概念入手,试图在这个概念的基础上扩展相关分析。

二、体制成本的含义

这个概念就是"体制成本"。人们熟知"成本",那是任何经济行为主体要获得收益都不得不支付的代价。成本包括货币的、非货币的,时间的、精力和精神的,抽象出来作为谋求任何收益所必不可少的付出,构成经济行为最基本的约束条件。可是在过去很长时期里,从事经济实务人士以及经济学家和管理学家,关注重点一直集中于生产成本,即为生产某物所不得不发生的各项支付。唯有当大规模生产伴随大规模交易的现代经济成形之后,生产成本以外的成本才开始引起注意。1937年,年轻学者科斯首先提出"交易成本"概念,他发现运用价格机制配置资源本身并不免费。因为存在着正的交易成本,市场里就存在企业和多种多样的经济组织,虽然以往的经济学思维往往对此视而不见。这一朴素发现,改变了现代经济学的基础。[④]

无独有偶,也很年轻的中国经济学家张培刚在20世纪30年代从事抗战经济问题的研究时,也提出"纯商业费用"概念。[⑤] 他观察到当时湖南、江西等地的中国农民很穷,生产粮食的成本极低,但在沿海城市如宁波的粮食市场上,内地大米却竞争不过远道而来的泰国大米。经过仔细调查,张培刚发现从内地农村产地到沿海城市销地之间,经商成本过高是问题的关键,诸如地方割据、关卡需索无度及种种其他麻烦的顽固存在,把本来很有竞争力的内地大米排斥到沿海市场之外。他的结论是,如果有效改善商业通道,节约纯商业费用,战时中国的粮食供应将得到改善。考虑到当时张培刚还不可能读过上述科斯那篇论文,我们可以说一位中国学者独立发现了在生产成本之

---

④ Coase(1937)。
⑤ 张培刚(1940)。

外还存在其他成本。⑥ 这再次说明,当学者直面真实世界时,有机会提出一个新概念来阐释可观察到的反常现象。

经历多年沉寂之后,"交易成本"终于引起学界注意并得到进一步阐释。1969年,后来获得了诺贝尔经济学奖的阿罗提出,科斯提出的交易成本实际上就是"一个经济体系运行的成本"⑦。他因此打通科斯经济学与古典经济学传统的关系,因为在斯密那一代学人那里,最关心经济体系的运行,而不是孤立而零碎的经济活动。另一方面,科斯的一些追随者则把交易成本概念扩展为"制度成本"。⑧ 例如,张五常在1987年为《新帕尔格雷夫经济学大辞典》撰写"经济组织与交易成本"的词条时指出:"交易成本就是一系列制度成本,包括信息、谈判、起草和实施合约,界定和行使产权,监督管理的成本以及改变制度安排的成本。简言之,交易成本包括一切不直接发生在物质生产过程当中的成本。"⑨这是说,在直接生产之外需要付出的代价,还远不止狭义的交易成本。⑩

在真实世界,制度无处不在。人们从事生产、消费、储蓄、投资等各项经济活动,无不受制于特定的产权与契约安排,无不组成特定的组织与机构,如家庭、社区、企业、市场、货币体系、立法、税收与政策制定、政府及一系列监管部门。这些交织到一起的组织、机构和制度,不仅源于个人的自愿选择而自发生成,而且受到传统、流行观念与"社会强制力"的作用而被构建。⑪ 因此,为了在交易成本(或"纯商业费用")和制度成本的基础上继续前进,我们要把观察和分析的重点转向成体系的制度,特别要关注那些由社会强制实施的组织与制度怎样影响个人的选择,并以此影响经济运行。

本文使用的体制成本,是指经济运行所必须支付的一种成本。体制由一系列制度构成,运行于由社会强制执行的产权与合约的基础之上。举凡体制确立、运行和改变所耗费的资源,就是体制成本。体制成本的性质和变化,对经济增长的影响至关紧要。

---

⑥ 周其仁(2006)。
⑦ "Transaction costs are the costs of running the economic system",见 Arrow(1969:48)。
⑧ North(1990);Cheung(1987)。
⑨ Cheung(1987:58)。
⑩ 以中国为例,计划经济时代省市互相串换计划分配物资,各地到中央计划部门跑要投资和建设项目,农民冒着"割尾巴"风险在黑市上交易自留地产品,以及那一波又一波频频发起的运动,虽然与狭义的交易无关,却无一不是在直接生产之外的巨大耗费。
⑪ Alchian(1987)指出,"社会强制"(socially enforced)对产权必不可少。在他之后,North(1990)把国家行为引入制度变迁的分析。

与狭义的"交易成本"或"纯商业费用"相比,"体制成本"不但可以扩展到对形形色色非市场交易行为的分析,而且可以深化对市场及非市场行为的一般理解。人们习惯于把市场交易视为利益诱导下的自愿选择和契约组合,因此无须涉及那些带强制性质、包括合法强制的力量与机制。"体制成本"则不同。作为真实世界里约束人们行为的一组集合,社会强制力包括流行观念、政府权力以及由此生成的政策制度禁止或许可,从一开始就是经济体制不可或缺的要件。对体制成本的观察和分析,涉及国家行为,离不开国家理论。与"制度成本"相比,"体制成本"更强调成体系的制度而非单一的、个别的制度安排,特别是把重点放到约束着自发自愿行为的社会强制力本身的约束条件。回溯过去,狭义的交易成本和单一的制度成本,可以看作是体制成本的局部或特例,我们的认知从局部和特例开始,走向更一般的抽象。

三、大幅降低体制成本是中国奇迹的奥秘

中国经济高速增长并不是一个自然现象。远的不提,1980年中国制订1981—1985年计划(即第六个五年计划)的时候,确立下来的年平均增长目标不过是4%,"争取达到5%"[12]。为什么处于高速增长起点时段的中国,定下那么一个事后看来低估自己潜力的增长目标呢?

因为当时中国经济面临难以突破的瓶颈。最大问题是在当时这个"十亿人口、八亿农民"的国度,吃饭问题还没有解决,占人口绝大多数的农民非常贫困,无从支持工业和城市发展。那么,为什么农业拖腿、农民贫穷?答案是存在严重的体制障碍:不论政府多么急切地希望发展农业生产,也不论几亿农民多么急切地希望改善生活,当时成体系的经济体制,运行效果就是事与愿违,怎么也打不开鼓励农业增产的阀门。

是的,并非单项制度或单项政策,而是成体系的、彼此纠缠到一起的观念、制度安排和政策措施,共同导向此类困境。这里首先是人民公社生产制度,集体出工、集体劳动、集体分配,虽享有一定规模经济的好处,但因难以准确计量个别社员的付出与贡献,从而难以调动生产劳动的积极性。不仅如此,那种集体生产模式还常常因错误指挥和武断命令而遭受严重损失。其

---

[12] 见中华人民共和国国民经济和社会发展第六个五年计划(1981—1985),刊全国人大网 (http://www.npc.gov.cn/wxzl/gongbao/1982-11/30/content_1478459.htm)。

次,农村土地的集体公有一旦建立,似乎就再也不需要也不允许在农民家庭之间划出必要的土地产权界限。再次是农产品统购统销,由政府全盘管制农产品流通,政府一手定价定量收购,一手定量定价在城市配给,基本排除市场机能。最后,为了维系农产品生产,国家禁止农民外流,不得自由转入收入较高的非农业部门。

  在这种情况下,即使拥有数量充沛的生产要素也无济于事。劳动力不能自动转为生产力,庞大人口不但带不来红利,反而成为包袱,最后导致严厉的生育控制政策出台。⑬ 按照传统分析,生产者之间的激烈竞争导致较低的产出品价格,从而激发需求增加,转过来拉动供给。但此分析忽略了一点:过高的体制成本妨碍要素的有效组合,从而限制产出增加,结果就在农业生产要素极其充裕的条件下,农产品却长期供不应求。⑭ 于是,低农业生产成本——它的另一面就是农民贫穷——与农产品短缺长期并存,成为中国经济增长难以克服的瓶颈。这说明,需要对体制成本做出恰当分析,才能理解长期得不到解决的那些中国经济问题的症结。

  中国解决上述难题是靠体制改革。由于制度障碍并非孤立个别,而是自成一套体系,破解之道就是必须多管齐下。当时先实施的治标政策是休养生息:政府动用极为稀缺的外汇,增加进口粮食以减少征购量,让负荷过重的农业、农民和农村缓一口气。接着政府又动用财政资源——当时要靠赤字维持——提升超额出售农产品的收购价,在边际上增加农民增产的激励。更重要的是解放思想,尊崇实践是检验真理唯一标准的务实哲学,鼓励地方、基层和农民突破原有体制的束缚,大胆改革创新。特别是当安徽、四川等省区自下而上冒出来包产到户的时候,中央政府不失时机地运用自己的政治权威给予底层自发改革以合法化承认。结果,仅仅几年时间,在农业生产大幅增加的基础上,中国农业从生产、流通、分配到土地产权制度,渐进而又全盘地推进了改革。⑮

  抽象概括,中国经济体系的运行成本即体制成本,经由改革得到大幅度降低。在农村变革进程中,降低体制成本的行为主体,首先是农户和基层社队,因为改革重新划定了集体经济产权的边界,使第一线当事人有权选用较

---

⑬ 关于人口政策变化的简要概述,见郑真真(2012)。
⑭ 1978年邓小平在全国科学大会上概括:"我们现在的生产技术水平是什么状况?几亿人口搞饭吃,粮食问题还没有真正过关。"
⑮ 关于中国农村以改革启动发展的内在逻辑,参见周其仁(1994)。

低运行成本的合适体制,而无须屈从按照本本教条设计,但实际运行效果很差的老体制。地方政府以及拥有最后政策决定权的中央政府,则与底层实践积极互动,在时而矛盾对立、时而妥协统一的改革政策制定过程中,最终完成对改革的合法性背书。

很清楚,被历史短缺和农民贫困逼出来的改革,大幅度降低体制成本,才打开了充分释放原本数量充裕的农业劳动力转化为现实生产力的阀门。农业增产、农民增收,从供给和需求两个侧面支持了国民经济增长。回头看历史检验了以下结论:农村改革这场奠基礼,突破了1981—1986年中国经济原先计划"保四争五"的格局,为后来中国经济更高速增长创造了条件。

到20世纪80年代中期,人们已经明白,中国并不需要把八亿农民束缚在农业和农村。数以亿计的"农村剩余劳力"转向生产率更高的非农产业和城镇部门,构成中国高速增长的扎实基础。不过,这波经济潜力的释放要求突破更为严重的体制障碍,包括对从事工业和城镇经济活动的国家垄断,也包括对非公经济包括个体户、私人合伙以及民营企业雇工经营的法律禁止。给定那个时代背景,这两大障碍比承认农业家庭经营更难以逾越,因为触及更成体系的意识形态、法律以及习俗惯例。幸亏中国已积累了渐进改革的经验,那就是允许和鼓励先行先试,从局部地方的改革试验入手,直到新选择所表现的经济社会效果为多数人接受,再完成改革的全局合法化。大体到20世纪90年代,在经历了一轮又一轮思想政治方面的反复之后,中国特色社会主义市场经济体制终于得以确立。

四、比较优势新内涵

更大挑战接踵而至。中国突然爆发出来的务工经商生产力,到哪里去寻找能够容纳得了它们的市场?出路是融入全球化。首先是借力发达经济体的市场。这也是从实际出发的选择,因为日后凸显的中国制造能力并非内生而成,从一开始,包括来自发达国家的资本、技术以及商业模式,就参与中国制造能力的形成。后来被称为"世界工厂"的中国,靠全球市场消化自己惊人庞大的生产力,合乎逻辑。

贸易数据让人们对新到来的经济大时代印象深刻。1978年中国出口不足100亿美元,到2012年超过2万亿美元,增长了210倍;进口从108亿到1.8万亿美元,增长160多倍;国家外汇储备从1.67亿到3.3万亿美元,增长近2万倍。⑯ 不过,要深入理解这一翻天覆地的变化,并非易事。通常看法,经济学上历久弥新的比较优势定理,应该是分析中国经济崛起最合适的分析框架。⑰ 问题是,比较优势理论要获得用武之地,需要一个必不可缺的前提,那就是在发达国与后进国之间存在大规模贸易。问题是,究竟具备什么条件,潜在的比较优势才被唤醒并受到强有力激发?

为此需要明确比较优势的内涵。比较优势首先是比较成本,因为各个经济主体——从个人、家庭、地方到国家——从事生产所花费的成本各不相同,其产品一旦进入市场,绝对优势或相对优势在比较中互现,才形成绝对优势或比较优势。但是,各行为主体互相比较的,远远不限于生产性成本。在真实世界里,任何生产活动要得以进行,离不开特定的制度结构,从而受到成体系制度安排的决定性影响。实际的生产成本究竟是高还是低,比较优势究竟是潜在的还是现实的,以及究竟能不能把潜在的成本优势发挥出来,受制于特定的体制,并非由所谓自然禀赋就可以决定。

中国经验教育我们认识到上述区别。早在贸易数据惊醒世界之前,作为一个经济落后的人口大国,中国极低的人均收入水平似乎意味着她拥有极富竞争力的低劳力成本优势。⑱ 但是在事实上,如果被贫穷包围的巨量人口和劳力,根本没有被投入有效生产,也提供不出能参与全球市场竞争的产品,那就谈不到在全球舞台上发挥比较优势。那些妨碍充沛人力资源投入生产过程的体制性摩擦,甚至高到足以让很多生产活动根本无从发生——这与物理世界里摩擦系数过高,物体根本就不可能被移动的道理,如出一辙。

无须强调,潜在的低生产成本从来就不会自动生成比较优势。关键是能不能消除妨碍生产活动的体制束缚。不幸的是,潜在超低的生产成本常常伴之以极为高昂的体制成本,妨碍经济运行,以至于本来有机会显露的竞争潜能,根本无从发生。人口多包袱重,劳力多就业难度大。若问为什么在那种情况下劳动密集型产业搞不起来,答案是原本极低的生产成本受到极高体制成本的拖累。更具有决定意义的是,倘若落后国不开放,根本拒绝与他人比

---

⑯ 中华人民共和国国家统计局(2013:224,667)。

⑰ 比较优势定理是李嘉图的贡献,回答了为什么发达国与落后国之间也可以发生大规模贸易的问题——按照斯密最早的"绝对成本优势"论,那一般是不会发生的。其要点在于"比较优势":虽然发达经济具备全面领先于落后经济的绝对优势,但即使是样样落后的经济,也可以集中生产具有相对优势的产品,然后经国际贸易推进经济增长。

⑱ 1978年中国农业人口8.1亿,年度人均纯收入不过区区133.57元人民币。此前,农民收入更低,如1957年还不足人均73元人民币(农牧渔业部计划司,1983:35,523)。

较,那又怎么可能谈得到比较优势?

中国的基本经验不是别的,正是经由改革开放大幅降低体制成本。这是实现经济增长的前提。举其大要,破除国家对工业和其他较高收益产业的行政垄断,欢迎外资落地,鼓励民营企业发展,解除国际贸易的国家专营,启动汇率改革(特别是主动减除严重的本币高估),持续改革进出口体制,根本改善外贸服务,所有这些改革硬仗,一役也不能少。归结起来,就是把先前几乎无穷高的体制成本大幅度降下来,同时也包括降低中国人接受一切先进技术管理知识的学习成本。在此前提下,中国潜在生产成本优势才开始得到激发,中国出口才开始发力,世界也才得以发现中国经济拥有惊人的比较优势。

这样来看,不少流行之见需要重新推敲。如"廉价劳力是中国崛起的秘密",我们不妨反问:改革开放前的中国劳力岂不更为廉价,为什么那时不见奇迹?又如"政府管控才是中国模式灵魂",我们不妨再反问:苏联模式政府管控国民经济的全部,为什么失败到连苏联都不复生存?至于颇受青睐的"举国体制",在笔者看来也未点中要害——究竟是举国推高体制运行成本,还是举国走改革开放之路、大幅降低经济体系运行的成本?本文认为,真实的中国经验是以降体制成本为纲领,靠改革开放释放出中国在全球市场的比较优势。为理解和阐释中国经验,有必要扩展比较优势的内涵,把生产成本与体制成本一并纳入分析框架。

五、成本曲线先降后升

体制成本也是成本,终究服从成本行为的一般规律。在经济学理论上,所有成本曲线一律先降后升。所以如此,传统解释的是边际收益递减。那是说,随着经济规模扩大,在合理的要素结构范围内,增加某一要素的投入,会在边际上带来产出增加,此时对应于产出规模,成本下降;但是过了合理临界点,增加某要素投入带来产出增量不增反减,于是成本曲线见底回升。

这套分析加深了人们对生产成本的理解。给定其他条件不变,对一块农地追加劳力投入,会带来产出增加,追加肥料投入亦然。但过了技术合理临界点,过多劳力引起窝工,过多肥料烧死庄稼,农业产出的边际收益下降,成本曲线上扬。不过,该分析还是忽略了一个问题:即便边际生产成本尚在下降,但随着规模扩大,是不是还可能发生其他成本?其他成本带来的产出效果又怎样变化?这个问题由科斯的发现得到解决,由于产品走向市场、走向消费者要发生非直接生产的交易费用——例如市场营销费用——该成本一旦过了交易结构的技术合理点,可能先于生产成本而上升。这与实际经验吻合,当较多的农产品或工业产品生产出来的时候,即便其生产性的边际收益还在上升,却很可能因为花费过多的市场营销费用而导致交易成本的边际收益减低。真实世界的成本曲线,比在只见生产不见交易的黑板经济逻辑所推导的,可能更早掉过头来重新上升。

不过就算把生产与交易合并起来,也还不足以描述成本行为的全部。除了在生产交易过程中那些显而易见的耗费,譬如要不要多用劳力、加施化肥、引入机械、扩大厂房和设备、扩展营销等涉及收益考量的成本行为,在真实经济过程中各经济主体还要支付一系列"非自愿耗费",如不得不缴纳的税款和其他贡赋,不得不耗时费力与管制部门或权力人物所打的交道,以及不得不在生产和市场过程中劳神费力处理的与其他各方事关财产和产品的纠纷、冲突和损伤。虽然在不同经济体系里,自愿耗费与非自愿耗费的比例很不相同,但一般而言,它们普遍存在。遗憾的是,与古典政治经济学相比,现代主流经济学常常忽略了对真实世界里那些非自愿支付耗费的分析。

中国的现实让我们格外关注体制成本。体制成本不是个别生产者、消费者或个别厂商在竞争中为获利所自愿支付的成本,而是成体系的、即使行为个体不自愿也非承担不可的成本。这类体制成本具有强制缴纳的性质,不受一般市场竞争和讨价还价的约束,因此更不容易得到合理节制,可能比生产成本和交易成本曲线更早、更大幅度上涨。

让我们先看一组中国数据。根据国家统计局的数据,1995—2012年间,中国名义GDP从60 793.7亿元到518 942.1亿元,共增长8.5倍。这显然是战后大国难得一见的高速增长。不过无可避免,中国高速增长也必须付出代价即成本。对此,人们曾普遍关注,是不是劳力成本的过快增长削弱了中国制造的竞争力?不过我们发现,同期全国工资总增长8.7倍,几乎与名义GDP增速持平,并没有特别快于经济总增长的出格表现。期间大大快于总经济增长的,是以下几个变量:第一,税收,同期全国税收总额增长了16.7倍,相当于经济总量增长倍数的197%,或工资总额增长倍数的192%。第二,包括税外收益的财政收入,期间增长了18.8倍,快于税收增长。第三,全国社保缴纳,期间共增长28.7倍。第四,土地出让金,同期全国土地出让金总额增长了 64 倍。⑲

　　以上诸项,都是为生产附加价值所必须付出的成本。不同之处在于,工资总额发生于劳力市场,包括绝大部分国企工人在内的全国劳力资源,通行劳务合同制,工资决定一般要根据雇佣双方意愿,受市场供求法则支配。但是,税收及其他向政府机构缴纳的行政服务费,属法定负担,带有执行方面的强制性,不存在个人、家庭和企业对政府行政服务满意就多付、不满意就少付的经济关系,而纳税方也难以参与税法制定和税率确定。社会保障项目的缴纳,在理论上用于缴费人未来的生活保障,也是广义上劳务成本的组成部分。但社保缴纳的数目、提取后的营运、支付等管理,依现行法规由政府机构独家执行,也带有法定强制性。最后一项土地出让金,则是转型中国特有的经济运行成本,因为在现行体制下,中国用于合法经营的土地一律属于国有——包括大部分经由政府征用农村集体土地转为的国家所有——然后由政府批租给用地机构及个人。这里虽然存在着一个土地批租市场,但唯有政府掌控土地供给,类似其他一切政府或国企行政垄断供给的"市场",需求者众而竞争激烈,供给者或独或寡,不容他方进入提供替代,因此在此类市场上形成的资产价格,本质上不过是行政权力的租金。⑳

　　加到一起,在以上观察期中国经济运行的一个显著特征,是法定的、带强制性成本项的增长速度,不仅大大超过经济总增长速度,也大大超过受市场法则支配的其他成本项的增长速度。这说明,转型中国在取得高速增长成就的同时,尚没有形成持续约束体制成本增长的有效机制。这是渐进改革远没有到位的表现,也必然对中国经济的持续增长产生消极影响。比照早期以"解放思想、放权让利"为纲领的改革,随着中国开始在全球市场上因发挥比较成本优势而实现高速增长,一度大幅降低的体制成本又重新掉头向上,并以远超高速经济增长的更高速度回升。实际情形很像一匹巨型骆驼,早期减负促其迅跑,却在高速行进中不断被加载越来越沉重的负担,终于令其前行乏力。本文认为,对于一个迄今为止靠比较成本优势在全球立足的经济体,

---

　　⑲ 见中华人民共和国国家统计局(2013:名义 GDP,44;工资总额,132;税收,331;财政收入,328;社保缴纳,850);1995 年全国土地出让金为 420 亿元(包括原土地划拨补交的 24 亿元,见《中国土地年鉴 1996》第 60 页),2012 年全国土地出让金为 2.69 万亿元(见《2013 年国土资源统计年鉴》)。2014 年全国土地出让金更高达 4.28 亿元(见叶开,"地方 20 年卖地史:从 400 亿到 4 万亿",刊第一财经,2016 年 8 月 29 日,http://finance.qq.com/a/20160829/036965.htm")。

　　⑳ 这提醒中国和类似的转型经济,要特别注意资源配置体制与收入分配体制之间的关系。在权力尚未被妥当地关进笼子时,权力对高速增长经济的"要价",可能远超经济增长所能够持续负担的水平。

中国高速增长轨迹的变动,可用体制成本的下降和重新上升给予解释。

六、难以量化的体制摩擦力

还有一些体制成本,或难以在统计上得到反映。观察表明,经济活动中涉及产权界定、合约纠纷、新产品开发与相关市场准入、政府专营范围变动、行政诉讼和民事案件审理等事务,无一例外,都需要在直接生产成本之外另有耗费。虽然这类广义的交易成本或本文定义的体制成本在一切所谓成熟的市场经济中也照样发生,但对中国这样一个转型经济而言,这些非生产成本的形态还是颇具特色、自成一家。据笔者近年研究过的若干案例,本节简要讨论这类成本的性质。

第一个案例涉及政府电信专营。背景是20世纪90年代末互联网兴起,提供了完成语音通信的新机会。与传统电信不同,基于互联网的语音通信(IP电话)无须在通话时独占昂贵的通信电缆,而能够在同一线路上大量传输压缩了的语音数据包,从而可以革命性地降低通信资费。1997年年底,福州市马尾区一家由陈氏兄弟经营的民企开始把IP电话应用于商业活动,在市场上大受欢迎。当时中国的国际长途话费很贵,每分钟在18元至32元之谱,而陈氏兄弟提供的IP电话,每分钟收费仅6—9元,于是他们的生意火爆。

但是,当地电信局却以涉嫌"非法经营罪"报案,由区公安局查抄经营场地、扣押设备,并限制两兄弟人身自由,后由家属缴纳取保候审费5万元才予释放。陈氏兄弟到区法院提出行政诉讼,败诉后又上诉至福州中院。福州中院院长许永东法官考虑到案件涉及新技术,要求各方提供专家证人,当庭辩论IP电话与传统电信在技术特征方面的差别。经过审理,福州中院认为IP电话不属于传统电信专营范围,而属于国务院文件规定的可以向社会开放经营的新业务。1999年1月20日,福州中院裁定,撤销马尾区法院对陈氏兄弟案的裁定,发回区法院重审。[21]

---

[21] 福州中院据此裁定:"IP电话是基于网络技术而产生的在因特网上提供的新类型的通信业务。属于国务院国发(1993)55号《通知》和《中国公众多媒体通信管理办法》所称的'计算机信息服务业务'和'公众多媒体通信业务'。且国务院的国发(1993)55号《通知》中明确了'计算机信息服务业务'属向社会放开经营的电信业务,而不是属于本案被上诉人福州市公安局马尾分局所称的国务院国发(1990)54号《通知》规定的由邮电部门统一经营的长途通信和国际通信业务。"(福州中院该项裁定的全文,见"福州IP电话案始末"附件,http://bbs.c114.net/thread-829885-1-1.html)

可惜,这份7000多字写就理据清晰的法院裁定,未得到应有尊重。1999年1月21日,也就是福州中院发布裁定的次日,信息产业部管理局一位处长对媒体公开宣称,"'IP电话不属电信专营'无从谈起"。他的根据,是信产部发过的一份"通知",其中规定"计算机信息网络业务"实行许可证制度,"暂不开办电话、传真等电信业务"。这位处长说,既然明确"暂不开办","如果有人利用IP电话经营长途电信业务,就是非法经营"。他还通报:"对于经营IP电话这种非法经营行为,目前主要的处理方式是:如果数额不大,一般由行政执法部门追缴违法所得、罚款;如果数额达到犯罪标准,则移交司法机关按照刑法第二百二十五条以非法经营罪查处。有关部门已在广东、上海等地查处了一批此类案件,有的已经移交司法机关处理。"很明白,在这位处长看来,他援引本行政部门的一纸通知,远比福州中院的裁定,以及在裁定里援引过的国务院文件还要权威,既不容置疑,也无须司法讨论。[22] 如此"法制"氛围里,陈氏兄弟案的最后结局不了了之,再也没对公众有一个清楚交代。[23]

第二个案例是触动邮政专营的民营快递。随着商业活动频繁,诸如商业文书、样品以及后来大成气候的电商包裹的快递业务蒸蒸日上。20世纪90年代民间出现"小红帽",而联邦快递等五大国际物流公司也先后进入中国市场。可是,快递业务起步就面临新问题:非邮政机构有权经营快递吗?邮政部门持否定立场,因为80年代通过的《邮政法》,明文规定送信业务属于国家专营。新问题是,原先的法规到底能不能自动覆盖过去从来没有出现过的新业务?对此原邮电部的立场是,为保护公民通信自由,非坚持邮政专营不可。于是,争议重点转到新兴快递商业包裹,究竟是不是还属于原先的"信件"范畴。

利益纠葛使咬文嚼字成为一门必修课。何谓"信件"?1990年的《邮政法实施细则》指明,"信件包括信函和明信片",而"信函是指以套封形式传递的缄封信息载体"——按此释义,套封传递并缄封的《二十四史》、《资本论》或《大英百科全书》,是不是也统统可以划入信函?还有,何谓"其他具有信件性质的物品"?该部颁细则声明,"是指以符号、图像、音响等方式传递的信息的载体"。考虑到中国人对常用语汇的理解可能有所不同,该细则还特地宣布,

---

[22] 在福州中院审理陈氏兄弟案提供专家证词的老榕,详细记录了该案,参见"曾经说案(一)(二)"(http://laorong.blog.techweb.com.cn/archives/11、10)。

[23] 担任法官8年之久的许永东,后来离职创办拓维律师事务所,成为首席合伙人(http://www.yearbooklawyer.com/sites/lawyer/detail_201207271801341547_c_10.html)。

邮政专营的"具体内容由邮电部规定"。

甚至恐怖分子在"9·11"袭击美国的后遗症,也为中国延伸邮政专营添加了一段插曲。2001年11月15日,为防止已在美国有报道发生的炭疽病毒事件蔓延到中国,国务院办公厅紧急通知,要求"加强信件、印刷品等寄递业务管理,防止炭疽杆菌传播"。2001年12月20日,包括国家邮政局在内的几家主管部门联合通知,要求所有"需要办理进出境信件和具有信件性质的物品的寄递业务"的企业,"应在本通知下发之日起六十天内……到……省级邮政部门办理委托手续"。2002年2月4日,国家邮政局在下发给省级邮政部门——批准委托申请是否可准的权威机构——的通知里,宣布"邮政委托的范围限于:进出境单件重量在500克以上(不含500克)或单件资费在国家规定的(同一重量、同一通达国家/地区的)邮政特快专递资费标准以上的信件和具有信件性质的物品的寄递"。这句罕见拗口的长句的意思是,"凡500克以下,以及收费比邮政企业便宜的"邮件寄递业务,一律不准委托!更令人匪夷所思的是,该通知还明确,"前款规定的委托范围不包括:具有公民个人名址的信件及县以上(含县级)党、政、军等机关的公文"!据此,笔者当时发表评论指出,这些有悖常理的不当行政管制,要保护的仅是邮政部门过时的专营特权,与防炭疽病毒一点也不相干。[24]

第三个案例是一档东莞奇事。作为沿海开放和中国制造在珠三角地区的一个重镇,东莞市绝大多数常住人口非本地户籍,由此导致本地服务严重供不应求。新兴民企乘势进入,其中包括在街上开设药店。2002年3月,《广东省零售药店设置暂行规定》宣布开放广东药品零售市场,外地商家涌入东莞城里,民间投资热情高涨。然而,"他们很快在一道坚实的行政壁垒上碰得头破血流"——东莞市药监局从2001年6月开始施行"500米直线范围内不准开设第二家零售药店"的审批准则,到次年在舆论和省领导干预下宣布撤销,"500米大限"整整实施了一年。在此新政下,很多花费了购租铺面、装修、进货、人工成本的投资方,因拿不到批件而不得开店经营。他们通不过审批的原因,是在500米距离之内,还有其他药店或药品专柜——其中包括某些后来先到的"关系户"。据说,当地药监局开着车用咪表"准确度量",就算差上几米也不批准。其实在市场里开门店是不小的学问,一万米内只开一家也无从保证一定不赔钱,50米内开3家也不一定不盈利。究竟如何布局,谁

---

[24] 对这起不当管制事件的分析,详见周其仁(2002)。

投资谁操心,政府要监管的是不卖假药、不准欺诈。

上述几个案例,在高速增长的中国经济里似乎小到不足为道。不过深入案例,才清楚认识中国经济所遭遇体制摩擦的经济性质。很明白,在直接生产成本或直接服务成本之外,经济运行还要支付其他耗费。无论是陈氏兄弟被扣的设备、取保候审的"押金"以及为官司所付钱财和精神耗费,还是快递业务或医药零售业务为谋求合法批准所投入的努力,无一例外都属于本文所关注的体制成本。这些"额外的"代价,可以大到足以让许多商业活动根本无从发生。

也不要以为这几个案例发生在新世纪之初,随着时间展开,那些阻碍创新、抑制投资、干扰就业增加的体制成本就会自动降低。观察表明,新世纪初中国经济摆脱上一轮通缩重新走强之后,"宏观调控"压倒了"打破行政垄断"的改革部署,不当管制重重叠叠,行政审批愈演愈烈。2012 年新一届政府再次高举"放权让利",以此对冲经济下行压力,由此而来。新一届政府宣布要清理废除行政审批文件,多达成百上千,其中绝大部分都不是计划时代的遗产,而是在新世纪以来的经济高速增长中,行政部门左一项右一项加到经济运行中来的。一个标志性事件也许可以作为体制成本居高不下的间接证据:早在 90 年代就尝试开放的中国电信业,囿于仅对几家央企开放,通信网络的资费水平和服务品质虽有进步,但依然广受诟病,以至于到了 2015 年,还要国务院总理出面喊话,要求中国宽带必须降费提速。[25] 不过,涉及部门权力与利益,高层宣示未必能够做到自动落地。[26]

七、贪腐和奢靡的经济影响

2008 年 7 月,在提交给科斯主持的芝加哥大学纪念中国改革 30 年研讨会的论文里,笔者除了阐释改革开放以来邓小平做对了什么,才把中国经济带向举世瞩目的成功,还提出了一个判断:"在上述分权改革、重新界定权利、承认并鼓励民营企业家、大规模利用价格机制的每一个过程中,腐败不但形

---

[25] "李克强连续三次督促宽带提速降费",《京华时报》,2015 年 5 月 14 日。时隔两年,国务院总理李克强于 2017 年 3 月 5 日在作政府工作报告时表示,年内全部取消手机国内长途和漫游费,大幅降低中小企业互联网专线接入资费,降低国际长途电话费(见新华社北京新媒体专电)。

[26] 2015 年以后围绕网约车的争议,提供了绝非唯一的新案例。

影相随,且有更快蔓延之势——腐败跑得似乎比改革还要快!"㉗时隔9年回首审视,笔者认为对那个结论唯一需要做出的修订,是把当时出于谨慎而写就的"似乎"两字一笔删除。

诚然,直到今天,我们对发生在转型中国的腐败现象,还是缺乏基于确凿事实和严谨统计的合乎科学规格的系统研究。但是,中共十八大后剑及履及的反腐新政,经公开发布的通报、报告、新闻报道及相关司法审理文档所披露出来的事实㉘,已足以帮助我们得出一个结论:转型进程中令人震惊的腐败,并不能由个别官员的道德失范而得到合理解释,也不宜笼统地把它们看作工作失误或治理松懈的结果。相反,转型腐败是一种成体系的、由转型进程内生的体制性腐败。

在上引文稿中,我还引用了一个张五常的经济学理论,解释为什么转型的中国经济伴生严重腐败。这个理论的逻辑是,人类为解决资源争用而形成了两种基本经济制度:一种以等级制特权来规范和约束人们行为、防止稀缺资源被滥用;另一种以财产权利的界分来划分人们从事经济活动的自由空间,以刺激生产、交换、分工与合作。当转型从第一种经济制度转向第二种制度即市场经济时,原来的等级特权无可避免地要争取"权力租金",导致腐败大量发生,由于响应约束机制的缺位,甚至形成一种体制性腐败。这表明,"腐败不仅是改革启动的一种伴随物,也是瓦解公众支持改革的腐蚀剂,甚至是终极改革的致命杀手。转型经济怎样应对制度化腐败,是一项严重的挑战"。㉙

进一步要分析的问题,是严重的腐败怎样影响中国经济。流行的度量方法似乎把一切收入——其中也包括执掌权力官员们的非法收入——都轻而易举地加总为国民收入,并在此基础上讨论"经济增长"。但是,恰恰是人们再也无法视而不见的转型腐败,提醒我们有必要把不同性质的收入加以明确区分。腐败性收入虽然也是一部分国民的收入,却构成其他国民生产性活动持续增长的障碍,因而应该被恰如其分地视为拖累经济增长、降低中国产品国际竞争力的负面因素。

让我们从抽象出来的一个简单现象开始:行贿人为获取某种特别的法外

㉗ 周其仁(2010:25)。
㉘ 例如,财新网从2013年开始持续发表的"反腐周记",迄今为止共130期,记录报道了期间全国重大反腐事件。
㉙ 见周其仁(2008)。

利益,给执掌权力的官员或其家人一笔数目大小不等的好处,然后从受贿人那里得到回报。这里,我们省略了该行为得以发生的各种可能动因——自愿的、预谋的、受到暗示或明示、不得不按流行的潜规则办事等等——而集中分析此行为发生后的连锁经济影响。

第一步逻辑结果,是行贿人获得回报——无论是经商便利或审批快捷,还是获取土地、信贷、公司上市以及市场准入等等特别机会——只要这些回报还服务于生产性活动,那么比照"不行贿不办事"的状态,生产性项目得以推进,投资得到回报,也增加相应就业和收入。在这个范围内,个别权力腐败的确为经济增长提供了润滑剂。

但事情绝不到此为止。个别人行贿成功而在资源争用中胜出,会刺激出一连串后继行为:更多商人仿效行贿商人,更多官员仿效受贿官员。于是我们有了第二步逻辑结果,即行贿受贿范围的动态扩大,并不断"教育"权力部门和权力人物,重新认识到他们手中的公权具有极高的私人经济价值。结果,利用各种职权获取权力租金的行为蔓延,寻租反向刺激"设租"——权力部门和权力人物更加主动地通过给市场中人强加成本而获取非法的个人收益。[30] 从现象上看,不只是"肥缺部门"和大型国企官员成批出现贪腐,而且在公认的清水衙门——包括统计局、文化单位、科研机构和大学——也出现严重的权力腐败。在腐败蔓延的逻辑支配下,腐败超越个别官员道德失范范畴,呈现出成体系、制度化的恶性态势。这一步的经济含义是,腐败占用的资源越多,用于服务生产性活动的资源就越少,比例也越低。

除非遭遇力度相当的反腐,腐败蔓延不会中止。不过,依仗权势贪腐终究在道德层面不可能被视为"正确",加上严重腐败损毁国家政权的合法基础,总受到追究和制裁,所以贪腐活动不论多么流行,总要蒙上遮掩的外衣,并为对抗反腐花费种种额外的代价。让我们明确,一切围绕贪腐攻防而耗费的体制成本,都不具有生产性,这也是贪腐行为带给经济的又一步逻辑后果。如果把这部分明明阻碍经济增长的腐败成本,也看作国民收入并被误导性地计入高速增长的组成部分,那就无从判断通常被认定的增长奇迹里是不是已经包含水分。颇具讽刺意味的是,在贪腐蔓延的情况下展开反腐,却要遭受"反腐危害经济增长"的抨击。

---

[30] Barzel 把"权力"(the power)定义为"一种强加成本的能力"(the ability to impose costs),见 Barzel(2002:10)。

因此，我们的结论是，虽然个别贪腐可以对体制运行产生某种润滑效果而在客观上具有某种生产性，但随着腐败行为的蔓延和体制化，它像扩散的癌细胞一样迅速吞噬健康的经济细胞，因而是实现持续增长的死敌。不难理解，为什么当代没有哪一个贪腐严重的经济体能够实现持续增长。相反，我们可以见证，寄生于高速增长的贪腐行为，将随着贪腐蔓延而不断侵蚀经济增长与社会公正之基，贬损创新创业的动力特别是企业家精神，直到拖累增长步伐，让经济重受停滞之压。

笼罩官场的奢靡之风，对经济增长也产生复杂影响。不过，奢靡比贪腐更难以在数量上给出描述，我们仅在直观上把奢靡对经济的影响估计得比贪腐远为重大。按一般认识，奢靡并没有化公为私，包括那些令人咂舌的耗费巨额公币的排场与享受，通常限于参与官员的在职待遇，并不能转为官员私人拥有、在离职后还能够继续享用的财产。因此，奢靡花销不仅在财务上被列入因公支出，在认知上甚至被视为为提升社会凝聚力、打造形象、增加人民认同感、鼓励低薪官员努力工作所做出的"必要"支付。

政府开销并不能被看作天然具有提振需求的正面价值。或有人诘问：那些远超标准的公务用房、公务用车、公务用餐和一切达到奢靡标准的公务消费，难道不都转为一批又一批市场订单了吗？难道它们不是源源不断派生出对原材料、能源、零部件、设备及相应服务的需求，从而为提升就业、收入和税收做出贡献了吗？所有这些可见的奢靡效果，何止是"有助于经济增长"，它们本身就是经济增长！

但是，奢靡之风的经济来源，暴露了其拖累增长的性质。在用政府税费为奢靡埋单的情况下，我们不难发现，正是税费过快增长才构成奢靡的财政基础。如上文指出，在高速增长时期成倍快于名义经济总量增长的税费增长，本身就是经济运行中体制成本上升、增长负担加重的体现。在商界——或自愿或被迫——为种种奢靡花销提供财务支持的情形下，我们看到本身已过快增长的税费，还要追加一个为数更为巨大的额外附加。在上述两种情况下，奢靡都使得公权力所应提供的服务变得越来越贵。按照经济逻辑，如果每创造一个增量单位的附加价值要支付更多税费及其附加，那么一旦越过承受临界点，人们从事生产、创造和投资的意愿势必下降。总之，奢靡的逻辑结果类似腐败，那些与日俱增的巨大花销，终究要露出压抑经济增长的真实面目。

八、评论性小结：体制成本至关紧要

本文定义的体制成本，是"成体系的制度带给经济运行的成本"。它不但包括由前辈学者原创、极富启发性的交易费用或纯商业费用，而且包括在市场以及非市场环境里通过一系列制度强加给各方当事人的成本，其中包括税费、管制、审批、法律政策的限制及禁止，以及围绕希冀这些变量发生变化的观念、舆论、公共政策辩论以至于政治竞争等相关耗费。强制性成本之所以得以普遍发生，是因为任何经济活动都离不开国家及其代理机构或代理人参与其中。在产权受到合格保护（这本身就是一种国家行为的结果）、资源利用基于自愿选择的场合，形形色色的契约真要得到执行，在事实上离不开合法强制力居中提供服务。在命令经济即国家直接配置资源的场合，强制力内生于政企合一的行政经济综合体，体制成本直接构成经济体系的运行成本。在任何一种情况下，国家强制力都参与经济运行，经济增长都支付体制成本。体制成本为零的世界，不过是想象中的乌托邦。

转型——从计划命令经济转向市场经济——就是体制变革，即一系列制度发生转变从而影响经济体系的运行。由于体制变量在转型经济中居于更为显著的中心位置，因此超越直接生产成本和狭义交易成本的体制成本，相对容易被纳入转型经济研究者的视野。要理解和阐释转型经济的种种现象，诸如变革动力、阻力与摩擦、潜在生产力的突然释放、长期经济走势的起落，皆离不开对体制成本的分析。毕竟按照常识，为每个单位的产出所不得不支付的成本，低了对应高经济增长，高了则对应低经济增长。这里，仅需把通常的生产成本和交易成本，恰当地扩展为包含强制性元素在内的体制成本。

中国经济提供了一个难得案例。改革前令人难堪的贫困，同时意味着拥有极为低廉的直接生产成本，表明在中国经济体内蕴含着极为巨大的潜在比较成本优势。要解决的问题，是把高昂的体制成本大幅度降下来，为此必须打破原有体制坚硬的外壳。改革开放实现了以上使命，经由一系列制度变迁——观念的、法律的、成体系政策设计与组织安排的转变——使得中国潜在比较优势在全球市场上破门而出，由此改变经济体系运行的轨迹与绩效，创造了高速增长的中国奇迹。因此，理解中国经验的基本线索，不是别的，正是以一系列制度的变革大幅度降低了经济体系运行的成本。

不过，改变了世界经济格局的伟大中国成就，并没有也不可能改变冷峻的经济法则。成本曲线终究先降后升，体制成本甚至在高速增长中升得更急。伴随高速经济增长，人们观察到曾经大幅下降的体制成本重新上升，表现在税费和各种法定负担以快于经济增长率的速度增长，行政审批叠床架屋，设租寻租行为有增无减，必要的市场监管缺位与不当行政管制层层加码并存，所有这一切只能列支在体制成本项下的因素，合成了一个负面结果：单位产出要承受日趋加重的成本负担，并由此削弱中国经济在全球的比较竞争优势，拖累一向靠成本优势发力的中国经济增长。形势很清楚，以全面深化改革抑制并扭转体制成本重新急升的势头，是中国经济持续增长必不可缺的前提条件。

参 考 文 献

[1] Arrow, K. J. 1969. "The Organization of Economic Activity: Issues Pertinent to the Choice of Market versus Non-Market Allocation", in *The Analysis and Evaluation of Public Expenditures: The PBB-System*, Joint Economic Committee, 91st Cong., 1st Sess., 1. Washington, D. C.: Government Printing Office.

[2] Alchain, A. 1987. "Property Rights", in *The New Palgrave A Dictionary of Economics*, Edited by John Eatwell, Murray Milgate, and Peter Newman. The Macmillan Press Limited, London and The Stockton Press, 1031—1034.

[3] Barzel, Yoram. 2002. *Theory of the State: Economic Rights, Legal Rights, and the Scope of the State*. Cambridge University Press.

[4] Cheung, Steven N. S. 1987. "Economic Organization and Transaction Costs", *The New Palgrave: A Dictionary of Economics*, Vol. 2. Palgrave Macmillan, 55—58. 中文版见：张五常，"经济组织与交易费用"，刊《新帕尔格雷夫经济学大辞典》第二卷，经济科学出版社 1996 年版，第 58—60 页。

[5] Coase, R. H. 1937. "The Nature of the Firm", *Economica* 4(2): 386—405.

[6] North, Douglass C. 1990. *Institutions, Institutional Change and Economic Performance*. Cambridge University Press.

[7] Ross, Ian Simpson. 2010. *The Life of Adam Smith*. Second Edition. Oxford University Press.

[8] 邓小平，《邓小平文选》第二卷，人民出版社 1983 年版。

[9] 农牧渔业部计划司，《农业经济资料》(1949—1983)，1983 年。

[10] 张五常，《中国的经济制度》，中信出版社 2009 年版。

[11] 张培刚，《浙江食粮之运销》，商务印书馆 1940 年版。

[12] 郑真真，"中国人口政策的回顾与未来走向"，刊中国网，2012 年 7 月 12 日，http://www.china.com.cn/guoqing/2012-07/12/content_25890510.htm

[13] 中华人民共和国国家统计局，《中国统计年鉴 2013》，中国统计出版社 2013 年版。

[14] 周其仁,"中国农村改革:政府与产权关系的演变",刊《中国社会科学季刊(香港)》夏季号,1994年8月15日。
[15] 周其仁,"旁听张培刚",刊《收入是一连串事件》,北京大学出版社2006年版,第11—14页。
[16] 周其仁,2008,"邓小平做对了什么",刊《中国做对了什么》,北京大学出版社2010年版,第10—27页。
[17] 周其仁,"咬文嚼字的权利","不相干的炭疽病","快递市场的地步与上层",刊《收入是一连串事件》,北京大学出版社2002年版。
[18] 周其仁,"市场竞争是一项权利","从IP电话到3G",刊《挑灯看剑——观察经济大时代》,北京大学出版社2005年版。